权威·前沿·原创

皮书系列为
"十二五"国家重点图书出版规划项目

中国慈善发展报告
（2015）

ANNUAL REPORT ON CHINA'S PHILANTHROPY DEVELOPMENT
(2015)

主　编/杨　团

图书在版编目(CIP)数据

中国慈善发展报告.2015/杨团主编.—北京：社会科学文献出版社，2015.6
（慈善蓝皮书）
ISBN 978-7-5097-7527-1

Ⅰ.①中… Ⅱ.①杨… Ⅲ.①慈善事业-研究报告-中国-2015　Ⅳ.①D632.1

中国版本图书馆CIP数据核字（2015）第107664号

慈善蓝皮书
中国慈善发展报告（2015）

主　　编／杨　团

出 版 人／谢寿光
项目统筹／邓泳红
责任编辑／王　颉

出　　版／社会科学文献出版社·皮书出版分社（010）59367127
　　　　　地址：北京市北三环中路甲29号院华龙大厦　邮编：100029
　　　　　网址：www.ssap.com.cn

发　　行／市场营销中心（010）59367081　59367090
　　　　　读者服务中心（010）59367028

印　　装／北京季蜂印刷有限公司

规　　格／开本：787mm×1092mm　1/16
　　　　　印张：26.5　字数：445千字

版　　次／2015年6月第1版　2015年6月第1次印刷
书　　号／ISBN 978-7-5097-7527-1
定　　价／79.00元

皮书序列号／B-2009-120

本书如有破损、缺页、装订错误，请与本社读者服务中心联系更换

▲ 版权所有 翻印必究

2015慈善蓝皮书编委会成员

主　编 杨　团

编委会（按姓氏笔画排序）

王　名　王行最　王振耀　邓国胜　冯　燕
卢德之　朱卫国　朱健刚　吕　朝　江明修
李志刚　李允晨　何道峰　吴国平　杨　团
金锦萍　娄胜华　徐永光　顾晓今　康晓光
黄浩明

摘 要

2014年是中国慈善公益事业在"依法治国"战略下走上新起点的一年。

2014年是政府各部门努力落实党的十八届三中全会精神，在全面深化改革中推动社会改革的一年，是在经济新常态下动员社会力量和社会组织，尤其是公益慈善组织参与扶贫开发、社会服务、社会治理的一年，是中央和地方政府更加重视以慈善公益组织推动慈善公益事业发展的一年。

2014年，国家颁发的《环境保护法》修订版首次认定了社会组织的环保公益诉讼主体资格。据最新统计，我国目前符合环保公益诉讼主体资格的社会组织数量约为300家。国务院下发了《国务院关于促进慈善事业健康发展的指导意见》，首次提出探索捐赠知识产权收益、技术、股权、有价证券等新型捐赠方式，鼓励设立慈善信托。民政部印发《中国社会服务志愿者队伍建设指导纲要（2013~2020年）》。中央精神文明建设指导委员会出台了《关于推进志愿服务制度化的意见》。各地政府大胆创新、先行先试，北京市、湖南省、广东省（含广州市、深圳市）、上海市、福建省、海南省、浙江省杭州市等多地政府都在2014年制定了鼓励公益慈善组织发展的相关法规与政策。

2014年慈善公益事业取得丰硕成果。截至2014年年底，全国共有正式登记的社会组织60万个，比2013年度增长9.7%，且全国直接登记的社会组织超过3万个。社会团体30.7万个，民办非企业单位28.9万个，基金会4044个，分别比2013年增长了6.2%、13.3%和13.9%。

为全面反映我国公众自组织的现状，本卷蓝皮书首次对非法人社团进行统计和预估，总量约2630万个。其中，备案的社区社会组织有20万~30万个，挂靠在基金会下的项目办或公益基金1.5万个，未注册备案的社会自组织体有600万个，网络社团有2000万个。

另据统计和测算，2014年度登记与未登记的志愿服务组织约220.3万家，登记志愿者为6710万人，未登记志愿者4200万人。其中，参与志愿活动的

1.091亿人，占全国人口总数的8%，志愿服务约14.82亿小时，折算价值535.9亿元。

2013年，全国实际接受现金及物资的社会捐赠总量为954亿元。其中，货币及有价证券捐赠750.87亿元，物资捐赠折价203亿元。另有彩票公益金社会公益使用量为118亿元，当年志愿服务捐赠折算价值约412亿元。全核算社会捐赠总量为1484亿元。

2014年，预期社会捐赠总量将达到1046亿元。其中，基金会系统接受的捐赠总额预估为420亿元；慈善会系统的捐赠款物预估为426亿元；民政系统接受的社会捐赠款物82.26亿元，红十字会系统26.43亿元，其他机构91.7亿元。慈善会系统的捐赠较2013年有较大增长。加上全国志愿服务小时折算价值535.9亿元和预估彩票公益金社会公益使用量399亿元，全核算社会捐赠总价值预计将达到1981亿元，较2013年增长33.5%。

2014年是开门立法打开公共空间的一年。自年初至年尾，全国人大内务司法委员会牵头主导《慈善法》立法草案起草工作，社会组织界和学界广泛参与，协同立法，以多场次、多议题、多形式、多主体、多版本等方式进行慈善立法讨论，反映民意，与立法者充分沟通，展现了国家与社会良性互动的效果和价值，为中国慈善史记下重要一页。

2014年是互联网慈善、营销慈善、快乐慈善的一年。当年8月，从美国传入中国的"冰桶挑战"通过微博、微信等新媒体的传播，在短短一周内阅读人次达45亿，捐款达800多万元，渐冻人这个特殊罕见病一夜之间世人皆知。这场没有灾难动员，并非政府推动，也不是公益机构主动出击，而是由公众自发参与的史无前例的大规模公益活动，给予中国公益界一次风暴式的洗礼，同时也检阅了中国互联网公益发展的最新高度。它以互联网化、社交性、娱乐性等创新特征，使公益刻板的传统面貌一扫而空。还有中国扶贫基金会发起的"饥饿24小时全民公益活动"，阿里巴巴和腾讯网发起的公益众筹都在2014年展示了新媒体、新公益所能带来的新能量和新希望。"冰桶挑战"从而成为中国公益史上一个重要节点，成为做公益的方式行进到2.0时代的标志。

2014年又是公益要不要市场化大讨论的一年。尽管未能达成共识，但民间社会的讨论与争论给公益界带来的民主和自由的氛围却前所未有。越来越多的人认可大慈善属于民间公益，不应受政府控制和行政干预，市场机制在慈善公益资源的供给与配置方面应该和可以发挥重要作用，同时，也要运用社会市场机制培养与动员公民参与慈善公益的意识，这将关乎中国慈善事业发展的根本动力。

2014年还是多个慈善组织集中受到社会公众的质疑质询和慈善界内部冲突诉诸法律的一年。嫣然天使专项基金和嫣然天使儿童医院、深圳壹基金、中华医学会、中国红十字会、浙江施乐会等著名或知名公益机构应公众和政府的要求对其运作和项目做出说明。上海浦东一个民办非企业单位状告万科公益基金会侵犯其公益产品《全民植物地图》著作权，成为中国公益组织知识产权维权第一案。这些事件大都被选入本书年度慈善热点事件记录和分析，既是我国慈善事业制度环境滞后的反映，也是全民慈善增进社会活跃度的表现。向着广度和深度进军的中国慈善事业迫切需要厘清规范与自由、规制与激励的界限，并呼唤《慈善法》出台，以实现依法作为和依法行为。

2014年还是中国彩票公益金首次过千亿大关的一年。中国福利彩票和体育彩票总销量达3823.68亿元，当年筹集彩票公益金1040亿元。这意味着2014年由彩票发行筹集、间接来自公众的公益金与直接来自公众的社会捐赠总额对等，各为1000亿。那么，彩票公益金使用主体、分配方式和效果监督将成为慈善公益研究的重要命题。

近年来，中国慈善组织开始走出国门，登上世界慈善公益舞台。尤其一批勇于创新的基金会，走入非洲、亚洲直接开展适应当地民众需要的慈善项目。在2014年，中国基金会"走出去"的理念和行动都随着中国国际地位的上升而更加明确，这不仅是中国慈善发展的新动向，而且是中国民间社会有意愿参与全球治理的一个标志。

Abstract

China's philanthropy reached a new juncture under "rule by law" in 2014.

It was a year in which all government departments strove to implementthe spirit ofthe Third Plenum of the 18th Central Committee of the Communist Party of China and to promote social reform within an overall deepening of comprehensive reforms. It was a year marked by mobilization of social forces and social organizations under the economic New Normal [of a slowing and rebalancing economy] to participate in social services, social governance and particularly for charitable organizations to join in poverty reduction and development. It was also a year in which national and local governments attached greater importance to the promotion of charitable endeavor by philanthropic organizations.

In 2014, the revised *Environmental Protection Law* recognized, for the first time, the qualifications of social organizations to bring an environmental class action. Latest statistics indicate that about 300 social organizations are eligible to initiate environmental public interest litigation. In another first, the *Guiding Opinions of the State Council on Promoting the Healthy Development of Charity Undertakings* called for exploring new ways to donateincome derived from intellectual property, technology, shares and securities to encourage the formation of charitable trusts. The Ministry of Civil Affairs issued the *Guiding Outline for Building the Regiment of Social Service Volunteers in China* (2013 – 2020) and the Central Spiritual Civilization Construction Steering Committee released *Opinions on Advancing the Institutionalization of a Volunteer Service Mechanism*. In 2014, local governments created relevant policies and legislation to encourage the development of philanthropic organizations and boldly initiated innovative pilots in Beijing Municipality, Hunan and Guangdong Provinces (including the cities of Guangzhou and Shenzhen), Shanghai, and the provinces of Fujian, Hainan and Zhejiang (including Hangzhou City).

2014 was a fruitful year for philanthropy. By year-end, there were 600,000 officially registeredsocial organizations nationwide, an increase of 9.7% over 2013, with over 30000 directly registered [rather than under an intermediary organization]. There were 307000 membership-based organizations, an increase of 6.2% over 2013; 289,000 private non-enterprise entities (a 13.3% increase), and 4044 foundations (a 13.9% increase).

The *Blue Book* made a first statistical compilation of public self-organization, and estimated the number of unincorporated membership-based organizations at around 26.3million. This included 200000 – 300000 documented community-based social organizations; 15000 foundation linked project offices or charitable funds; six million unregistered and unrecorded self-initiated social organizations and 20 million internet communities.

Statistics and estimates indicated roughly 2.203million registered and unregistered volunteer services organizations in 2014, with 67.1million registered volunteers and a further42 million unregistered. These volunteers included 109.1million participants in volunteer activities, or 8% of China's population, and contributed 1.482 billion hoursof volunteer service with an imputed value of CNY 53.59billion.

Donations from society in the form of cash and goods reached CNY 95.4 billion in 2013, with CNY 75.087 billion in cash and securities and CNY 20.3 billion in goods. The social welfare lottery fund added a further CNY 11.8 billion and the value of in-year volunteer services equated to roughly CNY 41.2billion. Together, these totaled CNY148.4billion in social donations.

Social donations are anticipated at CNY 104.6billion in 2014 with donations received by the foundation system potentially reaching CNY 42 billion; charity system cash and goods CNY 42.6 billion; donations of cash and goods to the Ministry of Civil Affairs system CNY 8.226 billion; the Red Cross System CNY2.643 billion; and CNY 9.17 billion to other organizations. Donations to charities and the Red Cross system have increased quite markedly over 2013 figures. Adding the imputed value of volunteer hours of service nationwide (CNY 53.59billion) and an estimated CNY 39.9 billion from the social welfare lottery fund yields a total value of CNY 198.1 billion donations, or an 33.5% increase over 2013.

2014 was a year in which the preparation of new legislation opened public space. Throughout the year, the internal Legislative Affairs Committee of the National People's Congress shepherded drafting of the "Charity Law." This involved broad participation from social organizations and research groups through multiple meetings, issues, formats, topics, and versions to discuss the draft law, reflect public opinion, fully connect with legislators and to realize the effectiveness and value of state-society interaction. It marked an important new page in the history of China's philanthropy.

2014 was the year of internet charity, charity marketing and joyful charity. In August, "Ice Bucket Challenge" arrived from the US and attracted 4.5 billion reader-hits in a week through micro blogs, We-chat and other forms of new media. Donations exceeded CNY 800 million and the rare disease of ALS [amyotrophic lateral sclerosis] became widely known. This activity was not disaster-driven, government promoted or led by charitable organizations. Instead, it arose through unprecedented, large scale and spontaneous public participation. It gave China's philanthropy a drenching baptism, marking its new magnitude and innovations in internet connectivity, social exchange and joyfulness. 2014 also saw the new energy and hope that new media and new philanthropy could bring through activities like the China Fund for Poverty Alleviation's "24 Hour Famine" and Alibaba and Tencent's internet charitable donation events. "Ice Bucket Challenge" became a new benchmark for charity in China and a hallmark of its entering the 2.0 era.

2014 was also a year of great debate on whether philanthropy should become market driven. No consensus was reached, but these popular discussions and debates gave the philanthropy field an unprecedented atmosphere of democracy and freedom. It is increasingly recognized that Big Charity is a type of popular philanthropy that does not require government control or administrative intervention. The market mechanism can, and should, play an important role in provision and distribution of charitable resources. Social marketing mechanisms can also cultivate and activate citizen awareness to participate in philanthropy – the basic driving force for charity development in China.

2014 was also a year in which multiple charitable organizations were publicly questioned and internal conflicts arose over access to justice. The public and government called on Sweet Angel special fund and Sweet Angel Children's Hospital, Shenzhen One Foundation, the Chinese Medical Association, the Chinese Red Cross, Zhejiang Oxfam and other famous or well-known public institutions to clarify their actions and projects. A private non-enterprise entity in Pudong, Shanghai sued Vanke Foundation for infringing copyright to its public good product, the *People's*

Abstract

Plant Map. This became the first case of intellectual property right protection for a PRC philanthropic organization. Most of these events are recorded and analyzed in the annual Hot Topics section of this book. They reflect the stagnant state of China's charitable activity system and the increasing activity of popular philanthropy. As they move toward greater breadth and depth, China's philanthropic endeavors sorely need clarity of norms and freedom, boundaries for regulation and incentives, and passage of a *Charity Law* to realize law-led actions and behavior.

2014 was also the first year that the China Welfare Lottery broke through the CNY 100 billion mark. Total sales from the China Welfare Lottery and Sports Lottery reached CNY 382.368 billion and in-year transactions CNY 104 billion. This indicated that funds raised from the lottery in 2014, those coming indirectly from public welfare funds and directly from social donationseach amounted to CNY one billion. On this basis, the main beneficiaries of the Welfare Lottery, its method of distribution and monitoring of effects will be critical issues for philanthropy research.

In recent years, China's charitable organizations have begun to go abroad and engage in international philanthropy. In particular, a group of brave and innovative foundations has directly launched charitable projects suited to local people's needs in parts of Africa and Asia. In 2014, the thinking and actions of Chinese foundations "going abroad" became clearer in parallel with China's own rising international status. This is a new direction in the development of China's philanthropy and an indicator of civil society desire to participate in global governance.

目　录

Ⅰ 综论

B.1 国家制度建设与民间讨论的一年
　　——2014年中国慈善事业发展综述　　董　强 / 001
B.2 2013～2014年度中国慈善捐赠报告　　宋宗合 / 017
B.3 2014年社会组织法规政策综述　　廖　鸿　许　昀 / 033

Ⅱ 基本报告篇

B.4 2014年全国基金会发展概况　　马　昕　程　刚　王　君 / 054
B.5 2014年中国慈善会成长报告　　杨　刚 / 073
B.6 2014年中国民非和非法人社团发展报告　　黄伟夫 / 084
B.7 2014年中国志愿者捐赠价值报告　　翟　雁　辛　华 / 099
B.8 2014年中国宗教慈善报告　　郑筱筠 / 135

Ⅲ 专题报告篇

B.9 2014年中国彩票与慈善发展报告　　宋宗合 / 154
B.10 中国基金会"走出去"：趋势、现状与前景　　陆　波 / 166

B.11 协同合作　专业救灾
　　——云南鲁甸地震救援中的社会组织 ………… 张国远　郭　虹 / 185

B.12 冰桶挑战：成就中国公益嘉年华 ……………………… 张天潘 / 199

B.13 维吉达尼：移动互联支持下的城乡互动助农合作在
　　新疆的有益探索 ………………………………… 崔丽丽　刘敬文 / 217

BⅣ　热点事件篇

B.14 开门立法　社会参与
　　——记慈善立法实践中的国家与社会互动 ………………… / 232

B.15 "轻公益"的来临
　　——"冰桶挑战赛"宣告公益进入2.0时代 ………………… / 239

B.16 鲁甸抗震：政府主导社会组织协同机制发挥更大力量 ……… / 246

B.17 壹基金、天使妈妈遭质疑，公信力建设任重道远 …………… / 254

B.18 潘石屹向哈佛、耶鲁捐赠助学金惹争议 ……………………… / 260

B.19 马云、蔡崇信40亿美元捐赠设立公益信托 …………………… / 265

B.20 《广州市社会组织管理办法》出台："宽进严管"社会组织 …… / 271

B.21 杨六斤事件：折射法律、媒体、福利问题的多棱镜 ………… / 279

B.22 公益组织知识产权第一案 …………………………………… / 285

B.23 施乐会募捐置顶事件引发有偿募捐的争论 …………………… / 292

BⅤ　境外慈善篇

B.24 韩国第三部门发展经验初探 ……………………… 徐启智 / 300

B.25 2013~2014年度美国慈善报告与全球慈善发展趋势
　　………………………………… 北京师范大学中国公益研究院 / 316

ⅥB 附录

B.26 2014年公益慈善年度大事记 …………………………… / 350
B.27 2014年公益慈善政策法规摘要 …………………………… / 360

B.28 后记 …………………………………………………… / 405

皮书数据库阅读**使用指南**

CONTENTS

Ⅰ Overview

B.1 Philanthropic Development in 2014: Discussing State-Building and Popular Development *Dong Qiang* / 001

B.2 Annual Analysis of Charitable Donations in 2013-2014 *Song Zonghe* / 017

B.3 Review of Philanthropy-related Regulations and Policies in 2014 *Liao Hong, Xu Yun* / 033

Ⅱ Basic Reports

B.4 Foundation Development in 2014 *Ma Xin, Cheng Gang and Wang Jun* / 054

B.5 Growth of Charitable Associations in 2014 *Yang Gang* / 073

B.6 Development of Private Non-enterprise and Unincorporated Associations in 2014 *Huang Weifu* / 084

B.7 2014 Report on the Value of Volunteering *Zhai Yan, Xin Hua* / 099

B.8 2014 Report on Religious Charity *Zheng Xiaoyun* / 135

Ⅲ Special Reports

B.9 The China Lottery and Philanthropic Development in 2014 *Song Zonghe* / 154

CONTENTS

B.10 Trends, Conditions and Prospects for Chinese Foundations Going Abroad　　　　　　　　　　　　　　　　　Lu Bo / 166

B.11 Collaboration and Professional Disaster Relief: Social Organizations in the Ludian, Yunnan Earthquake Relief Response
　　　　　　　　　　　　　　Zhang Guoyuan, Guo Hong / 185

B.12 Ice Bucket Challenge: Achievements of China's Public Welfare Carnival　　　　　　　　　　　　　　Zhang Tianpan / 199

B.13 VIZDAN: Exploring Mobile Internet Support for Rural-urban Interaction and Farmer Cooperation in Xinjiang　　Cui Lili, Liu Jingwen / 217

BIV Hot Topics

B.14 Open Law-making and Social Participation
　　—National and Social Interaction in the Practice of Charity Legislation / 232

B.15 TheAdvent of "Soft Philanthropy": Ice Bucket Challenge Brings Philanthropy into the 2.0 Era　　　　　　　　　　　　　　/ 239

B.16 Ludian Earthquake: A Government-led Social Organization Collaboration Mechanism Releases Greater Energies　　　　/ 246

B.17 The Long Road to Credibility as The One Foundation and Angel Mama Face Public Doubts　　　　　　　　　　　　　　/ 254

B.18 Controversy over Pan Shiyi's Harvard and Yale Scholarship Donations　　　　　　　　　　　　　　　　　　　　　　/ 260

B.19 Ma Yun and Cai Chongxin donate US 400 Million to Create a Philanthropy Trust　　　　　　　　　　　　　　　　　　/ 265

B.20 "Entry Eased but Management Tight" for Social Organizations in the New *Guangzhou Social Organization Management Methods*　/ 271

B.21 The Yang Liujin Case Reflects Legal, Media and Welfare Problems　　　　　　　　　　　　　　　　　　　　　　　/ 279

B.22 A First Case of Philanthropic Intellectual Property Rights   / 285
B.23 Oxfam's Mega Fundraiser Event Triggers Debate over Paid
      Donations   / 292

B V Overseas Philanthropy

B.24 An Initial Exploration of Third Sector Development Experience
      in South Korea   *Xu Qizhi* / 300
B.25 The 2013-2014 Report on US Philanthropy and Trends in Global
      Philanthropy Development
            Beijing Normal University China Philanthropy Research Institute / 316

B VI Appendices

B.26 Major Philanthropic Events in 2014   / 350
B.27 Summary of Philanthropy Policies and Regulations   / 360

B.28 Postscript   / 405

综 论
Overview

国家制度建设与民间讨论的一年
——2014年中国慈善事业发展综述

董 强*

2014年，中国慈善事业在国家与民间协力推动下，取得了重大的进展与丰硕的成绩。据民政部初步统计，截至2014年12月底，全国社会组织的数量增长很快，已经达到60万个，与2013年度比总量增长了9.7%，其中社会团体达30.7万个，比2013年增长6.2%；民办非企业单位总数已达到28.9万个，比2013年增长了13.3%；基金会达4044个，比2013年增长13.9%，全国直接登记的社会组织已经超过3万个。①

2014年中国的基金会数量继续攀升，同时在净资产、捐赠收入与支出方面也不断增长。根据基金会中心网的统计，截至2014年12月31日，全国基金会总数达4211家，较2013年增加584家，年增长16.10%。其中，有公募

---

* 董强，中国农业大学人文与发展学院，副教授，博士。
① 国家民间组织管理局副局长李勇做客中国政府网并答网友问，http://www.gov.cn/wenzheng/talking08/20150310ft91/。

基金会1487家，占35.31%；非公募基金会2724家，占64.69%。同2013年相比，非公募基金会在全国的占比增加了4个百分点。截至2014年年底，基金会净资产已超过1000亿元规模。此外，捐赠收入和公益支出也平稳增长，至2014年年底，基金会捐赠收入达420亿元，公益支出已超过300亿元。①

2014年中国的捐赠总额超过了千亿大关，达到1046亿元，比2013年度954亿元增长了9.64%。2014年的捐赠中，包括各级民政部门共接收款物约82.26亿元，其他政府部门、事业单位、人民团体等其他捐赠接收约为91.7亿元，中国红十字会系统接收约26.43亿元，慈善会系统接收捐赠约426亿元，基金会捐赠接收总量为420亿元。②

2014年全国福利彩票和体育彩票总销量达3823.68亿元，当年筹集彩票公益金1040亿元。这意味着来自民间的间接捐赠和直接捐赠大体对等，各为1000亿元。那么，民众间接捐赠的彩票公益金，其使用主体、分配方式和效果监督均应纳入慈善公益研究的视野，使用与分配不仅要更加透明公开，而且应该按其非财政资金的性质设计使用和分配方案，不应将其纳入中央和地方政府购买社会组织服务的财政预算，分配资金应成立由社会各界代表参加的决策委员会。

2014年，中国的企业家捐赠热情不减。无论是胡润慈善榜，还是中国捐赠百杰榜，都反映了这一趋势。2014年10月28日，胡润慈善榜发布。阿里巴巴马云成为了此份榜单的头名。相比2013年，前100名上榜慈善家平均捐赠额上升264%，平均捐赠额超过2亿元。胡润慈善榜显示，捐赠教育领域的慈善家占27%，其次是社会公益领域，占20%，第三是赈灾领域，占19%，扶贫占11%。③根据中国公益研究院发布的2014年中国捐赠百杰榜统计，入榜人员捐赠总额（含承诺）超过304.16亿元。马云因捐赠个人持有价值超过169亿元的阿里巴巴股份而位居榜单首位。从捐赠投入领域来看，有超过257亿元的善款捐给了各类慈善机构，且并未限定使用领域，这部分捐赠占总额的84.42%。从捐赠流向来看，境外机构接收的捐赠总额超过242亿元，占总数

---

① 程刚、马昕、王君：《2014年全国基金会发展概况》，见本书第54页。
② 宋宗合：《2013~2014年度中国慈善捐赠报告》，见本书第17页。
③ 《2014胡润慈善榜发布》，http://news.sohu.com/20141028/n405553800.shtml。

的80%，成为捐赠主要接收方。从捐赠者所属行业来看，从事房地产行业的个人或家族数量为35个，继续位居所有行业第一，但此项捐赠的人数已明显低于往年。从捐赠者地域分布来看，广东有25位捐赠者入榜，再度成为大额捐赠者最多的地区。而来自浙江的慈善家以超过244亿元的成绩成为捐赠额度第一的群体。①

中国的志愿服务通过政府推动、民间参与，为慈善事业的发展提供了有力的支持。翟雁、辛华的研究表明，2014年度中国（大陆地区）的志愿服务组织约有200.9万家，登记的志愿者总人数约6710万人，未登记而参与志愿服务的民间志愿者约4200万人。2014年实际参与服务的志愿者人数约1.091亿人，占全国人口总数的8%，志愿服务约14.82亿小时，折算价值为535.9亿元。②

一 国家全面构建促进慈善事业发展的制度环境

2014年，国家依照十八届三中全提出的治理体系与治理能力现代化的战略部署，在党的系统、人大系统、政协系统、国务院系统全面构建促进慈善事业发展的制度环境。从国家的角度来看，中国的慈善事业的发展要着眼于实现社会自主服务、自主管理的治理目标。

1. 中国政治系统全面推动慈善事业的发展

2014年，中国的各级政府部门正是在激活慈善公益组织活力的主导思路下全面关注慈善事业，并从不同政治体系的功能制定促进慈善事业发展的重要政策。2014年2月，全国人大将慈善法列入十二届全国人大常委会立法规划一类项目，并在2月24日启动了慈善事业立法领导小组第一次全体会议。早在2005年民政部就提出了关于慈善法的立法建议，2006年进入了立法程序，随后搁置了长达七年。按照《慈善法》的立法时间表，将于2015年提起审议。此次《慈善法》的立法工作由全国人大内务司法委员会牵头。全国人大

---

① 中国公益研究院：《〈2014中国捐赠百杰榜〉发布》，http://www.bnu1.org/research/donated/dynamic/2767.html。
② 翟雁、辛华：《2014年中国志愿者捐赠价值报告》，见本书第99页。

内务司法委员会在此次立法过程中采取开门立法的形式,在2014年向多个学术机构征求意见,并已将多份建议稿上交。2014年7月,全国政协就如何更好地发挥公益慈善组织在社会治理中的作用这一议题召开双周协商座谈会。2014年10月,中国共产党第十八届四中全会通过了《中共中央关于全面推进依法治国若干重大问题的决定》。在该决定中,明确要加强社会组织立法。2014年10月,李克强总理主持召开国务院常务会议,确定发展慈善事业措施,汇聚更多爱心扶贫济困。11月,国务院下发了《国务院关于促进慈善事业健康发展的指导意见》。这一指导《意见》是我国慈善领域首次以国务院名义出台的规范性、纲领性文件。《意见》明确指出扶贫济困是慈善事业的重要领域,要形成慈善事业与社会救助的有效衔接和功能互补。《意见》首次提出探索捐赠知识产权收益、技术、股权、有价证券等新型捐赠方式,鼓励设立慈善信托。同时,《意见》对慈善组织的信息公开和社会监督提出了明确的要求。

2. 党政体系发文促进志愿服务,实现民生改善和治理提升的目标

中国的志愿服务分别受党、政府、群团组织的管理。中央精神文明委员会作为党的机构来实现对志愿服务的管理。民政部作为政府的机构来对志愿服务进行管理。团中央作为群团组织的代表行使管理权限。2014年,团中央、民政部、中央文明委先后发布相关的指导意见,推进志愿服务。2013年年底,团中央、中国青年志愿者协会制定了《中国青年志愿者行动发展规划(2014~2018)》。该规划指出青年志愿者行动要在服务青年成长、满足社会需求、引领文明风尚等方面发挥更大作用,为创新社会治理体制、加强社会建设做出新贡献。2014年年初,民政部印发《中国社会服务志愿者队伍建设指导纲要(2013~2020年)》。《纲要》提出,社会服务志愿者队伍建设的总体目标是:建立健全社会服务志愿者法规、政策、制度体系,畅通志愿者参与社会服务的渠道,夯实志愿者参与社会服务的基础,营造人人愿为、人人能为、时时可为的社会服务志愿者发展环境,使社会服务志愿者队伍的数量、质量与结构适应构建社会主义和谐社会的需要,满足社会成员尤其是困难群体日益增长的社会服务需求。通过规范招募注册、深化教育培训、加强记录管理、完善评价激励、加快平台建设、推进服务开展等方面促进社会服务志愿者队伍的建设。到2020年,注册社会服务志愿者占居民总数的比例达到10%。2014年2月,中央精神文明建设指导委员会出台了《关于推进志愿服务制度化的意见》。中央文明委出台此项意见是基于对中国当前志愿服务发展中的问题分析，得出的结论是只有通过志愿服务的制度化才能促进志愿服务的持续发展。《意见》提出要从四个方面加强志愿服务的制度化水平：志愿者招募注册、志愿者培训管理、志愿服务记录制度、志愿服务激励机制。《意见》要求充分发挥社区在志愿服务中的主导作用，依托社区综合服务设施，建立志愿服务站点，搭建志愿者、服务对象和服务项目对接平台，把志愿服务活动做进城乡基层、做进社区、做进家庭。

3. 新《环保法》扩大环保公益诉讼主体范围，提高社会协同与公众参与的程度

2014年4月24日，第十二届全国人大常委会第八次会议通过了修订后的《环境保护法》，并将于2015年1月1日正式实施。这部法律从2011年到2014年期间，共历经三次审议，第四次审议才得以通过。首部《环境保护法》于1989年颁布。中国30余年经济发展所带来的复杂环境问题已远远超越了《环境保护法》的法律监管权限。中国迫切需要一部新的《环境保护法》。《环境保护法》的修订工作开始于2011年，期间经历了全国人民代表大会法律委员会取代全国人民代表大会环境与资源保护委员会负责起草工作。《环境保护法》起草负责主体的调整背后是经济利益与环保利益的抉择。

新《环境保护法》在修订过程中引起社会争议的是环保公益诉讼主体资格。在2012年8月一审时，公益诉讼未列入。2013年6月二审时，公益诉讼主体为中华环保联合会以及在省、自治区、直辖市设立的环保联合会。2013年10月三审时，公益诉讼主体为依法在国务院民政部门登记、专门从事环境保护公益活动连续五年以上且信誉良好的全国性社会组织。2014年4月，四审时，公益诉讼主体为依法在设区的市级以上人民政府民政部门登记、专门从事环境保护公益活动连续五年以上且无违法记录的社会组织，可以向人民法院提起诉讼。四审稿中调整力度非常大，一方面是将公益诉讼主体的范围大幅扩大，另一方面将三审稿中的信誉良好改为无违法记录。这样的改动，进一步约束了地方在认定公益诉讼主体上的裁量权限。新《环境保护法》是中国继《民事诉讼法》之后的第二部明确社会组织公益诉讼主体资格的实体法，也是首次认定了社会组织在环保公益诉讼中的主体资格。根据最新统计，目前国内

符合环保公益诉讼主体资格的社会组织数量在300家左右。尽管相比二审和三审的规定，最终《环境保护法》的公益诉讼主体的范围扩大了，但是对于草根环保组织而言其面对的门槛依然很高。

为了鼓励并支持环境民事公益诉讼，2014年6月最高人民法院出台了《关于全面加强环境资源审判工作 为推进生态文明建设提供有力司法保障的意见》。该意见从以下方面推进了环境民事公益诉讼：充分保障法律规定的机关和有关组织的环境民事公益诉权，依法确定环境民事公益诉讼的管辖法院，探索完善环境民事公益诉讼的审判程序，依法确定环境民事公益诉讼的责任方式和赔偿范围，探索构建合理的诉讼成本负担机制。

4. 国家的各个部门密集出台鼓励并支持公益慈善组织参与经济发展和社会服务的相关政策

国家在明确支持发展公益慈善组织，促进构建治理体系与治理能力现代化的重大决定之后，国家的各个部门相继在相关政策中增加了促进公益慈善组织发挥应有作用的内容，公益慈善组织在国家治理体系中逐步实现主流化。2014年，中央为适应经济社会发展新形势，相继出台了促进科技服务业、体育产业、旅游业、现代保险服务业、生产性服务业等产业发展，建设社会信用体系、促进市场公平竞争、做好高校毕业生就业创业工作、动员社会力量参与扶贫开发，推进司法和社会体制改革等多项政策举措，其中发挥公益慈善组织作用均被放在了突出位置。① 公益慈善组织通过上述政策引入，真正实现了其在未来治理进程中发挥重要价值的政治铺垫。

国家除了通过各个部门鼓励公益慈善组织的政策参与，同时也清醒地意识到中国的公益慈善组织发育还非常不成熟，还需要外部提供更为有利的发展环境。2014年，国家在此方面也有多个改善公益慈善组织发育环境的文件出台。2014年1月，民政部和全国工商联联合发文《关于鼓励支持民营企业积极投身公益慈善事业的意见》。在该意见中，明确提出鼓励支持民营企业参与公益慈善事业：开展社会捐赠、设立慈善组织、与慈善组织合作、组织员工开展志愿服务、在投资兴业中吸纳困难群体、传播慈善文化、创新参与公益慈善事业的其他方式。在该意见中的亮点是鼓励民营企业通过捐赠有价证券、专利、技

---

① 《2014年社会组织十件大事》，http：//www.chinanpo.gov.cn/1938/83048/index.html。

术及公益信托等新方式参与慈善事业。中国的慈善事业需要民营经济的参与，特别是在捐赠方面。当然，国家也需要民营经济在慈善事业发展中发挥更大的作用。2014年10月，民政部下发了《关于民政部门利用福利彩票公益金向社会力量购买服务的指导意见》。《意见》指出，按照《彩票管理条例》和《彩票公益金管理办法》规定的彩票公益金使用范围，重点资助适合采取市场化方式提供、社会力量能够承担的扶老、助残、救孤、济困等福利服务和相关公益服务项目。到2020年，在全国基本建立比较完善的福彩公益金购买服务制度。2014年11月，财政部和民政部下发《关于支持和规范社会组织承接政府购买服务的通知》。在该《通知》中，国家提出要加大对公益慈善组织承接政府购买服务的支持力度，主要从以下方面着力支持：加强公益慈善组织培育发展；按照突出公共性和公益性原则，逐步扩大承接政府购买服务的范围和规模；探索多种有效方式，加大公益慈善组织承接政府购买服务的支持力度。2014年，国家出台的这两项关于政府购买服务的文件，一方面要增加购买服务的资金渠道；另一方面要规范政府购买服务的工作。从而能够为公益慈善组织有效承接政府购买服务，为国家的经济发展与社会服务发挥更加突出的作用。

5. 地方政府积极出台相关的法律及政策意见，推动并规范公益慈善组织的发展

2014年，地方政府在国家政策倡导下，采取了多种先行先试的创新做法。北京市、湖南省、广东省（包括广州市、深圳市）、上海市、福建省、海南省、浙江省杭州市等多地都制定了鼓励公益慈善组织发展的相关法规与政策。在此基础之上，作为中国改革的前沿阵地，广东省在制定公益慈善组织的相关法律方面，着重探索如何有效规范公益慈善组织的有序发展。

2014年1月1日，《北京市促进慈善事业若干规定》正式施行。《规定》对于北京慈善发展原则，首先提出发展慈善事业坚持政府引导。作为政府，对于慈善事业的发展应该通过规范和监管加强引导和支持，而不是给予过多的行政干涉。《规定》提出依法成立的公募基金会以外的其他慈善组织依照章程开展慈善活动确需面向不特定的社会公众公开募集财产的，应当与公募基金会联合开展募捐活动。2014年3月，深圳市民政局征求《深圳市社区基金会培育发展工作暂行办法》。深圳市希望充分发挥社区基金会在拓宽慈善资源渠道、健全社区公共服务体系、改善社区民生和公共福利、提升社区自治和社会治理水平等方面的作用。2014年5月，福建省民政厅出台《关于大力培育发展社区社会组织的指导意见》。2015年前，按照"3+X"模式，初步形成发展有序、覆盖广泛、布局合理的社区社会组织体系。"3"指一个社区社会组织联合会、一个社区居家养老服务站（中心）、一个社区志愿者服务协会；"X"指社区结合实际成立的包括社区服务、社区事务、慈善救助、文化体育等类型社会组织。同时对各类社区社会组织进行登记注册或备案管理做了明确的规定。

  2014年3月，深圳法制办向市民广泛征集对《深圳经济特区慈善事业促进条例》（修订稿）的意见。该《条例》在多个方面实现了突破，例如，将募捐权限扩大到所有的慈善组织。具有公募资质的慈善组织可以依法开展慈善募捐活动；无公募资质的慈善组织依照《条例》办理募捐备案手续之后，可以开展慈善募捐活动。《条例》突破了《公益事业捐赠法》对捐赠财产的保值增值的有关限制，慈善组织在确保资金安全的前提下，经理事会2/3以上理事同意，可以通过购买理财产品、投资实体、债券、股票、基金、期货和慈善信托等方式，实现资产保值增值。《条例》规定慈善组织通过公募方式获取的慈善资产必须进行托管。资产实行托管的，应当与具有基金托管资格的银行签订托管协议，由托管银行提供登记、记录、统计、监督、评价、保值增值和募捐活动现金收纳等服务。《条例》首次提出慈善信托，明确了慈善工作主管部门为公益事业管理机构，可批准慈善信托的成立。同时界定慈善信托的受托人应当包括有信托资质的银行、信托公司和公益慈善类基金会。但是，在该修改稿中悄然删掉了关于境外组织和人员在深圳申请登记注册慈善组织的相关条款。2014年8月，广东省法制办发布了《广东省社会组织条例》（征求意见稿）。该条例是国内第一部综合性的公益慈善组织地方法规，主要包括登记注册、内部治理、权益保障、监督管理、法律责任等方面。《条例》还规定公益慈善组织管理机制应当遵循政社分开、权责明确、依法自治的原则。不难看出，广东省注重公益慈善组织去行政化以及公益慈善组织的自主发展、自主治理。2014年10月，广州市政府发布《广州市社会组织管理办法》。该《办法》取消了社会团体和民办非企业单位注册资金的要求。这两类组织成立登记时不须向登记管理机关提供验资报告。

二 中国民间慈善的发展讨论与行动实践

2014年，与政府推动慈善事业的进度相比，中国民间慈善更多的是在讨论层面凝聚慈善发展共识。对民间五个版本《慈善法》的研讨、公益市场化发展的讨论都说明了中国慈善领域内部没有做好迎接慈善事业大发展的思想准备。中国慈善事业要得到发展，除了政府提供宽松支持性的制度环境外，公益慈善组织的发育与成长是核心内容。2014年中国公益慈善组织的发展状况显示，慈善组织需要更为完善、细致、包容、与时俱进的制度环境，同时，慈善组织在逐步学会如何赢得公众的支持，也在探索如何有效提升慈善组织间合作质量。慈善组织在生存空间博弈方面，依然要面对一个强大的国家所带来的制度压力。中国公益慈善组织继续推进国际化，意义重大。

1. 慈善法的民间讨论

2014年全国人大启动《慈善法》立法工作。与此同时，关注慈善的中国学术机构纷纷开展相关的立法研讨，并草拟了多个民间版本的《慈善法》。这些学术机构主要包括：北京大学法学院非营利组织法研究中心及清华大学公共管理学院NGO研究所、北京师范大学中国公益研究院、中国社会科学院法学研究所、中山大学南方公益研究院、上海交通大学第三部门研究中心、山东大学等。2014年12月底，中国灵山公益慈善促进会组织了民间版本《慈善法》的研讨会。从已公布的民间版本来看，主要关注慈善组织、慈善募捐、慈善捐赠、慈善志愿服务、法律责任等方面。根据北京大学金锦萍副教授的分析，北大、清华版本从慈善法典的角度加以草拟。在慈善组织一章，主要关注从注册到关闭的一系列规范。该版本规定了慈善组织的财产使用管理，特别是有关慈善组织的经济行为边界、关联交易、公益促销等方面。此外，对于境外慈善组织的分支机构以及非法人性质的慈善组织进行了专门规定。北师大版本运用广义的慈善概念。该版本采用了认定制度，将法人资格的取得和慈善组织资格的取得相分离。慈善募捐采取的是募捐资格自动获取制，募捐活动的备案制，募捐活动以信息公开为核心的全过程的规范，放开了募捐成本的限制。同时，对激励制度进行了专章规定，主要是以税为核心，税收减免制度和财政激励制度

并重,其中把股权捐赠、经营性收入和投资收入的税收减免予以明确规定。社科院版本提出了两个制度,一个是慈善企业的制度,另外一个是诉讼超额利益的制度。中山大学版本更像是一部慈善基本法,对慈善文化建设进行了专章规定。上海交大版本独创了国家慈善委员会作为统一的慈善事业主管机关。该版本对社会企业、社区基金会分别做了专章规定。① 总体而言,上述学术机构的立法版本都强调了《慈善法》要成为促进中国慈善事业发展的"良法",而不是阻碍其发展的"恶法"。

2. 中国公益要不要市场化的讨论

中国公益要不要走市场化的道路是2014年慈善领域争论最多的焦点之一。笔者认为,这一主题的讨论关乎未来中国公益的发展走向。2014年,徐永光分别以《公益变革、以市场化挑战行政化》《公益市场化刍议》两篇文章提出了中国公益变革的市场化出路。徐永光认为,公益市场化旨在恢复市场在公益资源配置中的基础地位,消除当前行政化带来的一系列弊端。这一观点的提出,随即引来了公益领域资深人士的辩论与讨论。中国扶贫基金会副理事长何道峰、中国青少年发展基金会秘书长涂猛、清华大学博士后褚蓥等都赞同市场化发展方向。何道峰认为,中国公益模式的核心是在社会公共治理中引入市场机制的制度性安排,从而保证有效地创造新公共产品以缓释市场经济创富竞争造成的社会鸿沟与冲突。② 涂猛认为,在十八届三中全会提出社会公益组织去行政化和市场化的背景下,新的激励机制将不再是基于身份而应当是基于绩效的激励。在相同规则的基础上,社会公益组织要公平地来竞争,需要遵循优胜劣汰的规律。从中国青基会的市场化过程来看,主要集中在公益产品标准化、品牌市场的定位、协调受益人市场和捐赠人市场等方面③。由此不难看出,主张中国慈善市场化的观点着重强调通过竞争机制提升公益资源的配置效率。对此,也有观点不认同当前中国慈善事业的市场化走向。英国萨塞克斯大学发展

---

① 金锦萍:《〈慈善法〉五个民间版本之比较与说明》,中国灵山公益慈善促进会《慈善法》民间版本研讨会会议纪要,2014年12月21日。
② 何道峰:《用公益市场化开启中国新道路》,《中国财富》,http://zgcf.oeeee.com/html/201412/18/1043798.html。
③ 涂猛:《公益组织市场化不等于以盈利为目的》,网易财经,http://money.163.com/14/1215/19/ADHHFEUV002554JB.html。

学博士生刘韬认为，"公益市场化"的提法实际上完全抽离了NGO的政治本质，有可能使国家和市场迅速合谋，对NGO进行更有"效率"的驯化。① 慈善匿名人士胡不喜认为，市场逻辑与公民社会逻辑有着本质的区别：市场的指向是利益最大化，而公民社会的指向是社会公义。两种指向的不同，使得企业和NGO的工作逻辑有着本质的不同：企业的逻辑是效率，也就是要以最小的成本、最低的风险实现最大的收益；NGO的逻辑是赋权，也就是使参与者获得自觉和自理能力，以提升其存在状态的善性。效率依赖分工和专业化程度，而这本身就是一个"去权"的规训过程——而这恰恰是NGO所要反思和反对的。同时，市场领域的单一价值会消解掉公民社会领域的多元价值。② 由此不难看出，市场化的发展导向会消除NGO的政治属性以及多元价值的风险，这正是对立观点担忧的核心。这一讨论贯穿2014年，但最终没有取得相互认同的共识。中国的民间慈善，一方面要摆脱行政化的束缚，另一方面又要实现慈善资源（资金、人才）的有效供给。市场化可以在资源供给与配置方面发挥重要作用，更为重要的是培养与动员公民参与意识，这是关乎中国慈善事业发展的根本动力。2015年，柴静年度雾霾调查：穹顶之下引发公众对于环境问题的重视，就是公民推动慈善事业的典型表现。

3. 多个知名慈善组织受到质疑

2014年，多个慈善组织受到了公众与政府的质疑。这些慈善组织不乏知名机构，如嫣然天使专项基金和嫣然天使儿童医院、深圳壹基金、中华医学会、中国红十字会、浙江施乐会等。2014年的质疑事件突出反映了当前中国慈善事业的制度环境滞后，从而在慈善组织与公众、政府之间缺乏制度信任。

2013年12月到2014年2月，周筱赟持续质疑嫣然天使专项基金和嫣然天使儿童医院的财务问题，引起了社会的普遍关注。8月12日，民政部公布对中国红十字基金会嫣然天使专项基金的核查结果，认定没有发现周筱赟所举报的问题。此次嫣然事件的争议焦点是嫣然天使专项基金会和嫣然天使儿童医院的财务信息公开程度。周筱赟依据的是2014年1月刚刚生效的《北京市促进

---

① 刘韬：《警惕"公益市场化"》，NGO发展交流网，http://www.ngocn.net/home/news/article/id/90132。
② 胡不喜：《NGO，市场在那，公平在哪？》，NGO发展交流网，http://www.ngocn.net/home/news/article/id/359413。

慈善事业若干规定》，而李亚鹏则依据《基金会管理条例》和《非办非企业单位登记管理暂行条例》。由于法律上的规定模糊以及相互之间的衔接不足，导致了公众对于嫣然事件无法进行合理判定。

2014年4月，四月网在新浪微博质疑壹基金的雅安地震3亿元捐款被"贪污"。这是壹基金自成立以来遇到的最大规模的公众质疑。壹基金秘书长杨鹏和创始人李连杰都在微博上进行了回应，否认了贪污的指责，并向四月网主办单位发出了律师函。由于壹基金对于质疑问题的逐一专业回应，最终质疑壹基金的声音逐渐降低下来。

2014年6月，国家审计署通报中华医学会通过召开160个学术会议招商，两年收取医药企业赞助8.2亿元。中华医学会下属有83个专科分会，全国最好的医生都是其会员。企业正是看中了中华医学会的医生资源，投入巨额赞助。而这种行为违反了《社会团体登记管理条例》中社会团体不得从事营利性经营活动的规定。

2014年8月，腾讯网曝光了中国红十字会备灾救灾仓库通过"阴阳合同"的形式实现"以捐代租"。中国红十字会之所以这样做，是为了弥补备灾中心的经费不足。中国红十字会出租仓库事件暴露出红十字会系统的双重属性（行政属性与公益属性）的尴尬。

2014年11月，媒体报道浙江省金华市慈善总会施乐会向求助者收取置顶费。根据施乐会披露的数据，2013年10月到2014年年底，共收取了约719万元的置顶费。这是施乐会在此前通过高额提成获得捐赠之后第二次引发的争议。从施乐会案例来看，公益组织在采用商业化手段运作慈善的方式，这方面仍存在法律空白。

4. 慈善组织向公众募款的创新

中国慈善事业在捐赠构成方面，公众捐款的占比始终都居于极低的位置。特别是郭美美事件以来，中国公众对于慈善事业的公信度处于极低的水平。2014年，这一局面得到了很大的改观。慈善组织试图在接近公众，打动公众方面取得了很好的效果。慈善组织通过社交媒体、跑步公益、网络众筹等方面实现了诸多突破。

中国的社交媒体在动员公众参与慈善方面起步较早，但2014年公益慈善组织看到了事件营销在社交媒体中的巨大能量。"冰桶挑战"这样的社交话题都是突如其来的，那么，公益慈善组织能否在下一个社交话题中抓住机遇将决定于机构的敏感度。2014年8月17日，ALS冰桶挑战赛从美国传入中国，并迅速通过新浪微博等社交媒体进行病毒式传播，大量的社会名人参与挑战。8月18日，瓷娃娃罕见病关爱基金联合新浪微公益发起了"助力罕见病，一起冻起来"项目进行公众募款。根据冰桶挑战专项基金监督委员会发布的数据，截至2014年8月30日，冰桶挑战专项基金捐款总额为8146258.19元，其中新浪微公益筹款金额为7284981.00元，支付宝钱包爱心捐赠通道获捐423458.83元，直接向北京瓷娃娃罕见病关爱中心账户捐赠为288330.80元，百度钱包爱心捐赠通道获捐148487.56元，直接向中国社会福利基金会瓷娃娃罕见病关爱基金捐赠1000.00元。此次冰桶挑战在新浪微博的话题榜上连续保持了一周，共有4.5亿人次的阅读量。无独有偶，中国扶贫基金会在10月16日20点至17日20点发起了"饥饿24小时全民公益活动"。此次"饥饿24小时"同样是基于社交媒体的网络慈善活动。根据统计，截至10月20日20时，新浪微博体验饥饿的话题有1.5亿人次阅读，超过8万人次参与讨论。因此，中国公益组织未来如何能够利用好社交媒体产生关注，进而带动相应的筹款是考验公益组织的社交传播能力的关键所在。

  2014年，国内面向公众的筹款方式除了在社交媒体上发力之外，对于跑步也产生了浓厚的兴趣。2014年，相当多的公益组织都开发了各种类型的跑步筹款项目，如腾讯公益慈善基金会发起的益行家、中国扶贫基金会发起的善行者、中国青少年发展基金会发起的挑战8小时、壹基金发起的为爱同行、阿拉善基金会发起的穿越贺兰山、上海联劝基金会发起的一个鸡蛋的暴走、中国人口福利基金会等机构联合发起的艾滋徒步、灵山基金会发起的为爱行走、创行发起的为青年人的公益梦想起跑、绿色潇湘发起的绿行家、陈坤个人发起的行走的力量以及从美国引入的彩色跑等。上述的徒步筹款活动极大地调动了公众深度参与公益的热情。跑步筹款这一形式很好地实现了参与者与募款人的有效结合，并直接进入参与者的人际网络中，为慈善组织的持续捐款构建了稳固庞大的人际交往群体。

  2014年，中国的公益众筹处于刚起步阶段，相继有两家专业公益众筹平台上线：积善之家、新公益。同时，中国的公益众筹开始与国际化接轨。网信金融旗下的原始会战略入股全球最大的公益众筹平台Fundly。美国公益众筹网

站 Watsi 与爱德基金会合作，利用腾讯的平台进行中国本土化运营。根据瑞森德与众筹网联合发布的《2014 年中国公益众筹研究报告》，2014 年中国公益众筹市场规模达到 1272 万元。淘宝众筹和众筹网分别占市场规模的 40.41% 和 39%。众筹的项目领域主要是爱心帮扶类项目、助学类项目、环保及动物保护类项目、创新及跨界类项目、扶贫及救助类项目。2014 年，在众筹网上超过 2 万人次进行了项目投资，人均支持金额约 405 元。来自移动端的投资呈现上升趋势，占比达 49%。公益众筹项目发起人中，公益组织占 60%，个人占 40%。70% 以上的个人为 80 后、90 后群体。

5. 慈善组织合作中的冲突

合作本应该是慈善组织提升社会资本的有效途径。但是在 2014 年，有两起慈善组织合作冲突的典型案例引起关注。这两起案例都发生于基金会与 NGO 合作中。基金会与 NGO 的合作冲突早已存在。2014 年，这两起基金会与 NGO 合作的案例典型意义在于解决的途径发生了变化：运用法律手段和舆论手段。

2014 年 10 月 23 日，深圳市中级人民法院二审维持原判，判定万科公益基金会侵犯禾邻社《全民植物地图》的知识产权。禾邻社起诉万科公益基金会案必将成为公益组织知识产权保护方面的经典案例。这起诉讼案件源于 2012 年禾邻社与万科公益基金会的一次合作。2013 年 4 月，禾邻社发现万科基金会将禾邻社的《全民植物地图》以及项目总结转发给第三方的各地万科公司，并由各地的万科公司开始实施。经双方协商未果，禾邻社决定在深圳盐田区法院以侵犯著作权提起诉讼。

2014 年，灯塔计划承接了中华社会救助基金会的幸福列车在广州的慈善项目。临近项目实施之际，中华社会救助基金会突然决定暂时终止该项目的实施。灯塔计划不得不提前终止与中华社会救助基金会的合作协议，并要求支付相应的前期费用。同时，灯塔计划对外发布一条针对中华社会救助基金会的《关于"幸福列车——广州彩虹之旅"被突然取消的谴责声明》。这一声明的发出，立刻引起了公益圈的强烈批评，舆论完全倒向了灯塔计划。最终，中华社会救助基金会与灯塔计划重新协商项目，签订了项目补充协议。

6. 慈善组织与相关政府部门博弈生存空间

自 2013 年国家开始对四类慈善组织实行直接登记制度以来，慈善组织的生存空间得到了极大的释放。但是，在地方微观层面，慈善组织的生存依旧面临着制度性的障碍与风险。

2014年，有两家慈善组织由于无法注册以及业务主管单位调整，不得不采取法律手段起诉相关的政府部门。长沙一同性恋组织发起人因机构注册没有结果，随后向湖南省民政厅申请信息公开。湖南省民政厅书面答复中提到：成立同性恋社会组织没有法律基础，同性恋与我国传统文化和精神文明建设有悖，不能成立。该发起人认为这样的答复严重侵犯了自己的名誉权，决定起诉湖南省民政厅。2014年4月，中国国际经济法学会起诉民政部的行政诉讼案在北京市第二中级法院开庭。5月，中国国际经济法学会依据《政府信息公开条例》的规定，向国务院办公厅举报了民政部、司法部"不依法履行政府信息公开义务"的行为。中国国际经济法学会之所以采取这样过激的方式，是因为2007年民政部为了理顺法学社团管理体制，要求包括中国国际经济法学会在内的一批全国性法学社团更换业务主管单位。在过去，中国国际经济法学会的业务主管单位是司法部，自此更换为中国法学会。中国国际经济法学会不接受中国法学会作为业务主管单位，多次要求司法部、民政部出示国务院授权的原始依据。在申请无果的情况下，中国国际经济法学会决定起诉民政部并举报两部委。

2014年，广州市民政局公开征求《广州市取缔非法社会组织工作细则》（征求意见稿）。在该意见稿中明确界定了非法社会组织：擅自开展社会组织筹备活动的；未经登记，擅自以社会组织名义进行活动的；被撤销登记后继续以社会组织名义进行活动的。这一细则中对于非法社会组织的界定引发了广州地区慈善组织的极大关注，担心细则的实施会打击成立慈善组织的积极性。

2014年，由于开展工作过程中与地方政府部门出现了彼此间的不信任，公益组织的生存受到了很大的挑战。四川公益组织爱思青年在高校开展的社团活动中受到了有关政府部门的压力。最终经过相互的沟通，消除了误解。立人乡村图书馆由于受到了相关政府部门的压力，采取了停止运营的决定。

7. 中国慈善的国际化

中国慈善事业近年来开始走出国门，在非洲、亚洲等欠发达国家开展相关的慈善项目。2014年，中国慈善的国际化越发多元，主要体现在捐赠国际化、项目国际化、评奖国际化。

捐赠国际化大都是由中国企业家或企业实施的。根据《2014年中国捐赠百杰榜》的数据，境外机构接受的捐赠总额超过242亿元，占总数的80%，成为捐赠的主要接收方。其中包括马云和蔡崇信为未来设立公益信托而向海外慈善机构进行的捐赠，以及潘石屹向哈佛大学和耶鲁大学进行的捐赠。2015年初，马云回应了捐赠海外的原因，由于中国公益信托制度不完善而导致股权捐赠要双重缴税，从而极大地抬高了捐赠国内基金会的成本。SOHO基金会设立"SOHO中国助学金"，向世界一流大学捐赠1亿美元助学金，资助在这些大学攻读本科的中国贫困学生。哈佛大学、耶鲁大学成为接收捐赠的首批合作院校。SOHO基金会之所以选择海外院校捐赠，某种程度上也是中国高校的捐赠制度不完善以及教学质量不高造成的。因此，中国对包括公益信托在内的捐赠制度的改革是留住国内公益资源的关键所在。

项目的国际化在2014年表现得并不明显，但是公益组织试图进入国家援助体系，并以民间帮助民间的方式形成补充力量。2014年5月，李克强总理访问安哥拉，参观公益组织百年职校。他高度评价中信百年职校将希望工程的理念带到了非洲。同年，中国扶贫基金会与中国灵山公益慈善促进会联合共同举办了主题为"民间帮助民间"的2014年灵山公益慈善促进大会公益非洲分会，倡导民间公益参与中国在非洲的援助。同时，中国灵山公益慈善促进会还在灵山慈善公益大会上向埃塞俄比亚捐赠1000万元人民币，分5年执行，用于支持该国的农村扶贫项目。2014年年底，西南地区的公益慈善组织开始进入缅甸果敢地区开展相应的服务工作。此外，深圳市创新企业社会责任促进中心、深圳慈善会、上海财经大学社会企业研究中心联合在第13届全球社会企业创新大会上发布了《2014年社会影响力投资在中国》的研究报告，以此促进中美两国在影响力投资领域的合作。

2014年，中国的公益慈善组织在参与国际交流方面效果突出。多个公益人和公益慈善组织先后获得各种国际公益奖项。中国残联主席张海迪当选为新一届康复国际主席。牛根生理事获得TNC2014年年度橡树叶奖。珠穆朗玛峰国家级自然保护区潘得巴协会获得联合国开发计划署颁发的赤道奖。中国青年创想计划获得亚洲开发银行主办的亚洲青年奖。中国妇女发展基金会的"母亲水窖"公益项目获得英国国际视觉传播协会"号角·中国"可持续发展事件奖。

B.2
2013~2014年度中国慈善捐赠报告

宋宗合*

摘　要： 矫正后的2013年度社会捐赠数据为953.87亿元，而依据当期已经公开的数据测算出2014年社会捐赠总额超过1046亿元。捐赠数据总额的变化展示了中国慈善事业在逐步成长，基金会行业稳步成长，慈善会系统的捐赠收入也同步高速增长。然而，善款使用的透明度需要进一步加强，善款使用效率需要全社会和社会组织自身进一步推动提升。网络众筹等技术途径使个体爱心呈显性增长，但是个人捐赠仍然处于低微发展阶段。

关键词： 慈善捐赠　捐赠数据　捐赠分析　中国

目前采用的社会捐赠汇总数据，依然建立在民政系统整体接收社会捐赠基础上，汇总慈善行业主体机构（包含基金会行业、慈善会系统）以及日常监测数据测算所得。主要数据来源包括民政部统计年鉴、社会服务公报、统计季报、社会组织年度审计报告和网络公开数据等。

一　2013年中国慈善捐赠概况

根据矫正后的中国慈善捐赠数据，2012年中国实际社会捐赠总额为889

---

* 宋宗合，《社会福利》杂志副主编。

亿元，2013年实际捐赠额为954亿元，中国社会捐赠在慈善文化步入理性时代后逐步走上稳步增长阶段。

（一）年度慈善资源总量分析

2013年度实际接收现金及物资捐赠量为953.87亿元，其中现金和有价证券为750.87亿元，物资折价203亿元。另有彩票公益金社会公益使用量为327亿元，各类志愿服务的折算价值约302亿元。

1. 物资及现金捐赠

2013年度，全国各级民政部门直接接收社会各界捐款为107.6亿元，直接接收捐赠衣被10405.0万件，捐赠物资价值折合人民币8.7亿元。①

2013年度，红十字会系统接收社会捐赠总额为32.05亿元（中国红十字会总会的财务报告周期为去年10月1日至本年度9月30日）。②

2013年度，中华慈善总会的捐赠收入为100.46亿元，其中现金捐赠收入为3.99亿元。③由于慈善会系统向来是接收慈善资源的重要阵地，截至2013年年底，全国县以上的慈善会已经发展到1558家，其中地市级慈善会（含直辖市直属区、副省级市及自治州）322个，县级慈善会（含县级市、市辖区）1236个，另外还有县区级慈善分会及慈善联络站1万余个。但是关于慈善会系统的慈善捐赠额统计并未全面展开，目前《中华慈善年鉴》统计涵盖对象仅为中华慈善总会和团体会员中以省、自治区、直辖市慈善会为主的206家慈善会，慈善会全系统的统计数据目前也以此为依据。2013年，中华慈善总会和团体会员中的206家慈善会全年筹募慈善款物总额为302.09亿元，比2012年的268.65亿元增加33.44亿元，增幅为12.1%。④

2013年度，全国基金会系统收入总额为519.60亿元，捐赠收入总额为434.09亿元，捐赠收入占总收入比为83.54%。其中公募基金会捐赠收入总额为276.50亿元，占基金会系统捐赠收入总额的63.70%，非公募基金会捐赠收入总额为157.59亿元，占基金会系统捐赠收入总额的36.30%。

---

① 2013年《社会服务发展统计公报》。
② 中国红十字会总会提供。
③ 中华慈善总会2013年度审计报告。
④ 2013年度《中华慈善年鉴》。

其他测算数据为,除民政部门以外的政府部门社会捐赠总额为47.8亿元;人民团体和免于登记社团接收社会捐赠2.5亿元;其他未明机构如事业单位、宗教机构等接收社会捐赠27.74亿元。①

表1 2013年中国社会捐赠系统与数量

序列	接收系统	金额(亿元)
1	基金会系统	434.09
2	慈善会系统	302.09
3	其他机构	107.6
4	民政系统	78.04
5	红十字会系统	32.05
合计		953.87

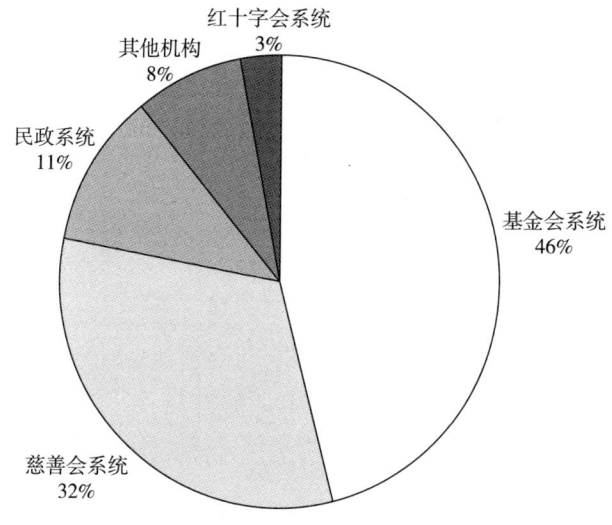

图1 2013年中国社会捐赠系统与比例分布

2. 彩票公益金社会公益使用量

彩票被认可为"两元慈善",彩票公益金一直以来就是社会公益力量发挥作用的重要资金来源。2013年中央财政当年收缴入库彩票公益金425.78亿元,加上2012年结转收入85.75亿元,共511.53亿元。根据国务院批准的彩

---

① 2013年度《中国慈善捐助报告》。

票公益金分配政策,彩票公益金在中央和地方之间按50%∶50%的比例分配,专项用于社会福利、体育等社会公益事业,按政府性基金管理办法纳入预算,实行"收支两条线"管理,专款专用,结余结转下年继续使用。中央集中彩票公益金,在全国社会保障基金、中央专项彩票公益金、民政部和国家体育总局之间分别按60%、30%、5%和5%的比例分配。地方留成彩票公益金,由省级财政部门商民政、体育等有关部门研究确定分配原则。按上述分配政策,考虑结余结转因素,经全国人大审议批准,2013年中央财政安排彩票公益金支出450.09亿元。其中,分配给全国社会保障基金理事会276.65亿元,用于补充全国社会保障基金;分配给中央专项彩票公益金127.33亿元,用于国务院批准的社会公益事业项目,由使用彩票公益金的部门或单位向财政部提出申请,经财政部审核报国务院批准后,组织实施和管理;分配给民政部23.05亿元,按照"扶老、助残、救孤、济困、赈灾"的宗旨,由民政部安排用于资助为老年人、残疾人、孤儿、有特殊困难等人群服务的社会福利设施建设和受助对象直接受益的项目;分配给国家体育总局23.05亿元,由国家体育总局安排用于落实《全民健身计划纲要》和《奥运争光计划》等体育事业项目。中央集中彩票公益金收支相抵,结余61.44亿元(见图2)。①

2013年,福利彩票公益金共筹集510.67亿元,民政部本级使用额度23.05亿元,其中民政部共安排中央级项目资金1.82亿元,采取委托部直属单位或者向社会力量购买服务等形式开展老年人福利、残疾人福利、儿童福利和相关社会公益项目。另外,向各地下达2013年度民政部本级彩票公益金补助地方项目资金共计212344万元,分别用于支持老年人、残疾人、儿童福利事业和相关社会公益事业。②

在2013年体彩所筹集的351亿元公益金中,将有175.50亿元留在地方,有175.50亿元上缴中央作为中央彩票公益金。在175.50亿元中央彩票公益金中,将有105.30亿元用于支持社会保障基金;52.60亿元用于专项公益金,支持多项社会公益事业。

如此,中央彩票公益金中用于社会公益事业的资金达173.43亿元。地方

---

① 财政部:《2013年彩票公益金筹集分配情况和中央专项彩票公益金安排使用情况公告》。
② 《民政部2013年度本级福利彩票公益金使用情况公告》。

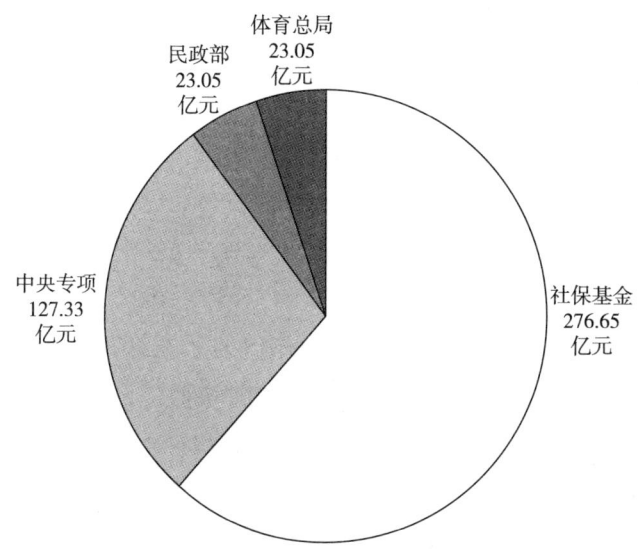

图 2　2013 年度中央彩票公益金社会公益资金使用量

彩票公益金由于隔年使用以及地方政府使用规则不一，财政使用和民政部门使用标准不一，用于社会公益领域的资金没有统计数据可鉴。根据民政部统计，2013 年度全国各省福利彩票公益金支出为 92.37 亿元。体彩公益金地方使用总量没有公开数据，如果不计年度结余，仅以 2012 年度资金全部用于 2013 年度，资金量为 146.9 亿元，参照民政部门地方资金实际支出比例，约为 60.85 亿元，三者相加约为 327 亿元。

3. 志愿服务总量

中国的志愿者服务体系尚未统一，从服务领域看，志愿服务逐步覆盖城乡社区建设、敬老扶幼助残、抢险救灾减灾、社会公益慈善等众多服务领域，但是志愿服务的统筹单位却分散在各个部门。如共青团系统的青年志愿者，民政系统的社区志愿者，妇联系统的巾帼志愿者，残联系统的残疾人志愿者等。

民政部正在探索建立公民志愿服务的记录制度。推进建立服务登记的信息系统，以便于"在线登记、网上查询"。在统一的记录制度建立起来之前，志愿者参与人数及志愿时间登记，仍然散见于各组织单位，由于统计单位不统一、统计对象复杂，不排除有重复登记的可能。目前广为采用的数据是民政部领导在多次发言中引用的概数：常年开展活动的志愿者已经超过 6000 万人，每年为社会提供逾3亿小时的志愿服务。

2014年度中国（大陆地区）志愿者在官方登记人数约为6710万人，实际参与服务的志愿者人数约为1.091亿人，志愿者捐赠率为8%，捐赠时间约为14.82亿小时，志愿者捐赠价值合计约535.9亿元。①

（二）2013年度捐赠来源及捐赠途径分析

1. 捐赠来源

2013年，企业捐赠款物约占捐赠总额的七成，仍然是中国社会捐赠中的主要来源，从近三年的捐赠占比来看，企业捐赠在整体捐赠中呈上升趋势。个人捐赠行为虽然得到一定程度激发，但是占比仍然较小，当然这是统计视野范围之内的测算，未通过社会组织或其他接收单位的个人捐赠行为多数并未留有记录。近些年由于社会组织的登记量一直保持10%以上的增速，因此社会资本通过成立社会组织的方式进行捐赠不断攀升，2013年表现尤其明显，年度捐赠总额占比达到6.88%（见图3）。②

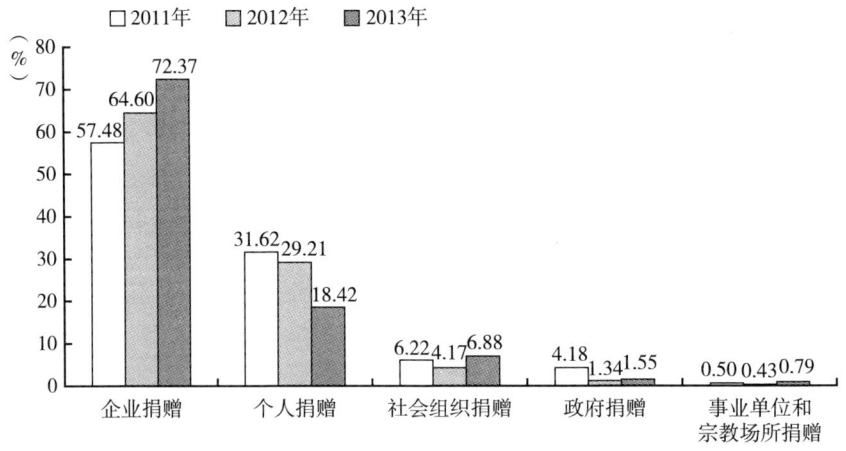

图3 2011~2013年各类捐赠来源方及其在社会捐赠总体中占比

以最大捐赠来源企业方为例，择其样本分析，2013年度国有及国有控股企业、民营企业、港澳台资和侨资企业、外资（合资）企业四种企业类型占

---

① 《2014年中国志愿者捐赠价值报告》。
② 中民慈善捐助信息中心监测数据。

企业总体捐赠的比例分别为6.50%、51.06%、0.71%、41.74%。可以看出,民营企业仍然是企业捐赠主体的中坚力量(见图4)。

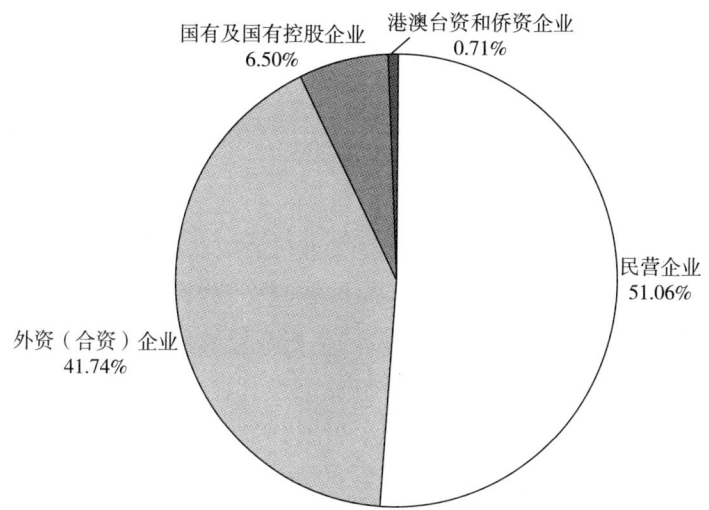

图4 四类企业捐赠在企业总体捐赠中占比

如果以国内外计,2013年境外捐赠约占总体捐赠额的11.47%,比2012年上升了63.29%。其中物资捐赠仍是境外捐赠的主要部分,捐赠物资中又以药品捐赠居多。境外物资捐赠约占境外捐赠总量的76.40%。而境外捐赠方主要由境外企业、境外个人、境外社会组织、境外政府构成,占境外捐赠资源的比例分别为76.40%、16.94%、5.52%、0.05%。这些资源多数流向慈善会系统和高校。其中72.96%的资源捐赠给了慈善会系统(见图5)。

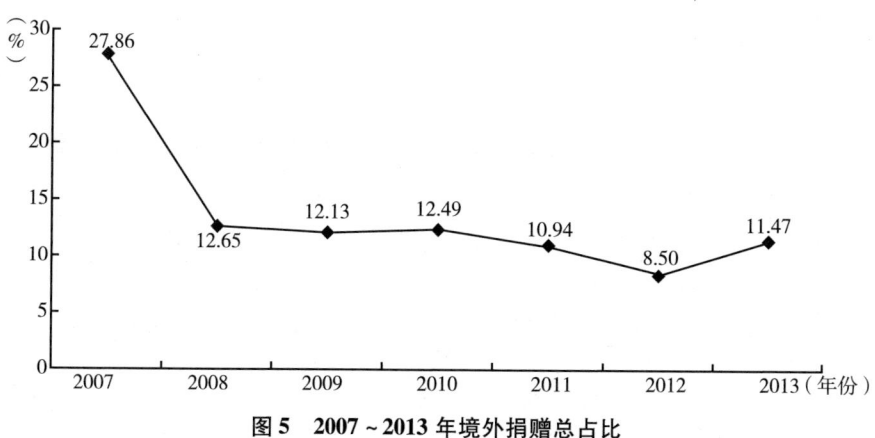

图5 2007～2013年境外捐赠总占比

2. 捐赠途径

社会捐赠通常是指自然人、法人或其他社会团体出于爱心，自愿无偿地向公益性社会团体、公益性非营利单位、某个群体或个人捐赠财产实现公益目的的活动。现实社会中，捐赠途径包含直接向专业的慈善机构、政府或事业单位、宗教机构等社会单位进行捐赠，通过媒介（包含网络）直接向有资格接收捐赠的慈善组织捐赠或者直接捐给受益人本身。

2013年度，全社会共向政府机构捐赠145.40亿元，其中民政系统接收社会捐赠107.60亿元，除民政系统以外的党政机关接收47.80亿元。

2013年，社会组织类型之中，中华慈善总会和团体会员中的206家慈善会接收慈善款物总额为302.09亿元。基金会行业共接收社会捐赠434.09亿元。人民团体和免登社团（含红十字会）共接收社会捐赠34.55亿元，其中红十字会系统32.05亿元。

另外，事业单位（如社会福利机构、学校）和其他社会组织（除上述社团、基金会之外的民办非企业单位等社会组织）也是捐赠者捐赠的途径，根据中民慈善捐助信息中心的监测数据测算，2013年度这些机构接收社会捐赠约27.74亿元。通过宗教机构和不可统计接收单位捐赠的方式则无法计量。

网络捐赠则因为缺乏诸多规范，媒体动员和个人众筹纷出，因此除了几个大型网络募捐平台的自统计和指定的公募机构留存捐赠记录外，并无趋势可查。根据腾讯公益、新浪微公益、支付宝E公益的数据显示，2013年三大网络捐赠平台共接收网络捐赠2.95亿元①。

（三）2013年度善款意向及善款使用分析

1. 善款意向领域

捐赠者的意向往往跟社会实际需求相关，政策的指引性及公益慈善机构对慈善项目的开发也起到很大的引导作用。2013年，捐赠者的捐赠意向领域与往年保持一致，减灾救灾、扶贫、教育、医疗健康、文化等领域一直是公众关切的重要慈善领域。

由于药品捐赠在物资捐赠中占比大，达到物资捐赠的90.91%，因此全社

---

① 各网络平台公开数据。

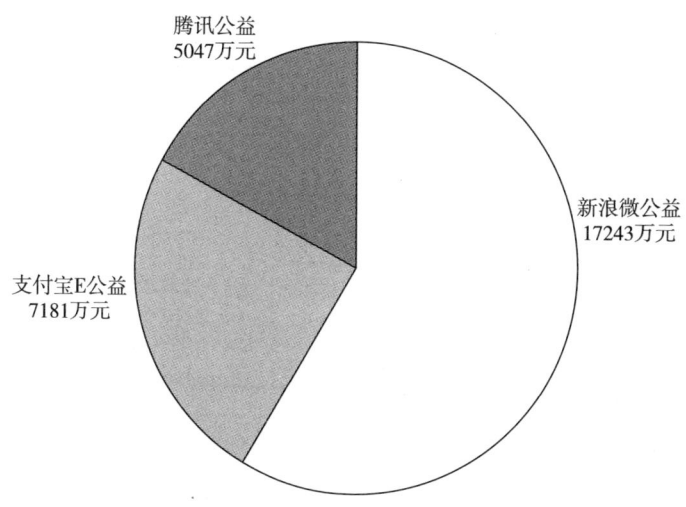

图 6　2013 年度三平台网络捐赠数据

会总的捐赠额中，医疗健康领域占比最高，为 37.71%；其次为教育，占 27.48%；减灾救灾占 12.93%；扶贫占 9.76%；文化占 4.82%。但是从现金捐赠来看，排序略有变化，前五个领域依次是教育占 42.38%、减灾救灾占 20.27%、扶贫占 10.77%、医疗健康占 8.54%、文化占 6.33%（见图 7）。

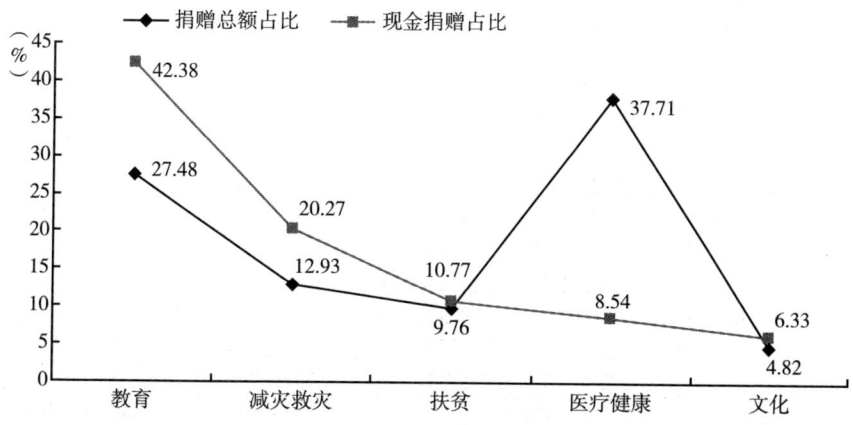

图 7　2013 年捐赠意向领域总额占比与现金占比

2. 善款使用区域

由于接收地尤其是北京集中的中央部门及全国性慈善组织，多数存在转移

捐赠行为，这些二次捐赠或多次转捐行为缺乏实际统计，因此实际接收捐赠区域很难从整体上体现。而民政部门所接收的捐赠（现金捐赠，不含民政部本级）①相对转移捐赠情况简单，因此更具有参考价值（见图8）。

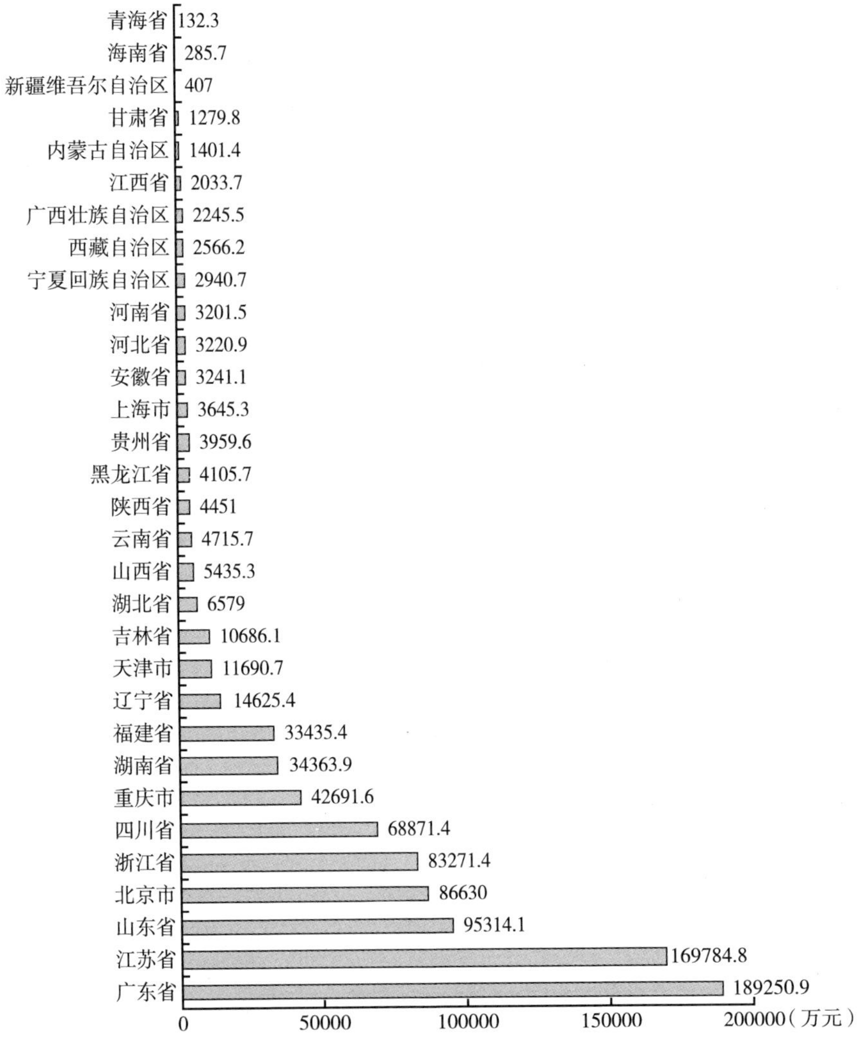

青海省 132.3
海南省 285.7
新疆维吾尔自治区 407
甘肃省 1279.8
内蒙古自治区 1401.4
江西省 2033.7
广西壮族自治区 2245.5
西藏自治区 2566.2
宁夏回族自治区 2940.7
河南省 3201.5
河北省 3220.9
安徽省 3241.1
上海市 3645.3
贵州省 3959.6
黑龙江省 4105.7
陕西省 4451
云南省 4715.7
山西省 5435.3
湖北省 6579
吉林省 10686.1
天津市 11690.7
辽宁省 14625.4
福建省 33435.4
湖南省 34363.9
重庆市 42691.6
四川省 68871.4
浙江省 83271.4
北京市 86630
山东省 95314.1
江苏省 169784.8
广东省 189250.9
0
50000
100000
150000
200000（万元）

图8　2013年各省份民政部门接收社会捐赠额

① 民政部财务司：《2013年度季报分省数据》。

3. 善款使用效率

善款使用处于慈善捐赠链条的末端,且善款使用往往存在当年度捐赠收入部分转移至下一年甚至多年期限使用的情况,因此不能简单地用年度对账的方式来衡量善款使用的及时性,对善款使用效率的考量存在很大的复杂性,包含及时性、有效性、充分性、合理成本等多重因素,但目前的善款使用评价还缺乏有效的工具,因此这里仅对善款使用的及时性作一分析。

2013年,民政系统共接收社会捐赠107.6亿元,其中包含直接接收现金捐赠为88.93亿元,接收其他部门转入捐赠现金3.01亿元,直接接收物资捐赠价值3.06亿元,其他部门转入物资捐赠价值2.07亿元,直接和间接接收衣被价值约10亿元。2013年度民政系统捐赠现金支出为23.74亿元,占民政系统接收现金捐赠总额91.94亿元的25.82%。

基金会的支出一直保持较高标准,2012年全国基金会支出总额为325.28亿元,同比增长12.60%,与2011年的增长幅度基本持平,呈现稳定的增长趋势。其中,公益支出316.89亿元,占总支出的97.42%,比上年增长12.98%。①

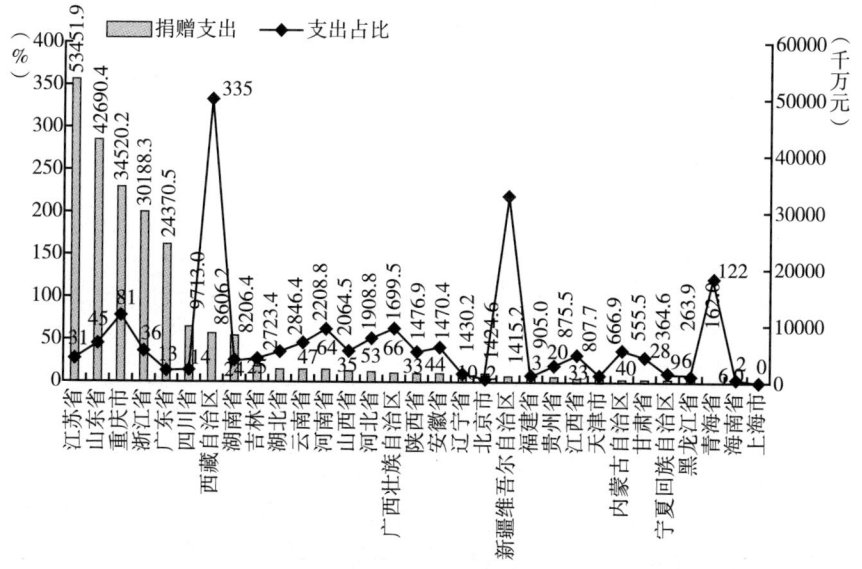

图9 2013年各省民政部门捐赠支出及支出占比

---

① 《2013年度基金会发展状况评析》。

2013年度，以中华慈善总会为代表的慈善会系统捐赠支出占比保持在80%以上，尤其是中华慈善总会是参照《基金会管理条例》执行的机构并且参与相关评级，因此支出占比与基金会行业保持一致，年度支出超过90%。

二　2014年度中国慈善捐赠概况

2014年，根据部分已统计数据和测算数据可得当年总社会捐赠量约为1046亿元，彩票公益金社会公益使用量为399亿元。

（一）2014年度捐赠测算

2014年度，根据民政部门的数据统计显示，2014年全年各级民政部门共接收款物约82.26亿元（见图10），其中直接接收现金67.61亿元，其他捐赠物资4.67亿元，各地接收捐赠衣被2150.5万件，转入捐赠衣被18.6万件，大约折价3.91亿元。来自其他部门转入民政部门的现金捐赠为2.35亿元，其他捐赠物资折价约3.72亿元。①

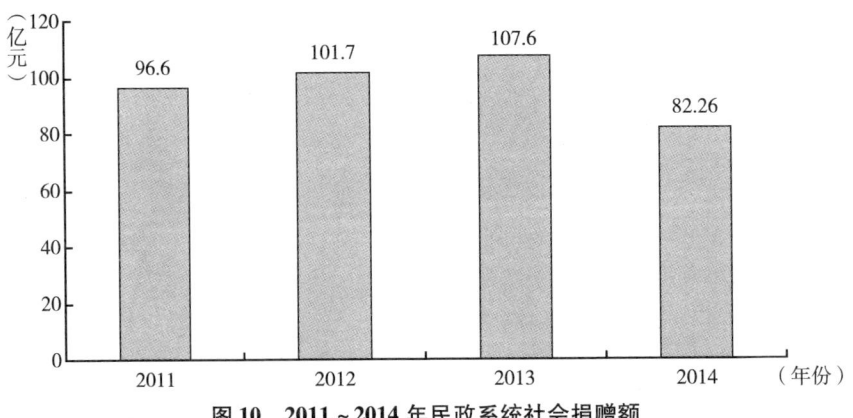

图10　2011~2014年民政系统社会捐赠额

2014年度，中华慈善总会全年共接收社会捐赠款物128亿元，同比增长27.2%，再创历史新高。其中物资折合人民币125.4亿元，货币资金2.63亿元。截至2014年8月底，全国县以上慈善会已经发展到2359个。其中：省、

---

① 2014年民政部规财司季报数据。

直辖市、自治区慈善会31个;地市级慈善会(含直辖市直属区、副省级市及自治州)432个;县级慈善会(含县级市、市辖区)1896个;县区级慈善分会及慈善联络站12503个。与上年度相比,地市级慈善会新增110个,县级慈善会新增660个。① 由此可见慈善会系统的发展速度。仍然以中华慈善总会和慈善会系统增比来测算2014年慈善会系统捐赠额,依照增比均值可以测算2014年慈善会系统捐赠额约为426亿元(见图11)。

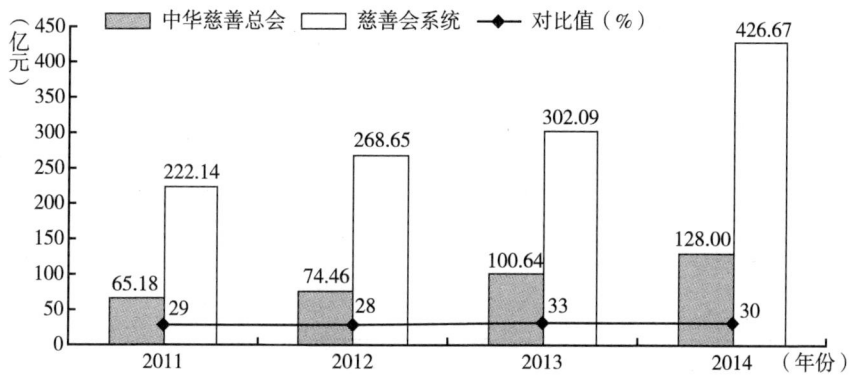

图11　2011~2014年慈善会系统捐赠图

来自基金会行业的捐赠数据并未公布。根据历年基金会行业矫正数据测算,2011年度基金会行业捐赠接收总额为400.67亿元,2012年基金会行业捐赠接收总额为376.19亿元,2013年基金会行业的总收入为434.09亿元,基金会行业总收入呈上升趋势,但是收入结构逐步发生变化,捐赠收入额相对低走,因此测算2014年度基金会行业捐赠接收总量约为420亿元。

表2　基金会2010~2014年总收入、捐赠收入及其占比

年份	基金会总收入(亿元)	基金会捐赠收入(亿元)	捐赠收入占比(%)
2010	330.23	—	—
2011	447.11	400.67	89.6
2012	436.42	376.19	86.2
2013	519.60	434.09	83.5
2014	520	420	81

---

①　2013年度《中华慈善年鉴》。

中国红十字会系统由于其国际人道主义的特性，与慈善组织的功能有所差异，并不特定有筹款功能，善款接收量并无一定规律可循，其接收善款应当归入人民团体类型（见表3）。2014年，全国红十字会系统累计接收境内外捐款26.43亿元，其中中国红十字会总会接受捐赠39304.36万元，省级红十字会接收捐赠65055.31万元，市县级红十字会接收捐赠159910.64万元。[①] 自2011年起，呈逐年下降趋势。

表3 全国红会2008～2014年接收捐款量

年份	全国红会捐赠总收入（亿元）	年增长率（%）
2008	214.4	—
2009	37.73	-824.02
2010	76.30	102.23
2011	41.98	-44.98
2012	38.03	-9.41
2013	32.05	-15.72
2014	26.43	-17.54

按照中国公益慈善网年度新闻监测数据，2012年度监测额为104.96亿元，2013年度为124.79亿元，2014年度为145.04亿元，[②] 三年监测数据增幅均值为1.17，从而测算出包含其他政府部门、事业单位、人民团体等其他捐赠接收约为91.70亿元，再加上中国红十字会系统26.43亿元，2014年中国社会捐赠总额约为1046.39亿元（见表4）。

表4 2014年中国社会捐赠分布

序列	接收系统	金额（亿元）
1	基金会系统	420
2	慈善会系统	426
3	其他机构	91.7
4	民政系统	82.26
5	红十字会系统	26.43
合计		1046.39

① 中国红十字会总会提供。
② 中国公益慈善网，http://www.charity.gov.cn。

（二）2014年彩票公益金社会公益使用量

2014年共筹集彩票公益金1040亿元，其中福利彩票公益金为586亿元，体育彩票公益金为454亿元。按照中央集中彩票公益金在全国社会保障基金、中央专项彩票公益金、民政部和国家体育总局之间分别按60%、30%、5%和5%的比例分配，除去全国社会保障基金份额，由于结余资金和实际分配比例会根据实际情况发生变化，参照2013年中央彩票公益金中用于社会公益部分的资金量比例，2014年度约为211.8亿元，地方彩票公益金社会公益使用量约为187.2亿元，两者相加约为399亿元。

（三）2014年中国社会捐赠状况分析

中国重要的接受社会捐赠的各大系统在2014年接受捐赠的占比如图12所示，慈善会系统和基金会系统始终处于中国社会捐赠的主导型地位，约占中国慈善捐赠资源接收量的80%。尤其是慈善会系统，其叶繁枝茂的发展令人惊异。基金会系统则在发展过程中处于变革期，非公募基金会的增量已经由井喷期步入平稳增长期，公募基金会也在变革自身的收入结构，社会捐赠在基金会系统总收入中的占比已经发生微妙变化，逐步呈相对降低趋势。民政系统接收

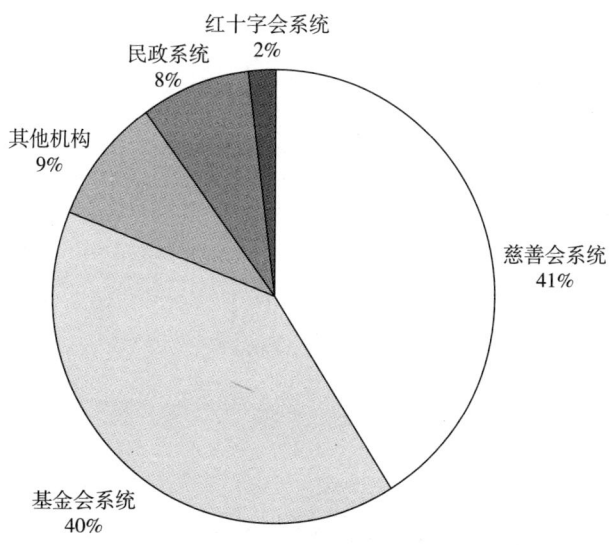

图12　2014年中国慈善捐赠分布

捐赠量相对降低，已经不足百亿元。

从捐赠源头来看，民营企业继续领衔"慈善捐赠脊梁"称号，超大额捐赠数量相对降低，无论是国企还是民企，都步入一种理性捐赠的状态，在继续布局各自公益慈善战略的路径上，组织化、捐赠委托、直接捐赠三种形态继续在浓厚的社会慈善氛围中发酵。

个人捐赠则受互联网时代技术变革的影响，众筹形态和直线对接受益人的愿望越来越强烈，而除了现金捐赠，物资捐赠比如旧衣物等随着物流技术的进步和受赠平台的完善，将在线下线上相结合的方式中形成崭新的捐赠形态。这一方面的捐赠统计也随着互联网技术的信息统计和慈善超市等实体平台的记录进一步得到体现。

由于国务院关于慈善事业发展的指导意见的发布，慈善服务将重点引向社会救助和社会福利领域，在传统的扶贫、助医、助教等发展领域中，慈善服务进一步精耕细作，为社会提供更多的服务产品，慈善组织的机构附加价值和服务附加价值得到进一步彰显。

B.3
2014年社会组织法规政策综述

廖鸿 许昀*

摘　要：	本文从党中央有关精神、国家有关法律、国务院有关政策及各有关部门具体政策措施等维度，对2014年我国社会组织法规政策建设情况进行了梳理分析。从中可以看出，社会组织法规政策体系从培育扶持发展、支持发挥作用和规范管理等方面得到进一步完善，政策走向进一步体现出中央关于积极引导发展和严格依法管理并重的社会组织发展方针，也契合了全面深化改革中简政放权和加强事中事后监管并重的思路。从政策内容来看，政府购买服务成为重要政策工具。从组织类型来看，公益慈善类和行业协会商会类社会组织是政策关注的重点。
关键词：	社会组织　行业协会商会　慈善　公共政策

　　2014年是全面深化改革元年，各项改革举措逐步落地，经济社会发展取得新进步。特别是党的十八届四中全会做出全面推进依法治国的重大战略部署，我国现代化建设进入全面建成小康社会、全面深化改革、全面依法治国、全面从严治党"四个全面"协调推进的新阶段。这一年，党中央、国务院就社会组织改革发展提出一系列新精神。十八届四中全会首次提出加强社会组织立法，并就在全面推进依法治国特别是促进法治社会建设中充分发挥社会组织

---

* 廖鸿，民政部民间组织管理局副局长（正局级），副研究员，国家行政学院、南京大学特聘研究员；许昀，民政部民间组织管理局政策法规处副处长。

作用提出了要求。国务院出台一系列促进经济社会发展的政策文件，大都对发挥相关社会组织作用做出政策安排。有关部门贯彻党中央、国务院精神，加大政策创新力度，社会组织法规政策建设取得新进展。

一 十八届四中全会首次提出加强社会组织立法

2014年10月23日，中国共产党第十八届中央委员会第四次全体会议审议通过《中共中央关于全面推进依法治国若干重大问题的决定》，明确提出了全面推进依法治国的指导思想、总体目标、基本原则，从7个方面就全面推进依法治国做出部署：一是坚持走中国特色社会主义法治道路。二是完善以宪法为核心的中国特色社会主义法律体系。三是加快建设法治政府。四是提高司法公信力。五是推进法治社会建设。六是加强法治工作队伍建设。七是加强和改进党对全面推进依法治国的领导。为做好这七个方面的工作，全会提出一系列重大举措，其中关于发挥社会组织在全面依法治国中的积极作用的举措，成为重要的政策措施。

《中共中央关于全面推进依法治国若干重大问题的决定》，首次明确提出"加强社会组织立法"，同时，全文8次提及"社会组织"一词，2次提及"社会团体"一词，2次提及"协会"一词，对社会组织改革发展和作用发挥做出新部署、提出新要求，强调社会组织必须以宪法作为根本活动准则，明确提出积极发挥社会组织在立法协商、普法和守法、推进法治社会建设等方面的作用，并首次明确提出"加强社会组织立法"，对推进社会组织法治化建设，更好发挥社会组织作用具有里程碑意义。

1. 明确以宪法为根本活动准则的原则

在"健全宪法实施和监督制度"一节提出宪法是包括社会团体在内的各类组织根本活动准则的要求。① 这一要求将社会团体与各政党、各企业事业组织一并规定遵守宪法的义务，一并赋予维护宪法尊严、保证宪法实施的职责，

---

① 《决定》规定："全国各族人民、一切国家机关和武装力量、各政党和各社会团体、各企业事业组织，都必须以宪法为根本的活动准则，并且负有维护宪法尊严、保证宪法实施的职责。"

为社会组织的活动确立了根本准则，也对社会组织赋予了神圣的职责。

2. 对发挥社会组织在立法工作中的作用提出要求

在"完善立法体制"一节中提出了在立法决策中引入第三方评估的新思路，为社会组织发挥社会第三方专业性、中立性、非营利性特点参与立法评估工作提供了空间。在"深入推进科学立法、民主立法"一节中提出了发挥社会组织在立法协商中积极作用的要求，特别是提到立法中涉及重大利益调整时要建立论证咨询机制，并将有关社会团体与国家机关、专家学者一道列为论证咨询对象。①

3. 明确提出加强社会组织立法

在"加强重点领域立法"一节明确提出"加强社会组织立法，规范和引导各类社会组织健康发展"的要求，同时对加强慈善立法提出明确要求。这是中央全会文件首次提出加强社会组织立法，对于加快推进社会组织领域立法，缓解立法滞后、法律法规不完善等制约社会组织健康有序发展的问题，加快形成党的十八大提出的现代社会组织体制，具有重要意义。

4. 对发挥社会组织在法治社会建设中的作用提出要求

在"推进多层次多领域依法治理"一节中，对社会规范的积极作用、社会组织的积极作用、行业协会商会的自律功能等提出一系列要求。一是在社会治理中，发挥行业规章、团体章程、市民公约、乡规民约等社会规范的积极作用。这是将社会组织的章程以及行业协会商会的行业规章的作用上升到法治建设的高度，体现了空前的重视。二是在法治社会建设中，发挥人民团体和社会组织的积极作用，特别提出要"建立健全社会组织参与社会事务、维护公共利益、救助困难群众、帮教特殊人群、预防违法犯罪的机制和制度化渠道"。这为社会组织在法治社会建设中如何发挥作用提出了明确的内容和渠道。三是对发挥行业协会商会的行业自律和专业服务功能，发挥社会组织对其成员的规范作用提出要求②。四是要求加强对在华境外非政府组织的管理，引导和监督

---

① 《决定》提出"充分发挥政协委员、民主党派、工商联、无党派人士、人民团体、社会组织在立法协商中的作用，探索建立有关国家机关、社会团体、专家学者等对立法中涉及的重大利益调整论证咨询机制。"

② 《决定》提出"支持行业协会商会类社会组织发挥行业自律和专业服务功能。发挥社会组织对其成员的行为导引、规则约束、权益维护作用。"

其依法开展活动。

5. 明确提出社会组织在党领导下在依法治国中发挥作用

在"坚持依法执政"一节强调:加强和改进党对全面推进依法治国的领导,将社会组织与人民团体一并作为党领导下推进依法治国的积极力量[①]。

二 国务院出台指导意见规范慈善组织发展

2014年12月18日,国务院下发《关于促进慈善事业健康发展的指导意见》(国发〔2014〕61号),对促进慈善事业健康发展做出了系统安排。这是第一个由国务院颁布的专门规范慈善事业发展的纲领性文件。《意见》从鼓励社会各界开展慈善活动、鼓励开展形式多样的社会捐赠和志愿服务、健全社会救助和慈善资源信息对接机制等方面提出鼓励和支持慈善活动的措施。《意见》首次明确提出探索捐赠知识产权收益、技术、股权、有价证券等新型捐赠方式,鼓励设立慈善信托,抓紧制定政策措施,积极推进有条件的地方开展试点。而关于实现政府救助与社会帮扶有机结合,做到因情施救、各有侧重、互相补充的政策宣示,则首次明确了政府与社会在慈善事业领域的分工合作,体现了政府基本公共服务与社会组织提供的公共服务相衔接的政策设想。在支持政策方面,强调了落实和完善减免税政策和鼓励社会力量加大支持力度两方面的政策。

《意见》就培育和规范慈善组织作出专章论述,提出一系列政策措施。

1. 提出鼓励兴办慈善组织的类型和鼓励政策

优先鼓励发展的是具有扶贫济困功能的慈善组织,提出要积极探索培育网络慈善等新的慈善形态。

2. 就慈善组织的内部治理和行政办公支出比例问题做出规范

要求慈善组织建立健全内部治理结构,完善决策、执行、监督制度和决策机构议事规则,加强内部控制和内部审计,确保人员、财产、慈善活动按照组织章程有序运作。对于公益慈善组织普遍关心的行政办公支出比

---

① 《决定》提出"各级党委要领导和支持工会、共青团、妇联等人民团体和社会组织在依法治国中积极发挥作用"。

例限制问题，文件重申了基金会工作人员工资福利和行政办公支出等管理成本不得超过当年总支出10%的要求，其他慈善组织的管理成本可参照基金会执行。同时规定，捐赠协议约定从捐赠财产中列支管理成本的，可按照约定执行。

3. 就慈善募捐活动做出规范

提出引导慈善组织重点围绕扶贫济困开展募捐活动。要求具有公募资格的慈善组织，面向社会开展的募捐活动应与其宗旨、业务范围相一致；新闻媒体、企事业单位等和不具有公募资格的慈善组织，以慈善名义开展募捐活动的，必须联合具有公募资格的组织进行；广播、电视、报刊及互联网信息服务提供者、电信运营商，应当对利用其平台发起募捐活动的慈善组织的合法性进行验证，包括查验登记证书、募捐主体资格证明材料。强调任何组织和个人不得以慈善名义敛财。

4. 就慈善捐赠款物的使用做出规范

要求慈善组织将募得款物按照协议或承诺，及时用于相关慈善项目，除不可抗力或捐赠人同意外，不得以任何理由延误。未经捐赠人同意，不得擅自更改款物用途。

5. 就慈善组织信息公开的内容、时限和途径做出规范

在公开的内容方面，要求慈善组织向社会公开组织章程、组织机构代码、登记证书号码、负责人信息、年度工作报告、经审计的财务会计报告和开展募捐、接受捐赠、捐赠款物使用、慈善项目实施、资产保值增值等情况以及依法应当公开的其他信息。但涉及国家安全、个人隐私等依法不予公开的信息和捐赠人或受益人与慈善组织协议约定不得公开的信息，不得公开。在公开的时限方面，要求募捐周期大于6个月的，应当每3个月向社会公开一次，募捐活动结束后3个月内应全面公开。在公开的途径方面，通过自身官方网站或批准其登记的民政部门认可的信息网站进行信息发布，应向社会公开联系方式，及时回应捐赠人及利益相关方的询问。

《意见》强调了对慈善组织和慈善活动的监督管理：一是明确了政府各有关部门的监督管理职责。二是要求民政部门公开慈善监督管理信息。三是提出了加强慈善领域行业自律的措施。四是提出了一系列加强社会监督的措施。五是要求民政部门作为慈善事业主管部门，要会同有关部门建立健全责任追究制

度。这些规定体现了对慈善组织和慈善活动建立政府监督、社会监督、自我监督相结合的综合监督体系的思路。同时,加强监督管理也是对当前慈善领域出现的一些不规范行为引发的公众质疑的政策回应。

为有效贯彻落实《国务院关于促进慈善事业健康发展的指导意见》的各项要求,2014年12月15日,民政部印发了《关于贯彻落实〈国务院关于促进慈善事业健康发展的指导意见〉的通知》(民函〔2014〕374号),就贯彻落实《意见》提出了16项具体任务。其中,分别从慈善组织的培育发展、自身建设、募捐活动、捐赠款物使用、信息公开、监督管理和行业自律等方面提出了具体政策措施。这些措施对国务院《意见》中关于慈善组织的相关规定进行了细化,提出了更为明确的要求。

三 政府向社会力量购买服务政策进一步落实和完善

2013年9月26日,国务院办公厅下发《关于政府向社会力量购买服务的指导意见》(国办发〔2013〕96号),明确了政府购买服务的指导思想、基本原则、目标任务和总体要求,第一次对政府购买服务做出系统安排和全面部署,这标志着建立政府购买服务制度工作在我国迈出实质性步伐。国办96号文件下发以后,中央对政府购买服务工作提出进一步要求,党的十八届三中全会要求推广政府购买服务,明确提出"凡属事务性管理服务,原则上都要引入竞争机制,通过合同、委托等方式向社会购买"[①]。为贯彻落实中央、国务院精神,2014年,财政、民政、发展改革等有关部门制定了一系列政策文件,使政府购买服务政策在不同领域得到落地,并进一步完善。

(一)完善政府向社会力量购买服务的基本制度

为落实和完善政府向社会力量购买服务政策,2014年,财政部会同民政部、国家工商总局联合制定了《政府购买服务管理办法(暂行)》,并下发了

---

① 见《中共中央关于全面深化改革若干重大问题的决定》第四章"加快转变政府职能"第15条,http://politics.people.com.cn/n/2013/1115/c1001 - 23559207 - 4.html。

《财政部关于政府购买服务有关预算管理问题的通知》（财预〔2014〕13号），在政府购买服务基本制定方面出台了进一步规定，主要包括这样几个方面的内容：

1. 制定政府购买服务管理办法

2014年12月15日，财政部会同民政部、国家工商总局联合制定了《政府购买服务管理办法（暂行）》（财综〔2014〕96号）。主要内容包括：

（1）明确了什么是政府购买服务。《办法》对政府购买服务作出定义。①从这一定义的关键词：市场机制、公共服务事项、方式和程序、具备条件、社会力量和事业单位、合同、付费可以看出，政府购买服务是政府公共服务供给方式的创新，是更好发挥社会力量参与社会治理的体现，是程序化、规范化的政社合作方式。

（2）提出政府购买服务应遵循的原则。《办法》提出，政府购买服务应坚持积极稳妥、有序实施，科学安排、注重实效，公开择优、以事定费，改革创新、完善机制等原则。

（3）明确了"谁来买"和"向谁买"的问题。《办法》明确规定，政府购买服务的购买主体为行政机关、具有行政管理职能的事业单位。承接政府购买服务的主体包括三方面的社会力量：一是在登记管理部门登记或经国务院批准免于登记的社会组织；二是按事业单位分类改革应划入公益二类或转为企业的事业单位；三是依法在工商管理或行业主管部门登记成立的企业、机构。《办法》还规定了承接主体必须具备的条件。

（4）明确了"买什么"的问题。《办法》明确提出，政府购买服务的内容，是适合采取市场化方式提供且社会力量能够承担的服务事项。《办法》要求各级财政部门负责制定本级政府购买服务指导性目录，并从基本公共服务、社会管理性服务、行业管理与协调性服务、技术性服务、政府履职所需辅助性事项、其他适宜由社会力量承担的服务事项6个方面，列出了应当纳入政府购买服务指导性目录的事项。

---

① 《政府购买服务管理办法（暂行）》指出："政府购买服务是指通过发挥市场机制作用，把政府直接提供的一部分公共服务事项以及政府履职所需服务事项，按照一定的方式和程序，交由具备条件的社会力量和事业单位承担，并由政府根据合同约定向其支付费用。"见 http：//www.law-lib.com/law/law_view.asp?id=479457。

（5）明确了"怎么买"的问题。《办法》规定了政府购买服务的方式和程序。规定购买主体组织实施政府购买服务应当坚持的原则，包括：一是方式灵活，二是程序简便，三是公开透明，四是竞争有序，五是结果评价，同时规定购买主体要根据购买内容的供求特点、市场发育程度等因素采取合适的方式。

（6）明确了"如何买的好"的问题。《办法》对政府购买服务的预算及财务管理做出规定，要求购买主体合理测算安排政府购买服务所需支出；要求承接主体建立政府购买服务台账，建立健全财务会计制度，严格遵守相关财政和财务规定，并接受和配合相关部门对购买服务资金的使用情况进行监督检查和绩效评价，确保资金规范管理和使用。

（7）明确了"怎么监管"的问题。《办法》要求财政部门推动建立综合性评价机制和第三方评价，综合评价机制由购买主体、服务对象和专业机构组成，评价结果作为选择承接主体的重要参考依据。同时就审计、民政、工商等有关部门的监管职责做出规定，并规定购买主体应当加强服务项目标准体系建设，建立监督检查机制。

2. 就购买服务预算管理做出规定

2014年1月24日，财政部下发《关于政府购买服务有关预算管理问题的通知》（财预〔2014〕13号），在政府购买服务基本规定方面出台了进一步规定。就政府购买服务有关预算管理做出专门规定。《财政部关于政府购买服务有关预算管理问题的通知》从妥善安排购买服务所需资金、健全购买服务预算管理体系、强化购买服务预算执行监控、推进购买服务预算信息公开、实施购买服务预算绩效评价、严格购买服务资金监督检查六个方面，对政府购买服务预算管理做出严格规定。

（二）出台支持和规范社会组织承接政府购买服务政策

国办96号文件明确了社会组织是政府购买服务的重要承接主体。为做好社会组织承接政府购买服务工作，2014年，财政部、民政部联合下发了《关于支持和规范社会组织承接政府购买服务的通知》（财综〔2014〕87号）。

《通知》就支持社会组织承接政府购买服务提出一系列政策措施。一是培育发展社会组织。培育一批符合条件的社会组织是推进政府向社会组织购买服务的基础性工作。《通知》就此提出了明确要求①。二是逐步扩大购买服务的承接范围和规模。提出在一些领域，同等条件下应当优先向社会组织购买服务，并明确了购买中要突出购买服务的公共性和公益性原则。② 三是加大社会组织承接政府购买服务支持力度。《通知》提出，要探索多种有效方式，逐步加大政府向社会组织购买服务的力度，有条件的地方可以推广利用财政资金支持社会组织参与社会服务的项目，引导和支持社会组织募集参与服务的资金。四是加大税收优惠力度。提出要贯彻落实国家对社会组织的各项税收优惠政策。

为加强对社会组织承接政府购买服务过程和效果的监督，《通知》要求建立健全社会组织承接政府购买服务信用记录管理机制。包括四个方面的具体要求：一是提出了承接主体的条件。二是明确了社会组织在承接政府购买服务时应当按要求提供的证明材料。三是要求推进有关信息公开和信息共享工作，包括社会组织登记管理和承接政府购买服务的信息。四是对财政部门、民政部门及有关部门的监管职责提出明确要求。

（三）出台政府购买残疾人服务、养老服务等专项政策

2014年，财政部会同有关部门分别制定了政府购买残疾人服务和政府购买养老服务的文件，对这两个领域的政府向社会力量购买服务工作做出政策安排，使政府向社会力量购买服务制度在这两个民生服务重要领域得到细化。

1. 政府购买残疾人服务的政策

2014年4月23日，财政部会同民政部、住房和城乡建设部、人力资源和社会保障部、卫生计生委、中国残联等部门出台了《关于做好政府购买残疾人服务试点工作的意见》（财社〔2014〕13号），明确了政府主导、部门负

---

① 《通知》要求"加快培育一批独立公正、行为规范、运作有序、公信力强、适应社会主义市场经济发展要求的社会组织，以适当方式为社会组织开展服务创造必要条件，提升社会组织承接政府购买服务的能力"。
② 《通知》提出"在购买民生保障、社会治理、行业管理等公共服务项目时，同等条件下优先向社会组织购买，鼓励社会组织进入法律法规未禁入的公共服务行业和领域"。

责、社会参与、市场推动、共同监督等政府购买残疾人服务的原则,确定了探索和完善政府购买残疾人服务的服务内容、购买方式、标准规范、监管机制、绩效评价和保障措施等工作重点,提出了到2020年的工作目标,还提出了健全工作机制、确定试点地区、及时跟进总结、加强分类指导、做好培训宣传5项工作要求。

2. 政府购买养老服务的政策

2014年8月26日,财政部、发展和改革委、民政部、全国老龄办联合下发《关于做好政府购买养老服务工作的通知》(财社〔2014〕105号),对加快推进政府购买养老服务工作提出明确要求。《通知》提出了政府购买养老服务的基本原则,明确了工作目标,提出了政府购买养老服务工作的7项主要内容:明确购买主体,界定承接主体,确定购买内容,规范服务标准,提供资金保障,健全监管机制,加强绩效评价。各地要建立健全由购买主体、养老服务对象以及第三方组成的综合评审机制,加强购买养老服务项目绩效评价。《通知》要求各地建立健全政府统一领导、财政部门牵头、民政等有关职能部门协同、社会广泛参与的工作机制,并明确了财政部门和其他政府职能部门、宣传媒体工作重点。

四 社会组织参与环保公益诉讼制度基本建立

2014年,新修订的《环境保护法》,首次以法律形式确立社会组织在环境民事公益诉讼中的主体资格和认定标准。最高人民法院关于环境民事公益诉讼的司法解释以及《最高人民法院、民政部、环境保护部关于贯彻实施环境民事公益诉讼制度的通知》,对社会组织参与环境民事公益诉讼做出了操作性规定,社会组织参与环保公益诉讼制度基本建立,为支持社会组织参与环境保护事业提供了法律保障。

(一)新环保法明确社会组织参与环境民事公益诉讼主体资格

2012年,第十一届全国人民代表大会常务委员会第二十八次会议通过了关于修改《中华人民共和国民事诉讼法》的决定,新修订的《民事诉讼法》第五十五条规定:"对污染环境、侵害众多消费者合法权益等损害社会公共利益的行为，法律规定的机关和有关组织可以向人民法院提起诉讼。"[1] 从而在我国诉讼法律中首次引入了民事公益诉讼制度。

2014年4月24日，十二届全国人大常委会第八次会议审议通过了新修订的《中华人民共和国环境保护法》，于2015年1月1日施行。该法第五十八条规定：对污染环境、破坏生态，损害社会公共利益的行为，符合条件的社会组织可以向人民法院提起诉讼[2]。规定的条件包括：一是依法在设区的市级以上人民政府民政部门登记；二是专门从事环境保护公益活动连续五年以上且无违法记录。该法还对法院受理此类案件提出明确要求，即符合以上规定的社会组织提起诉讼，人民法院应当依法受理。该法同时对提起诉讼的社会组织提出要求，即不得通过诉讼牟取经济利益。这是《消费者权益保护法》明确消费者协会消费公益诉讼主体资格后，第二部明确社会组织民事公益诉讼主体资格的实体法，也是首次在实体法中明确社会组织参与环境民事公益诉讼的主体资格。

（二）司法解释进一步明确社会组织参与环境民事公益诉讼有关事宜

2014年12月8日，最高人民法院审判委员会第1631次会议通过了《最高人民法院关于审理环境民事公益诉讼案件适用法律若干问题的解释》（法释〔2015〕1号），自2015年1月7日起施行。该司法解释共35项条文，其中，关于社会组织参与环境民事公益诉讼的相关规定主要有：

1. 对社会组织提起环境民事公益诉讼资格的规定

（1）对依法在设区的市级以上人民政府民政部门登记的社会组织作出解释。依照法律、法规的规定，在设区的市级以上人民政府民政部门登记的社会

---

[1] 1991年4月9日第七届全国人民代表大会第四次会议通过根据2007年10月28日第十届全国人民代表大会常务委员会第三十次会议《关于修改〈中华人民共和国民事诉讼法〉的决定》第一次修正根据2012年8月31日第十一届全国人民代表大会常务委员会第二十八次会议《关于修改〈中华人民共和国民事诉讼法〉的决定》第二次修正。见http：//www.chinanews.com/fz/2012/09-03/4154319.shtml。

[2] 1989年12月26日第七届全国人民代表大会常务委员会第十一次会议通过2014年4月24日第十二届全国人民代表大会常务委员会第八次会议修订。见http：//www.gov.cn/xinwen/2014-04/25/content_2666328.htm。

团体、民办非企业单位以及基金会等,可以认定为《环境保护法》第五十八条规定的社会组织。而"设区的市级以上人民政府民政部门"指的是设区的市、自治州、盟、地区,不设区的地级市,直辖市的区民政部门以及这一级以上的人民政府民政部门。

(2)对专门从事环境保护公益活动作出解释。要求社会组织同时具备三个条件:一是章程确定的宗旨和主要业务范围是维护社会公共利益;二是从事环境保护公益活动;三是诉讼所涉及的社会公共利益与该社会组织的宗旨和业务范围具有关联性①。

(3)对无违法记录作出解释。社会组织在提起诉讼前五年内未因从事业务活动违反法律、法规的规定受过行政、刑事处罚的,可以认定为《环境保护法》第五十八条规定的"无违法记录"。"据此理解,情节轻微的违规行为、社会组织成员以及法定代表人个人的违法行为不影响社会组织提起诉讼。"②

2. 关于减轻原告诉讼负担的规定

环境民事公益诉讼原告提起诉讼的目的是为了维护公共利益,因此,环境公益诉讼司法解释对原告作了减轻诉讼负担的规定。在原告胜诉时,其为该案支出的检验、鉴定费用,以及合理的律师费等费用由被告承担。原告败诉或者部分败诉时,申请减交或者免交诉讼费用的,人民法院应当依照《诉讼费用交纳办法》的规定,视原告的经济状况和案件的审理情况决定是否准许。此外,对于应由原告负担的评估鉴定等费用,还可以从生态环境修复费用以及服务功能损失赔偿款项中予以支付,以鼓励社会组织积极参与维护环境公共利益。

3. 关于禁止通过诉讼牟取经济利益的规定

根据新环保法关于"提起诉讼的社会组织不得通过诉讼牟取经济利益"的规定,《解释》第三十四条规定:"社会组织有通过诉讼违法收受财物等牟取经济利益行为的,人民法院可以根据情节轻重依法收缴其非法所得、予以罚

---

① 《司法解释》第4条规定:社会组织章程确定的宗旨和主要业务范围是维护社会公共利益,且从事环境保护公益活动的,可以认定为《环境保护法》第五十八条规定的"专门从事环境保护公益活动"。社会组织提起的诉讼所涉及的社会公共利益,应与其宗旨和业务范围具有关联性。

② 见最高法《关于审理环境民事公益诉讼案件适用法律若干问题的解释》发布会全文实录,http://www.live.chinacourt.org/chat/fulltext/listId/39370/template/courtfbh20150106.shtml。

款；涉嫌犯罪的，依法移送有关机关处理。社会组织通过诉讼牟取经济利益的，人民法院应当向登记管理机关或者有关机关发送司法建议，由其依法处理。"① 这一规定明确了对通过环境民事公益诉讼牟取经济利益的社会组织的司法责任追究和行政处罚。

（三）关于贯彻实施环境民事公益诉讼制度的通知

为正确贯彻实施《民事诉讼法》《环境保护法》有关环境民事公益诉讼制度的规定及环境民事公益诉讼司法解释，2014年12月26日，最高人民法院、民政部、环保部印发《关于贯彻实施环境民事公益诉讼制度的通知》（法〔2014〕352号）。一是就贯彻实施环境民事公益诉讼制度中人民法院与民政部门的协作做出安排：人民法院受理和审理社会组织提起的环境民事公益诉讼时，可根据案件需要向社会组织登记管理机关查询或者核实社会组织的基本信息，有关登记管理机关应及时向人民法院反馈相关信息。人民法院在审理环境民事公益诉讼案件中发现社会组织存在通过诉讼牟取经济利益情形的，还应向社会组织登记管理机关发送司法建议，登记管理机关应及时反馈或通报处理结果。二是重申了司法解释中关于减轻原告诉讼负担的规定。三是就提起诉讼的社会组织的知情权作出规定，提出"人民法院应将判决执行情况及时告知提起环境民事公益诉讼的社会组织"②。

五 国务院系列政策文件鼓励社会组织发挥积极作用

为适应经济社会发展新形势，2014年，国务院相继出台了促进市场公平竞争、建设社会信用体系、做好高校毕业生就业创业工作、动员社会力量参与扶贫开发，促进科技服务业、体育产业、物流业、现代保险服务业等产业发展等多项政策举措，其中发挥社会组织作用均被放在了突出位置。简单归纳，主要有以下几个方面。

---

① http://www.court.gov.cn/fabu-xiangqing-13025.html.
② http://www.court.gov.cn/fabu-xiangqing-13026.html.

（一）在市场经济基础建设方面发挥社会组织作用

1. 在促进市场公平竞争中发挥作用

2014年6月4日国务院印发《关于促进市场公平竞争维护市场正常秩序的若干意见》（国发〔2014〕20号），就发挥行业协会商会的自律作用提出明确要求。主要内容包括：一是通过建立健全行业经营自律规范、自律公约和职业道德准则，发挥行业协会商会规范会员行为的作用。二是发挥行业协会商会参与制定国家标准、行业规划和政策法规的作用。三是发挥有关组织依法提起公益诉讼、进行专业调解的作用。四是通过加强自身建设，增强行业协会商会参与市场监管的能力。五是适合由行业协会商会承担的职能加快向行业协会商会转移。

2. 在社会信用体系建设中发挥作用

2014年6月14日国务院印发《社会信用体系建设规划纲要》（2014~2020年），其中对社会组织诚信建设提出明确要求：一是要依托法人单位信息资源库，加快社会组织登记管理信息化建设。二是健全社会组织信息公开制度，规范信息公开行为，引导其提升公开性和透明度。三是把诚信建设作为重要内容纳入社会组织章程，强化诚信自律，提高公信力。同时，《刚要》提出要充分发挥各类社会组织在推进社会信用体系建设中的作用，包括发挥行业协会商会在行业信用建设中的作用，加强会员诚信宣传教育和培训。

（二）在民生服务方面发挥社会组织作用

1. 助力高校毕业生就业创业工作

2014年5月9日，国务院办公厅下发的《关于做好2014年全国普通高等学校毕业生就业创业工作的通知》（国办发〔2014〕22号），对社会组织在大学生就业创业中的积极作用给予了前所未有的肯定，提出要充分挖掘社会组织吸纳高校毕业生就业的潜力，并提出具体鼓励政策：一是要求对到省会及省会以下城市的社会团体、基金会、民办非企业单位就业的高校毕业生，所在地的公共就业人才服务机构要协助其办理落户手续。二是提出到社会组织就业的高校毕业生在专业技术职称评定方面享受与国有企事业单位同类人员同等待遇。三是鼓励行业协会等以多种方式向自主创业大学生提供资金支持。

2. 参与扶贫开发事业

2014年12月4日,《国务院办公厅关于进一步动员社会各方面力量参与扶贫开发的意见》印发(国办发〔2014〕58号),就发挥社会组织在扶贫开发事业中的积极作用提出一系列政策措施。一是积极引导,要求地方各级政府和有关部门对社会组织开展扶贫活动提供信息服务、业务指导,鼓励其参与社会扶贫资源动员、配置和使用等环节,建设充满活力的社会组织参与扶贫机制。二是落实优惠政策,要求降低扶贫社会组织注册门槛,简化登记程序,对符合条件的社会组织给予公益性捐赠税前扣除资格。三是建立激励机制,要求对贡献突出的企业、社会组织和各界人士,在尊重其意愿前提下可给予项目冠名等激励措施。四是加强组织动员,要求民政部门将扶贫济困作为促进慈善事业发展的重点领域,支持社会组织加强自身能力建设,提高管理和服务水平。[1]

3. 在服务农民工中发挥积极作用

2014年9月30日,国务院发布《关于进一步做好为农民工服务工作的意见》(国发〔2014〕40号),其中就发挥社会组织服务农民工的积极作用作出专节论述,提出一系列政策措施。一是坚持培育发展和管理监督并重的原则,提出对为农民工服务的社会组织要正确引导、给予支持,"充分发挥他们为农民工提供服务、反映诉求、协同社会管理、促进社会融合的积极作用"[2]。二是改进管理,要求通过开展业务培训、组织经验交流、政府购买服务等方式,引导和支持服务农民工的社会组织的依法开展服务活动。三是对民办教育机构服务农民工也提出了优惠政策,包括经费支持、指导帮助等。[3]

4. 协助做好地震灾后重建工作

2014年11月23日,国务院印发《鲁甸地震灾后恢复重建总体规划》(国发〔2014〕56号)和《关于支持鲁甸地震灾后恢复重建政策措施的意见》(国发〔2014〕57号),两份文件均对发挥社会组织在灾后重建中的积极作用

---

[1] http://www.gov.cn/zhengce/content/2014-12/04/content_9289.htm.
[2] http://www.gov.cn/zhengce/content/2014-09/30/content_9105.htm.
[3]《国务院关于进一步做好为农民工服务工作的意见》(国发〔2014〕40号)要求"对在公益性民办学校、普惠性民办幼儿园接受义务教育、学前教育的,采取政府购买服务等方式落实支持经费,指导和帮助学校、幼儿园提高教育质量"。

提出要求。《规划》提出,要"发挥社会工作者、志愿者、社会组织等社会力量重要作用,营造关心帮助灾区孤老、孤残、孤儿、留守儿童及其他特殊困难群体的社会氛围"①。《意见》提出,要"引导红十字会和慈善会等公益性社会团体将所接受的捐赠资金认建或承建重建规划内项目"②。并就有关税收政策中提出,"对受灾地区企业通过公益性社会团体、县级以上人民政府及其部门取得的抗震救灾和灾后恢复重建款项和物资,以及税收法律、法规规定和国务院批准的减免税金及附加收入,免征企业所得税"③。这是国务院关于重大自然灾害灾后重建的文件中首次肯定社会组织的作用。

5. 辅助临时救助工作

2014年10月3日,国务院下发《关于全面建立临时救助制度的通知》(国发〔2014〕47号)。其中,在建立健全社会力量参与机制中,对发挥社会组织独特优势参与临时救助工作提出要求。指出要发挥社会组织尤其是公益慈善组织方法灵活、形式多样的特点,支持其参与临时救助。在具体政策措施方面,提出要采取委托、承包、采购等方式,要动员、引导具有影响力的公益慈善组织设立专项公益基金。

(三)在促进产业发展中发挥社会组织作用

1. 促进文化创意和设计服务与相关产业融合发展

2014年2月26日,国务院下发《关于推进文化创意和设计服务与相关产业融合发展的若干意见》(国发〔2014〕10号),对相关行业协会参与制定国际标准、加强行业人才队伍建设以及加强行业自律方面发挥作用。《意见》提出,要"创新政府支持方式,发挥社会组织作用,加强人才队伍建设,资助创业孵化,开展研讨交流等""加快发展和规范相关行业协(商、学)会、中介组织,充分发挥行业组织在行业研究、标准制定等方面的作用"④。

2. 促进旅游业改革发展

2014年8月9日,国务院下发《关于促进旅游业改革发展的若干意见》

---

① http://www.gov.cn/zhengce/content/2014-11/23/content_9234.htm.
② http://www.gov.cn/zhengce/content/2014-11/23/content_9236.htm.
③ http://www.gov.cn/zhengce/content/2014-11/23/content_9236.htm.
④ http://www.gov.cn/zhengce/content/2014-03/14/content_8713.htm.

（国发〔2014〕31号），提出"加快推进旅游领域政企分开、政事分开，切实发挥各类旅游行业协会作用，鼓励中介组织发展"。并要求"行业协会要完善行业自律规则和机制，引导会员企业诚信经营"。

3. 促进物流业发展

2014年9月12日，国务院下发《关于印发物流业发展中长期规划（2014~2020年）的通知》（国发〔2014〕42号），就发挥行业协会作用做出专节论述，提出"要更好地发挥行业协会的桥梁和纽带作用，做好调查研究、技术推广、标准制订和宣传推广、信息统计、咨询服务、人才培养、理论研究、国际合作等方面的工作"[1]。同时，鼓励行业协会做好各项行业基础性工作，加强行业自律和诚信体系建设，推动行业健康发展。在人才培养中还提出"按照现代职业教育体系建设要求，探索形成高等学校、中等职业学校与有关部门、科研院所、行业协会和企业联合培养人才的新模式"[2]。

4. 加快发展体育产业

2014年10月2日，国务院下发《关于加快发展体育产业促进体育消费的若干意见》（国发〔2014〕46号），对体育类社会组织发展和发挥作用提出要求，并就推进体育类社会组织政社分开、促进体育行业协会发挥作用方面和培育扶持体育类社会组织提出一系列政策措施。[3]

5. 加快科技服务业发展

2014年10月9日，国务院印发《关于加快科技服务业发展的若干意见》（国发〔2014〕49号）。在重点任务的科学技术普及服务中，提出"推动科研机构、高校向社会开放科研设施，鼓励企业、社会组织和个人捐助或投资建设科普设施"。在政策措施中，提出"加快转变政府职能，充分发挥产业技术联盟、行业协会等社会组织在推动科技服务业发展中的作用""依托科协组织、行业协会，开展科技服务人才专业技术培训，提高从业人员的专业素质和能力水平"。

此外，国务院在加快发展生产性服务业、现代保险服务业、应急产业、服

---

[1] http://www.gov.cn/zhengce/content/2014-10/04/content_9120.htm.
[2] http://www.gov.cn/zhengce/content/2014-10/04/content_9120.htm.
[3] http://www.gov.cn/zhengce/content/2014-10/20/content_9152.htm.

务外包产业等产业的政策文件中均对发挥相关行业协会等社会组织积极作用提出要求。

2014年，按照党中央、国务院精神，有关部门也出台了多项培育发展社会组织的政策文件。民政部、中编办、发改委、工信部、商务部、中国人民银行、国家工商总局、工商联8部门出台了《关于推进行业协会商会诚信自律建设工作的意见》（民发〔2014〕225号），对行业协会在促进会员企业信用体系建设和建立健全行业自律机制中的作用以及加强行业协会商会自身建设提出明确要求。司法部、中央综治办、教育部、民政部、财政部、人力资源和社会保障部印发《关于组织社会力量参与社区矫正工作的意见》，提出政府向具有社区矫正服务能力的社会组织购买服务、提供税收优惠、加强相关社会组织能力建设、为社会组织参与社区矫正提供条件等政策措施。中国残联、民政部联合印发《关于促进助残社会组织发展的指导意见》（残联发〔2014〕66号），从改革登记管理制度、推进政府购买服务、优化发展环境、加强规范管理、强化自身建设、建立健全工作机制等方面，对促进助残社会组织发展提出指导性意见。

六 社会组织扶持监管政策进一步完善

2014年，党中央和国务院有关部门按照简政放权、加强事中事后监管的要求，在推进直接登记、取消和下放一批审批事项的同时，围绕强化社会团体分支（代表）机构和高校教育基金会财务管理、推进行业协会商会诚信自律建设、规范社会团体会费管理等工作陆续出台了一批政策文件，进一步完善了社会组织事中事后监管政策。

（一）社会组织领域的简政放权

1. 取消社会团体分支机构、代表机构登记审批

为贯彻落实《国务院关于取消和下放一批行政审批项目的决定》（国发〔2013〕44号）（以下简称《决定》），2014年2月26日，民政部印发《关于贯彻落实国务院取消全国性社会团体分支机构、代表机构登记行政审批项目的决定有关问题的通知》（民发〔2014〕38号），明确规定，民政部不再受理全国性社会团体分支（代表）机构的设立、变更、注销登记的申请，同时不再为上述机构换发登记证书，不再出具分支机构、代表机构刻制印章的证明。《通知》下发后，全国性社会团体设立、变更和终止分支（代表）机构，可以根据章程规定的宗旨和业务范围，可以自行决定。《通知》对社会团体分支机构、代表机构的设立和管理提出原则要求。

2. 取消社会团体会费标准备案

《民政部财政部关于调整社会团体会费政策等有关问题的通知》（民发〔2003〕95号）、《民政部财政部关于进一步明确社会团体会费政策的通知》（民发〔2006〕123号）均规定，社会团体通过的会费标准，需要报送业务主管单位、社会团体登记管理机关和财政部门备案。为转变政府职能，简政放权，推进社会团体依法自治，激发社会团体活力，2014年7月25日，民政部、财政部印发《关于取消社会团体会费标准备案规范会费管理的通知》（民发〔2014〕166号），明确规定"自《通知》发布之日起，社会团体通过的会费标准，不再报送业务主管单位、社会团体登记管理机关和财政部门备案"。同时对社会团体会费标准的制定、修改程序和会费使用的管理作出规定。

（二）规范退（离）休领导干部在社会团体兼职问题

中组部于2014年6月25日下发了《关于规范退（离）休领导干部在社会团体兼职问题的通知》（中组发〔2014〕11号），就退（离）休领导干部在社会团体任包括会长、副会长、秘书长、副秘书长、理事以及名誉职务在内的职务做了严格规定：一是须按干部管理权限审批或备案后方可兼职。二是确因工作需要，本人又无其他兼职，且所兼职社会团体的业务与原工作业务或特长相关的，经批准可兼任1个社会团体的职务。三是任期届满拟连任的，必须重新履行有关审批手续，兼职不超过两届；兼职的任职年龄界限为70周岁。四是兼职不得领取社会团体的薪酬、奖金、津贴等报酬和获取其他额外利益，也不得领取各种名目的补贴等。五是不得利用个人影响要求党政机关、企事业单位提供办公用房、车辆、资金等；不得以社团名义违规从事营利性活动；不得强行要求入会或违规收费、摊派、强制服务、干预会员单位生产经营活动等。

（三）加强社会组织反腐倡廉工作

2014年11月6日，民政部、财政部出台《关于加强社会组织反腐倡廉工作的意见》（民发〔2014〕227号）。《意见》就社会组织民主机制、财务管理、商业行为、信息公开制度、审计和执法监督、廉洁自律教育等方面提出了明确要求。一是健全社会组织民主机制，要求建立健全现代法人治理结构和运行机制。二是加强社会组织财务管理，要求按照《中华人民共和国会计法》和《民间非营利组织会计制度》（财会〔2004〕7号）等规定，严格财务管理。三是规范社会组织商业行为，不得利用业务主管部门影响或者行政资源牟利、不得利用所掌握的会员信息、行业数据、捐赠人和受赠人信息等不当牟利，不得违反规定设立评比达标表彰项目和进行收费。四是实行社会组织信息公开制度，明确了公开信息的主要内容。五是强化社会组织审计和执法监督，完善投诉举报受理机制，畅通社会监督渠道。六是加强社会组织廉洁自律教育。

（四）加强社会组织财务管理

1. 规范高校教育基金会财务管理

2014年9月18日，教育部、财政部、民政部联合印发了《关于加强中央部门所属高校教育基金会财务管理的若干意见》（教财〔2014〕3号）。《意见》对完善治理结构、加强财务管理、加强筹资过程管理、规范投资行为、合理使用捐赠资金以及健全信息公开制度等方面进行了明确。一是要求基金会财务工作在理事会领导下开展，并接受业务主管单位和学校财务部门的业务指导和监督；配备具有专业资格的专职财会人员。二是强调基金会获得的各类收入应当及时足额地纳入账户核算。三是指出基金会接收捐赠，必须与捐赠人明确权利义务，订立书面捐赠协议。四是提出基金会可用于保值增值的资产限于非限定性资产和在保值增值期间暂不需要拨付的限定性资产。五是重申关于基金会年度公益支出比例的规定。① 六是强调基金会要建立定期财务报告制度，将年度工作报告在指定媒体及基金会网站上公布。

---

① 《意见》第五部分第34条要求"公募基金会每年用于从事章程规定的公益事业支出，不得低于上一年总收入的70%；非公募基金会每年用于从事章程规定的公益事业支出，不得低于上一年基金余额的8%"。见http://www.moe.edu.cn/publicfiles/business/htmlfiles/moe/s7499/201410/177336.html。

2. 规范社会团体分支（代表）机构财务管理

2014 年 12 月 16 日，民政部、财政部、中国人民银行联合印发了《关于加强社会团体分支（代表）机构财务管理的通知》（民发〔2014〕259 号）。为加强社会团体分支（代表）机构财务管理，根据《社会团体登记管理条例》、《民间非营利组织会计制度》以及有关法规政策，就社会团体分支（代表）机构财务管理有关事宜做出了规定：一是重申社会团体分支（代表）机构不具有法人资格，属于社会团体的组成部分，法律责任由设立该分支（代表）机构的社会团体承担。二是明确规定社会团体分支（代表）机构不得开设银行账户。三是要求内部独立核算的社会团体分支（代表）机构，按照《民间非营利组织会计制度》和社会团体的要求进行会计核算。四是对社会团体分支（代表）机构在社会团体授权范围内代表社会团体收取会费和接受捐赠收入做出规范。五是规定社会团体的财务会计报告编制范围和审计报告审计范围应当包含所有分支（代表）机构的全部收支。六是对社会团体建立分支（代表）机构财务管理制度和加强内部监督做出规定。七是要求各地社会团体登记管理机关、财政、审计、人民银行等部门的监管职责做出规定。

基本报告篇
Basic Reports

B.4
2014年全国基金会发展概况

马昕 程刚 王君*

摘　要： 2014年中国基金会步入一个全新的发展阶段。十八届三中全会提出创新社会治理，激发社会组织活力，为基金会发展注入全新动力。加之，各地纷纷下放非公募基金会登记权限，进一步打开了基金会发展的大门。2014年，全国人大内务司法委员会列出了立法时间表和路线图，我国慈善立法工作日益明朗，年底多部民间版《慈善法》建议稿先后公布，再度引发热议。2014年10月29日，李克强主持召开国务院常务会议，确定了我国慈善事业发展的新措施。一系列重大利好消息，推动了基金会在经济社会发展的舞台上扮演着越来越重要的角色。

关键词： 基金会　慈善　中国

---

* 马昕，民政部民间组织管理局基金会管理处处长；程刚，基金会中心网总裁；王君，基金会中心网数据部副部长。

一　2014年全国基金会已超过4000家

截至2014年12月31日，全国基金会总数达4211家，较2013年增加了584家，年增长16.10%。其中，公募基金会1487家，占35.31%；非公募基金会2724家，占64.69%。同2013年相比，非公募基金会在全国基金会的占比增加4个百分点（见图1）。

从1981年第一家基金会出现至今，在短短的30余年里，中国基金会经历了从无到有，快速发展的历程。在基金会大发展的背后，也应看到政策因素对基金会的深刻影响。在2004年《基金会管理条例》（以下简称《条例》）出台前的20多年中，全国基金会不到800家，然而自《条例》颁布以来，基金会数量激增。2013年党的十八大召开后，国务院颁布一系列通知加快社会体制改革，十八届三中全会提出"创新社会治理体制"，北京、上海、广东等20多个省市开放公益慈善等四类组织直接登记，进一步降低了注册门槛。

二　非公募基金会是基金会的主要增长点

2004年颁布的《基金会管理条例》，打开了民间资本参与慈善事业的大门，企业、个人等民间力量出资成立的非公募基金会开始出现，带来基金会行业始料未及的大发展：非公募基金会以年均超过20%的比例持续增加，自2010年非公募基金会总数首次超过公募基金会以来，其在全国基金会中的占比也不断增长，截至2014年年底，非公募基金会总数已达2724家，占全国基金会总数的65%（见图2）。

就2014年新成立基金会而言，总数与上一年度基本持平，但是仍能看出非公募基金会增长势头迅猛。在2014年新增的584家基金会中，公募基金会仅有65家，增量较上年减少了46家；而新成立的非公募基金会有519家，占当年新成立基金会总数的88.87%，增量较上年增加了47家（见图3）。

慈善蓝皮书

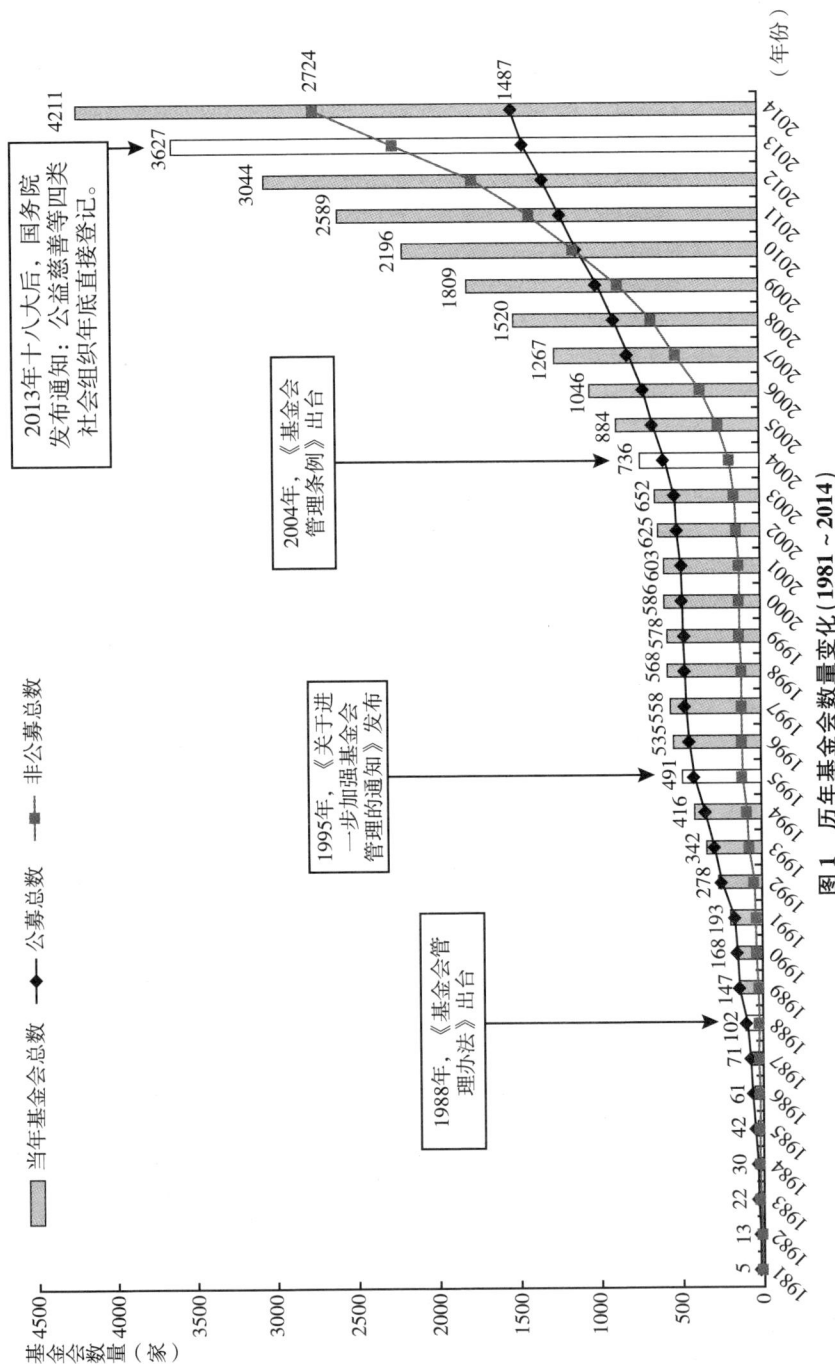

图1 历年基金会数量变化（1981～2014）

资料来源：基金会中心网，中基透明指数FTI。截止日期：2014年12月31日。

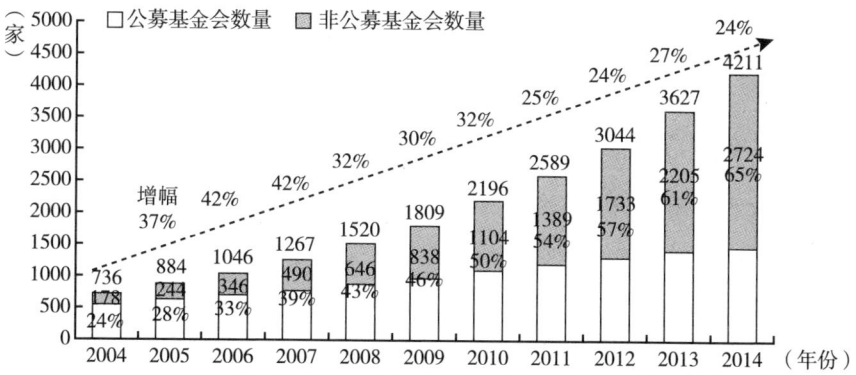

图 2 历年基金会数量变化（2004~2014）

资料来源：基金会中心网，中基透明指数 FTI。截止日期：2014 年 12 月 31 日。

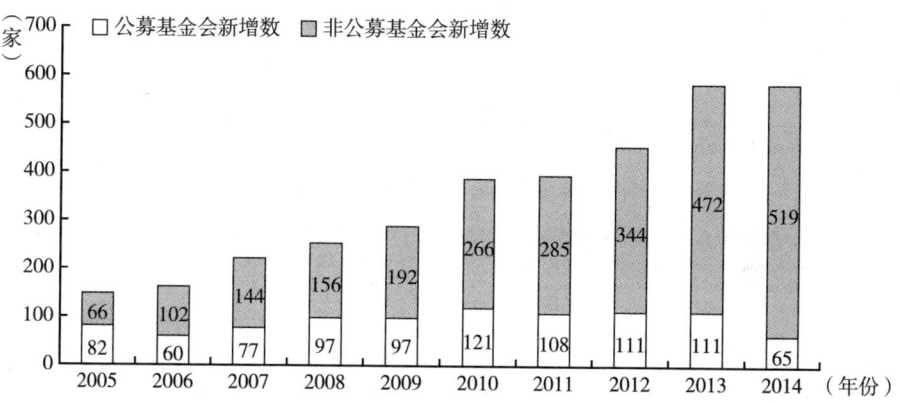

图 3 历年新增基金会数量变化（2005~2014）

资料来源：基金会中心网，中基透明指数 FTI。截止日期：2014 年 12 月 31 日。

三 资产、收入与支出继续增长，净资产可超千亿

就整体趋势而言，基金会净资产以每年超过 100 亿元的规模持续增加，截至 2014 年年底，基金会净资产已超过 1000 亿元规模。此外，捐赠收入和公益支出也平稳增长，至 2014 年年底，基金会捐赠收入已接近 400 亿元，公益支出也已超过 300 亿元。

截至2013年年底，中国基金会资产总额为944.67亿元，比2012年增长2.34%（见图4）。其中公募基金会资产487.93亿元，占总额的51.65%，非公募基金会资产456.74亿元，占总额的48.35%（见图5）。平均每家基金会年末总资产2965.99万元，比2012年的3303.82万元减少了10%。2014年中国基金会资产总额目前没有完整的统计数据，但基于2014年基金会数量的较快增长，估计能够达到1000亿元以上。

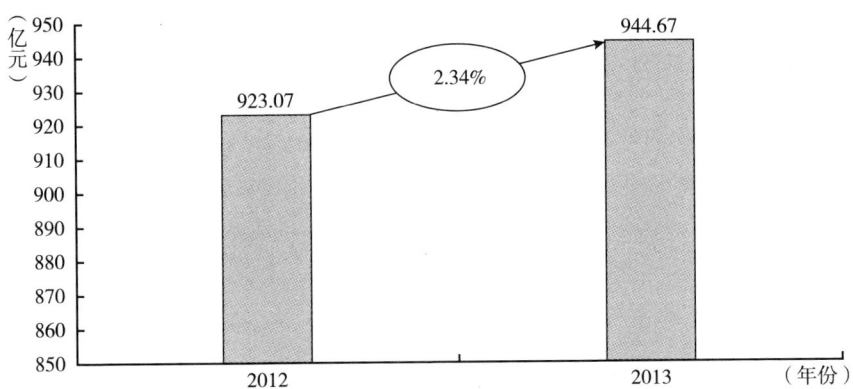

图4　2012~2013年度基金会资产总额变化

注：包含纳入基金会管理的慈善会数据。
资料来源：全国基金会2013年度工作报告统计。截止日期：2013年12月31日。

2013年全国基金会收入总额为519.61亿元，同比增长19.06%。其中公募基金会总收入为329.73亿元，同比增长21.28%，非公募基金会总收入为189.88亿元，同比增长15.39%（见图6）。

2013年全国基金会捐赠收入总额为434.09亿元，其中公募基金会捐赠收入总额为276.50亿元（见图7）。2014年全国基金会的收入总额目前没有统计数据，这一年没有发生大的灾害等紧急事件，也没有成立特大型基金会，预期继续维持前一年的水平，在520亿元左右，捐赠收入预期为420亿元左右。

根据民政部登记的基金会和除广东、甘肃、海南、北京、天津以外其他省区市登记基金会的数据，我们对基金会的捐赠构成进行了公众支持程度的测算分析。以上基金会的2013年度捐赠合计收入约为245.8亿元，其中68.38亿元来自面向公众开展的募捐，其余的捐赠不依靠公开募捐获得。来自自然人的捐赠约为27.86亿元，来自法人和其他组织的捐赠约为218.29亿元，这一数据进一步表明

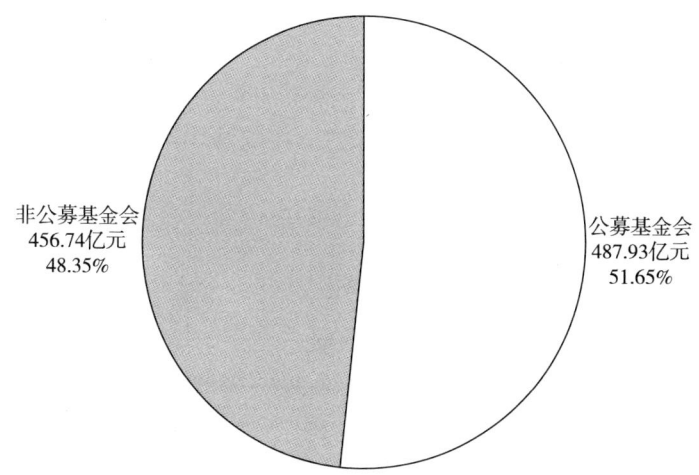

图 5　2013 年度公募、非公募基金会资产分布

注：包含纳入基金会管理的慈善会数据。
资料来源：全国基金会 2013 年度工作报告统计。截止日期：2013 年 12 月 31 日。

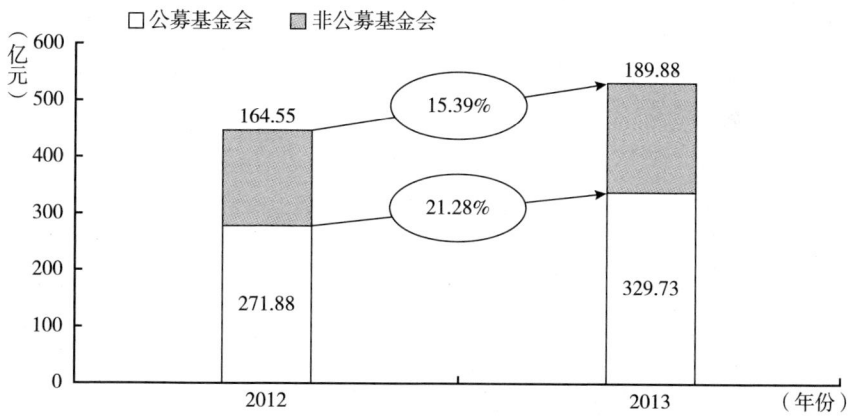

图 6　2012～2013 年度基金会收入总额变化

注：包含纳入基金会管理的慈善会数据。
资料来源：全国基金会 2013 年度工作报告统计。截止日期：2013 年 12 月 31 日。

我国基金会的捐赠筹集主要依靠企业或其他组织，很少来自公众（见图8）。

我们还利用以上部分基金会的数据进行了捐赠来源地的测算分析。来自境内的捐赠约为 130.25 亿元，来自境外（含中国港澳台）的捐赠约为 115.55 亿

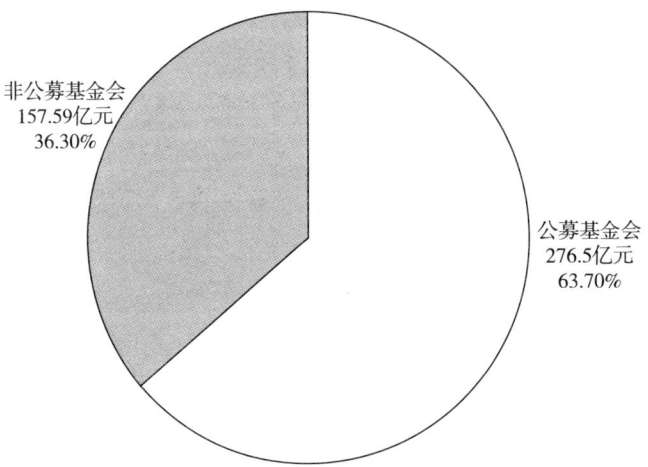

图 7　2013 年度公募、非公募基金会捐赠公众支持度分布

注：包含纳入基金会管理的慈善会数据。

资料来源：全国基金会 2013 年度工作报告统计。截止日期：2013 年 12 月 31 日。

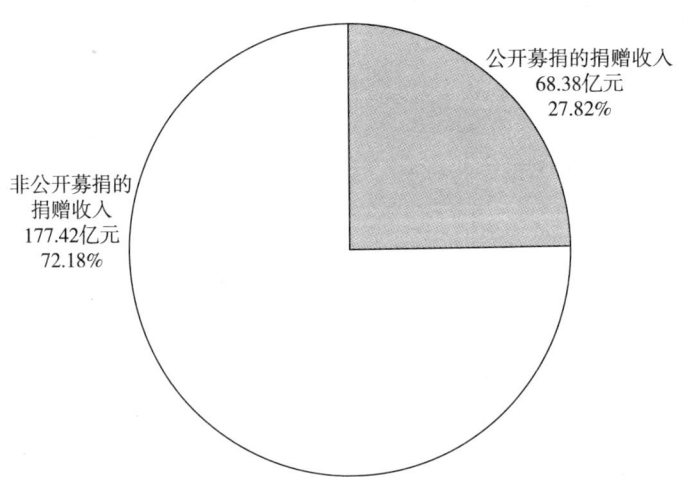

图 8　2013 年度部分基金会捐赠收入来源方式分布

注：包括民政部登记的基金会和除广东、甘肃、海南、北京、天津以外其他省区市登记基金会、纳入基金会管理的慈善会数据。

资料来源：全国基金会 2013 年度工作报告统计。截止日期：2013 年 12 月 31 日。

元,境内捐赠略高于境外捐赠。但是,如果从中排除掉接受境外捐赠额度特别巨大的中华慈善总会的数据,那么来自境外的捐赠约为17.36亿元,远低于境内捐赠。这一数据表明我国基金会的捐赠主要来自境内(见图9)。中华慈善总会2013年接受现金捐赠约3.97亿元,其中约1.52亿元来自境外;非现金捐赠约96.67亿元,全部来自境外。

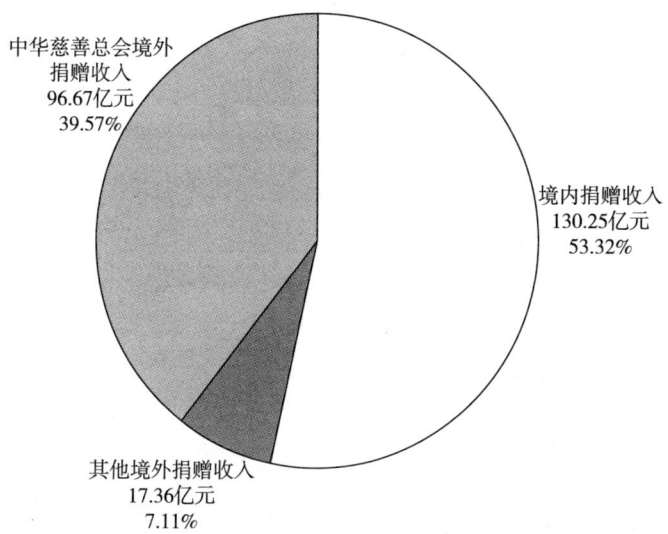

图9 2013年度基金会捐赠来源地分布

注:包括民政部登记的基金会和除广东、甘肃、海南、北京、天津以外其他省区市登记基金会、纳入基金会管理的慈善会数据。

资料来源:全国基金会2013年度工作报告统计。截止日期:2013年12月31日。

我们也利用以上部分基金会的数据进行了捐赠财产类型的测算分析。现金捐赠约为108.67亿元,非现金捐赠约为137.23亿元,现金捐赠略低于非现金捐赠。但是,如果从中排除掉中华慈善总会的数据,那么非现金捐赠约为40.56亿元,则是现金捐赠明显高于非现金捐赠(见图10)。这一数据表明我国基金会的捐赠财产在整体上流动性较好。

2013年全国基金会支出总额为389.54亿元,同比增长19.76%。在不同类型的支出中,公益支出总额为377.81亿元,较上一年增长20.69%,占总支出的96.99%。公募基金会的公益支出总额约283.82亿元,比上一年增长

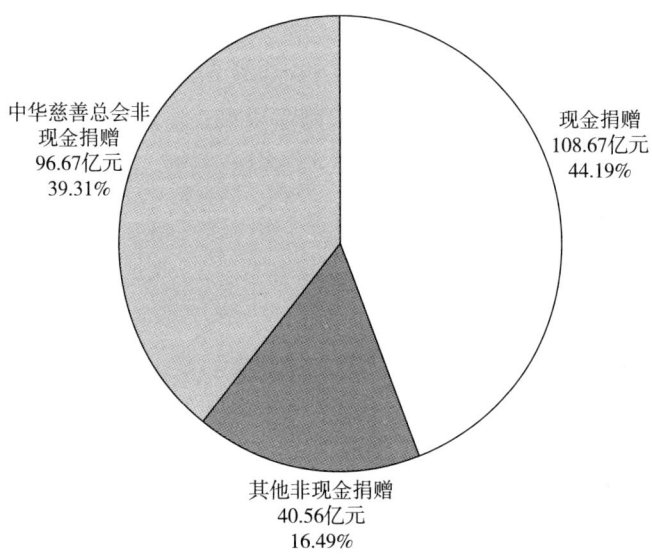

图 10　2013 年度基金会捐赠财产类型分布

注：包括民政部登记的基金会和除广东、甘肃、海南、北京、天津以外其他省区市登记基金会、纳入基金会管理的慈善会数据。
资料来源：全国基金会 2013 年度工作报告统计。截止日期：2013 年 12 月 31 日。

24.51%。非公募基金会的公益支出为 93.99 亿元，比上一年增长 10.47%（见图 11、图 12）。2013 年全国基金会行政办公费用和人员工资福利略有增长，

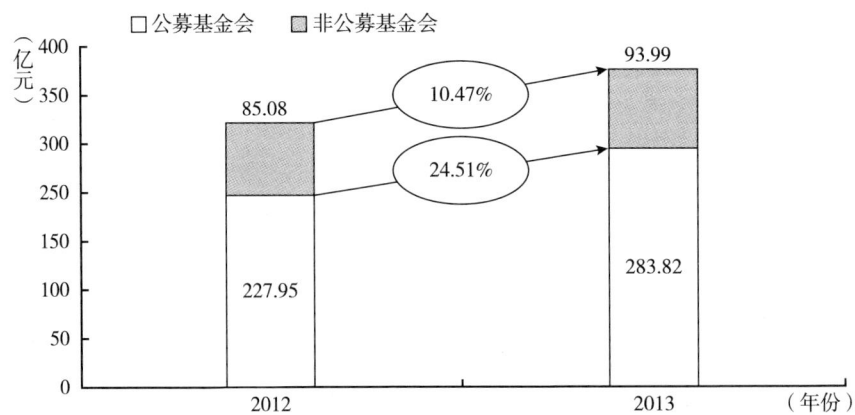

图 11　2012～2013 年度基金会公益支出变化

注：包含纳入基金会管理的慈善会数据。
资料来源：全国基金会 2013 年度工作报告统计。截止日期：2013 年 12 月 31 日。

分别是 3.60 亿元和 4.10 亿元。2014 年全国基金会的总支出目前没有统计数据，估计为 400 亿元左右，公益支出估计为 380 亿元左右。

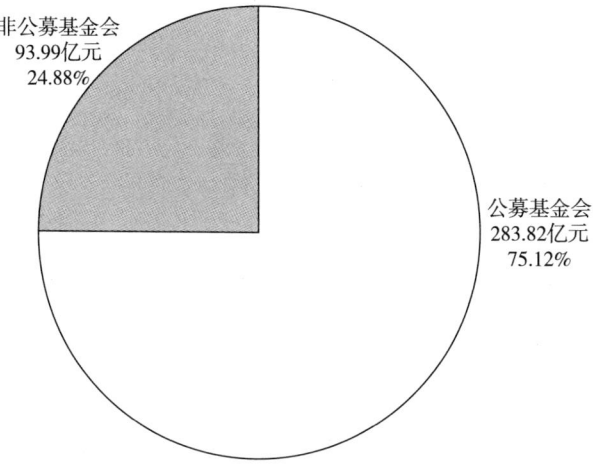

图 12　2013 年度公募、非公募基金会公益支出分布

注：包含纳入基金会管理的慈善会数据。
资料来源：全国基金会 2013 年度工作报告统计。截止日期：2013 年 12 月 31 日。

四　自我造血能力有限

现行法律允许基金会开展财产的保值增值，自我造血。基金会实现财产保值增值的主要途径有银行存款、投资国债、投资其他有价证券、投资兴办企业及委托理财等。从近几年的数据来看，大部分基金会对于投资保持谨慎态度，较少开展银行存款以外的保值增值活动。2013 年全国基金会的投资收益为 67.47 万元，仅占总收入的 4.13%。

五　市县级基金会异军突起

在 2014 年新增的 584 家基金会中，市县级基金会数量为 232 家，占当年新成立基金会的 39.73%，比 2013 年增加 120.95%（见图 13）。2009 年民政部与深圳市签订《推进民政事业综合配套改革合作协议》，深圳试水基金会直接登记制度，最先成立市本级基金会。2012年民政部通过部省协议的形式，允许一些地方将非公募基金会登记权限由省级登记管理机关下延，允许市级民政部门和县级民政部门登记管理非公募基金会。同年，广州、浙江、福建等地纷纷下放权限，全国共成立55家市县级基金会，截至2014年市级基金会增至401家（见表1）。

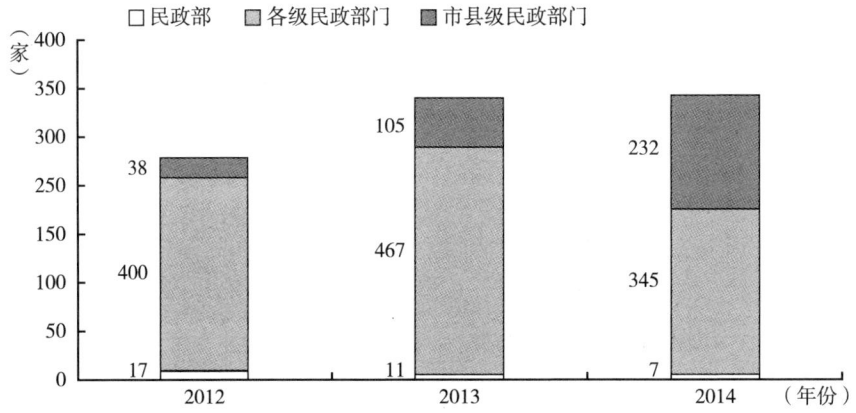

图13　新增基金会登记部门变化（2012～2014）

资料来源：基金会中心网，中基透明指数FTI。截止日期：2014年12月31日。

表1　基金会登记部门分布情况（2011～2014）

单位：家

登记部门	2012年年底总数	2013年年底总数	2014年年底总数
民政部	180	191	198
省级民政部门	2800	3267	3612
市县级民政部门	64	169	401
合　计	3044	3627	4211

资料来源：基金会中心网，中基透明指数FTI。截止日期：2014年12月31日。

自2009年市县级基金会开始出现以来，经过5年的蛰伏，其在每年新成立基金会中的占比日益增加，2014年市县级基金会已超过400家，预计未来规模仍将持续增长（见图14）。

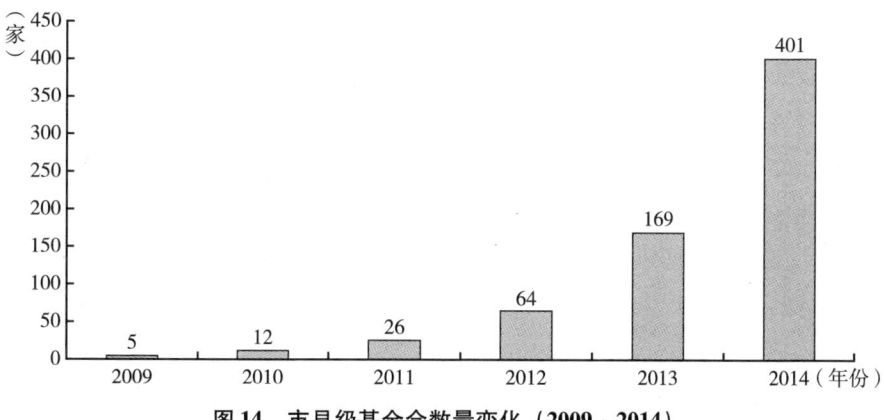

图14 市县级基金会数量变化（2009~2014）

资料来源：基金会中心网，中基透明指数FTI。截止日期：2014年12月31日。

六 企业基金会数量超过500家

自2004年《基金会管理条例》颁布以来，非公募基金会发展迅猛，成为基金会行业的主力。截至2014年12月31日，全国共有非公募基金会2724家，占全国基金会总数的64.69%，其中企业和高校发起的基金会是其主力。2014年年底，全国共有企业基金会546家，占非公募基金会总数的20.04%（见图15）。其中，广东省企业基金会多达120家，居全国第一位。

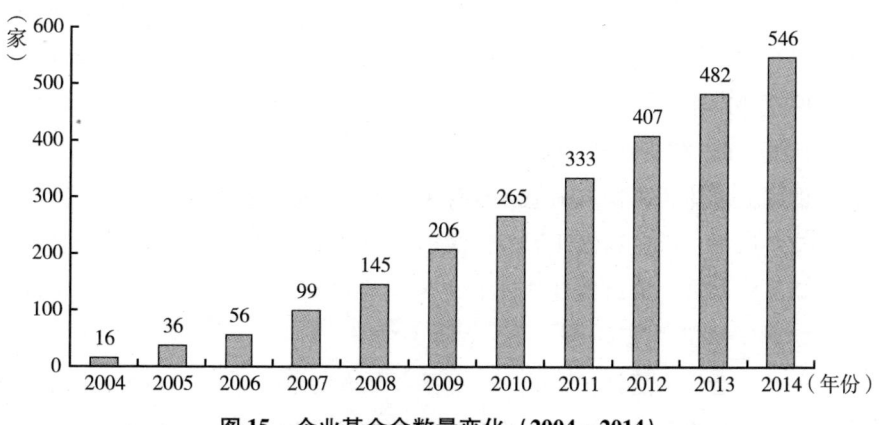

图15 企业基金会数量变化（2004~2014）

资料来源：基金会中心网，中基透明指数FTI。截止日期：2014年12月31日。

在企业基金会中，制造业和房地产业领域的企业成立基金会的最多，数量均超过100家（见图16）。

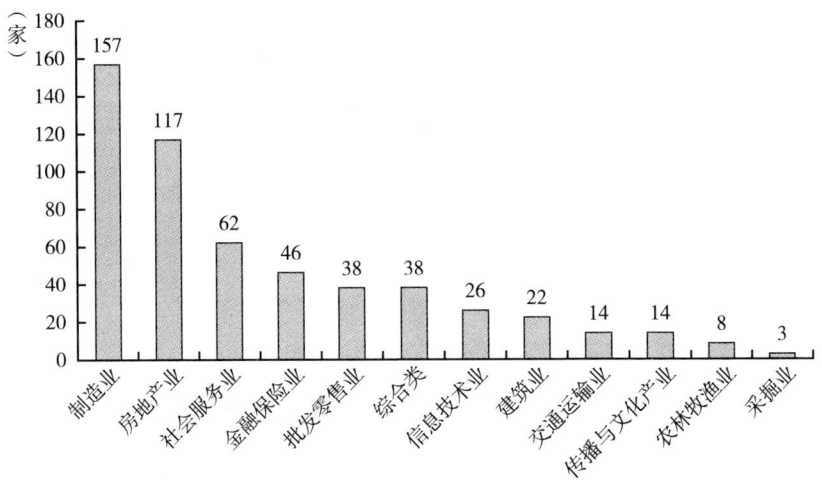

图16 企业基金会数量变化（2004~2014）

资料来源：基金会中心网，中基透明指数FTI。截止日期：2014年12月31日。

此外，在对2013年与2014年新成立企业基金会的发起企业比较中，传统行业如制造业、农林牧渔业所占比重有所下降，而更多的是新兴行业企业，如信息技术业、社会服务业开发发起的基金会（见图17、图18）。2014年，京东集团不仅在美国纳斯达克成功上市，也成立了企业基金会。9月24日北京市民政局正式审批通过了京东集团发起成立北京京东公益基金会的注册申请，以互联网企业京东集团为原始资金捐赠方的企业基金会成立，京东基金会以"整合社会资源，推进社会公益发展"为宗旨，将公益活动的业务范围定位为：扶助弱势群体，改善贫困地区教育医疗条件，提升教育医疗水平；针对学生开展支持助学、就业和创业的公益活动；开展环境保护和生态保护的公益项目；支持赈灾救灾、灾后重建等工作；资助和扶持有关社会创新类的公益项目。

企业基金会作为蓬勃发展的非公募基金会重要组成部分，在公益生态系统中发挥着越来越重要的作用，它们在将先进的商业理念引入公益行业的同时，也带动了更多企业践行社会责任，参与公益慈善事业。

2014年全国基金会发展概况

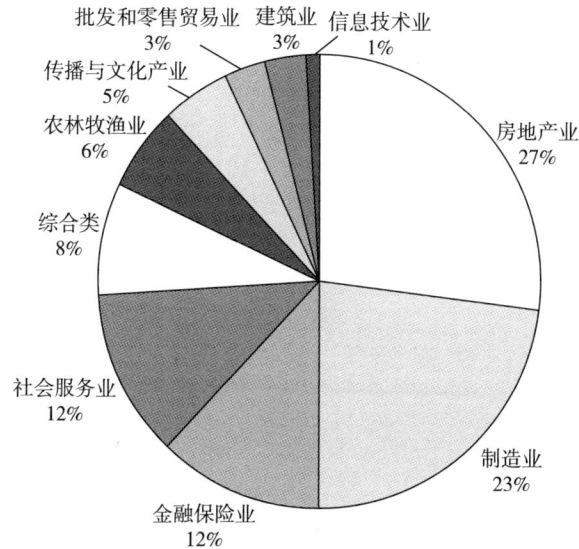

图17 2013年度新成立企业基金会——发起企业主要经营领域

资料来源：基金会中心网，中基透明指数FTI。截止日期：2014年12月31日。

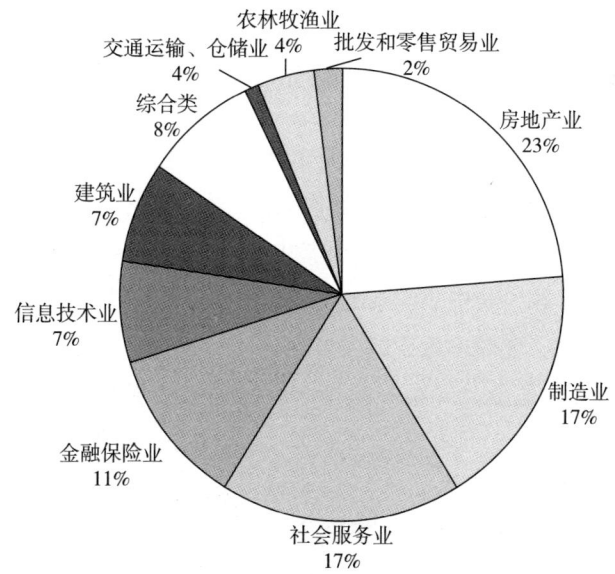

图18 2014年度新成立企业基金会——发起企业主要经营领域

资料来源：基金会中心网，中基透明指数FTI。截止日期：2014年12月31日。

七 学校基金会稳步增长

自1992年第一家学校基金会出现以来,以高校为代表的学校基金会一直是非公募基金会的主力。近年来,学校基金会数量稳步增加。2014年全国新增学校基金会63家,增量与2013年基本持平(见图19)。

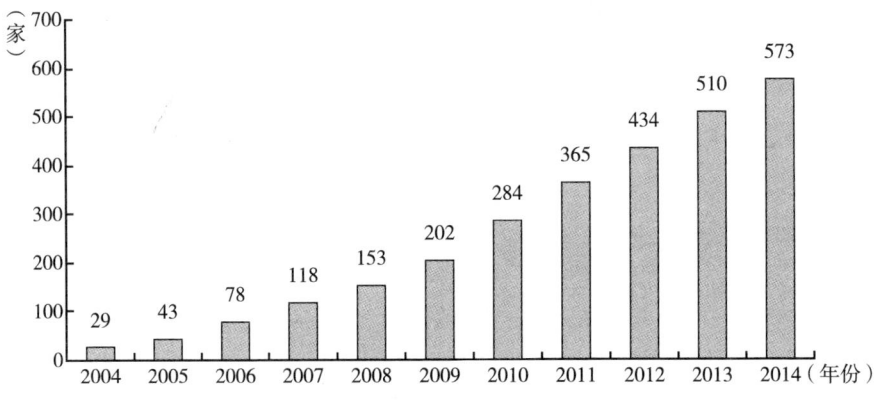

图19 学校基金会数量变化(2004~2014)

资料来源:基金会中心网,中基透明指数FTI。截止日期:2014年12月31日。

在2013年和2014年新成立学校基金会的比较中,其构成基本一致。大学基金会占学校基金会的60%以上,其次为中小学基金会,约占学校基金会的1/4。截至2014年12月31日,在全国589家学校基金会中,大学基金会数量最多,达到了398家,是中小学基金会的3倍多(见图20)。以大学为代表的高校基金会,构成了学校基金会的主力。

近年来,高校基金会规模不断扩大,这一点在其资金规模的增长上表现尤为突出。2013年,清华大学教育基金会和北京大学教育基金会分别以32.30亿元和29.90亿元净资产位居全国基金会第一、第二位,这也是非公募基金会首度位列全国基金会净资产排名之首。不仅如此,学校基金会也占非公募基金会资源的一半以上。根据基金会中心网统计,截至2013年12月31日,学校基金会净资产达227.35亿元,占非公募基金会的47.14%。学校基金会在汇集校友资源、开展学校建设及奖教助学方面发挥

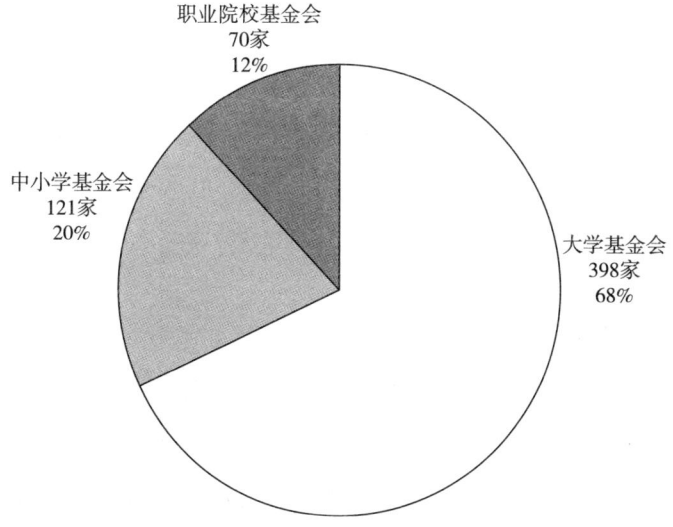

图 20　2014 年学校基金会构成

资料来源：基金会中心网，中基透明指数 FTI。截止日期：2014 年 12 月 31 日。

了重要作用。随着国民教育水平的不断提高，未来学校基金会的发展空间也将更加广阔。

八　民非背景基金会大量存在，不利于行业健康发展

在非公募基金会中，除企业、高校基金会外，仍有大量资产规模位于 1000 万元、以筹款和开展公益项目为主要业务的基金会存在，这些非公募基金会更多层面发挥着民非机构的作用，我们把这类基金会称为"民非背景基金会"。

正如前文所说，学校基金会是非公募基金会的主力，然而由于其本身的限制因素，学校基金会在参与社会公益活动上仍有不足，与典型意义上的基金会仍存在差距，这也让我们透过基金会发展的现象理性地看到其本质：民非背景基金会大量存在，然而其在社会影响力和贡献方面仍处于劣势。据基金会中心网统计，截至 2013 年 12 月 31 日，民非背景基金会数量达 962 家，

占非公募基金会（不含学校基金会）的56.65%，然而其净资产、捐赠收入和公益支出的占比分比为11.57%、20.70%和21.09%，与其数据占比差距显著（见图21）。

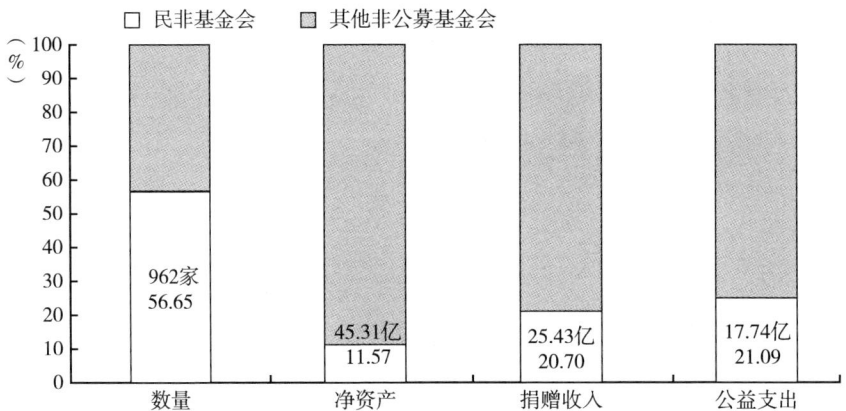

图21　2013年度民非背景基金会数量、净资产、捐赠收入、公益支出占非公募基金会比重

注：本图统计非公募基金会各项指标不含学校基金会数据。
资料来源：基金会中心网，中基透明指数FTI。截止日期：2013年12月31日。

此外，民非背景的基金会，对捐赠收入依赖性大。根据基金会中心网统计，全国基金会捐赠收入占总收入的比重为82.23%，而民非背景基金会这一比例达88.96%。鉴于其不具备公募资格，筹款成为这些基金会维持运作的主要方式，这一点也与民非特点吻合（见图22）。

一直以来，受民非严格注册制度的影响，加之非公募基金会注册门槛低且具备免税优势，导致了大量以民非形式存在的非公募基金会。这些基金会以筹款和项目运作为主要业务内容，与现代慈善中开展"资助"的基金会有着明显的区别。尽管近年来我国非公募基金会发展速度快，数量高速增长，但实际上与现代理念的基金会仍有一定距离。党的十八大召开以来，创新社会治理的呼声越来越高，从中央到地方纷纷降低公益慈善类社会组织登记门槛，伴随真正意义上的民非组织的增加，推出民非背景的基金会退出机制，使其真正回归民非身份，将是我们面临的更新挑战。

2014年全国基金会发展概况

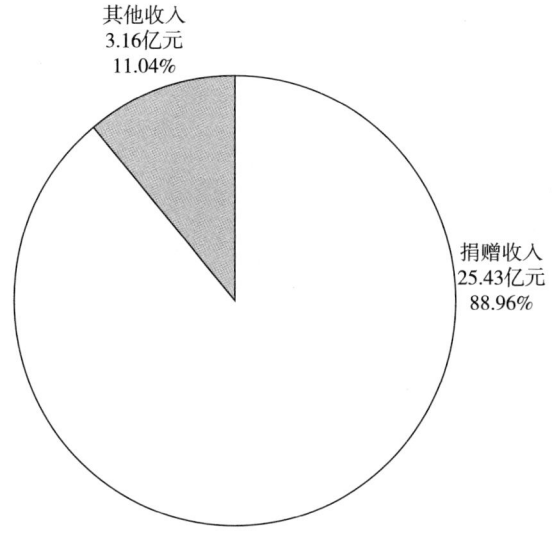

图22　2013年度民非背景基金会捐赠收入占比

资料来源：基金会中心网，中基透明指数FTI。截止日期：2013年12月31日。

九　基金会的功能定位新业态

近两年来，社会治理变革逐渐展开，民间公益力量蓬勃发展，社会组织改革正在推进，基金会发展从外部资源到内生动力正在酝酿着一系列新的变化，全国基金会两极分化趋势明显。

一方面，小规模基金会数量增长较快。近年来基金会的资产总规模保持了上升趋势，但是基金会的平均资产规模持续两年降低，这说明基金会的数量增长速度超过了资产增长速度，也就是说新成立的基金会资产规模相对过小。这种小规模的基金会更多地扎根或关注于基层的社会治理。以深圳市注册的基金会为例，深圳市最早放开对非公募基金会的直接登记，简化手续，给予支持。2013年年底，深圳注册登记的76家基金会中社会服务类和教育类基金会占基金会总数的76%，反映了基层基金会的设立更多地集中在社会建设和服务民生的一些基础领域。

另一方面，规模较大的基金会聚集资源的能力进一步提升。2013年年底

全国有24家基金会的年末总资产超过5亿元,这24家基金会的年末总资产之和达311.23亿元,占当年全国基金会年末资产总额的32.95%。相应的,这些巨型"航母"在收入和支出排名中也都位列前茅。与小规模基金会相比,这些基金会的走向在另一维度上引领着中国公益慈善事业的方向。2013年、2014年这些大型基金会更加关注三个问题:一是如何倡导更大范围的社会参与。在这一点上,大型基金会正在逐渐采用基层视角,探索动员公众的方法,积聚变革的能量。二是如何营造上下游分工合作的公益生态。在这一点上,大型基金会正在学习运用市场机制,在选择和被选择中寻找和培育合作伙伴。三是如何在国际范围内参与公益慈善。在这一点上,大型基金会正在积极尝试,参与到塑造中国软实力的实践中来。

B.5
2014年中国慈善会成长报告

杨 刚*

摘　要： 2014年慈善会组织不断成长进步：慈善会发展理念不断更新，转型变革探讨仍在持续，慈善会系统注重基层慈善会组织建设，积极践行联合劝募，慈善项目的针对性增强，人才队伍建设着力发展。但是，在慈善事业的社会治理、专业服务、行业发展、捐赠引导，以及创新性地解决社会问题、显著推动中国慈善事业进步方面还有待加强。要发展慈善事业，引导社会力量开展慈善帮扶，慈善会系统更需要通过与国内外其他公益组织的联合，共同重建改革生态链。

关键词： 慈善会　转型发展　慈善生态

2014年，我国慈善事业制度建设迈出了历史性步伐，慈善组织数量和规模日益扩大，基金会和县以上慈善会数量达6400多家，以扶贫济困为重点实施慈善项目，惠及亿万困难民众。社会捐赠积极踊跃，捐赠数额稳中有升，全年预计超过1000亿元。全国志愿服务组织与站点发展到21万多个，常年从事志愿服务的志愿者达6500多万人。慈善事业已成为社会力量参与民生改善特别是困难救助的重要途径，在扶贫济困、为困难群众救急解难中发挥着越来越突出的作用。

---

* 杨刚，东北财经大学公共管理学院教授。本文以各传媒公开发布的资料为基础形成，未一一列出，特此说明。本文系辽宁省社会科学基金规划项目（L10BSH007）"社区资本引入与贫困问题的预防研究"成果之一。

一 关于慈善会系统筹募款和大额项目情况

自1994年成立以来，中华慈善总会筹募的社会各界捐赠款物累计达428亿多元。目前已拥有涵盖救灾、扶贫、安老、助孤、支教、助学、扶残、助医8大方面的60多个慈善项目和专项基金，与团体会员共同搭建了遍布全国的慈善项目援助体系，惠及困难群众千万人次。就年度来看，中华慈善总会2007年筹募额达到125437.68万元，之后逐年上升，2013年筹募额达到1006443.17万元（见图1），2014年继续增长。目前，中华慈善总会已有团体会员355家，主要成员是各省、区、市级慈善会和部分县市级慈善会。

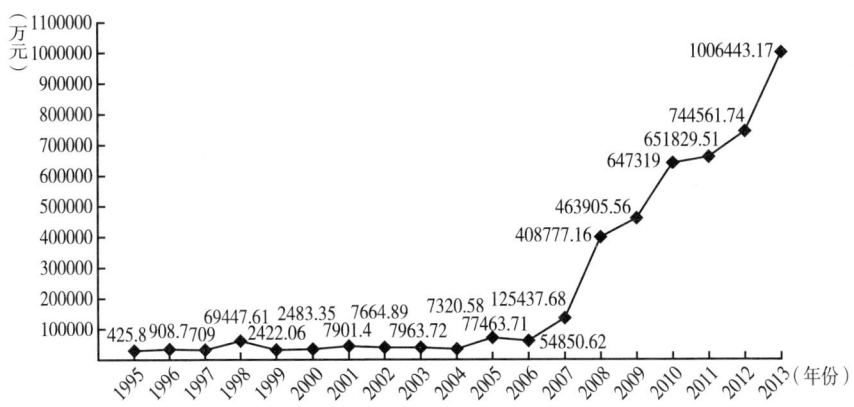

图1 中华慈善总会历年筹募额曲线图

资料来源：中华慈善总会网站数据报告，http：//chinacharityfederation.org/WebSite/News/NewsListCouncil/64。

2014年，根据中民慈善捐助信息中心对全国每周公益慈善动态监测数据显示，全国慈善会系统共接受社会捐赠（单笔大额）约9.78亿元[①]（见表1、表2）。年度接受最大两笔大额捐赠为福建晋州慈善总会受赠的2亿元，以及河南林州市慈善会受赠的1.5亿元。"4·20"芦山地震发生后，中华慈善总会向四川慈善总会捐赠8757万元，全部用于资助地震灾区开展灾后恢复重建。

---

① 自2013年12月28日至2015年1月2日的大额捐赠统计。资料来源，中国公益慈善网。

另外,地方慈善总会如吴江慈善总会也接受到大额捐赠 6433 万元,用于当地公益事业发展。

表1 全国慈善会系统 2014 年度接受大额单笔捐赠款一览

序号	受赠方名称	捐赠金额（万元）	具体用途
1	中国红十字基金会	11500	用于文化保护和文化产业扶贫等
2	北滘慈善会	1000	用于扶贫、助困、幼教基础设施等建设
3	中国儿童少年基金会	1000	用于公益事业
4	晋江市慈善总会	1000	用于公益事业
5	中国扶贫基金会	252.8	用于公益事业
6	中国残疾人福利基金会	242	用于公益事业
7	泉州市慈善总会	2575	用于促进医疗卫生健康事业的发展
8	泉州市慈善总会	1000	用于促进医疗卫生健康事业的发展
9	驻马店市慈善总会	1000	用于公益事业
10	香江社会救助基金会	950	用于社会公益项目
11	泉州市慈善总会	315	用于促进医疗卫生健康事业的发展
12	福州市慈善总会	2750	用于救助弱势群体
13	海南省残疾人基金会	1164	用于促进残疾人事业的发展
14	北京妇女联合会妇女儿童发展基金会	530	用于公益事业
15	甘肃省团省委	375	用于教育事业发展
16	冯颂明机械创新基金	200	用于教育事业发展
17	杭州湾上虞经济技术开发区"和谐基金"	1328	用于公益事业
18	大连市慈善总会	1000	用于春节前大连市困难人员救助及贫困村帮扶等
19	惠安慈善总会	800	用于公益事业
20	江西省侨商联合会	330	用于侨心小学、卫生所建设,以及扶贫帮困等公益慈善项目
21	中国扶贫基金会	268	用于公益事业
22	吴江市慈善总会	6433	用于吴江市公益事业
23	晋江市慈善总会	1000	用于晋江市池店镇屿崆村的教育等慈善公益事业
24	新坡镇慈善总会	116	用于新坡镇慈善会公益事业
25	温州市瓯海区慈善总会	4480	用于瓯海区"美丽塘河、宜居水乡"建设治水公益事业
26	泉州洛江区马甲镇慈善会	4200	泉州市马甲镇成立慈善会

续表

序号	受赠方名称	捐赠金额（万元）	具体用途
27	福建省南安市慈善总会	500	用于公益事业
28	广东省揭阳市妇联	308	用于妇女事业
29	河南省林州市慈善总会	15000	用于公益事业
30	长沙市涟源商会慈善基金	1450	用于筹建成立长沙市涟源商会慈善基金
31	福建省建宁县慈善总会	1124	用于筹建宁县慈善总会
32	北京市公安民警抚助基金会	200	用于500个困难民警及文职辅警家庭扶助慰问工作
33	沈阳市见义勇为基金会	100	为见义勇为英雄模范们送去温暖和爱心
34	象山县慈善总会	100	用于扶贫帮困
35	宁波海曙区光彩事业促进会	100	用于促进教育事业的发展
36	新疆生产建设兵团慈善总会	66	用于于田地震灾区

资料来源：中国公益慈善网、全国每周公益慈善动态（2013-12-18至2014-02-20）。

表2　全国慈善会系统2014年度接受大额单笔捐赠款一览

序	捐赠方名称	捐赠金额（万元）	接收方名称	具体用途
1	海南旺龙投资有限公司	200	中华慈善总会	用于"中华消防英烈家庭救助项目"
2	飞克慈善基金	200	晋江市慈善总会	其中105万元用于陈埭镇洋埭村老年人事业
3	山东天地缘集团公司	2000	滨州市慈善总会	用于山东省滨州市慈善事业
4	河南久通电缆有限公司	100	周口市慈善总会	改善周口市弱势群体生产生活水平
5	许书典家族	6667	晋江市慈善总会	用于晋江公益事业
6	四川成中投资集团	1000	宜宾市慈善总会	设立"成中集团慈善公益专项资金"，开展扶老、助残、救孤、济困、助学等慈善公益活动
7	吕剑、厉萍夫妇	280	浙江省横店镇慈善协会	成立"长庚慈善基金"，救助困难外来农民工
8	济宁市中医院	2000	济宁市慈善总会	用于济宁市贫困恶性肿瘤患者的医疗费减免

续表

序	捐赠方名称	捐赠金额（万元）	接收方名称	具体用途
9	王珞丹	100	赤峰市慈善总会	用于赤峰市慈善救助事业
10	山东省永锋集团有限公司	2000	德州市慈善总会	用于德州市公益事业
11	德州长河豪门集团	2000	德州市慈善总会	用于德州市公益事业
12	山东省鸿兴源食品有限公司	1000	德州市慈善总会	用于德州市公益事业
13	华达实业有限公司	1000	德州市慈善总会	用于德州市公益事业
14	德州银行	800	德州市慈善总会	用于德州市公益事业
15	山东省德州烟草有限公司	800	德州市慈善总会	用于德州市公益事业
16	蒙牛乳业集团股份有限公司和西藏锦熙商贸有限公司	300	西藏慈善总会	用于帮助西藏贫困学生
17	宁海县农村信用合作联社	100	宁海县慈善总会	用于浙江宁海县公益事业
18	郑州日产	1500	郑州慈善总会	用于对贫困地区小学生和困难大学生帮扶
19	海南省潮汕商会	110.3	海南省慈善总会	用于资助221名学子
20	大同市华林有限责任公司	1000	大同市慈善总会	用于助学、济困等慈善公益事业
21	中国东方航空集团公司工会委员会	600	云南省慈善总会	用于云南鲁甸震区救灾工作
22	周鸿祎	168	晋江市慈善总会	用于晋江市慈善总会公益事业
23	重庆市广东商会	155	重庆市慈善总会	用于重庆教育事业
24	云南省东南亚南亚经贸合作发展联合会	108.95	云南省慈善总会	用于云南鲁甸震区救灾工作
25	西建集团	1000	宝鸡市慈善总会	用于宝鸡市慈善事业
26	福州市仙游商会	200	仙游县慈善总会福州分会和曾德梅爱心助学基金会福州分会	用于助学
27	云南临沧市委、市政府	100	云南普洱市慈善会	用于云南普洱灾区救援工作
28	山西彩民	1000	山西省慈善总会	用于山西公益事业
29	山西彩民	200	山西省慈善总会	用于云南省普洱市景谷地震灾区

续表

序	捐赠方名称	捐赠金额（万元）	接收方名称	具体用途
30	山西黄河医院	200	太原慈善总会	为太原市18000名的哥的姐进行体检及职业病专项筛查，并在省城100个社区建立老年活动室
31	中国人寿雅安市分公司	100	雅安市慈善总会	用于雨城区、名山区、宝兴县三地5村的5个卫生室建设
32	吴金贞	100	晋江市慈善总会	成立"陈需治女士慈善基金"
33	荥阳农村商业银行	100	河南荥阳慈善总会	设立"荥阳农商银行爱心奖学助学金"
34	恒安集团	20000	福建晋江市慈善总会	用于晋江市慈善事业
35	福建省福瑞医疗科技有限公司	5300（物资）	新疆慈善总会 巴州地区人民医院 库尔勒市第一人民医院	用于新疆医疗事业
36	安徽省纽斯康生物工程有限公司	100（物资）	安徽省庐江慈善协会	用于庐江市慈善事业
37	金科股份	550	重庆市慈善总会	定向帮扶各区县留守儿童、孤儿爱心学校和孤寡老人
38	重庆市烟草公司	100	重庆市慈善总会	定向帮扶各区县留守儿童、孤儿爱心学校和孤寡老人
39	厦门市女企协	100	厦门市慈善总会	成立"女企慈善基金会"

资料来源：中国公益慈善网、全国每周公益慈善动态（2014-2-21至2015-01-02）。

虽然参照2013年社会捐赠总额1100亿元，2014年慈善会系统接收的大额单笔捐赠款物在总体捐赠中所占比例不足1%，但是，其所涉及的领域包括定向帮扶留守儿童、孤寡老人、残疾人、贫困学生，建立慈善基金、用于医疗卫生健康、教育救助、赈灾扶贫等方面，企业拥有资金、技术、人才等多重优势，对慈善的贡献也在不断增长。

2014年，慈善总会项目除传统的安老助孤、扶贫济困外，还着重体现在支持民办非营利机构，重视支持社区项目，打造慈善组织合作平台等方面。从慈善公益行业整体来看，NGO支持型、社区发展型组织亦增长最快。成都市慈善总会组织2014年度公益慈善组织战略研讨会，总结慈善发展经验：一是入驻中国慈善信息平台，让70多家不同性质的公益组织入驻。二是把慈善总会的公募权作为社会资源与其他公益慈善组织共享。三是不把募集资金作为唯一目标,更重要的是营造慈善文化氛围,推动全市慈善发展。深圳市于2014年出台了深圳市基金会发展培育暂行办法。深圳市民政局、慈善会与桃源居还共同制作社区慈善发展研究报告,更加强调组织慈善和专业化慈善要在社区慈善层面结合,将社区慈善公益活动进行组织化、系统化提升。

2013年,中华慈善总会所筹集到的100亿多元的慈善款物中,来自境外慈善机构、跨国公司的捐赠就占了90%以上。2014年,中华慈善总会继续引进国外慈善资源,并通过与各地慈善组织合作开展,在全国范围内着力解决困难群众的健康乃至生存问题。随着全球化的推进和社会的发展,境内外爱心机构、慈善组织之间的合作必将进一步加强。截至2014年11月,澳门同济慈善会共资助公益项目约24个,分布于全国数十个省份,约2.9万名青少年儿童及教师获益。

二 关于慈善会转型发展仍然是重要的思考视阈

有关慈善会的转型与变革一直都在持续进行。"必须创新机制,使慈善事业与国家保障救助制度互补衔接、形成合力。"深圳慈善会作为国内引领者,提出"慈善会应转变为社区基金会"的思路,并越来越认识到,服务于本地本土社区发展之目标,特别是专业区隔的重要性,实际上涉及慈善会系统的专业精细分工问题。慈善事业在提升国家文化软实力方面,在居于国家发展战略的高度、承担责任等方面,在公信力、资源动员能力、影响力等方面,都成为国家治理中的重要因素。慈善会组织要赢得更多、更强社会捐赠,关键是要看其是否透明、服务是否专业、服务效率是否够高、项目是否适用等。

以老龄化社会中至关重要的养老服务为例,随着2013年国务院35号文件发布,推动各项政策落地执行,将中国长期照护行业的发展推向新阶段成为慈善会思考的重大议题。

2014年12月1~2日,中华慈善总会长期照护专业委员会在北京举行年会,来自全国200余家老年人长期照护机构的管理者经过充分研讨,达成以下共识:一是建议将长期照护服务纳入基本公共服务项目,做到长期照护服务的均等化;二是建议将养老机构支持政策调整为重点支持长期照护机构的政策,

把钱用在刀刃上;三是建议对长期照护机构进行标准化评鉴,实行挂牌管理;四是建议将《长期照护服务法》或《长期照护服务条例》尽快列入国家立法规划;五是长期照护行业要严格自律,恪守公益服务准则。

关于传统慈善会组织如何转型及其与政府之间的关系,首先体现在政府的角色转变,政府将转为扮演"裁判员"的角色,规范秩序,维护和激励社会组织健康发展。政府与慈善组织的互动合作将更加开放、更加科学,也更富有效率。政府背景慈善组织有相对独立的管理网络、系统,因此适合向枢纽型组织转型,① 这方面一些地方已经有所突破。

2014年起慈善协会将不具备公募资格。2013年12月28日,北京市公布《北京市促进慈善事业若干规定》,要求公募基金会作为募捐主体,其他慈善组织要进行公开募捐,只能与基金会联合开展,并以基金会的名义进行。这意味着像北京市慈善协会以及各区县慈善协会组织将不再拥有公募资质。《规定》还明确慈善组织要按照捐赠人的意愿使用捐赠财产。该规定自2014年1月1日起施行。

慈善立法推进,国务院印发《关于促进慈善事业健康发展的指导意见》,慈善组织管理和政府购买服务等制度逐步完善。对于慈善会来说,一方面,政府要以财政收入等资助慈善组织,慈善组织捐赠收入不断提高,通过政府资助等方式强化慈善公益组织能力,提升社会福利整体水平;另一方面,适时地增强其造血功能,开展合法的经营和服务活动,既满足组织自身的资金需要,又降低对于外部资金的依赖程度,从而有效地达成组织公益目标的实现。

三 基层慈善组织的建设与发展逐渐趋向网络化

在由传统慈善转向现代慈善的进程中,不断丰富基层慈善组织的内涵、扩充其外延亦是非常重要的一环。因为,当前慈善工作中的弱势和短板,其中影响慈善事业发展的一个突出问题就是基层组织建设薄弱。以慈善会组织向基层发展为例,据统计,目前全国共有1966个市县慈善组织。而县域慈善组织中慈善总会占据了绝大部分的资源,组建街道级慈善会,在搭建社区平台、整合

---

① 《公益慈善 莫论"出身"》,《人民日报》2015年1月4日,第四版。

社区资源方面也发挥了独特作用。

据江苏省2014年上半年初步统计，全省有1281个乡镇和街道，已建成慈善组织579家，占乡镇和街道总数的45%；15255个村委会和6313个居委会中，已建立慈善工作站1208家，仅占村委会和居委会总数的5.6%。慈善工作在为基层服务、为困难群众提供及时有效的救助等方面取得了发展，但总体上还比较薄弱。江苏省各级慈善组织2014年上半年募集慈善资金7.92亿元，物资折价约2.06亿元，支出救助资金5.33亿元，物资折价2.03亿元，受助人群210万人次。历年累计慈善募捐收入达196.46亿元，尚有较大的增长空间。

《江苏慈善》2014年"慈善要闻"和"市县动态"显示，2014年10月召开的镇江会议为把全省基层慈善组织推进到乡镇、村居提供了新的动力。镇江市、句容市、海安县慈善总会以及扬中市新坝镇慈善分会和昆山市朝阳街道慈善工作站分别介绍了各自的经验。句容市、扬中市在不到一年的时间里，基层慈善组织已经全覆盖，市、镇、村三级慈善网络已经建成。海安县慈善会发展的经验值得借鉴：一是以县人大常委会的名义确立每年5月12日为海安"慈善日"。二是将传统的慈善"一日捐"转变为"捐一日"，即个人捐出一天的收入，企业捐出一天的利润，与全县1100多家企业签订了捐赠协议，形成了长效机制，这是继"合同认捐"后的又一种新的劝募理念和做法。三是慈善募捐活动由慈善总会统一组织、统一管理，各类慈善机构联合劝募。这一做法很好地解决了多头募捐的乱象，理顺了慈善募捐秩序。四是落实基层慈善组织工作人员。虽然海安各村居慈善工作站尚在建设过程中，但"兵马未动，粮草先行"，全县236个村居慈善协理员已经全部落实到位，并且明确了慈善工作站和协理员工作的运行机制和主要任务，为下一步工作的开展奠定了良好的基础。大力推进基层慈善组织建设的根本目的就是要形成全民参与慈善的社会氛围，从而实现向现代慈善格局的转变。如果江苏省7900万人口中有10%能够参与慈善，按照每人每年捐赠100元计算，慈善资金便有7.9亿元。"无锡梅村慈善协会成立10年，发放临时救助金过千万""南京慈善总会首家企业慈善分会成立"等都从不同侧面体现了江苏慈善事业的发展。

全国市县级慈善会中，还涌现出河南林州这个市县慈善会典型。林州慈善总会2010年4月成立以来，紧紧围绕"安老、抚孤、济困、助医、助教"五项工程，共组织社会各界捐款捐物1.39亿元，发放救助款1.25亿元，受益人

数达29.6万,义工队伍发展到1.5万人。其特点:一是慈善组织机构特别健全,高效有力。二是宣传工作覆盖面广,系统完善,效率很高。三是慈善工作成绩显著。人人做慈善,人人参与慈善。不只是捐钱、捐物、还有做义工、做心理疏导等。义工的劳动成本不能仅用1.39亿元金钱来衡量,未来更加注重的是慈善组织能力、服务人才汇聚、平台搭建效能等。

在辽宁大连,11个县、区都成立了慈善组织,各乡镇也都成立了慈善工作站,在全市形成了市和区市县以及街道乡镇三级慈善组织网络。以瓦房店市为例,城市、乡镇、村庄都设有慈善机构。市里叫总会,乡镇叫分会,村里叫工作站。2014年继续借助不同的文化形式传达现代慈善理念,开创自下而上、自上而下的双向联合互动慈善之路。

四 关于慈善会的人才队伍及其培训工作

根据《2014中国公益行业人才发展现状调查报告》[①] 显示,从行业整体来看,2014年慈善公益行业的项目管理、财务岗位设置最完备;人力资源岗位增长快,从2010年的7%增长到2014年的23%。

从慈善会系统来看,2014年公开招聘人员包括事业编制人员、编外人员等,编外人员经费一般采取政府购买服务的方式解决。慈善总会法定代表人一般与受聘人员签订劳动合同,与当地人才交流中心确立人事代理关系。但编外人员待遇相对较低,特别是中西部地区。如2014年公益行业从业人员的平均薪酬为3998元/月,2010年该数据为2909元/月。而蚌埠市聘用人员待遇显示,除了按有关规定由单位负责交纳五项保险,每人每月工资约1400元。相关调查还显示,仅有31.6%的公益从业者表示满意目前薪酬。实际薪酬与理想水平总体差距2422元/月。广东省和江苏省公益从业者实际和理想间薪酬落差在2000元/月左右。慈善会系统也存在职业认同感有待增强、职业发展动力不足等问题,需要不断通过专业培训来提升从业者的职业价值理念及认同感。

2014年2月,在郑州召开了公益慈善组织能力建设培训会。培训会由中民慈善捐助信息中心、郑州慈善总会联合举办,来自该市40余家慈善机构的

---

① 由南都公益基金会、壹基金等与零点研究咨询集团共同发起,2014年9月发布。

代表参加了培训。这是郑州市首次组织公益培训会，为期一周，课程主要包括公益组织该如何与政府建立良好关系、如何与企业以及基金会开展合作等内容。同年7月，全国市县慈善事业发展工作培训班在林州市红旗渠干部学院举行，全国58家市县慈善机构的120余名代表参加了培训班。对于专职人员展开能力提升和专业化培训成为工作发展中的常态。

志愿服务发展情况。有专家指出，中国的公益慈善和西方国家差别最大的还不是捐款的数量，差别最大的是志愿者占整个经济活动人口的比例，真正参与志愿活动的人少之又少，这才是真正的大问题。2014年，各地慈善会在组织义工、志愿者方面也在不断进步，特别是企业志愿服务在不断发展。如台州慈善总会义工分会第三次会员代表大会召开，从2009~2014年的五年里，台州慈善义工事业蓬勃发展，全市慈善义工注册人数已达19021人，各类慈善义工服务队229支。慈善义工积极开展敬老、济困、助学、赈灾等活动，踊跃参与社会公益服务。开展公益服务148151人次，累计组织活动时间1327130小时。在中国真正掌握资金、掌握技术、掌握知识管理技能最多的还是企业、企业家。比较而言，我国一流人才还是在企业，在这样一个现实的情况下，更需要大量企业的员工积极投身于慈善事业。志愿服务组织正在趋向三个转变：从松散型向紧密型转变，从零星服务向项目服务转变，从集中粗放服务向分门别类精细化服务转变。

总之，2014年慈善会组织不断成长进步，整体可以概括为：慈善会发展理念不断更新，转型变革探讨仍在持续，慈善会系统注重基层慈善会组织建设，积极践行联合劝募，慈善项目的针对性增强，人才队伍建设着力发展等。但在慈善事业的社会治理、专业服务、行业发展、捐赠引导，创新性地解决社会问题、显著推动中国慈善事业进步等方面还有大幅的提升空间。要发展慈善事业，引导社会力量开展慈善帮扶，慈善会系统更需要通过与国内外其他公益组织的联合共同。重建改革的生态，重建公益生态，人们越来越意识到，传统的慈善公益事业，许多生态链还没有打通，慈善会系统由于自身发展的特殊性，具有能够有效建立跟政府链接的天然优势，在激励企业家和企业参与方面也积累了比较多的经验，只有通过自身机制不断改善，汇聚政府、慈善组织、企业、公民团体等各方力量，才能打造更好的慈善生态链，惠及更多的民众，共建幸福生活。

B.6
2014年中国民非和非法人社团发展报告

黄伟夫*

摘　要：	随着社会的发展，社会组织中的民办非企业单位和非法人社团迅速成长，成为社会活动中最为活跃的群体，在促进中国公益慈善事业发展、提高公共参与、补缺公共服务、加强人际纽带、实现社会和谐等方面做出了贡献。目前这类民间性最强的社会组织还面临着制度性发展瓶颈，呼唤即将出台的慈善法对此做出规定，释放这类民间组织的活力。
关键词：	民办非企业单位　非法人社团　非公募基金会　网络民间组织　志愿者

改革开放以来，中国的政策环境日渐宽松，原来坚固封闭的"全能国家"体制被打破，社会多元力量开始涌现，民间组织纷纷成立，并在社会治理中起着越来越重要的作用。但是，由于体制惯性，我国的社团、基金会等民间组织依然处于半官方的状态，中国的民间组织并没有真正走向民间，也没有形成真正的民间组织力量。然而，以2008年的汶川地震为契机，中国社会巨大的公益需求激发了民间自发参与公益慈善的热情，大量民办非企业单位以及未登记注册的非法人社团纷纷成立，成为今日中国公益慈善领域最为庞大、最为活跃的群体。

按照国家的相关规定，民间组织包括社会团体、民办非企业单位和基金会

---

* 黄伟夫，《中国商界》记者，中国红十字基金会生命天使基金总干事。

这三类组织。其中，社会团体是指中国公民根据自愿组成，为实现会员共同意愿，按照其章程开展活动的非营利性社会组织。① 民办非企业单位是指企业事业单位、社会团体和其他力量以及公民个人利用非国有资产举办的，从事非营利性社会服务活动的社会组织。② 我国对民办非企业单位的定义，类似于欧陆学术界所说的"社会企业"（social enterprise）。基金会是指利用自然人、法人或者其他组织捐赠的财产，以从事公益事业为目的，按照《基金会管理条例》的规定成立的非营利性法人。③

需要注意的是，由于此前我国对民非的设立门槛过高，一些组织难以用民非的身份登记注册。而我国对非公募基金会的注册则较为支持，因此一些民办非企业单位只得以非公募基金会的形式注册，但其组织结构、服务范围等与民非无异。这类非公募基金会组织，也应该归入民非的范畴。

民办非企业单位由民间团体或公民个人自发成立，其民间性、志愿性和服务性的特点显著，设立这类组织成为民间参与公共事务的一个重要渠道。

受限于管理部门所规定的注册条件，以及一些公民出于自己和好友的意愿，在正式注册的民办非企业单位之外，还存在着大量未注册的民间组织或团体。其中有些在街道办事处备案，成为备案组织；有的以项目办或者专项基金的名义挂靠在各个基金会下面。更多的是民间自发形成的自组织，以及一些以QQ群、微信群形式存在，并在进行公益慈善等活动时也总是利用社交网络聚散的组织团体。这些不同类型的未注册的民间组织我们统称为非法人社团。尽管这类组织不具备法人资格，但其数量极为庞大，活跃度极高，是社会组织的重要组成部分。

由此可见，社会组织可以粗分为以下两类。

第一类：正式组织。包括社团、基金会和民办非企业单位。其中，绝大多数民办非企业单位都是由民间发起的，仅有少部分民非由事业单位或具有官方色彩的社团、基金会发起成立。

第二类，非正式组织。亦可称为非法人社团，是指自然人、法人或其他组

---

① 《社会团体登记管理条例》（1998年）第二条。
② 《民办非企业单位登记管理暂行条例》（1998年）第二条。
③ 《基金会管理条例》（2004年）第二条。

织设立的不具备法人资格的团体。其中有备案团体，它们依据各地政府的相关条例，在街道进行书面备案；有挂靠团体，包括挂靠在基金会或社团下面的项目办或公益基金；有自组织团体，包括各类兴趣爱好组织，它们常常以兴趣推动公益活动；还有以 QQ 爱心群、微信爱心群等形式存在的网络社团。

本研究旨在揭示常常被公益慈善界忽视的大量的民间组织。它们不仅限于正式注册的民办非企业单位，还有以非公募基金会形态存在的民非组织，工商注册的民间公益组织，以及如同汪洋大海一般存在的各类非法人民间团体。

一 民办非企业单位的发展现状

1. 总体数量

1995 年 8 月底，在北京召开的"95 非政府组织妇女论坛"，成为中国民间组织的启蒙课堂，激发了中国民间社会参与公共事务的热情，一大批致力于社会公益事业的民间组织相继涌现，我国民间组织的发展进入快速通道。根据民政部的数据，截至 2013 年年底，全国共有社会组织 54.7 万个，其中民办非企业单位 25.5 万个，比 2012 年增长 13.1%，接近全国社会组织的一半。其具体分类为：科技服务类 13729 个，生态环境类 377 个，教育类 145210 个，卫生类 21234 个，社会服务类 36698 个，文化类 11694 个，体育类 10353 个，商务服务类 5625 个，宗教类 94 个，国际及其他涉外组织类 4 个，其他类型 9652 个（见表 1）。

表 1 不同类型民办非企业单位数量表（2013 年）

单位：个

类型	科技服务类	生态环境类	教育类	卫生类	社会服务类	文化类	体育类	商务服务类	宗教类	国际及其他涉外组织类	其他
数量	13729	377	145210	21234	36698	11694	10353	5625	94	4	9652

另据民政部规划财务司的数据，截至 2014 年 12 月，全国社会组织共有 599786 家，其中民办非企业单位的数量为 288907 个，比 2013 年增长 13.3%。其快速发展的趋势非常明显（见表 2）。

表2 历年民办非企业单位数量表(2006~2014年)

单位:万个

指标	2006年	2007年	2008年	2009年	2010年	2011年	2012年	2013年	2014年
民办非企业	16.1	17.4	18.2	19	19.8	20.4	22.5	25.5	28.9

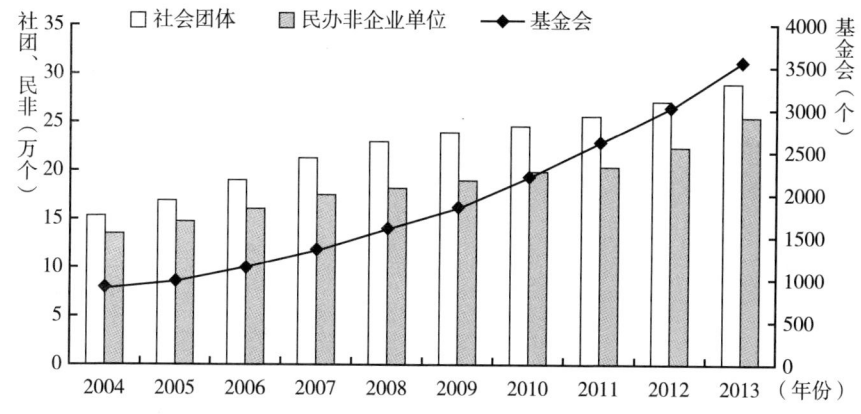

图1 不同类型社会组织数量分布(2004~2013年)

自2004年颁布《基金会管理条例》设立"非公募基金会"以来,我国从法律上明确允许公民、企事业单位设立独立法人的基金会参与公益慈善事务。而在实际注册中,各级民政部门也对非公募基金会的设立给予了积极的支持,承担了大部分非公募基金会主管业务单位的职责,从而实现了登记管理与业务主管的一体化。这使得注册非公募基金会较为容易。[1] 而其时民办非企业单位的注册则比较烦琐,难以寻找到业务主管部门。于是,大量原本应该注册成民非的组织,注册成为非公募基金会。

尽管这些组织注册成了非公募基金会,但其本质属性却依然是民办非企业单位。这些基金会拥有民非的普遍性特点:规模小、资金少、资金可持续性差。这些基金会也往往专注于某一特定的行业与领域,像民非一样开展公益项目。而在寻找资金方面,这些非公募基金会甚至向更大型的基金会寻求资助,

---

[1] 马昕:《2013基金会发展报告》,杨团主编《中国慈善发展报告(2014)》,社会科学文献出版社,2014。

完全是民非的姿态。

一些民非属性的组织注册成了非公募基金会，但不能说所有的非公募基金会都是民非。在这里，我们将注册资金为200万元、净资产1000万元以下的非公募基金会（不含高校、企业和名人等发起的非公募基金会）认定为"民非性基金会"。根据基金会中心网提供的数据，2013年民非性基金会的数量为962家，共有3354名工作人员，捐赠收入25.43亿元；平均每家民非性基金会的全职员工为3.48人，每家民非性基金会的平均捐赠收入为264万元。

如果将登记为非公募基金会的民间组织归位，那么民办非企业单位的总量要增长0.4%。

从总体上看，无论以何种形态存在，民非组织都具有规模小、资金不足、人才缺乏等特征。同时，它们的发展趋势又是明显向上的。

二 非法人社团的发展现状

如前所述，非法人社团指的是自然人、法人或者其他组织发起设立的不具备法人资格的社团，也包括各类小型团体。本文以非法人社团作为各类非法人社会组织的统称。

伴随着中国社会的向前发展，以及互联网的迅速普及，大量未登记注册的非法人社团纷纷出现在人们的视野中。其中越来越多的公民，通过种种非官方渠道、形式，投身于社会公共事业，自发成立了以践行社会公益责任为宗旨的非法人社团。这些非法人社团成员主要以业余时间（少部分全职），积极开展各类公益和志愿服务活动，形成了我国民间组织中数量最为庞大、行动最为活跃的一部分。这一部分非法人社团主要组成为街道备案的社区组织，由民间发起的挂靠在基金会下面的项目办、公益基金，以及比较稳定的公益微信群、QQ爱心群等网络公益组织，等等。

A 社区组织

社区组织是一些组织或个人，以在社区（乡、镇、街道）范围内单独或联合举办的方式，在社区范围内开展各种公益活动，来满足社区居民不同需求的民间组织。这一类民间组织具有民间性、独立性和组织性特征，成为民间组织中具有深厚群众基础的一支力量。

社区组织积极参与居家养老、儿童托养等社区服务，利用社区内的各种文体设施开展文化、教育、科普、体育、娱乐等活动，乃至配合街道、社区关心帮助生活困难群体和社会边缘群体，以及调解居民纠纷等事项，为拓展社区服务、丰富社区文化、维护社区安全稳定、促进社区健康和谐起到了重大的不可替代的作用。

基于社区组织规模较小、服务群体及范围特定的特点，社区组织往往以社区街道备案的方式存在。随着我国城市化率的迅速稳步提高，这一类社区社会组织增长迅速，仅浙江省实行备案管理的社区社会组织就已突破3万家。[①] 以此推算，全国备案管理的社区社会组织应该在20万～30万家。

B 挂靠在基金会下面的项目办或专项基金

有一些公益项目或公益团体，因为需要合法的公募权，或者基于其他合法性的考虑，会与公募基金会合作，用挂靠在公募基金会下面的方式进行公益活动。

民间公益团体与公募基金会合作，往往采取两种方式。一种方式是在公募基金会里面设立项目办，运营公益项目。2013年，黄伟夫等人为救助一名贫困重病患者，而与中国红十字基金会合作，在中国红十字基金会下面开展"白雪人道救助公益行动"，从而获得公募授权，并开展活动，即是这种模式的典型案例。

另外一种方式是在基金会下面设立专项基金。天使妈妈基金，在独立注册成基金会之前，曾先后在中国红十字基金会、中国儿慈会下面设立专项基金，由天使妈妈基金团队自行募款，其项目亦由天使妈妈基金团队自行运作。

目前很难讲清全国共有多少家民间团队在公募基金会下面挂靠成立项目办，挂靠在公募基金会下面的专项基金数量也无准确数据。据了解，仅中国红十字基金会就有60多个专项基金，其中由民间团队发起的专项基金约有40个。截至2015年3月28日，全国共有公募基金会1493家（基金会中心网数据）。若平均一家公募基金会拥有10个民间团队发起的专项基金或项目办，则全国就有1.5万个民间发起的公益组织未在正式的统计数据之内。

---

① 岳德亮:《浙江实行备案管理社区社会组织突破3万家》，新华网，http://news.hexun.com/2013-07-08/155897678.html。

C 未注册备案的社会自组织

对于大量的民间团体来讲,能在社区备案或与公募基金会合作,亦属于十分奢侈的事。一些民间自组织,人数较少,可能只有三五个人,甚至没有专职人员。但这些人具有很强的公益心,利用大量的业余时间自发成立组织,参与公共事务。①

据谢海定在2002~2003年上半年对深圳、安徽部分地区进行的调查,经过正式登记注册的民间组织数量,只占民间组织实际数量的8%~13%。②清华大学NGO研究中心主任王名教授分析认为,各类未注册的社会组织总量约为注册类组织的10倍。③2014年12月中国社会组织总量为599786家,按此计算,则目前全国未正式注册备案的社会自组织总量约为600万家。

D 网络社团

需要特别注意的是,互联网技术的发展和普及,尤其是移动互联网的迅猛发展,为非法人社团时代的成长提供了巨大的空间。

数据显示,截至2014年6月,我国网民规模达6.32亿人,互联网普及率为46.9%。随着智能手机对功能手机的替代基本完成,智能手机用户形成巨大规模。手机网民规模高达5.27亿,网民中使用手机上网的占比进一步提升,由2013年的81.0%提升至2014年的83.4%,手机网民规模首次超越传统PC网民规模。

互联网具有的快捷性、便利性、互动性、开放性、可选择性等特点,让网友参与公共事务的热情得到极大释放。他们通过QQ、微信等即时通讯软件和微博、博客、论坛、贴吧等网络工具进行联络和动员,开展各种公益活动。网民在网络平台上开展活动,打破了现实社会中对非法人社团在时间、空间和场地方面的限制,使得这类组织的成员不用办公场所和设备就可以迅速地开展工作。从某种程度看,网络技术的发展,让非法人社团在一定程度上打破了现实社会中的约束。使得这类民间组织拥有了动员迅速、参与人员众多、活动空间

---

① 洪石:《哈尔滨网络公益自组织引导机制研究》,哈尔滨工业大学公共管理硕士学位论文,2012。
② 谢海定:《中国民间组织的合法性困境》,《法学研究》2004年第2期。
③ 王名:《大陆社团组织的特点和发展趋势》,台胞之家网,http://www.tailian.org.cn/n1080/n1125/n874648/902989.html。

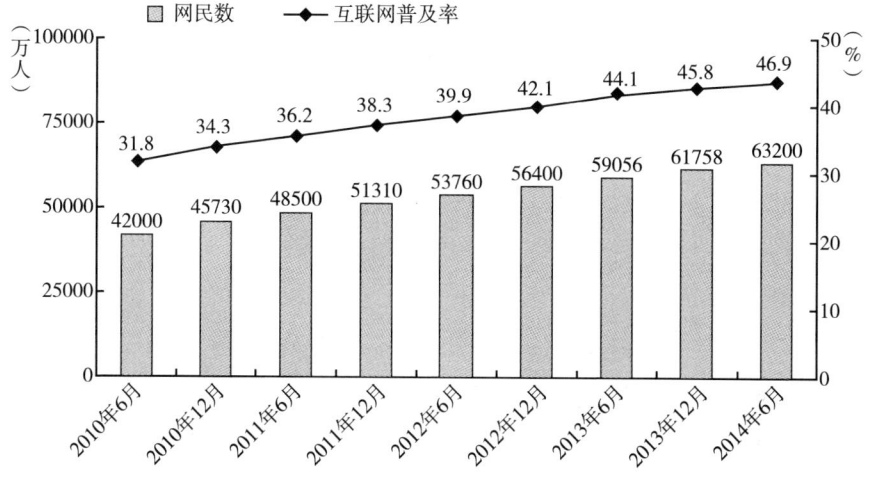

图2 中国网民规模与互联网普及率

资料来源：CNNIC北京互联网络发展状况统计调查。

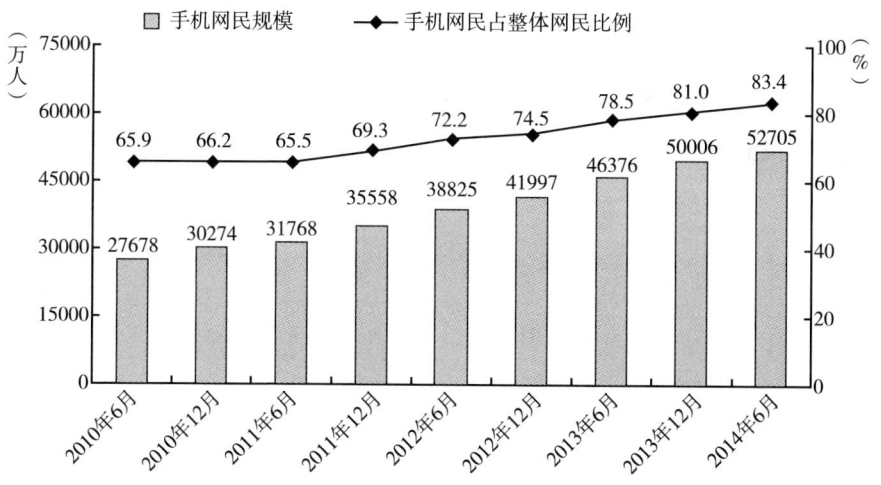

图3 中国手机网民规模及其占网民比例

资料来源：CNNIC北京互联网络发展状况统计调查。

巨大等特点和优势。

也正因如此，基于网络平台而生存的非法人社团数量极其庞大。以体育组织为例，截至2012年年底，全国共有体育社会组织23590个，而网络体育组织有80多万个,是正式体育组织的35倍。① 截至2014年12月,中国社会组织总量为599786家,若以35倍计算则全国网络社团组织总量在2000万家左右。数量之多令人瞠目。

网络社团的状态变化较大。一些网络非法人社团,就是因为某个社会热点事件临时形成的。有的在事件结束后就解散了,如一些为救助某个患者而成立的微信群。但也有一些组织在事件结束后没有解体,而是继续存在下去,最终发展成为永久性组织。当然也有一些原本是永久性的网络社团,因种种缘故结束活动。每一天,都有大量的网络社团成立,同时也有大量的网络社团消亡。

现在,拉个微信群,已经成为一群人一起做事的基本形式。网络非法人社团的群体也越来越多、越来越多元。在整个人类社会日渐互联网化的进程中,网络社团正在起着越来越大的社会作用。

综上所述,截至2014年,我国正式注册的民办非企业单位有288907家,民非性基金会的数量达1000余家,总计30万家左右。在非法人社团方面,进行备案管理的社区社会组织有20万~30万家,挂靠在基金会下面的项目办或公益基金达1.5万家,未注册备案的社会自组织有600万家,网络社团为2000万家,非法人社团约2630万家。

三 民非和非法人社团的特征

与社团、基金会等官办组织相比,民非和非法人社团有以下5个特点。

(一)组织自发成立

民非和非法人社团往往是由相同背景、经历、信念或相同兴趣、爱好的群体自发结合在一起,因此成员之间有着许多的共同点。这种共同点是组织成员一起开展活动、维系群体发展的核心。组织成员通过组织的活动,宣扬社会正能量、扶贫济困,促进社会向前发展,从而获得精神上的满足感。

---

① 王镜宇:《全国体育社团总数超过15000个》,新华网,http://news.xinhuanet.com/sports/2014-06/26/c_1111330860.htm。

（二）成员自愿加入

民非和非法人社团的领导者，不是由政府官员担任，而由组织的发起者担任。组织的其他成员，往往由社会服务工作者（社工）和自愿参与公益性服务的普通公民（志愿者）组成。即使有部分政府工作人员参与，也只以个人身份参与，与其所任公职无关。

（三）组织自主管理

民非和非法人社团的运行，往往是在法律法规范围内，依照组织自定的章程或口头章程进行自我管理，政府相关部门不参与民间组织的日常监管。由于民非和非法人社团是由具有相同爱好、经历的民众自发组织形成，因此组织结构比较松散，除发起者和核心成员外，其他大多数成员不固定，人员的流动性强。这些组织的成员，少则数人，多则几十万人。

（四）组织自主活动

民非和非法人社团的活动内容，包括其设立的公益项目，由这些组织在法律法规的框架内自行设定，而不是官方强制要求。组织的活动、项目具有较大的随意性、即兴性，尽管具有对社会突发事件反应敏捷的优点，但缺乏持久性。

（五）组织经费自筹

由于民非和非法人社团由部分公民自主发起，并无官方背景，因此这些组织的活动经费也大多由组织内部成员自己投入、募集，绝大多数民非和非法人社团并无官方拨款和资助。近年来，政府开始向民间组织购买服务，但仅有屈指可数的极少数民间组织获得了政府的资助。

四 民非和非法人社团的社会功能

民非和非法人社团虽然普遍存在规模小、服务面窄、单个实体的社会影响低、稳定性差等特征，但其总量庞大。从数量上看，这类组织占民间组织总量

的90％以上，是民间组织的各个类型中，占绝对多数的一类。而其行动灵活、工作贴近服务对象等优点，也使其在社会公共事务中起着越来越重要的作用。

（一）提高公共参与

现代社会的健康发展，需要政府、社会组织、民众共同参与。而目前，我国民众参与公共事务的积极性还不够高，参与渠道不够畅通。民非和非法人社团作为民众基于共同理念或利益自愿结成的组织团体，在一定程度上代表了民众的集体诉求和利益。不少民非和非法人社团在实际上成为民众利益的代言人。同时民非和非法人社团通过自下而上地开展工作，从基层民众中寻求支持，传播公民参与公共事务的理念，也成为民众参与公共事务的重要渠道之一。

2013年5月，云南省昆明市发生了反对上马PX项目的社会群体性事件。事件发生后北京和昆明的四家环保公益组织联合开展行动，通过多种方法调查、问责该项目的环境决策过程，为公民理性参与环评、公众参与环境监督做出了努力。在该事件中，这四家环保领域的民非，以及为数众多的非法人社团，在引导公众理性参与环保行动中起到了无可替代的作用。[1]

此外，民非和非法人社团在从事救弱、赈灾、扶贫、助学、环保等活动中，传播了奉献、公正、志愿等精神。这些精神的传播，使得原本封闭消极的社会个体，开始积极关心社会公共事务，并参与到改善社会环境之中，激发并增强了社会自我管理的能力。

（二）补缺公共服务

目前我国处于大转型期，这是各类社会矛盾集中爆发的时期。在这种大背景下，尽管各级政府和相关部门积极应对社会变革带来的一系列问题，但因问题的复杂性、多样性和琐碎性等特征，使得很多问题处理起来成本过大，政府有限的服务难以覆盖。而从民间产生、由民间发起的民非和非法人社团，则很好地起到了补充政府服务不足的问题。民非和非法人社团往往在救助、扶贫、

---

[1] 杨团、李波、黄伟夫：《昆明反PX事件，民间组织联合行动，开辟公众环保监督新途径》，杨团主编《中国慈善发展报告（2014）》，社会科学文献出版社，2014。

赈灾、助学、环保等社会问题频发的领域，及时向弱势群体提供服务，帮助他们解决生存问题和发展困难，在政府提供公共服务不足时起到了有益的补缺作用。

2014年，以"瓷娃娃"为代表的一批民间组织，承接了国外发起的关爱"肌萎缩侧索硬化症"（英文简称ALS，俗称"渐冻人"）患者的"冰桶挑战"公益项目，积极呼吁社会各界关注、关爱渐冻人患者，为渐冻人群体得到社会的理解、关爱起到了极其重要的作用。

（三）加强人际纽带

伴随着市场经济的发展，人员的流动越来越频繁，加之信息技术的发展，人们越来越依赖网络进行远程交流，导致当今社会人际关系冷漠，并引发了诚信体系、道德体系解体的问题。而民非和非法人社团通过动员社会力量开展帮扶自助或公益活动，使公益活动的参与者和被服务群体，感受到人与人之间的信任、温暖和社会的关爱。这为加强人际纽带，促进社会融合，起了积极的作用。

知名环保组织"绿家园志愿者"，每个星期六都开展"乐水行"公益活动，组织志愿者沿着北京的一条河流行走，以"发现河流之美，感受河流之痛"之名，关注北京水安全。在一同参与"乐水行"等公益活动的过程中，原本陌生的志愿者们，逐渐成为好朋友。在一同探讨水资源保护之余，也一同制作酵素、举办读书会，乃至啤酒会等活动，越来越多的志愿者日渐成为这个大家庭中的成员。"绿家园志愿者"正是维系这个大家庭的核心纽带。

（四）促进社会平衡发展

在整体上，民非和非法人社团致力于将发达地区、富裕地区的社会资源，向欠发达地区、贫困地区转移；让富裕群体的资金、技术和人力资源，向贫困群体流动。这为社会的整体平衡发展起到了很大的作用。

农家女百事通杂志社创设的"农家女实用技能培训学校"，于1999年4月22日正式成立。它的办学宗旨是通过半个月或几个月的短期集中培训，使农村妇女掌握一两项种植、养殖等农用技术和缝纫、美容美发、电脑操作等职业技能。同时，通过公共课目的培训，使农村妇女个人综合素质得到提升，为她们充分参与社会发展创造条件。一年多的时间,该校就举办了16期短期培训,培训学员达467名。另外,学校还开办农村基层妇女干部短期培训班、社区服务班等,除在北京举办短期培训以外,还实行开门办学的方式,即"知识送下乡"活动,使200余名妇女接受培训。①

(五)推动经济发展

尽管民非和非法人社团的资金相对缺乏,但民非和非法人社团已成为我国经济发展中不可或缺的组成部分。据《民政部2013年社会服务发展统计公报》统计,截至2013年年底,全国共有注册的社会组织54.7万个(其中民办非企业单位25.5万个),吸纳社会各类人员就业636.6万人,形成固定资产1496.6亿元;社会组织增加值为571.1亿元。仅2014年一年,全国新增的社会组织就提供了60多万个就业岗位。民间组织作为其中重要的组成部分,发挥了巨大的作用。而作为10倍于注册社会组织的非法人社团,其吸纳的社会就业人员和社会增加值亦不可小觑。

此外,由于资金匮乏的压力,民非和非法人社团非常重视发动民间力量,开发社会闲置或低开发度资源。这在一定程度上优化了社会资源的配置,提高了社会资源的使用效率。

五 民非和非法人社团的发展困境及解决方向

在某种程度上,民非和非法人社团的涌现,是改革开放的产物。由于中国政治体制改革的速度慢于经济改革的速度,导致了尽管中国民非和非法人社团快速发展,但是政策法规创新建设相对滞后的情况,最终形成了制度性障碍。

1. 民非的设立门槛较高

目前,我国涉及民非的法律法规,有国务院颁布的《民办非企业单位登记管理暂行条例》,以及民政部颁布的《取缔非法民间组织暂行办法》、《民办非企业单位登记暂行办法》等。现行的法律法规,过度强调了登记注册层面

---

① 王名:《NGO及其在扶贫开发中的作用》,《清华大学学报》(哲学社会科学版)2001年第1期。

的审批把关，为民间组织的登记注册设定了较高的门槛。

2013年年底，国务院机构改革和职能转变方案和十八届三中全会《决定》，都明确提出和促进实施行业协会商会类、科技类、公益慈善类和城乡社区服务类四类社会组织，可以依法直接向民政部门申请登记，不再经由业务主管单位审查和管理。这放松了民非的登记注册。

但是，《民办非企业单位登记暂行办法》（以下称《办法》）规定，民办非企业单位必须拥有与其业务活动相适应的合法财产，开办资金必须达到本行（事）业所规定的最低限额。《办法》的这一规定，甚至比设立企业的要求还要严格（工商注册实行出资认缴制）。

同时，大量以非公募基金会形式注册的民非，根据其性质，注册成为民非更有利于其工作的开展。但是在放开四类社会组织登记的同时，我国并没有非公募基金会退出机制。这造成了民非性非公募基金会无法更换成民非身份的尴尬。

2. 非法人社团面临合法性困境

对于非法人社团而言，其面临的最主要问题是合法性困境。为了解决这一问题，这些团体不得不采用社区备案和与公募基金会合作的方式解决。但是非法人社团与公募基金会合作，双方往往存在理念、运作方式上的区别。相对于公募基金会严肃的运作风格，民间团体往往更为活泼。在严肃与活泼之间，双方产生矛盾成为大概率事件。天使妈妈基金两次改变合作基金会，并最终独立成立基金会，与这种矛盾不无关系。

更有大量的民间公益团体，无法获得社区备案的资格，更没有与公募基金会合作的机会，始终处于地下生存的状态，十分不利于其公益项目的开展。

3. 民非和非法人社团管理的改进方向

对于民非和非法人社团的管理，应该给予其充分的运作空间，发挥其"从民间来、到民间去、服务民间"的特性，使其更好地为社会发展服务。而究其本质，则是"放开"。

对于民非来讲，虽然四类社会组织注册民非不再需要寻找业务主管部门，但发起设立民办非企业单位，依然需要达到最低的资金限额方可成立。这对民间自发成立的民非来说，依然是比较大的负担。民政部门应该考虑降低最低限额，以及采用认缴制的方式，进行认缴注册。

降低民非注册的门槛，不但可以避免一些民非组织注册成非公募基金会或者进行工商注册的尴尬，而且还有利于更多合适的民间团体进行登记注册，从而解决其合法性的问题。

随着民非注册门槛的降低，一些民间发起、挂靠在公募基金会下面的公益基金，也可以注册成民非。这将有利于这类组织更方便地开展公益项目。

非法人社团数量极其庞大，在整个社会的方方面面都发挥了巨大的作用。对此，管理部门应采取措施，充分释放这类组织的活力。

在降低了民非注册门槛后，将有一部分较为成熟的非法人社团注册成为民非，但依然会有数以百万计千万计的非法人社团存在。在这种情况下，可以对那些规模相对较小、人数相对较少的民间公益自组织，进行备案管理，使其在街道进行备案，从而获得合法的身份，并得到更好的支持与管理。

对于网络社团的管理，亦可以采取街道备案等措施，鼓励其发展。

也就是说，在对这类民间组织进行管理的时候，可以把握"两个凡是"的原则：对凡是符合条件的民间团体，都允许、鼓励其进行民非登记，使其获得法人身份；对凡是不符合法定登记条件但又不违背公序良俗、有益于社会的民间团体，都在街道（乡、镇）对其进行备案，给这些民间公益自组织一个合法的身份。这不但解决了这类组织的合法性困境，更将促使这类组织以更高的积极性来参与社会公共事务。

B.7
2014年中国志愿者捐赠价值报告*

翟雁 辛华**

摘　要： 在参照国内外志愿服务研究数据的基础上，本报告对我国2014年的志愿者及志愿服务组织进行了基础调研和回顾研究，并首次提出志愿者捐赠计量标准。调查发现2014年中国志愿服务呈现制度化、组织化、专业化和信息化趋势。全国约有1.091亿名志愿者捐赠了14.82亿小时，为国家贡献国民生产价值535.9亿元。调查显示，志愿者捐赠仍然以青年和城市为主。其中，志愿服务法规和志愿文化缺失、漠视志愿者捐赠价值、志愿服务组织能力不足等成为当前阻碍志愿者捐赠的主要原因。

关键词： 志愿者捐赠基本要素　统计公式　计量标准

中国每年到底有多少名志愿者从事了志愿服务？志愿者捐赠了多少小时服务时间？多年来这个基础问题始终未能得到准确的答案，志愿者捐赠价值

---

* 本调研得到中国社会科学院社会政策研究中心副主任杨团研究员、清华大学公共管理学院邓国胜教授的专业指导；尤其感谢公平中国基理事长陈阳和惠泽人志愿者高级经理刘双石，他们共同负责实施本调研并收集相关数据；中国志愿服务联合会、中国红十字总会、北京市志愿者联合会、北京市社区服务中心、北京东城区志愿者协会、和众泽益志愿服务中心、中国新公益领导力课程班、志愿者打卡器、北京朝外街道社会组织服务中心等机构相关负责同志和志愿者为本调研提供数据和意见反馈，在此一并表示衷心感谢！

** 翟雁，北京惠泽人公益发展中心创始人主任，北京志愿服务发展研究会专家；辛华，清华大学公共管理学院NGO研究所博士后。

也未能进入国家统计数据。本课题组自2013年开始进行志愿者捐赠调研，为了使数据更加接近真实，2014年在文献研究基础上增加了对志愿者个体和志愿服务组织的实证调研，通过相互结合与对比对志愿服务捐赠数据进行考证和分析。旨在通过两者交互的视角来分析中国志愿者的服务特征及其捐赠价值，并提出新的统计公式及计量标准，试图补充当前志愿服务基础数据的匮乏。

志愿者捐赠基本要素：

志愿者捐赠是指志愿者通过志愿服务组织开展的志愿服务所实现的产出价值。（见图1）

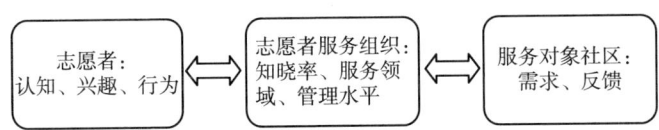

图1 影响志愿者捐赠的基本要素

1. 志愿者自愿、无偿地服务社会，为社会进步与发展贡献了巨大价值。其服务行为受到个体对志愿服务的认知、兴趣和行为方式的影响，实现这一价值还取决于志愿服务生态环境和志愿服务组织。

2. 志愿服务生态环境，即社会文化、政策法规和管理体制、经济发展水平等。

3. 志愿服务组织是志愿者实施捐赠的重要载体，它依据组织使命开发志愿服务岗位，链接志愿者和服务社区/对象，并提供支持管理服务，使志愿者个体在组织化的服务中实现其服务捐赠价值。志愿服务组织通过其社会知晓率、服务领域和管理水平，来吸纳志愿者参与志愿服务。

4. 服务对象/社区：是接受志愿服务的人或人群，他们提供志愿服务需求和机会，并反馈对志愿服务的满意度。

"志愿者捐赠价值计量标准（Volunteering Measuring Standard）"。通过本调研，我们认为过去以"小时工资"的志愿服务劳动成本的计量标准，无法公平而全面地体现志愿服务价值。故提出参考国际标准，改用"国民产值计量方法"来衡量志愿服务捐赠价值。该方法由美国霍普金斯大学公共政策研究中心在美国、加拿大等20多个国家试用，目前已经被许多志愿服务研究机构采用。① 按照2014年中国全员劳动生产率②为72313元/人，2014全年工作日250天③进行计算，每人每小时劳动生产率为36.16元。

中国志愿者捐赠价值统计公式④：

1. 志愿者捐赠价值（Value of Volunteering，VOV）计量标准＝当年人均国民劳动生产率（元/小时）×志愿者捐赠服务时间（Volunteering Hours，VH）

其中：志愿者捐赠服务时间（VH）＝人均服务小时（H）×参与志愿服务的志愿者人数（V）

2. 志愿者捐赠率（Volunteering Rate，VR）＝V/全国人口总数

一 2014年度中国志愿者捐赠总体情况

在2013年对全国志愿者进行调研的基础上，本课题组以志愿者在有关部门进行登记为依据，将中国志愿者数据共分为两大类别：一是登记类志愿者，指在文明委、民政部、共青团、妇联、残联、红十字会等党政部门和人民团体注册登记的志愿者。二是非登记类志愿者，指实际参与志愿服务的志愿者，但并没有在上述部门进行注册登记。其中既包括一部分在民政部门注册登记的社会组织，其组织的志愿者并未在党政部门进行登记；也包括自组织、企业志愿服务组织、网络组织、草根志愿服务组织等，由于组织本身没有注册登记，其志愿者也未正式登记。本文对两类志愿者人数、捐赠率和时间，以及捐赠价值进行报告。

---

① 参考：测量志愿服务的指标，http：//www.ecdc.net.cn/newindex/english/page/sitemap/focus/vs/chinese/01/07.htm，2010－1－2。

② 国家全员劳动生产率：为国内生产总值（以2010年不变价格计算）与全部就业人员的比率。来源：《2014国民经济和社会统计报告》，国家统计局，http：//www.stats.gov.cn/tjsj/zxfb/201502/t20150226_685799.html，2015－2－26。

③ 参考：百度知道，http：//zuoye.baidu.com/question/750593e6ab6b895790581206609a1ef6.html，201－10－9。

④ 参考：UNV，《Measuring Volunteering：A Practical Toolkit》，2001，p.4。

（一）登记类志愿者

2014年登记类志愿者有6710万人，① 占人口总数②的4.93%。这与2013年7145万人相比，下降了6个百分点。调研发现，主要是2014年度中国志愿服务联合会统合了民政部、共青团和一些省市的志愿者登记工作，使原来分散和重复的数据得到部分整合。登记类志愿者统计数据随着国家志愿者信息化工作的完善，越来越真实。全国参与志愿服务活动的志愿者数量为6500多万人，③ 参考2013年每个志愿者年平均服务10小时计算，则登记类志愿者大约提供了6.5亿小时服务时间，其捐赠价值约为235亿元。

（二）非登记类志愿者

非登记类志愿者总数约为4200万人，④ 志愿者捐赠率为3.1%，其中民间志愿服务组织的志愿者约为4000万人，捐赠服务时间8亿小时；⑤ 企业志愿者约为200万人，捐赠志愿服务时间0.32亿小时；非登记类志愿者捐赠时间合计为8.32亿小时，志愿者捐赠价值合计约300.9亿元。

---

① 资料来源：民政部长李立国在2014年12月5日由精神文明委、民政部和团中央联合举办的国际志愿者日主题宣传与实践活动上发布了"常年参与志愿服务活动的志愿者为6500多万人"，此数据包含了党政各主要志愿服务管理部门；中国红十字会总会办公室2015年4月27日提供了"2014年登记注册志愿者总数为210万名"。
② 根据2014年度人口普查报告，国家人口总数为13.6072亿人。数据来源：国家统计局官网，http://www.stats.gov.cn/tjsj/zxfb/201502/t20150226_685799.html，2015-2-26。
③ 资料来源：民政部官网，http://www.mca.gov.cn/article/zwgk/mzyw/201412/20141200737628.shtml，2015-12-5。
④ 资料来源：根据中山大学中国公益慈善研究院2014年4月发布的《中国民间公益组织基础数据库分析报告》（http://www.naradafoundation.org/category/78）显示，有40%多的社会组织没有在民政部门登记注册，由此推算民间公益组织数量约40万家。按照问卷调查数据，平均每个公益组织每年使用100名志愿者计算，则志愿者数量约为4000万人；根据《中国企业社会责任报告（2014）》及其推算，以上市公司、国企和跨国公司为主的企业志愿服务组织约为4000家，平均每个企业每年约有员工500人参与志愿服务，则企业志愿者大约为200万人。两者合计，未正式注册登记的志愿者约4200万人。
⑤ 调研显示民间志愿服务组织的志愿者年平均服务时间约为20小时，企业志愿者年平均服务时间约为16小时。

（三）2014年志愿者捐赠总量与比较

2014年度全国志愿者总数约1.091亿人，志愿者捐赠率为8%；捐赠志愿服务时间14.8亿小时，志愿者捐赠价值约535.9亿元。

与2013年志愿者捐赠相比，① 志愿者总数略增565万人，捐赠时间增加3.42亿小时，捐赠价值提高123亿元。2014年志愿者总体捐赠率与2013持平，但捐赠时间及其价值提高了约30%（见图2）。

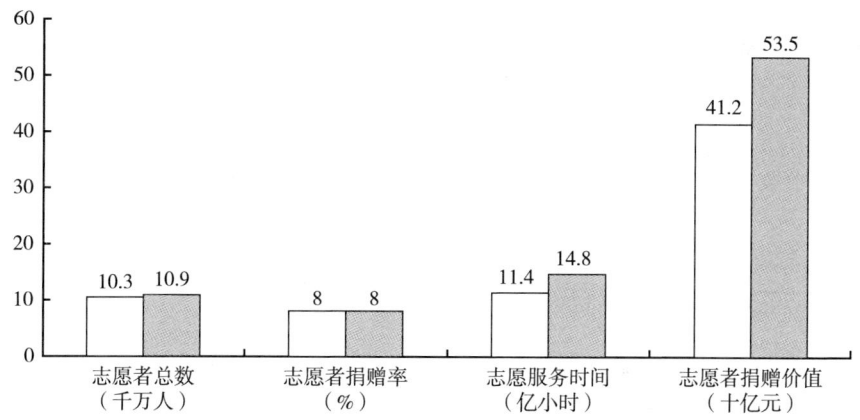

图2　2013年、2014年志愿者捐赠比较

与全球志愿者捐赠数据比较，根据美国慈善救助基金会（CAF America）2014年11月发布的《世界捐赠指数报告》② 显示，中国志愿者捐赠时间在全球被调研的135个国家中排名第129名（倒数第6名），在2014年调查时的前一个月参与过志愿服务的人数为6800万人，志愿者捐赠率为6%，此数据与2013年度相比增加了2%，排名提前了三位。此数据与本调研的实际结果是

---

① 2013年志愿者捐赠价值计量标准是按照平均劳动小时工资10元计算，为准确比较，本报告将2013年志愿者捐赠价值用新的计量标准进行核算，得出2013年中国志愿者捐赠价值约为412亿元。
② 《世界捐赠指数报告（World Giving Index）2014》，是由慈善救助基金会（CAF）每年在全球135个国家开展慈善捐赠调研，关注三个核心问题，在过去一个月你是不是做过以下行为：捐钱给慈善组织？为组织做志愿服务？帮助陌生人？资料来源：CAF America，http：//www.cafamerica.org/media/wgi-2014/2014-11-24。

比较一致的。然而与排名全球志愿者捐赠前三名的土库曼斯坦、缅甸和乌兹别克斯坦志愿服务时间捐赠率53%～50%相比，中国的志愿者捐赠差距很大。

（四）数据说明

为了更加准确地了解全国志愿者信息，课题组在2013年调查的基础上，采用了更为客观的文献研究＋志愿者和志愿服务组织问卷＋座谈＋个别访谈的多方调研、相互印证等方法分析全国志愿者的人数和时间，调研对象聚焦于参与志愿服务的志愿者。但由于条件所限，问卷调查未能在全国范围内进行概率抽样调查，而是借助了网络调查工具"问卷星"和"志愿者打卡器"等技术工具和手段，于2015年1月20日至3月20日，通过非等概率滚雪球抽样方式对全国志愿者群体，包括登记类与非登记类志愿者和志愿服务组织进行了网络问卷调查。调查覆盖30个省市的志愿者、公众和志愿者组织，共有6119名调查对象（其中有656名非志愿者、5463名志愿者）和705家志愿服务组织参与了本次志愿者和志愿服务组织的问卷调查。作为补充，本课题组还通过电话访谈、实地走访和座谈会等方式对北京地区的30家志愿服务组织人员进行访谈调研。尽管本次调查也存在着非等概率抽样不足，难以通过此次调查推论得出全国志愿服务的准确数据，但与2013年调查相比，本年度调查数据覆盖面更加广泛，可以在一定程度上反映中国志愿服务的发展状况。

登记类志愿者的服务时间因为无从考证，故继续延用2013年人均志愿服务10小时标准（2014年全国志愿者捐赠总体情况见表1）。

表1 2014年中国大陆地区志愿者捐赠总表*

志愿者分类	登记类志愿者	非登记类民间志愿者	非登记类企业志愿者①	合计
数据来源	政府官网	调查分析	调查分析	
登记类志愿者人数（万人）	6500＋210②			6710
非登记类志愿者人数（万人）		4000③	200	4200
志愿服务组织（万家）	12.9＋167④	40	0.4	220.3
志愿者捐赠率(%)	4.93	2.94	0.15	8

续表

志愿者分类	登记类志愿者	非登记类民间志愿者	非登记类企业志愿者①	合计
人均服务捐赠时间（小时）	10	20	16	
志愿者捐赠时间（亿小时）	6.5	8	0.32	14.82
志愿者捐赠价值（亿元）⑤	235	289.3	11.6	535.9

* 表1中的合计数和部分计算数据因小数取舍而产生的误差，均未作机械调整。
① 企业志愿者，特指由参与本企业组织的志愿服务活动的企业员工志愿者。
② 数据由中国红十字总会办公室提供，2015年4月27日。
③ 根据调研发现，每个志愿服务组织每年平均约有200多名志愿者参与志愿服务。
④ 社会服务机构总数，根据民政部《2013年社会服务发展统计公报》发布的2013年数量分析得出。参考民政部官网，http：//www.mca.gov.cn/article/zwgk/mzyw/201406/20140600654488.shtml，2014-6-17。
⑤ 本报告志愿者捐赠价值标准按照2014年全国全员劳动生产率72313元/人，折算为每小时劳动生产率为36.16元。参考：国家统计局官网，http：//www.stats.gov.cn/tjsj/zxfb/201502/t20150226_685799.html，http：//www.stats.gov.cn/tjsj/zxfb/201502/t20150226_685799.html，2015-2-26。

二 2014年志愿者捐赠分析

志愿者可以通过多种渠道参与志愿服务，根据中国目前的志愿者管理数据，本调查从登记类志愿者、非登记类民间志愿者两个方面进行统计分析，以期能够涵盖中国志愿者数量。但是，因为目前中国极度缺乏基础性志愿服务研究，一方面是大量的登记类志愿者难以有效证明其活跃程度和服务时间，另一方面是民间志愿者自由参与不同组织的志愿服务而难以发现和统计，而企业社会责任报告因为缺少志愿服务相关定量和第三方评估，也难以确定其准确数据。

在以上条件所限的情况下，本课题组通过滚雪球等非概率抽样和网络调查的方式对全国志愿者进行调查。共回收有效问卷6119份，从志愿者个人基本特征、对志愿服务认知与需求、志愿服务行为等五个方面进行分析。发现2014年度中国志愿者具有以下几个特点。

1. 志愿者仍然以居住在大中城市的18~45岁青年人为主，女性多于男性，大多数受过高等教育，以党团员居多。

2. 志愿者最希望得到人身意外伤害及其医疗保险、志愿者培训与专业指导。

3. 志愿者对非物质激励和适当的物质奖励都有需求，对服务对象感谢和亲友的赞赏比较在意。

4. 志愿者大多愿意通过志愿服务组织去服务社会，他们钟情的志愿服务领域主要是儿童和青少年服务、大型活动服务、非营利组织服务。

5. 阻碍志愿者参与志愿服务的因素主要是不了解志愿服务信息、缺少志愿者培训、志愿服务支持与管理不足。

6. 志愿者对自愿服务、参与志愿者管理和志愿者自治的意识有了较大的提高。

（一）志愿者数量

本调研发现，2014年度中国（大陆地区）在官方注册的登记类志愿者为6800万人，服务类志愿者约5000万人，其中民间志愿者为4800万人，企业志愿者为200万人。

被调查民间志愿者中，民间志愿者占36.9%，约有1848万人；共青团体系的青年志愿者占45.1%，约有2256万人；社区志愿者占13.9%，约有696万人（见图3）。

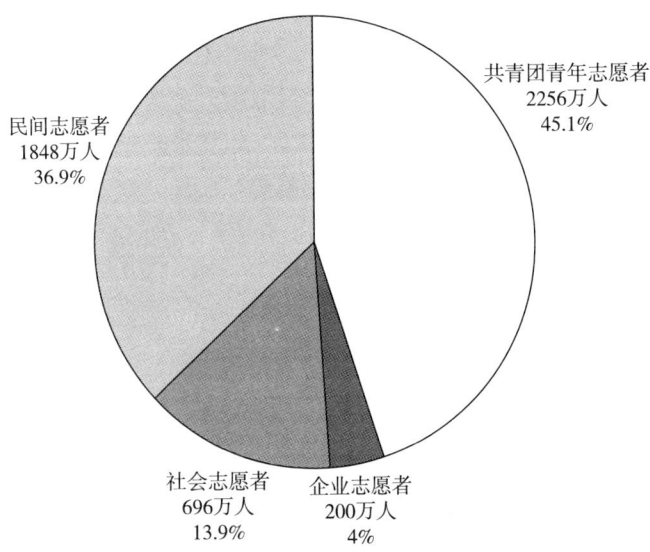

图3 非登记类志愿者分类比例

1. 登记类志愿者

登记类志愿者是指由党政各部门和人民团体动员组织的志愿者，包括民政系统的社区志愿者，共青团系统的青年志愿者，文明委、妇联、残联和工会系统志愿者，以及红十字会志愿者等。由中央文明委牵头于2013年年底成立的中国志愿服务联合会已经"实现了区域全覆盖，在31个省区市有22个成立了省级志愿服务联合会或协会，19个成为联合会会员，教育部、全国总工会、全国妇联设立了中国志愿服务联合会的分支机构，卫计委正组建志愿者联合会，解放军总政治部派人参加中国志愿服务联合会，协调指导全国和武警部队常态化的学雷锋活动"①。中国志愿服务联合会的"志愿云"系统自2014年3月开通以来，已经有10个省市注册志愿者500万人，② 据了解大约有1/3的注册志愿者（167万人）参与了志愿服务，目前尚无确切的志愿服务时间记录。

2014年12月5日，中央文明办、民政部、共青团中央联合组织开展国际志愿者日主题宣传活动，民政部部长李立国在大会上发布，"全国志愿服务组织已经达到12.9万个，常年参与服务的志愿者已达6500多万人"③。

目前中国青年志愿者注册人数已经达到4000万；根据中残联发布的《中国残疾人事业"十二五"发展纲要》要求，将志愿助残工作纳入国家志愿服务总体规划，助残志愿者注册人数将达到1000万人；④ 根据《中国红十字事业2010~2014发展规划》，中国红十字会志愿者人数将达到300万人，注册志愿者40万人，⑤ 根据中国红十字会总会办公室提供的数据，2014年登记注册志愿者人数为210万人。

---

① 资料来源：《刘淇在中国志愿服务联合会理事会上的发言》，中国志愿服务联合会官网，http://www.cvf.org.cn/show/2805.html，20154-12-29。
② 资料来源：人民网，http://society.people.com.cn/n/2014/1125/c1008-26088764.html，2014-11-25。编者说明："志愿云"注册的500万名志愿者已经包含在民政部6500万名的数据之中。
③ 资料来源：民政部官网，http://www.mca.gov.cn/article/zwgk/mzyw/201412/20141200737628.shtml，2015-12-5。
④ 资料来源：中残联官网，http://www.cdpf.org.cn/ghjh/syfzgh/sew/201106/t20110609_77997_5.shtml，2011-7-24。
⑤ 资料来源：百度文库，http://wenku.baidu.com/link?url=e09Ii4zwkyU5A8Tb1J578Yz7OAYqI6uiPH-YJIwcbDBwJKavQUnR_S6oc0hOJbYgY_7cw4ue0nZDYfhfZP9gj4UmoqWsVQ5FzQgVWMDrPly，2009-7-17。

本调研发现，除了红十字会志愿者相对独立，以上各部门志愿者数据大多相互重合，或已被纳入中国志愿服务联合会发布的志愿服务统计之中。因此本调查将民政部公布的6500万志愿者与红会210万志愿者之和，作为登记类志愿者总数。

2. 非登记类志愿者

非登记类志愿者包括民间志愿服务组织的民间志愿者和企业组织的企业志愿者。是指自由参与各类志愿服务的公民，他们在不同类型的志愿服务组织中从事服务。本调查对志愿者与志愿服务组织的问卷调查和访谈是通过社会体系开展的，能够反映民间志愿者的基本情况。根据中山大学发布的《中国民间公益组织基础数据库数据分析报告》，全国大约有40万家民间公益组织（志愿服务组织）未能纳入官方统计之中，按照每个组织平均使用志愿者100人计算，① 则民间志愿者总数约4000万人。

可查证的开展志愿服务的企业大约有4000家，按照每个企业500名员工参与志愿服务，估算企业志愿者总人数为200万人，与2013年持平。

（二）志愿者个人特征

对志愿者个体的调查数据主要来自问卷统计。本次调查共有6119人填写了问卷，其中参与志愿服务的志愿者5463人，占本次调查总量的89.3%。

1. 志愿者个人背景

在接受调研的人群中，女性占61.1%；18~24岁的占67.8%，35~44岁的占14.3%，25~34岁的占10.7%。除此之外，17岁及以下45岁以上占7.2%；未婚人员占75.9%，大学以上文化程度占88.1%，党团员占81.5%（见图4、图5）。

2. 志愿者职业

在接受调研的人群中，大学生占66.4%，主要原因是使用"志愿者打卡器"的接受调查者为江苏团省委管辖下的各大专院校学生。扣除此数据之外的2059个被调查者中，32.11%的志愿者来自党政和事业单位，22.78%来自

---

① 数据参考中山大学中国公益慈善研究院《中国民间公益组织基础数据库数据分析报告》，http://www.naradafoundation.org/content/4366，2014年10月29日。

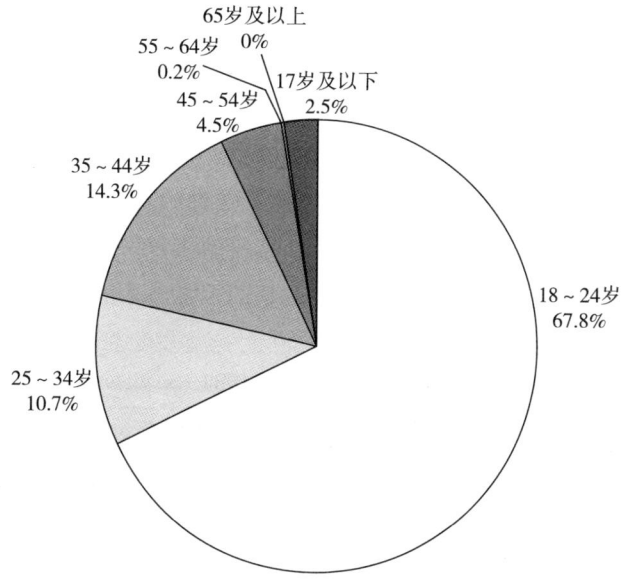

图 4　志愿者年龄

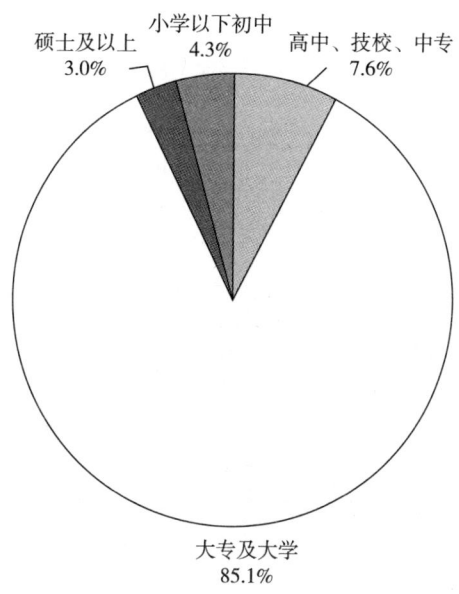

图 5　志愿者教育程度

企业和工商户，从事普通服务和体力工作的工人占10.29%，自由职业和个体工商户占10.69%，社会组织从业人员占8.98%，退休和无业人员占6.56%，农民占2.72%，其他占9.37%。

3. 志愿者的宗教信仰

对志愿者的宗教信仰的调查发现，无宗教信仰的占绝大部分。在接受调研的人群中无宗教信仰的占85.8%，信仰佛教的占9.7%，信仰基督教的占3.3%。除此之外，信仰伊斯兰教及其他宗教的也各占一定比例（见表2）。

表2 志愿者宗教信仰

宗教信仰	频率	百分比	有效百分比	累积百分比
佛教	591	9.7	9.7	9.7
基督教	202	3.3	3.3	13.0
伊斯兰教	19	.3	.3	13.3
其他宗教	54	.9	.9	14.2
无宗教信仰	5253	85.8	85.8	100.0
合 计	6119	100.0	100.0	

4. 志愿者的居住地

在接受调研的人群中居住地在江苏的占68.6%，原因是使用"志愿者打卡器"填写调查问卷的人群主要分布在江苏省境内，按照权重扣除此因素影响之后，我们发现志愿者比较集中于北京、上海、山东、广东、江苏、浙江、四川、河南、山西等地大中城市（见表3）。

表3 志愿者的居住地

城市地区	频率	百分比	有效百分比	累积百分比
北 京	225	3.7	3.7	3.7
上 海	234	3.8	3.8	7.5
天 津	10	.2	.2	7.7
重 庆	30	.5	.5	8.2
安 徽	77	1.3	1.3	9.4
甘 肃	59	1.0	1.0	10.4
广 东	122	2.0	2.0	12.4
广 西	29	.5	.5	12.8

续表

城市地区	频率	百分比	有效百分比	累积百分比
贵　　州	32	.5	.5	13.4
福　　建	9	.1	.1	13.5
河　　南	102	1.7	1.7	15.2
海　　南	2	.0	.0	15.2
河　　北	41	.7	.7	15.9
黑 龙 江	29	.5	.5	16.4
湖　　北	30	.5	.5	16.8
湖　　南	35	.6	.6	17.4
吉　　林	10	.2	.2	17.6
江　　苏	4200	68.6	68.6	86.2
江　　西	20	.3	.3	86.6
辽　　宁	49	.8	.8	87.4
内 蒙 古	14	.2	.2	87.6
青　　海	3	.0	.0	87.6
山　　西	108	1.8	1.8	89.4
山　　东	209	3.4	3.4	92.8
新　　疆	33	.5	.5	93.3
云　　南	4	.1	.1	93.4
浙　　江	197	3.2	3.2	96.6
陕　　西	10	.2	.2	96.8
四　　川	138	2.3	2.3	99.1
港 澳 台	3	.0	.0	99.1
海　　外	9	.1	.1	99.2
其　　他	46	.8	.8	100.0
合　　计	6119	100.0	100.0	

5. 志愿者收入

对志愿者的个人收入调查发现，无收入的人群（主要是在校大学生）所占比例达64.9%，月收入3000~5000元的占13.0%，1500~3000元的占8.4%，1500元及以下的占6.2%，月收入万元以上者占2.7%。说明志愿者仍然以无薪酬的青年学生和普通工薪阶层从业人员为主，收入显示志愿者人均收入略高于全国人均可支配收入28844元/年水平，与大城市平均收入4万元左右的水平[①]接近（见图6）。

[①] 资料来源：新华网，《2014年31省份人均收入排行公布》（表），http://news.xinhuanet.com/politics/2015-02/28/c_127526301.htm，2015年2月28日。

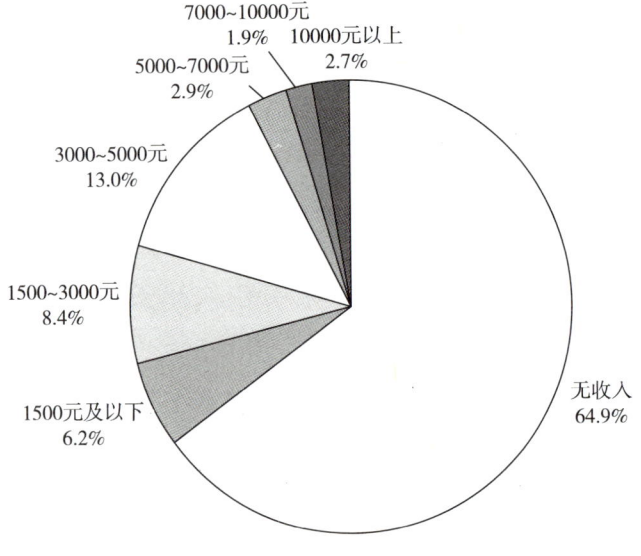

图6 志愿者月收入

(三)志愿者认知与需求

1. 对志愿者和志愿者组织的了解

99.3%的被调查者听说过"志愿者",参加过志愿服务的人员占89.3%;67.6%的志愿者认为志愿者组织是独立于政府之外的非营利组织,21.8%的志愿者认为应该是半民间半政府的组织,有5.1%的被调查者说不清楚。本调查显示目前已经从事志愿服务的人员中,约有2/3的志愿者对志愿者组织有比较清晰的认知(见表4)。

表4 志愿者对志愿者组织认知

	频率	百分比	有效百分比	累积百分比
A. 应该是政府的一个部门	292	4.8	4.8	4.8
B. 应该是独立于政府之外的非营利组织	4134	67.6	68.0	72.8
C. 应该是半民间半政府的组织	1335	21.8	22.0	94.8
D. 说不清	315	5.1	5.2	100.0
小 计	6076	99.3	100.0	
缺失 -3	43	0.7		
合 计	6119	100.0		

2. 希望参与志愿服务的类型

调查显示，志愿者比较钟情的志愿服务类型居前三位的分别是儿童和青少年服务11.74%、大型活动服务10%和非营利组织服务8.41%。另外对环保、文化、应急救援和弱势群体的服务也比较喜欢（见表5）。

表5 志愿者喜欢的志愿服务类型

希望参与志愿服务的类型	响应	
	N	百分比(%)
大型活动服务	276	10.00
应急救援服务	202	7.32
非营利组织(社团、基金会、民办非企业单位、志愿者组织等)服务	232	8.41
法律(含政策法规宣传与普及)服务	77	2.79
社区(生活、文化、建设等)服务	180	6.52
弱势群体(孤寡、病残、失业等)服务	194	7.03
老年服务	130	4.71
儿童和青少年服务(农村留守儿童、外来流动人员的服务、青少年综合素质教育服务)	324	11.74
环保(城市美化、环保宣传、资源循环利用、环保活动、动物保护)	238	8.63
文化服务(图书馆、博物馆、文化体育活动等)	227	8.23
科技教育服务	88	3.19
医疗卫生扶持	190	6.89
农村扶贫	71	2.57
志愿者管理(培训、组织建设、理论研究)	159	5.76
互联网志愿服务(公益信息传播、网络公益活动等)	101	3.66
其他	70	2.54
总　　计	2759	100.00

3. 对奖励的需求

在接受调研的志愿者中，53.41%的人对奖励有需求。对具体奖励需求偏好最多的为其他（非物质），占19.18%；同时也看到志愿者对适量的奖品、奖金或者物品需求的占比也比较高，占18.19%，亲戚朋友的支持和赞赏排名第三，占13.88%。除此之外，志愿者对荣誉证书和荣誉称号、单位/社区/学校的鼓励和肯定，以及服务对象的衷心感谢也比较在意（见表6）。

表6 志愿者对奖励的需求

对奖励的需求	响应	
	N	百分比(%)
荣誉证书和荣誉称号	1515	12.37
适量的奖品、奖金或者物品	2227	18.19
单位/社区/学校的鼓励和肯定	1275	10.41
亲戚朋友的支持和赞赏	1700	13.88
服务对象的衷心感谢	1585	12.94
主办方的中肯评价	1163	9.50
新闻媒体的宣传	431	3.52
其他(非物质)	2349	19.18
总　计	12245	100.00

4. 不参与志愿服务的主要原因

在接受调研的人群中，在过去12个月中不参与志愿服务的主要原因是"不知道志愿服务信息"，占26.14%，没有时间参加的占20.63%，缺乏培训的占16.83%，不了解志愿服务的占14.74%。除此之外，对志愿者的管理不满意，对志愿者的保障不熟悉等其他方面也各占一定比例（见表7）。

表7 志愿者不参与志愿服务的原因

不参与志愿服务的主要原因	响应	
	N	百分比(%)
不了解志愿服务	198	14.74
不知道志愿服务信息	351	26.14
没有时间参加	277	20.63
对志愿者的管理不满意	11	0.82
因为对曾经参加的志愿服务不满意	10	0.74
周围人不理解、不支持	9	0.67
本单位没有志愿服务政策	25	1.86
对志愿者的保障不熟悉	66	4.91
缺乏培训	226	16.83
其他	170	12.66
总　计	1343	100.00

由此提示我们志愿服务组织在志愿服务信息传播、志愿者培训、志愿者服务支持等方面的不足，可能是阻碍志愿者参与志愿服务的主要障碍。

5. 志愿者对基本保障的需求

在接受调研的志愿者中，志愿者表示需要人身意外伤害及其医疗保险的占14.08%、表示需要培训和专业指导的占14.06%。特别需要关注的是志愿者对"自愿而不受强制"的需求占第三位，占11.77%，需要对个人信息保密的占10.56%。这说明志愿者的自我意识和权利意识有了较大的加强。除此之外，对服务成本津贴、获知与志愿服务相关的真实信息、志愿服务记录，以及社会优待政策等其他方面的需求也都占有一定比例。

有趣的现象是志愿者对以签署志愿服务协议来保护自己权益的意识并不高，仅有6.49%的人认为需要，对本单位志愿服务支持政策的需要占比也比较低。据此反映出志愿者对志愿服务的机制认识还比较表浅，这可能与志愿者培训和知识传播不足有关（见表8）。

表8 志愿者对基本保障的需求

志愿者对基本保障的需求	响应	
	N	百分比(%)
人身意外伤害及其医疗保险	3619	14.08
大病医疗保险	822	3.20
培训和专业指导	3615	14.06
自愿而不受强制	3026	11.77
服务成本津贴（如交通、通信、餐补）	2395	9.32
获知与志愿服务相关的真实信息	2210	8.60
个人信息保密	2716	10.56
签署志愿服务协议	1669	6.49
志愿服务记录（服务时间和内容等）	2358	9.17
本单位志愿服务支持政策（带薪志愿服务、组织或资助员工志愿服务）	1296	5.04
社会优待政策（升学、就业、社会服务、社会荣誉等方面）	1779	6.92
其他	206	0.80
总　　计	25711	100.00

（四）志愿服务行为

本调研发现，民间志愿者从事志愿服务主要是通过非营利组织去服务社会,这表明其更多地看重活动的自愿性。

1. 服务陌生人

94%的接受调研人曾经在2014年服务过陌生人(比如公交车主动让座、为陌生人指路、帮助残疾人过马路等)。而根据《世界捐赠指数报告(2014)》结果,中国有4.09亿人服务过陌生人,占总人口比例36%。[①] 本调查的志愿者比例远高于此,可以得出志愿者更加愿意帮助陌生人。

另外一个反向调查是否受到过陌生人的服务,50.9%的被调查人表示接受过。但在是否接受过志愿者组织或志愿者提供的服务时,48%的人选择了偶尔接受过,经常接受的占28.6%,从未接受的占23.4%。由此能够印证2014年中国公民在随手服务陌生人方面的比例远远高于正式的志愿服务(见图7)。

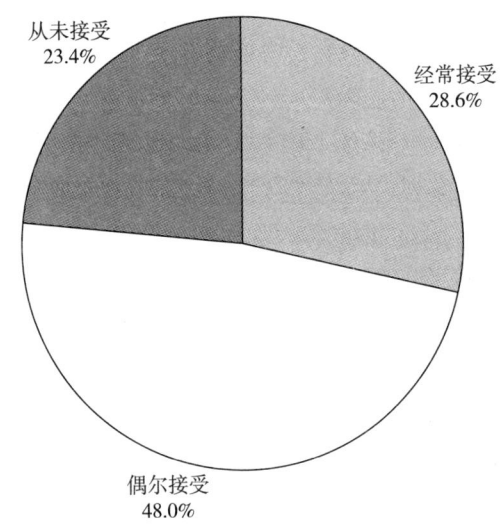

图7 接受志愿服务情况

2. 参加志愿服务的途径

在接受调研的人群中参加第一次志愿服务的途径是单位(或学校)要求或统一安排的所占比例超过了一半,自己主动寻找的占22.8%,亲戚/朋友、

---

① 参考:《World Giving Index 2014》,CAF America,https://www.cafonline.org/pdf/CAF_WGI2014_ Report_ 1555AWEBFinal.pdf,2014年11月24日。

熟人/同事介绍的占10.2%。除此之外,通过本社区居委会的通知等其他途径参加的也各占一定比例(见表9)。

表9 志愿服务的途径

志愿服务途径	频率	百分比	有效百分比	累积百分比
A. 亲戚/朋友、熟人/同事介绍	557	9.1	10.2	10.2
B. 单位(或学校)要求或统一安排	2773	45.3	50.9	61.2
C. 广播、报纸、电视等传统媒体渠道	111	1.8	2.0	63.2
D. 网络、微信、微博等新媒体	377	6.2	6.9	70.1
E. 本社区居委会通知	76	1.2	1.4	71.5
F. 自己主动寻找	1240	20.3	22.8	94.3
G. 其他	311	5.1	5.7	100.0
合计	5445	89.0	100.0	
缺失	674	11.0		
合计	6119	100.0		

本调研对志愿服务的定义是自愿、无偿地通过志愿服务组织为社会提供无偿服务。调研发现90.3%的志愿者参与了志愿服务,其中57.6%的志愿者服务两个机构以上,这说明志愿者在志愿服务中的选择多样性。而另有9.7%的志愿者可能是通过个人直接服务,这部分不在本报告统计范围之内(见表10)。

表10 志愿者服务志愿服务机构数量

服务机构数量	频率	百分比	有效百分比	累积百分比
0个机构	528	8.6	9.7	9.7
1个机构	1783	29.1	32.7	42.4
2~3个机构	2306	37.7	42.4	84.8
4个及以上	828	13.5	15.2	100.0
合计	5445	89.0	100.0	
缺失	674	11.0		
总计	6119	100.0		

3. 志愿服务时间和频率

在接受调研的人群中,参与志愿服务的时间大多是在周末或节假日,其所占比例超过了一半。任何时间都可以的占36.1%，在工作日晚上或个人休息时间的占5.7%，工作日白天的仅占3.2%。

在志愿服务频率方面，接受调研的人群中经常参加志愿服务的占36.7%，每月一次或每两个月一次的占17.3%，偶尔参加的占15.9%，只有单位组织时才参加的占11.9%，每周一次或双周一次的占10.4%，只有在一年的特定时间或节日参与的占7.8%（见图8）。

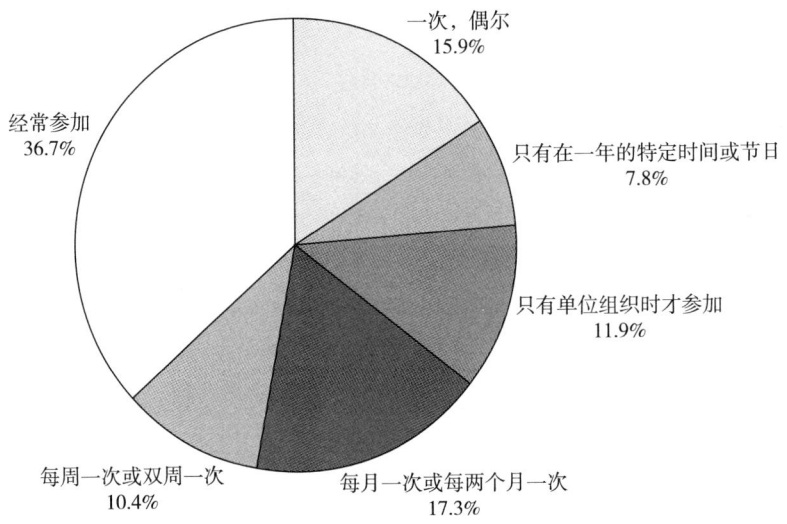

图8　志愿服务频率

在接受调研的人群中，过去一年间做过20小时以上的志愿者占59.7%，其中有11.8%的志愿者全年服务时间超过24天（平均每月2天），这反映出约有1/3的志愿者不经常参与志愿服务，而1/10的志愿者经常性参与志愿服务。

根据以上数据可以发现，志愿者大多数是个人捐赠非工作时间，利用工作时间做志愿服务比例较低。大多数志愿者每年参加志愿服务的时间超过2天（16小时），登记类志愿者服务时间每次大约2小时，平均每人每年大约4次（8小时）。

4. 志愿者参与组织的志愿服务类型

在接受调研的人中，参与所在单位或学校组织的志愿服务比例最高，为

24.29%，说明目前中国由单位组织的志愿服务更加方便、容易让成员获得；第二位是22.59%的志愿者参与自发的志愿者团体组织的志愿服务，体现更多的自愿、自治性和社群化；第三位是18.89%的人参与了民间公益组织的志愿服务，尽管中国志愿服务组织的数量和管理能力极为不足，但是仍然为许多志愿者所垂青；选择参与党政系统和所在社区组织的志愿服务活动的分别为8.6%和8.51%，排列末位，显示出志愿者在日常服务中较少参与行政管理程度较高的活动（见表11）。

表11 志愿者参与组织的类型

志愿者参与组织的类型	响应 N	百分比(%)
A. 政府系统、工青妇系统等系统组织的志愿服务活动	1370	8.60
B. 非政府组织、非营利组织等纯民间团体组织的志愿服务活动	3011	18.89
C. 自发的志愿者团体组织的志愿服务活动	3601	22.59
D. 个人进行的志愿服务活动	1796	11.27
E. 所在单位、学校组织的志愿服务活动	3871	24.29
F. 所在社区组织的志愿服务活动	1356	8.51
G. 其他	933	5.85
总　　计	15938	100.00

5. 志愿服务领域

在接受调研的对象中，参与非营利组织的志愿服务居首位，占11.62%；社区服务占10.58%，弱势群体服务和儿童青少年服务分别占9.19%、9.17%。除此之外，大型活动服务和环保服务也是志愿者从事比较多的领域，值得注意的是有6.04%参与了志愿者管理，这说明志愿者的自治意识和功能正在加强（见表12）。

表12 志愿者参与志愿服务的领域

志愿者参与志愿服务的领域	响应 N	百分比(%)
大型活动服务	2767	8.47
应急救援服务	1170	3.58
非营利组织(社团、基金会、民办非企业单位、志愿者组织等)服务	3798	11.62

续表

志愿者参与志愿服务的领域	响应	
	N	百分比(%)
法律(含政策法规宣传与普及)服务	867	2.65
社区(生活、文化、建设等)服务	3458	10.58
弱势群体(孤寡、病残、失业等)服务	3002	9.19
老年服务	2851	8.73
儿童和青少年服务(农村留守儿童、外来流动人员的服务、青少年综合素质教育服务)	2995	9.17
环保(城市美化、环保宣传、资源循环利用、环保活动、动物保护)	2348	7.19
文化服务(图书馆、博物馆、文化体育活动等)	1727	5.29
科技教育服务	923	2.82
医疗卫生扶持	1046	3.20
农村扶贫	981	3.00
志愿者管理(培训、组织建设、理论研究)	1972	6.04
互联网志愿服务(公益信息传播、网络公益活动等)	1386	4.24
其他	1382	4.23
总计	32673	100.00

6. 志愿服务障碍

在接受调研的志愿者中，对参与服务中遇到的志愿者招募不公正的问题反响最大，占22.75%，缺少评估环节占17.67%，志愿者人身安全缺乏保障占16.4%，缺少培训过程占12.45%。除此之外，服务不够专业化，没有激励机制，活动经费不足，志愿服务表面化和形式化，严重的行政化，得不到服务对象的认可和尊重等其他问题也各占一定比例（见表13）。

志愿服务组织是志愿者从事志愿服务的重要平台通道，志愿服务组织的志愿者管理水平，直接影响到志愿者参与。本调查发现组织的志愿者管理能力不足和功能缺失已经成为阻碍志愿者参与的重要因素之一。

7. 志愿者承担的志愿服务成本

在接受调研的人群中，参与志愿服务个人承担的服务成本在100元以下的约占86%。志愿者承担的志愿服务成本包括通信费、交通费、服务所用物料采购、个人食宿费和设备费等（见图9）。

表13　志愿服务障碍

志愿服务障碍	响应	
	N	百分比（%）
服务不够专业化	617	5.16
志愿者招募不公正	2722	22.75
缺少培训过程	1490	12.45
没有激励机制	672	5.62
缺少评估环节	2114	17.67
活动经费不足	989	8.27
志愿者人身安全缺乏保障	1962	16.40
志愿服务表面化和形式化	643	5.37
严重的行政化	693	5.79
得不到服务对象的认可和尊重	48	0.40
其他	14	0.12
总　　计	11964	100.00

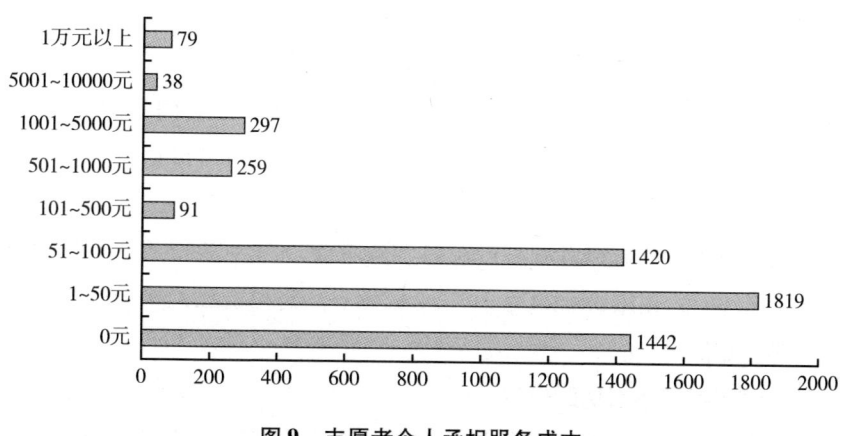

图9　志愿者个人承担服务成本

（五）志愿者捐赠价值统计

对志愿者捐赠价值的核算，是依据本调查所能够统计到参与志愿服务的志愿者进行的，其中包含了大约60%登记类志愿者（青年志愿者和社区志愿者）、和40%的非登记类民间志愿者和企业志愿者。据估算，2014年有4000

万名志愿者在40万个民间志愿服务组织中参与了志愿服务,另外有200万名企业员工参与了本企业组织的志愿服务。志愿者共捐赠服务时间14.82亿小时,相当于无偿为社会提供了74.1万个全职工作人员,公民志愿服务价值535亿元,约占2014年中国GDP总值636463亿元①的0.084%,与美国志愿者捐赠价值约占其GDP的1%相差近12倍。

1. 注册类志愿者捐赠价值

本调研中约有61.5%的志愿者直属共青团和民政部门,属于注册登记类志愿者。

(1)共青团志愿者捐赠价值

在被调查的志愿服务组织中有47%由共青团直属管理,按此推算,大约有2256万名青年志愿者在2014年度参与了志愿服务,这约占注册青年志愿者人数的56.4%,与我们的访谈调研数据比较一致。按照平均每人全年贡献20小时服务时间计算,中国青年志愿者捐赠志愿服务时间约为4.5亿小时,捐赠价值约为163.15亿元。

(2)社区志愿者捐赠价值

在街道和社区备案类的社区志愿服务组织约占本调查样本的14.5%,估算其涵盖的志愿者约为696万人,按照每人全年服务时间平均20小时计算,社区志愿者贡献的服务时间约为1.39亿小时,捐赠价值约为50.33亿元。

上述共青团青年志愿者和社区志愿者两者合计约为2952万人,志愿服务时间5.9亿小时,捐赠价值约为213.34亿元。其有可能已经被统计在注册登记类志愿者数值之中。

2. 非登记类志愿者捐赠价值

本调查问卷显示,非登记类民间志愿者总数约占被调研对象的38.5%,大约有1848万人。按照平均每人全年贡献20小时服务时间计算,民间志愿者捐赠志愿服务时间约为3.7亿小时,捐赠价值约为133.65亿元。

企业志愿者:按照平均每人每年服务16小时计算,企业志愿服务捐赠时

---

① 参考《2014年国民经济和社会发展统计公报》,国家统计局官网,http://www.stats.gov.cn/tjsj/zxfb/201502/t20150226_685799.html,2015-2-26。

间约为3200万小时,捐赠价值11.57亿元。

非登记类志愿者人数只有登记类的63%,但是所捐赠的志愿服务时间比登记类志愿者高出28%,显示出社会志愿者的活跃程度要高于登记类(见图10)。

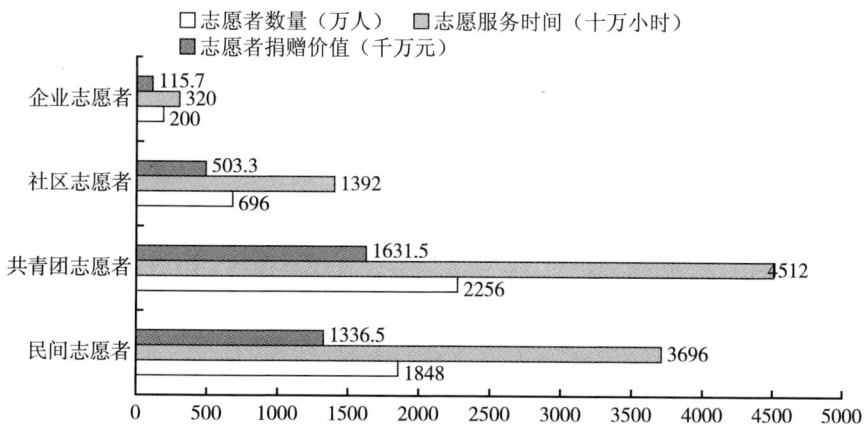

图10　2014年中国服务类志愿者捐赠统计

三　志愿服务组织

本文的"志愿服务组织(Volunteer-Involving Organization,VIO)①"是指开展志愿服务活动的非营利组织和社群,包括在民政部门登记注册的社会组织、事业单位和社会服务机构、院校青少年公益社团、未正式注册的民间组织和网络志愿者社群。全国志愿服务组织约有220.3万家,其中由官方主办及在民政部门登记的志愿服务组织有179.9万家,民间志愿服务组织为40万家,企业志愿服务组织为4000家。2014年志愿服务组织总量比2013年的73万家增加了2倍,主要原因是2014年的统计将民政系统的167万家登记注册的民间组织和社会服务机构补充进来。

2014年全国志愿服务组织大约有220.3万个。其中官方公布的志愿服

---

① 参考:UNV,《Measuring Volunteering: A Practical Toolkit》,2001,p.6。

组织有12.9万个,① 如果将能够接待志愿者服务的167万个社会服务机构②纳入进来,则全国共有179.9万个正式注册登记的志愿服务组织;未正式注册的民间和企业志愿服务组织大约40.4万个。

对志愿服务组织的调查主要是通过问卷和访谈的方法。本调查共回收705份志愿服务组织问卷,来自全国27个省市,其中来自北京、上海、广东、江苏、山东、浙江、四川、山西、河南的数量较多,呈现出志愿服务组织发展以大中城市为核心。本调查关注志愿服务组织性质与规模、服务领域、开展志愿服务及其管理所面临的困难和挑战、组织发展需求和建议。

(一)组织性质和规模

在调研的志愿服务组织中,47.5%是在民政注册的社会组织,没有在相关机构正式登记或注册的组织占35%,挂靠或备案类占14.5%(包括在企事业单位),工商注册占3%。有政府部门和群团组织作为上级主管的占72.3%,无上级主管单位的占14.5%,有1.6%的志愿服务组织其背景为国际组织。组织成立的时间三年以内的占56%,5~10年占29.6%,10年以上占14.3%。员工数量10人以内占64.2%,11~30人占10.4%,31人以上占25.4%。志愿者数量以100~1000人居多,占54.6%,其中比较集中的是34.9%的组织拥有200~1000名志愿者(以高校社团为主),拥有100名志愿者的组织占19.7%。

综上所述,本调查的志愿服务组织大多数具有如下特征:

1. 以民政注册的社会组织为主,占47.5%。
2. 在街道或社区备案类的志愿服务组织占14.5%。
3. 共青团作为上级主管部门所管辖的志愿服务组织数量最多,占47%。
4. 组织大多成立3~5年,员工数量少于10人,大学生社团和一些社会志愿者团队没有全职员工。
5. 每个组织每年平均使用志愿者数量约100人。

---

① 资料来源:民政部官网,http://www.mca.gov.cn/article/zwgk/mzyw/201412/20141200737628.shtml,2014-12-5。
② 参考:根据民政部发布的2013年年底有社会服务机构156.2万个,比上年增长6.8%计算,推算2014年社会服务机构为167万个。资料来源:http://www.mca.gov.cn/article/zwgk/mzyw/201406/20140600654488.shtml,2014-6-17。

（二）组织服务领域

从所调研的志愿服务组织来看，其主要服务领域是社会服务和环境保护，包括助老、弱势群体关爱、社区服务、社区自治、社会工作、救灾援助、灾后重建、环境和动物保护、可持续生态、绿色经济等，占44%；其次是青少年教育和文化娱乐，占27.1%。志愿服务组织所从事的服务领域与志愿者的喜好比较一致，这也能够反映出志愿服务的业务比较多地结合了志愿者需求。

表14 志愿服务组织的服务领域

组织服务领域	响应 N	百分比（%）
文化和娱乐	229	11.39
教育和研究（包括青少年、支教、调研等）	316	15.71
医疗健康助残（包括艾滋病、残疾人康复等）	254	12.63
社会服务	567	28.19
环境保护	318	15.81
发展与住房	19	0.94
公民与倡导	169	8.40
慈善中介	95	4.72
国际服务	15	0.75
宗教服务	29	1.44
总　计	2011	100.00

（三）组织经费来源

调查数据显示，志愿服务组织的经费来源主要有基金会资助及其他（27.2%）、商业赞助（25.5%）、会员费（16.6%）和社会捐助（13.5%），政府资助仅占14%（见图11）。

（四）组织开展志愿服务的常见问题

志愿服务项目常见问题是志愿者自行中断服务占24.41%，反映了志愿者

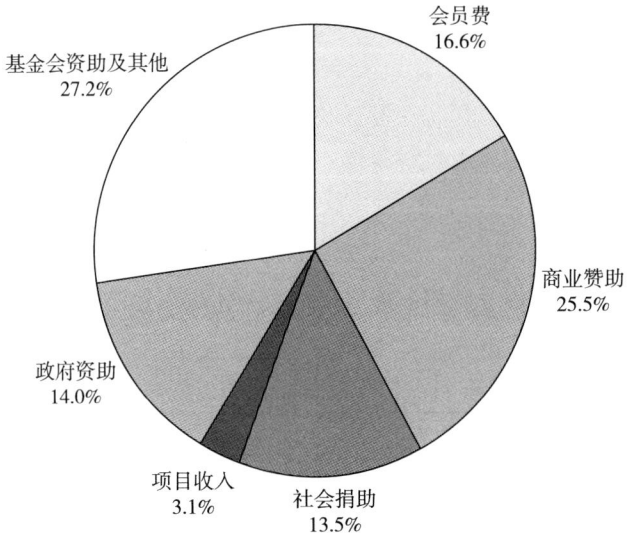

图11 志愿服务组织经费来源

流失比较严重，志愿者与服务对象发生纠纷或服务对象拒绝接受服务的比例高达27.71%，另有3.68%被当地政府部门中止/终止项目问题。这些都反映出在实施志愿服务过程中对重要的利益相关方的关系问题，成为志愿服务组织管理的瓶颈（见表15）。

表15 志愿服务项目常见问题

志愿服务常见问题	响应	
	N	百分比(%)
志愿者与服务对象发生纠纷	157	14.80
志愿人员出现人身伤害	57	5.37
志愿者自行中断服务	259	24.41
被当地政府部门中止/终止项目	39	3.68
志愿者与志愿组织间发生纠纷	110	10.37
服务对象拒绝接受服务	137	12.91
其他	302	28.46
总　计	1061	100.00

（五）志愿服务管理

志愿者的招募方式中，各志愿服务组织仍然是以学校招募为主，占 31.96%；其次是志愿者相互介绍为主，占 27.9%；社会和网络招募分别占 15.42% 和 13.58%；政府行动动员只有 1.7%，反映了基层志愿者管理以社会化自治为主；同时志愿者的问卷显示其对志愿者招募的不公正性反响强烈，由此可以得出志愿服务组织管理的不规范。

志愿服务组织在组织发展过程中主要的困难和挑战是缺乏专业志愿者管理人员和经费不足，反映出志愿服务组织迫切地需要专业化能力建设（见图12）。

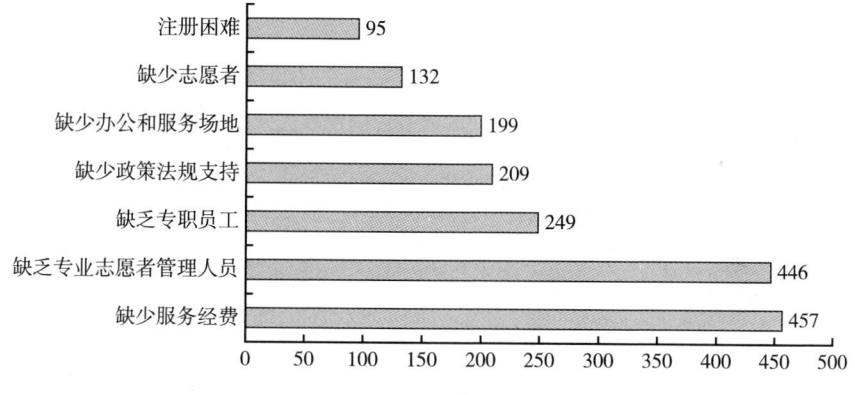

图 12　志愿服务组织发展困难与挑战

（六）志愿服务组织发展需求

在组织开展志愿服务中亟待提供的支持主要有提高志愿者的专业水平（15.7%），提高志愿者的管理水平和加强志愿者培训（分别占 13.57%、13.48%），同时对加强志愿服务的规范和监管（11.5%）以及理清志愿服务的社会需求（11.04%）也显示出组织在这些方面的需求（见表 16）。

在本调查中，志愿服务组织对政府部门提出的需求建议主要有：对志愿服务进行立法保障（18.45%）、加大资金支持（17.25%）、建立志愿者信息管理系统（16.83%）、培育多种类型和多种功能的志愿组织（15.94%）（见表 17）。

表16 志愿服务组织发展需求

志愿服务中亟待提供的支持	响应	
	N	百分比(%)
提高志愿者的管理水平	440	13.57
提高志愿者的专业水平	509	15.70
理清志愿服务的社会需求	358	11.04
满足志愿者的需求	180	5.55
志愿服务中的平等、民主意识	303	9.34
加强对志愿服务的规范和监管	373	11.50
加强志愿者的培训	437	13.48
加强志愿服务的制度化建设	313	9.65
志愿服务的信息化建设	264	8.14
其他	66	2.04
合 计	3243	100.00

表17 对政府部门的建议

对政府部门的建议	响应	
	N	百分比(%)
加大资金支持	447	17.25
培育多种类型、多种功能的志愿组织	413	15.94
立法对志愿服务进行规范和保障	478	18.45
减少行政上的直接干预	301	11.62
建立对志愿者的激励制度	411	15.86
建立志愿者信息管理系统	436	16.83
直接组建志愿者组织	85	3.28
其他	20	0.77
合 计	2591	100.00

四 2014年志愿服务特征

与2013年全国志愿服务的专业化与多样化发展趋势相比，2014年中国志愿服务在公益慈善环境总体转暖形势下，呈现出制度化、组织化、专业化和信息化四大趋势。

（一）制度化

制度化是指志愿服务的政策法规和管理制度建设，主要是指国家宏观管理层面。在2013年年底国家成立了中国志愿服务联合会之后，2014年2~3月，中央文明委推出《关于推进志愿服务制度化的意见》和《社区志愿服务方案》[1]，提出要建立健全志愿服务的招募注册、培训管理、培训激励、使用保障等各项制度，推进社区志愿服务活动经常化和制度化。12月，国务院印发了《关于促进慈善事业健康发展的指导意见》[2]也明确提到了对志愿服务的鼓励和支持，如，"动员社会公众积极参与志愿服务，构建形式多样、内容丰富、机制健全、覆盖城乡的志愿服务体系。"12月31日，共青团中央发布《共青团中央关于印发〈关于推动团员成为注册志愿者的意见〉的通知》（中青发〔2014〕29号）[3]，提出到2017年实现全国90%以上的团员成为注册志愿者。2014年，民政部牵头推进《志愿服务条例》研究起草工作，财政部等部门颁布的《政府购买服务管理办法（暂行）》，把社会工作服务、志愿服务运营管理都纳入了政府购买服务内容和指导目录范围。[4] 2014年内出台多个制度文件，体现了国家层面对志愿服务的重视及立法推动。12月5日第29个国际志愿者日，中央文明办、民政部、共青团中央联合组织开展国际志愿者日主题宣传与实践活动，在京举办了活动启动仪式，并发布了中国志愿服务统一标识[5]（见图13）。这是志愿服务国家各管理部门的首次联合行动，标志着中国志愿服务的宏观管理和制度化建设趋于统一。

（二）组织化发展

组织化指志愿者捐赠行为是通过志愿服务组织实施的，志愿服务组织

---

[1] 资料来源：中国文明网，http://www.wenming.cn，2013-3-19。
[2] 资料来源：中国政府网，http://www.gov.cn，2014-12-18。
[3] 资料来源：中国共青团网，http://www.ccyl.org.cn，2014-12-31。
[4] 资料来源：民政部官网，http://sw.mca.gov.cn/article/gzdt/201502/20150200768645.shtml，2015-2-4。
[5] 资料来源：民政部官网，http://www.mca.gov.cn/article/zwgk/mzyw/201412/20141200737628.shtml，2015-12-5，中国青年志愿者网，http://zgzyz.cyol.com/content/2014-12/08/content_11067603.htm，2014-12-6。

图 13　中国志愿服务标识

根据管理部门不同,分为民政部门管辖的社会服务机构、共青团主管的青年志愿服务组织、无主管的民间志愿服务组织和企业志愿服务组织四大类。

1. 社会服务机构主要指提供人身社会服务的养老院、干休所、儿童福利院、残疾人服务机构、社区服务机构、在民政部门登记注册的社会组织、基层群众自治组织等,本文数据采用民政部发布的《社会服务发展统计公报》。根据2013年社会服务机构平均增长率6.8%计算,2014年度的社会服务机构总数约为167万个,① 其中社区志愿服务组织12.9万个,注册社会组织已经达到60万个,比2013年总量增长9.7%。②

2. 共青团青年志愿服务组织主要指各大专院校和中学的青少年公益性社团,以学校为单位从事志愿服务。根据调研发现,一般大专院校有30家社团从事志愿服务,大约有10%的中学有1家学生公益社团,按照全国3000家大专院校和7000所中学开展志愿服务来计算,约有9.7万家青少年志愿服务组织。

3. 民间志愿服务组织主要是在工商注册或者在移动互联网和线下社交网络/社群、挂靠在事业单位或社团之下的志愿者组织等,组织规模较小而且流动性较大,未能纳入官方统计之中,根据估算全国大约有40万家公益类志愿

---

① 参考:《2013年社会服务发展统计公报》,民政部官网,http://www.mca.gov.cn/article/zwgk/mzyw/201406/20140600654488.shtml,2014 - 6 - 17。
② 资料来源:中央政府门户网站,http://www.gov.cn/wenzheng/2015 - 03/10/content_2831870.htm,2015 - 3 - 10。

服务组织。①

4. 企业志愿服务组织指在企业内部未登记注册的，或者由企业员工和相关方以企业名义成立的志愿服务社群或协会。根据《中国企业社会责任报告（2014）》②数据显示，2014年提供社会责任报告的中国企业达1526家，其中77%的企业报告了社区公益与慈善信息，上市公司和国有企业为主力军。③加上在华从事商业活动的全球500强跨国公司和一些外资企业，以及大型民营企业等，约有4000家企业在华开展公益慈善和志愿服务活动。按照每家企业至少有一个志愿服务组织（如志愿者协会），则企业志愿服务组织有4000家。

综上统计，全国2014年度志愿服务组织总量大约220.3万家。

（三）专业化趋势

专业化是指志愿者参与和本专业或专长相关的志愿服务，及其服务管理规范。2014年度中国志愿服务专业化主要体现在：志愿服务研究热潮、服务领域细分、专业服务组织增加、专业人士从事专业服务、志愿服务项目化运营和政府购买志愿服务项目。2014年3月中国公益研究院发布研究报告《走进专业志愿服务Pro Bono》；9月北京志愿服务发展研究会编写出版中国第一本全面介绍志愿服务的权威辞典《中国志愿服务大辞典》，收录1567个辞条；12月由北京惠泽人公益发展中心等8家长期从事专业志愿服务的公益机构、企业、研究机构和媒体联合发起创办的"中国专业志愿服务联益会（China Pro Bono Link）"在北京成立，搭建了公益与企业志愿服务跨界协作平台；12月北京市志愿服务指导中心等发布了《中国企业志愿服务发展评价指数》（2014

---

① 根据中山大学中国公益慈善研究院2014年4月发布的《中国民间公益组织基础数据库分析报告》，有40%多的社会组织没有"非营利组织身份"，其中未注册近25%，工商注册近10%，近8%为机构挂靠；超过96%的民间公益组织使用志愿者。正式登记注册的社会组织已有60万家，以此推算全国大约有40万家民间志愿服务组织。参考：http://www.naradafoundation.org，2014年4月。

② 参考：中国社会科学院经济学部企业社会责任研究中心：《中国企业社会责任报告（2014）》，http://news.xinhuanet.com/fortune/2015-01/15/c_127389337.htm，2015年1月15日。

③ 资料来源：人民网，http://world.people.com.cn/n/2015/0123/c190965-26439062.html，2015年1月23日。

版),指出仅有6.59%的企业社会责任报告将"员工志愿服务"的内容列入核心议题。①

(四)信息化连接

信息化是指应用电子信息技术和移动互联网提供志愿服务管理,从而推动社会参与志愿服务和传播志愿精神。志愿服务信息化管理在2014年借助移动互联网,有了较快的加速势头。据不完全统计,全国已有26个省(市)开通了志愿服务信息化平台和手机APP应用于志愿者注册、活动登记、服务时间记录、信息查询和志愿服务管理等。②由民政部牵头建设的全国志愿者队伍建设管理信息系统,采用自上而下的推广方式汇总各地志愿者数据,但尚未能实现信息互通和公开。2014年4月由上海悠活网络公司开发的手机APP"志愿者打卡器http://www.dakaqi.cn"率先上线运营,10月在江苏团省委青年志愿者系统内开通应用;11月中国志愿服务联合会推出了"志愿云http://www.zhiyuanyun.com"网上信息系统,根据其所调查的31个直辖市、省和自治区的志愿服务网站进行比较分析:22个省份已经建成志愿服务网站,其中12个省份的志愿服务网站比较完善,占所调查省市的39%,网站内容包括志愿者和志愿者组织注册、志愿服务活动和项目、志愿者团队等信息;有9个省份没有志愿服务网站或有网站无法使用,占被调查省市的29%。③

志愿服务信息化目前主要的问题是信息孤岛严重,全国各地的志愿者服务网站和信息体系也未能实现互联互通。在日常管理中,缺少数据更新与维护,志愿服务记录与统计没有统一的标准,线上管理与线下实际服务难以对接。④

---

① 资料来源:《中国发展简报》,http://www.chinadevelopmentbrief.org.cn/news - 16984.html。
② 信息提供:中国志愿者联合会《关于国内志愿者信息系统分析和建议》,2004年7月11日。
③ 信息提供:中国志愿者联合会《关于国内志愿者信息系统分析和建议》,2004年7月11日。
④ 信息提供:中国志愿者联合会《关于国内志愿者信息系统分析和建议》,2004年7月11日。

五 中国志愿者捐赠的障碍及其建议

(一) 加强志愿服务基础保障和社会开放政策，重视制度建设

本调查显示，中国志愿服务已经逐步走向正式登记和规范发展，同时又缺乏志愿服务法规保障和基础设施建设，获得政府资助的志愿服务组织仅占本调查样本的14%。官方统计数据困境，也显示了中国志愿服务基础建设之薄弱。志愿者难以获得充分的志愿服务信息和优质的志愿服务管理保障，无论是从宏观政策环境、职能部门管理，还是志愿服务组织的微观管理运营，都难以满足志愿者无偿投身于社会服务与发展的基本需要。

志愿者的核心权利首先是参与社会服务的机会，而适合的志愿服务岗位需要有众数的志愿服务组织来提供。志愿服务组织的基础建设和发展，需要好的政策和法规保障，理顺管理机制，也需要在志愿服务行业初创阶段加强投资和基础建设，开放授权和激励社会参与。政府部门有责任提供社会公共服务产品及其基础保障，而实现这些不仅需要明确的立法，规定政府的职责与权限，也需要各管理部门协调互通，增加支持而减少对基层志愿服务活动的行政管制。

(二) 激励志愿者捐赠，将志愿者捐赠价值纳入国家GDP统计

志愿者捐赠是公益慈善捐赠的重要组成部分，因为其价值是通过劳动服务体现，因此很难像捐款那样直接衡量。中国的志愿者捐赠多年来一直位于全球末位，与中国迅速发展的国体和经济体极不相称，而政府执政实力和企业社会责任均与国家的公民素质和社会发展息息相关，志愿者捐赠价值是从志愿服务产出结果为导向，应该努力创造条件，激励公民参与志愿服务，从而促进国家社会资本的软实力发展。

本报告首次提出"志愿者捐赠价值计量标准"（Volunteering Measuring Standard），应将志愿者所从事的无偿劳动服务和生产成果纳入国民生产总值（GDP）中，以平等地体现公民有偿劳动与无偿劳动的同等价值，激励更多的公民参与志愿服务。

（三）促进志愿服务组织的能力建设，进一步推动行业专业与信息化发展

志愿服务组织自身能力不足已经成为志愿者捐赠的关键障碍，只有推动整体行业建设，有更多的专业人才和资源参与公益慈善行业发展，形成良好的志愿服务生态环境，才可能逐渐形成专业化队伍和行业细分。呼吁企业专业管理者和技术人员，为志愿服务组织提供专业的志愿服务支持，提升组织能力；社会投资领域关注公益慈善组织建设和人才培养，培育支持型和平台型志愿服务组织，打通志愿者捐赠的社会通道，促进全社会参与，从而推动中国社会治理创新和美好社会发展。

B.8
2014年中国宗教慈善报告

郑筱筠*

> **摘　要：** 2014年，中国宗教慈善的外扩力和速度都有所增加，综观宗教慈善活动的项目和运作模式，可以说是在"循规蹈矩"地进行。2014年中国宗教慈善活动的特点是注重"内外兼修"，低调外扩，逐渐积累了一些相对成熟的宗教慈善活动经验，各个宗教慈善组织相互学习和借鉴，强调"固本强身"的"内修""练内功"，在机制和运行层面夯实自身的组织建设。同时，一方面积极"向下行"，进入基层、社区，着力帮助社会基层边缘群体和弱势群体；另一方面，积极向外走，努力进入国际视野，加入国际慈善活动领域。主张在活动中实践文化慈善、慈善心灵。未来随着国家政策层面的日益规范化和指导性意见的出台，中国宗教慈善将面临慈善新格局的挑战和机遇。
>
> **关键词：** 宗教慈善　固本强身　国际视野

2014年，中国宗教慈善的外扩力和速度都有所增加，综观宗教慈善活动的项目和运作模式，可以说是在"循规蹈矩"中进行。随着一系列以宗教慈善为主题的大型会议的召开，我国宗教慈善开始进入世界公益慈善世界，国际慈善界之间加大交往力度，在世界公益慈善平台上讲述中国故事。很多宗教慈

---

* 郑筱筠，博士，中国社会科学院世界宗教研究所副所长，研究员，博士生导师，中国宗教学会常务副会长。

善组织甚至在"规矩"和"方圆"的平台上寻找突破，以期搭建宗教慈善的中国式平台，但目前还未形成较大规模的现代化和国际化慈善平台。在具体的实践和运作过程中，如何提高运作的效率、透明度和公众参与度以及宗教慈善的外扩力则是这一年宗教慈善活动的重点和运作模式的内核。就政府部门而言，几大部委联合出台了几项重要的政策，从不同的角度对宗教慈善进行引导和规范，为宗教慈善打开了一扇方便之门。2014年12月，国务院发布的《关于促进慈善事业健康发展的指导意见》在总体规划的设计思路中为中国慈善事业提供了重要的指导意见，同时也标志着政府职能在现代化进程中，逐渐从管理型转换为服务型。在慈善领域内，政府和民间慈善组织的对话与合作开始进入一个新的时期。受此影响，未来宗教慈善的自组织能力"内外兼修"之中，将得到极大提升，但是却也面临一个适应慈善公益新格局的调整和机遇。

一 "内外兼修"、低调外扩的2014年度宗教慈善活动

2014年中国宗教慈善活动的特点是注重"内外兼修"，低调外扩，逐渐积累了一些相对成熟的宗教慈善活动经验，各个宗教慈善组织相互学习和借鉴，强调"固本强身"的"内修""练内功"，在机制和运行层面夯实自身的组织建设。同时，一方面积极"向下行"，进入基层、社区，着力帮助社会基层边缘群体和弱势群体；另一方面，积极向外走，努力进入国际视野，加入国际慈善活动领域。内外兼修，践行慈善文化，慈善心灵。2014年中国宗教慈善活动的特点主要表现为以下几个方面。

（一）中国宗教慈善项目分布和资源配置

2014年中国宗教慈善组织的基本做法是坚持常态项目，适度增加新常态项目，积极外扩，向社会型的慈善公益领域偏移。

中国宗教分布格局具有的不均衡性同样影响着宗教慈善资源的分布。由于宗教慈善的宗旨和成员不同，就慈善内容和组织形式而言，有的发展较快，表现出高速增长态势，有的仍然停留在原有层面。近年来宗教慈善界已经开始分化，发展较快的宗教组织不再以宗教场所为依托，而是成立了基金会，与现代

社会慈善组织接轨。而大部分地区仍然是以宗教活动场所为依托进行活动，其组织形式仍是宗教慈善组织。就宗教慈善活动总体而言，资助型、服务型的宗教慈善组织偏多，而以培育宗教慈善人才队伍为出发点的慈善组织不多。宗教慈善组织内部的文化精英发挥积极作用，努力推动宗教慈善活动的社会化进程。但是，从目前的宗教慈善活动来看，大部分宗教慈善组织都是在坚持做好常态化项目的基础上，再积极拓展新项目，建立新常态项目。

例如，南京市宗教慈善活动的常态项目初具规模，形成特色，其项目"内容非常丰富，基本涵盖了扶贫、帮困、赈灾、助残、助学、养老、义诊等公益慈善的各个范畴，并且各宗教团体、宗教活动场所都有各自的侧重点和亮点"。如栖霞寺每年捐助10万元为2000名贫困学生开展"爱心书包"活动，每年定期走访敬老院慰问孤寡老人；市伊协多年坚持资助42名南京高校贫困少数民族大学生、扶贫30位乡老；惠济寺每年为汤泉、石桥中学贫困学生发放奖学金；市天主教爱国会每年慰问南京市麻风病院的康复患者，每年都邀请全国知名中医为颈椎腰椎间盘突出患者开展义诊活动；浦口区佛协每年组织法师、信众开展义务献血活动；清凉寺每周四举行慈善义诊。每年腊八节全市所有佛、道教场所都免费为市民提供腊八粥，从而使"腊八节去寺庙"成为很多南京市民的生活习惯。此外，有的宗教团体、宗教活动场所还积极为有需要的人士做好心理疏导，使宗教慈善活动既重物质也重精神。如鸡鸣寺设立的菩提轩心理咨询中心一直免费提供心理疏导，市伊协派阿訇通过主麻的卧尔兹大力宣扬伊斯兰教的慈善观，市基督教两会受市公安局邀请每月都选派教牧人员到市女子监狱帮教那些被"全能神"邪教迷惑的女囚犯。①

由于长期坚持这些常规化项目，宗教慈善组织已经形成一定规模的宗教慈善品牌。比如，天主教南京教区于2005年9月创办的方舟启智中心，主要为有需要的特殊人士提供"从生到终"的终身一站式服务，目前已成为南京市乃至江苏省民间规模最大、专业化程度最高、专为残障人士提供全面康复训练和服务的非营利性慈善机构。南京基督教青年会创办的"完美人格小义工训练营"，是全市率先开展的青少年服务项目，由青年会工作人员、高校社工专

---

① 资料来源：南京市《2014年宗教慈善工作总结》，http：//www.nanjing.gov.cn/njszfnew/bm/mzj_1951/201412/t20141216_3093524.html。

业师生、外国留学生义工组成的专业义工辅导小组进入学校,进行青少年预防犯罪行为矫正工作。其中南京基督教青年会为珠江路小学编写的《青少年服务项目书》在 2012 年全国妇女社会工作方案征集评选中获奖,并由中国人民大学出版社作为《21 世纪社工实务工作案例》教材于 2013 年出版发行。①

福建石室禅院慈善功德会在会长忠明法师的带领下,在 2014 年新增了社区微公益活动,每周六走进不同的社区,举行收集衣服济贫寒的活动,吸引了众多市民加入该功德会爱心传播的行列中。"石室禅院慈善功德会"自 2000 年创办以来,经过了一个初步的摸索期,从无到有、茁壮成长,积极开展"护生放生、助医、助学、助困、救灾、志愿服务、推广传统文化、旧衣回收、国学导读夏令营、厦门佛教界慈善周公益系列活动、中秋感恩博饼晚会、父亲节感恩朝山、会员生日感恩会、参学名山"等慈善项目外,还举办了首届石室禅院杯海峡两岸佛文化摄影赛,海峡两岸佛文化书画交流展,参与了 2014 年两岸十大感动事件之奇迹宝宝的爱心大传递。在 2014 年,"石室禅院慈善功德会"将助学的方向侧重于大学生和高中生群体,资助厦门大学希望之光团队前往漳州白水帮扶留守儿童。2014 年 8 月 3 日云南鲁甸发生地震时,功德会委托蓝天救援队,发放了 5 万元赈灾急需物资和价值 75 万元的 5000 多件毛衣。从 2008 年开始实施的暖冬计划也已开展了 6 年,已资助了约 3000 人次、近百万元。2014 年春节、端午节、中秋节,慈善功德会还组织会员义工在厦门与漳州对 600 多户贫困家庭进行入户慰问,让他们在传统的佳节里感受到人间的温暖。②

(二)与时俱进,借助高科技技术,网络捐赠成为中国宗教慈善捐赠的一个主要平台

2014 年中国宗教慈善在内力和外力的推动下,整体推进。慈善活动主体多元,既有以宗教活动场所为依托的,又有宗教慈善基金会;活动中既有协同作战的,又有各自为政,在多元的宗教慈善活动中产生了良好的社会影响。在

---

① 资料来源:南京市《2014 年宗教慈善工作总结》,http://www.nanjing.gov.cn/njszfnew/bm/mzj_1951/201412/t20141216_3093524.html。
② http://www.fjnet.com/cssy/tj/201501/t20150104_226720.htm。

以信仰为基础的宗教类型慈善基金会的示范作用下，越来越多的宗教慈善组织开始进行"强身固本"，提高自己的项目运作和活动的公信力，并开始建立基金会，向社会慈善组织转型。

这一年"晒账本、增加透明度、提高公信力"成为中国宗教慈善"固本强身"的共同取向，与此同时，在网上募捐，征集善款已经成为宗教慈善经济来源的重要途径。为了避免陷入挪用善款的争论，大部分宗教慈善组织在网上进行募捐时，都要求捐献人注明善款是用于慈善还是护生或者其他途径。例如，庐山东林寺慈善功德会在自己的网站上公布银行账号时，对善款做了慈善和护生两个类别的分类，让捐赠人在进行捐赠时就按照自己的意愿选择捐赠。这一举措提高了宗教慈善组织的公信力，直接规避了善款流向不明的问题，获得捐赠的可能性比未要求注明的慈善组织高。这从另一个角度反映出宗教慈善组织逐步走向成熟，理性地进行社会慈善活动，而不是想当然地认为自己有权对善款进行分割、配置，以致造成一些误会。

（三）宗教慈善组织注重外扩，进一步推动慈善项目的创新

目前宗教慈善活动开始外扩，在慈善活动运营和项目运作方面不断创新。

作为有信仰背景的慈善基金会日益成熟，积累了丰富的经验，进一步凸显其社会慈善功能。北京仁爱基金会在继续保持原有的常态项目[①]之外，2014年度开始以启明书院、大运河心栈等一系列文化项目凸显了仁爱基金会志愿者主体的高素质、高学历及其强有力的社会动员能力和慈悲奉献精神。通过在一点一滴的慈善活动中，提升社会的慈善文化氛围，慈善心灵，从文化慈善的大视野践行慈善精神。

河北进德公益基金会在灾难救助现场的积极行动凸显了该基金会的专业化特色和项目运作实力，5~6月该基金会积极参与"中国扶贫基金会·人道救援网络"在全国发起主办的"向灾害 SAY NO"减灾、防灾宣教活动。作为河北地区的承办方，进德公益先后在大型生活社区、石家庄部分中小学校园举办一系列减灾、防灾宣教活动，减防灾知识得到普及。2014年7月，进德公益

---

① 郑筱筠：《2013中国宗教慈善报告》，杨团主编《中国慈善发展报告（2013）》（慈善蓝皮书），社会科学文献出版社，2014。

为湖南省安化县遭遇水灾的172个家庭发放了价值72304元的大米、食用油及棉被。8月云南鲁甸地震发生后的第一时间,进德公益及当地志愿者前往灾区开展紧急救援行动。截至2014年12月31日,进德公益已向重灾区鲁甸县银屏村、巧家县新店镇渭姑村、马树镇8个村706户受灾同胞发放了价值752245.90元的棉被、帐篷、大米、食用油及过冬棉衣。2014年,受中国扶贫基金会资助,进德公益在雅安地震灾区太平镇大河村以农民专业合作社的形式帮助当地百姓发展养殖业,开展灾后生计恢复项目,通过数次培训,合作社各方面运作已较为成熟,进德公益的经验和做法也得到灾区民众的称赞。①

在积极进行灾难项目的慈善活动的同时,各宗教慈善基金会还关注NGO能力建设项目,培育社会慈善的基层力量,增强慈善项目的执行力。例如,进德公益基金会的"NGO能力建设项目"是一个三年的计划,包含4次培训和15个小项目。培训在专业理论上给参与者充电,小项目让参与者实践所学的东西。2014年分别于6月和12月中旬举办了两次培训,培训内容主要是项目周期管理、筹资宣传、慈善机构管理、人力资源管理、财务管理等,国内20多家合作机构参加了培训。培训后,合作伙伴CCFD还特别支持参与培训的机构一个小项目,以便实践所学内容。继6月的首次培训之后,开始实施5个小项目,即绵阳市科园社区颐乐社区服务中心的建设社区服务小组项目、辽宁省盛京仁爱社会服务中心的大学生社群艾滋病预防宣传项目、兰州金城社会服务中心的青少年价值教育培训项目、天主教万州教区社会服务中心的留守学生关爱项目和吉林农业发展项目。②

(四)发挥地域优势,以中国宗教的空间分布为主要慈善网格,在实践中将慈善自觉地转换为文化驱动力

1. 宗教慈善组织努力发挥自身地域空间优势,帮助边缘群体和弱势群体,传递爱心

湖北省佛教协会在慈善方面注意与湖北省佛教慈善基金会合作,立足省内佛教界募集善款,主要用于对生活困难及生病住院的佛教教职人员的慰问救

---

① 资料来源:河北进德公益基金会《2014年度工作报告》。
② 资料来源:河北进德公益基金会《2014年度工作报告》。

助。2014年春节期间，湖北省佛教协会与湖北省佛教慈善基金会对生活困难的佛教教职人员进行调查统计，对生活水平低于最低生活保障、生活十分困难、因患病需长期治疗的教职人员给予救助。最终，向全省各地206名困难佛教教职人员发放补助共计13.9万元。据不完全统计，截至2014年，省佛教慈善基金会向地震灾区和省内边远少数民族地区及困难佛教教职人员累计捐助善款150万元。[1] 关爱需要帮助的人群是宗教慈善的出发点，因此，这次佛教界内部的自助和互助是一个好的开始，是从身边做起，一点一滴体现佛教大慈大悲之心的善举，也是宗教慈善"固本强身"之举动，应该为其点赞。

云南宝华福田慈善会的会长崇化法师早于2008年就引进了香港慈辉佛教基金会的"光明计划"项目，坚持每年免费为云南贫困地区2000名白内障患者做复明手术，并提供生活费和医疗费用，目前已经先后在德宏、保山、大理等地义诊，为贫困地区老人摘除眼睛白内障，在很大程度上帮助了社会边缘弱势群体。2014年云南鲁甸地震发生后，云南宝华福田慈善会与云南宗教慈善基金会一起迅速投入抗震救灾活动，得到了社会各界的好评。

2. 服务农民工、特殊疾病患者等城市边缘群体开始成为慈善项目的重要内容

近年来随着农民工数量的增加，武汉市基督教青年会也开始把农民工作为自己的帮助对象，开展了为进城农民工"送健康、送文化"服务活动，先后与武汉市青联、市卫生局等单位合作，在武汉市重点工程施工现场为进城务工人员免费体检，向他们宣传防治艾滋病知识，同时为农民工放映电影，丰富农民工的业余生活，为其子女提供免费体检，并建立了爱心健康卡。[2] 2014年武汉青年会又开始关心农民工子女问题，积极关心留守儿童的教育问题，并开展留守儿童项目服务，积累了成功的经验。

云南南传佛教"佛光之家"是云南南传佛教宗教慈善活动的典型，它长期以来依托西双版纳总佛寺及各级佛寺力量，整合社会资源，以佛寺僧侣为主，带领志愿者到城市社区和乡村去开展各种慈善活动，关心艾滋患者及其家属，艾滋患者感受到南传佛教界的慈悲关怀。在调查中我们发现，"佛光之

---

[1] http://www.fjnet.com/cssy/cssynr/201502/t20150204_227931.htm

[2] http://www.sara.gov.cn/llyj/4485.htm

家"项目开始有意识地吸纳艾滋患者作为志愿者,让他们用现身说法的方式参与艾滋病防治工作。有的艾滋患者志愿者曾经参与过"佛光之家"关怀项目,在面对新的被关怀对象时,能主动与他们进行交流,一起分享抵抗艾滋病的方法和经验。让这些社会边缘群体感受到来自社会的关心和帮助,在这些信仰南传佛教的基层群体中,注入了新的生命活力和希望。

3. 关注养老模式的发展,打造慈善特色品牌

根据初步统计,目前我国宗教界共开办了474家养老机构,仅占我国4万多家养老服务机构总数的1%,其中2/3以上未获得民政部门的批准登记;宗教界举办的养老机构床位数总计约为2.9万张,仅占全国474万张床位数的0.6%。从宗教界自身看,宗教界兴办的养老机构数量少、规模小,基础设施相对落后、存在安全隐患,资金筹措困难、服务能力有限,人才缺乏、专业化程度低,还有很大的发展潜力和提升空间。[①] 近年来国家宗教事务局开始组织力量对宗教界从事养老服务情况进行调研。可以说,正是国家宗教事务局在"保护、管理、引导、服务"的工作理念指导下,帮助宗教界与各部委协调解决从事公益慈善活动中遇到的问题和困难,推动落实相关优惠政策和扶持措施,保护宗教界从事公益慈善活动的积极性,助推中国宗教慈善事业的顺利有序开展。在政府政策的助推下,2014年宗教慈善活动对于养老产业和养老模式的关注是这一年的亮点。宗教慈善界早已有养老敬老的传统,因此很多寺院、教会场所都有敬老院或医院。但是,随着国家相关部门政策的出台、社会各界对养老院生活质量的要求也在不断提高,为此很多宗教组织开始理性反思,学习借鉴先进经验,积极投入资金进行养老院硬件设施的建设,且积极与政府相关部门及社会各界通力配合,努力在养老领域打造自己的优势品牌。

在全国"宗教慈善活动周"期间,2014年9月17日,郑州市基督教协会、佛教协会等宗教界人士来到夹津口镇敬老院、丁沟村、大峪沟镇康乐养老院,向居住在这里的孤寡老人与贫困户捐赠善款及大米、面、油等生活必需品,还向慈善总会捐款5000元,积极进行宗教慈善活动。除了捐赠善款及赠送日常所需用品外,宗教慈善组织开始有意识地与武汉青年会利用国际合作项目资金,与社区合作投资近10万元扩建青年会大智街老人公寓,定期组织职

---

① 数据转引自赵迟《宗教界养老服务任重道远》,《中国民族报》2014年10月14日。

工、义工和会员为老人服务。并多次与所在社区和基督教教堂联合开展送温暖活动，为老人义诊。①

上海道教城隍庙近年来也开始探索开展社会养老服务事业。目前上海开始出现老龄化社会问题，老龄人口比例持续上升，政府压力大，社会负担重。上海城隍庙本着为国分忧、为民解难的理念，愿意举办养老院，尽社会责任。希望以向现有社会养老院购买服务的方式参与社会养老服务事业。②虽然这项非营利性善事涉及问题较多较广，但这是上海道教城隍庙慈善活动的一个转型。

2014年广州道教上善义工社在城隍庙前忠佑广场举办了一次公益慈善义卖活动，筹集善款用于帮助长者进行房屋家居安全改造。同年广州道教上善义工社与海珠区长者综合服务中心合作，共同实施长者居家养老的"长者居家安全改造与倡导计划"，策划组织公益义卖等活动，积极进行养老敬老慈善活动。③

作为有信仰背景的基金会，爱德基金会较早关注养老领域，其经验和做法对宗教界慈善活动有着重要的引领作用，是以宗教活动场所为依托的宗教慈善组织的学习榜样与合作者。早在2010年爱德基金会与江苏基督教爱心公益基金一起，帮助南京市点将台社会福利院、南京乐龄老年护理培训中心共同举办了"教会办养老服务技能培训班"，培训对象为江苏省内13所市级教会及其下辖县、村级教会办养老机构的工作人员及计划开办养老服务机构的教会工作人员，目的是完善教会办养老服务机构工作人员的养老知识体系，规范和提高工作人员的专业操作技能水平，让学员树立职业道德，熟悉政策法规，掌握基础护理知识、护理技巧与操作要领，具备按《养老护理员职业标准（初级）》独立为老年人提供规范护理的基本技能。培训班还对学员进行国家职业技能鉴定，成绩合格者可获得《养老护理员职业资格证书》（初级）。④江苏省基督教慈善活动在养老领域的服务和专业人员培训方面都受到了社会好评，并在国家宗教事务局召开的工作会议上专门介绍了自己的经验。

作为有信仰背景的基金会，河北进德公益基金会在积极践行慈善常态项目的同时，还"别出心裁"，举办了圣诞公益晚会"我与你同行"，除继续为残

---

① http：//www.sara.gov.cn/llyj/4485.htm.
② 参见《上海道教城隍庙的慈善活动》，中国道教协会网站。
③ http：//www.daoisms.org/article/sort028/info-13537.html.
④ http：//www.amityfoundation.org.cn/article/view.aspx?id=3692.

疾孤儿和艾滋病家庭的孩子筹款外，还启动了两大公益项目：为1000位贫困孤寡老人安牙，为1000名贫困山区及少数民族高中女学生筹集学杂费。这些公益项目及实地走访的VCR，通过"与你同行""温暖童心""圆梦行动"以及"圆梦行动启动仪式"四个篇章向来宾立体呈现。前九届，公益晚会累计筹集善款290多万元，1300多人获得帮助。这一届公益晚会取得了圆满成功，共筹款62.94元。[①] 在进德公益基金会的带动下，河北天主教的宗教慈善活动也面对残疾孤儿、麻风病人、农村孤寡老人开展了丰富的慈善活动。

（五）努力提高运作的效率、透明度和公众参与度，进一步完善慈善活动的信息披露监管制度

宗教慈善网站的建立为普通民众参与宗教慈善搭建了一个对话、交流和行动的平台。运用互联网的强大优势进行网络宣传，为宗教慈善的规模化发展提供可能，开始成为宗教慈善与现代社会慈善资本更好对接的一个平台。

宗教慈善组织建立网站，介绍组织成立的宗旨、目标及从事的项目，甚至晒出自己的账本，大大提高了自己在互联网时代的知名度，同时为普通人参与慈善、了解慈善提供了"近距离"的接触途径和平台，有效地化解了宗教场所与普通民众之间的距离感。由于网络空间的便捷，手机银行、网上银行的开通为宗教慈善项目的网上募捐提供了一条捷径，很多不愿意透露姓名的慈善人士也在虚拟化的网络空间中积极捐款捐物，参与慈善活动。

2014年8月29日，中国佛教协会副会长、湖南省佛教协会会长圣辉在长沙发布的《2014年度湖南省宗教界公益慈善活动公报》显示，2013年8月31日至2014年8月10日，湖南宗教界向社会捐款（物）共计2487.02万元，开展的公益慈善项目涉及救灾赈灾、扶贫济困、助学助残、敬老养老、修桥铺路、心理慰藉、环境保护等方面，成为湖南公益慈善事业的有益补充。湖南宗教界共向社会捐款（物）2487.02万元（折合），其中助学项目捐款956.4万元，占38%。[②] 据了解，这是继2013年以来，湖南省宗教界第二次发布公益慈善活动公报。在2487.02万元慈善款（物）中，有943.65万元来自湖南全

---

① http://www.chinacatholic.org/news/30258.html.
② 佛教新闻网，http://www.fjxw.net，2014-08-30 09：08：51。

省性宗教团体，1543.37万元来自各市州宗教界。其使用情况为：助学占38%，扶贫占16%，救灾占14%，公益项目占10%，助残、养老、修路饮水工程、义诊等其他领域占22%。此举得到了社会各界的好评，这也是中国宗教慈善界在努力提高运作的效率、透明度和公众参与度，努力建设宗教慈善活动的公共信息平台，进一步完善慈善活动的信息披露监管制度。

二 中国宗教慈善事业的发展趋势

2014年12月，国务院《关于促进慈善事业健康发展的指导意见》出台，对未来中国宗教慈善事业的发展提供了战略性的指导意见和标准，全方位地推动着中国慈善新格局的建构，与此同时，社会公益慈善事业在经济新常态下，也在积极进行创新探索，作为慈善组织的成员，中国宗教慈善活动在"内外兼修"的动力推动下，也将发生新的变革，进行战略式创新发展。这主要表现在以下几方面。

（一）中国宗教慈善组织的"硬件设施"建设体系将遇到极大挑战

中国宗教慈善的传统领域，如孤儿院、养老院等慈善项目仍然是宗教慈善活动不可缺少的常规内容，但是积极投入资金推进孤儿院或敬老院等硬件设施的建设并未成为宗教慈善活动的主流。在社会公益慈善活动日趋专业化、规范化的形势下，中国宗教慈善组织的慈善活动将受到极大的挑战。宗教慈善活动的文化"软件"系统的建设日益丰富全面，而"硬件"设施的建设却略显滞后。究其原因，主要是政策与操作层面的对接仍存在一定差距。

国家和政府鼓励和积极引导宗教界进行宗教慈善活动，从目前出台的政策来看，孤儿弃婴、养老救助、艾滋病等边缘区域、特殊领域的救助仍然是引导的主要领域。值得注意的是，国家的相关政策出台后，积极响应政府号召，并积极筹措资金对孤儿院、敬老院、特殊专科医院等"硬件"设施进行现代化、国际化、规范化建设的宗教慈善基金会还不是很多。

（二）宗教界参与国际慈善活动的前景较好，将逐渐形成新的创新性宗教慈善模式

2014年，有信仰背景的慈济基金会、爱德基金会、仁爱基金会、进德公

益基金会等大型慈善组织发挥了各自的示范作用，各地的宗教慈善组织向其学习和取经，未来中国宗教慈善的创新性发展已成为共识。

2014年中国宗教慈善界参与的一系列大型会议其意义已经超越了会议本身，向世界公益慈善界展示了中国宗教慈善活动的巨大成就，扩大了中国宗教慈善的国际影响。未来以研讨会、交流会等大型会议为平台，尤其是国际性会议意义更为重大，这既为中国宗教慈善界提供了一个讲述中国故事的机会，更是中国宗教慈善界积极创新，向社会慈善基金会学习、交流的好机会。因此，未来这一交流模式将得到越来越多的宗教慈善基金会的借鉴。

此外，上海宗教界刚刚成立的"上海大慈公益基金会"，起点高，计划是直接打造国际化基金模式，启动了首批五个项目：一是与上海市慈善基金会联手开展的"生命源泉——儿童肾病救助"项目将进一步向全国推开。通过儿童尿毒症双向转诊机制的建立和全国协作网的建设，进一步推动中国儿童慢性透析和儿童慢病慈善事业的发展，并通过开展国际间学术交流，把"生命源泉"专项基金打造成集预防、治疗、培训、科研于一体的国际化基金模式。二是慈善书画义拍项目将继续推广并设立"慈善书画宝库"，以团结更多奉献爱心的书画家参与，使之进入常态化操作模式。三是启动"公益文化论坛"筹备工作。四是启动救助儿童意外伤害事故的"生命护航"项目。这个项目依托复旦大学附属儿科医院，帮助遭受意外伤害的患儿家庭和经济困难的重症患儿家庭，帮助患儿家庭渡过难关。五是筹备成立"宗教文物专项基金"。从其项目的规划设置和资源配置的协调分布来看，这显然已经不是传统模式的宗教慈善，既有救济型项目，又有服务型慈善项目，更有慈善事业的高平台视野，其组织的独立性和专业化、国际化特征凸显出"上海大慈公益基金会"的高视野、高水平，它的建立标志着上海宗教慈善开始向国际化慈善领域进军。

（三）努力形成同类别宗教慈善组织共同体，以文化认同推进文化慈善和心灵慈善

宗教慈善联合体多为同心圆式的宗教联合，跨界的宗教慈善共同体将逐渐出现，共同打造慈善平台。所谓"同心圆"式的宗教慈善组织主要是指同属同一宗教的慈善组织相互连接，各个宗教慈善组织整合资源和力量，聚集形成

"同心圆"逐渐建立同类别的宗教慈善共同体，例如，以中国佛教协会的慈善公益委员会、上海宗教界的大慈基金会、江苏基督教的爱心公益基金会等。江苏基督教爱心公益基金成立于2009年4月，由江苏省基督教两会和爱德基金会共同发起，联合省内各教会，以卓有成效的专业基金会为依托，积极参与、指导区域性基督教社会服务事工，服务社会。

由于宗教公益资源的动员和社会协调能力较强，以信众为中心，基于信仰为纽带的慈善组织本身就有内修、内省的内在联系纽带，容易形成以慈善文化认同的联合。但目前尚未形成几大宗教自发共同搭建的大的宗教慈善组织。随着我国公益事业的蓬勃发展，跨宗教公益慈善团体将会出现。

（四）未来宗教慈善组织在社会资源的网络化整合方面将出现新的突破

目前中国宗教慈善组织活动对于资源的依赖性与空间的分布关系较为密切，由于还未形成高视野的现代化慈善平台，故而慈善资源的获得在很大程度上还是依赖于以宗教组织为主体形成的社会组织网络。未来宗教慈善组织在社会资源的网络化整合方面将出现新的突破。

首先，随着宗教慈善的文化认同在社会层面的逐渐传播，尤其是互联网慈善资源的广泛传播，宗教慈善网络平台的建立，使传统型的封闭式宗教慈善捐赠资源逐渐转变为开放式的社会慈善捐赠，有越来越多的社会人、社会组织与宗教慈善组织合作或共同工作，致力于社会慈善事业。

其次，志愿者参与社会秩序的建构与宗教文化认同之间的关系问题，将在宗教慈善活动的社会参与中逐渐淡化。

宗教慈善行为中的意义认同、宗教慈善动机、行为的合法性问题、宗教理念的价值认同等，在早期宗教慈善活动中是社会人眼中的衡量标尺。宗教慈善强调心灵慈善，在慈善行为中修行，在慈善中成就自己，这是宗教慈善不同于社会慈善之处。例如，河北省佛教协会成立的慈善基金会以"日行一善"开始，如今已经将慈善理念播种于民间，并形成了一个组织有序、管理有效、志愿者队伍壮大，又有良好社会声誉的佛教慈善社团。对此，常辉法师认为："首先要确立一个佛教慈善理念，这也是现代佛教慈善最缺乏的第一因素。佛教慈善不等同于世间慈善，它是在自我修行的基础上而利益他人的，因此我们

倡导无相布施，在无欲、无求、无我的修行中，冲破人类有欲有求，以'我'为中心和前提的有相禁锢，而最终成就无上佛道。它不是以'救世主'的姿态来利益他人，而是以平等、谦下、恭敬、感恩、空观、菩提心广行慈善，慈悲供养承事一切众生。这种无相布施理念需要逐渐地融入四众弟子的内心深处。"

在宗教慈善活动中，以文化慈善、心灵慈善为主旨的宗教慈善基金会淡化了自己的"宗教符号"，让慈善作为一种文化价值在社会领域传播开来。这产生了良好的社会影响。过去宗教慈善组织的社会行为大多是由宗教信徒去做，但现在随着宗教慈善项目在社会层面的日益外扩，宗教慈善活动也开始招募志愿者，也有一些非宗教信徒作为志愿者加入到慈善活动中。那么，在社会慈善中，仅仅是出于认同而不是信仰的宗教慈善活动的宗教性如何表现与保持，这将会成为未来宗教慈善活动在日益广泛的社会活动领域中面临的问题。这意味着宗教慈善开始从以宗教场所为主要活动平台向以超越信仰，甚至无宗教信仰的社会公共平台转移。这也就意味着未来宗教慈善组织在社会资源的网络化整合方面将产生新的突破。

（五）宗教慈善活动的基层化、社区化特点将更为突出，与现代化、规范化、国际化的社会慈善基金会的高标准接轨将困扰中国宗教慈善事业的发展

按照《国务院关于促进慈善事业健康发展的指导意见》对慈善组织信息公开内容、时限、途径进行规范的要求，明确指出："慈善组织应及时公开款物募集情况，募捐周期大于6个月的，应当每3个月向社会公开一次，募捐活动结束后3个月内应全面公开；应及时公开慈善项目运作、受赠款物的使用情况，项目运行周期大于6个月的，应当每3个月向社会公开一次，项目结束后3个月内应全面公开。"这一规定对于宗教慈善基金会来说，是一种提高透明指数的途径。通过公布机构财务信息，包括捐赠收入、业务活动成本、管理成本、人员薪酬等公众普遍关注的关键数据及其所占比例、通过财务解读的方式帮助公众进一步了解宗教慈善财务数据的详细情况，提高了社会公信力。但是，由于缺乏专业人员，《意见》的这一规定动作对宗教慈善基金会来说，将会是一个巨大挑战。这要求宗教慈善基金会在进行社会慈善活动时，必须具备

与社会慈善基金会同样的财务资质和监督管理制度。因此对于宗教慈善基金会来说，除了培养专业的慈善人才之外，还需要关注专业的财务人才的配置和管理。

但是，由于现代慈善资源分布格局的影响，使得宗教慈善活动的基层化、社区化特点更为突出。在宗教慈善项目资源的配置方面，接地气的基层慈善、针对边缘群体、特殊群体的慈善活动将日益增多。一方面，要在项目运作资源方面接地气，向下行；另一方面，在慈善资源管理制度的标准层面要与国际接轨，要积极进入世界公益领域，打造国际性宗教慈善品牌，这对于正处于从传统慈善向现代慈善模式转型中的中国宗教慈善基金会来说，是一个必须面对和解决的难题。其专业化的难度增大，与现代化、规范化、国际化的社会慈善基金会的高标准接轨将为中国宗教慈善事业的发展带来挑战与机遇。

总之，目前中国宗教慈善事业还呈现出弱自主性特征，很多活动由于自身条件和外部环境限制，难以搭建高水平的国际化专业慈善队伍和平台。宗教慈善组织在运作过程中缺乏管理现代慈善的结构，而在行政管理层面缺乏与政府各级部门的协调功能，因此，与社会公益慈善平台对接之后的可持续、高效率、国际化运作的问题将会成为困扰中国宗教慈善发展的瓶颈。

结 语

宗教的动力在于其超越既有的世俗结构的能力。就宗教慈善活动而言，其宗教的神圣性特征使其具有内在的自省优势，其强大的社会动员能力和资源配置的执行力具有较强的公信力和透明度，形成了自己的品牌特色和慈善资源优势。但宗教慈善组织在现代转型过程中，面临的资金筹集、项目的运营等规范化、制度化、国际化方面的较大挑战，如何在资源的运营方面与现代化的社会慈善组织接轨也是必须突破的问题。但更主要的是由政府各级部门和社会组织推动的慈善立法行动，也在推动着宗教界从事慈善活动的速度和外扩力的提高。国务院《关于促进慈善事业健康发展的指导意见》的颁布，是中央政府第一次以总体规划的指导性意见来规范和助推慈善事业的健康有序发展，对于中国宗教慈善活动来说，这是从整体性治理角度来深化慈善活动的规划，是传统慈善模式向现代慈善模式的战略转型与发展机遇，更是现代化慈善事业对传

统慈善模式的巨大挑战。如何应对挑战，如何适应挑战，建构现代化、国际化和规范化的中国宗教慈善体系将是2015年度面临的问题，也是其战略发展的机遇期。

附录

2014年度重大事件回顾

（一）政府各部门联手出台一系列文件，助推宗教慈善，进一步规范和引导宗教慈善活动

继2012年度国家宗教事务局、中共中央统战部、国家发展和改革委员会、民政部、财政部和国家税务总局联合印发《关于鼓励和规范宗教界从事公益慈善活动的意见》（国宗发〔2012〕6号），为中国宗教慈善活动注入活力，鼓励各地积极开展宗教慈善活动之后，2013年度、2014年度，各级政府部门相互协作，共同推出了一系列的政策。3月12日国家宗教事务局在了解宗教慈善组织在实际活动中，由于种种原因难以享受免税资格的问题后，专门转发《财政部国家税务总局关于非营利组织免税资格认定管理有关问题的通知》，进一步明确宗教界依法从事的公益慈善活动可以享受与社会其他方面同等的扶持和优惠政策，推动符合条件的宗教组织申请免税资格。

4月份国家宗教事务局联合民政部下发《关于规范宗教界收留孤儿、弃婴活动的通知》，为宗教界开展相关活动提供政策规范，要求正确对待和妥善处理宗教界收留孤儿、弃婴问题，对于收留孤儿、弃婴活动的宗教界三类主体兴办的收留孤儿、弃婴机构在责任、权利和义务以及与民政部等机构的关系方面做出了详细而明确的规定。

5月国家宗教事务局再次下发文件，支持宗教界积极开展公益慈善活动。要求各地继续举办"宗教慈善周"活动，但在形式上可以多样，可以把"宗教慈善周"办成"研讨周""交流周""培训周""宣传周"。2014年度，全国宗教界在活动期间捐款捐物总额超过3亿元。

与此同时，国家宗教事务局开始组织力量对宗教界从事养老服务的情况进

行调研。可以说，正是国家宗教事务局在"保护、管理、引导、服务"的工作理念指导下，帮助宗教界与各部委协调解决从事公益慈善活动中遇到的问题和困难，推动落实相关优惠政策和扶持措施，保护宗教界从事公益慈善活动的积极性，助推中国宗教慈善事业的顺利有序开展。

同时，这也表明随着国家宗教事务局、民政部等相关部委对宗教慈善事业宏观指导、协调管理职能的加强，政府对慈善事业的推动作用将更加凸显。这是政府职能转型的具体表现，开始从管理者向调控者转型，从组织者向协助者转型，助推宗教慈善。

（二）"宗教慈善不是另类"，宗教界对于宗教慈善活动开始有维权意识

慈善立法成为这一年慈善界较为关注的焦点，宗教界同样有维权意识，呼吁在宗教慈善过程中，获得与一般社会团体一样的慈善平台。在2014年全国政协会议上，全国政协委员、中国佛教协会副会长、上海玉佛寺方丈觉醒法师在提案中指出："宗教慈善不是另类，应赋予宗教团体与一般社会团体同等权利。"

全国人大代表、黑龙江省佛教协会会长静波法师认为："宗教作为社会存在的现象，社会管理的一个重要内容不可回避；作为信仰者的社会责任、法律责任、道德责任、信仰责任，同样不能回避。"[1] 这表明，当宗教慈善活动开始成为国家福利服务与公共服务平台领域中的一个生力资源时，宗教慈善仍然面临诸多问题需要在法制化建设进程中逐步解决。

（三）中国宗教慈善界出现女性"首善"，凸显了女性在宗教慈善活动中的力量和影响

2014年8~9月，为云南鲁甸地震救灾活动中，湖北省黄梅妙乐寺、江西省九江市庐山铁佛寺的方丈妙乐法师先后捐赠600万元，名列宗教界专项捐赠个人之首，更成为中国宗教慈善界女性"首善"，其善举得到社会各界的好评。

---

[1] http://iwr.cass.cn/xw/201403/t20140303_16439.htm.

（四）宗教慈善组织在灾难救援活动和常规慈善活动中，积极奉献爱心，慈善榜上始终有名

峨眉山行愿慈善事业基金会因积极进行慈善公益活动，荣获四川省乐山市颁发的2014年度"十佳慈善公益先进单位"奖。

2014年，上海市慈善基金会举行成立20周年座谈会，表彰了上海玉佛禅寺长期以来所做的慈善贡献，并授予其"特殊贡献奖"。

（五）"宗教慈善周"仍然是宗教慈善界活动的重要节点，成为年度捐款捐物的高峰期

2014年，云南省宗教界在宗教慈善周活动中，专门将"宗教慈善周"命名为"鲁甸8·3地震慈善周"。

2014年，福建省宗教公益慈善活动。据不完全统计，仅2013年9月"宗教慈善周"至2014年9月"宗教慈善周"的一年间，福建省宗教界捐款捐物就达1.16亿元。其中为云南鲁甸地震灾区捐款近96万元，捐赠物品折合人民币7.5万元。正是在宗教慈善基金会的示范作用下，宗教界继续成立基金会，例如，2014年12月福州市开元寺发起创办了地方性非公募基金会，同时积极开展慈善公益活动。①

（六）宗教慈善成为我国举办的国际性宗教大会的年度主题

2014年，在各级政府部门支持下召开的一系列大型宗教国际会议上，宗教慈善成为热点。中国宗教慈善既是国际交流的文化平台，又是中国故事的叙述者。这大大提升了中国宗教慈善的地位、作用，在某种程度上也提升了我国的国际形象。

2014年5月，由中国灵山公益慈善促进会主办、无锡灵山慈善基金会承办，中国人民对外友好协会、中华宗教文化交流协会、中国广告协会、中国扶贫基金会联合支持的灵山公益慈善促进大会把公益关怀作为重要的分议题，来自海内外70多位宗教界人士、慈善机构的负责人、专家学者围绕着宗教关怀

---

① 佛教新闻网，http://www.fjxw.net，2014-09-17 10：13：37，中国新闻网。

这一主题进行了深入研讨，讲述了中国宗教慈善故事，传递了中国宗教慈善声音。这为中国宗教慈善公益搭建了国际性平台，表明宗教在我国对外文化交流、文明互鉴方面发挥着自己的作用。最后与会代表达成"倡导理念先行、完善体制机制、探索特色服务、重视专业运作、加强交流合作"五点共识。这对于中国宗教界慈善公益事业进入世界公益慈善领域，将是极大的助推力。

2014年10月16日，第27届世界佛教徒联谊会大会在中国宝鸡法门寺隆重举行，这是世佛联大会首次在中国大陆举办，也是中国佛教与"世佛联"友好交往的里程碑事件，让世界佛教文化交流的事业，再次站到了一个全新的起点，大会得到海内外的高度关注和支持。大会以"佛教与公益慈善"为主题，体现了佛教慈悲济世的本怀，同时也体现出世佛既讲述了佛教慈善界的中国故事，叙述了中国模式，也为与各国各地区佛教界在公益慈善事业和人道主义服务方面的交流合作提供了经验参考和智慧借鉴。意义重大，在海内外产生了较大影响。

专题报告篇
Special Reports

B.9
2014年中国彩票与慈善发展报告

宋宗合*

摘　要：　彩票资金取之于民、用之于民，而公益慈善既是彩票拥有巨大感召力的根本原因，也是彩票事业健康发展的根基，更是彩票事业发展的主要动力和不竭源泉。彩票从发行到使用可以分为三个环节：一是彩票发行环节，具有市场指向性特点。二是福利彩票公益金的筹集分配环节，具有政策指向性特点。三是福利彩票公益金的使用环节，具有需求指向性特点。彩票公益金的使用领域与慈善事业发展的规律几乎重合，以赈灾、助教、助医、文化等为主体，只不过从使用主体上来说社会力量应用还不够充分，约有两成的资金被社会组织使用。但是随着社会政策的变革，彩票公益金使用社会化日益成为现实，慈善事业必然从福彩公益金中获取更大支

---

* 宋宗合，《社会福利》杂志副主编。

持,两者将共同为完成民生发展使命而努力。

关键词: 彩票公益金　社会公益　协同发展

一　中国彩票发行及公益金筹集情况

2014年全国福利彩票销量达2059.68亿元,当年筹集彩票公益金586亿元。2014年中国体育彩票年度销量达1764亿元,当年筹集彩票公益金454亿元。两者相加,2014年中国彩票销售总量达到3823.68亿元,筹集彩票公益金1040亿元。①

1. 彩票发展历程及现状

中国现代彩票诞生于1987年。1986年,民政部在深入调查研究和借鉴境外发展社会福利工作经验的基础上,向国务院上报了《关于开展社会福利有奖募捐活动的请示》。1987年7月27日,首发"中国社会福利有奖募捐券"(1995年更名为中国福利彩票)。这一新生事物的诞生,开辟了动员社会力量参与社会福利事业发展的新途径。

中国彩票业的发展可以分为三个阶段:初创阶段、中国人民银行监管阶段、财政部监管阶段。1987年6月3日,中国社会福利有奖募捐委员会(简称中募委)正式成立。中募委受民政部领导,下设中国社会福利有奖募捐券发行中心。1987年7月27日在河北省石家庄市试点发行了新中国第一套"中国社会福利有奖募捐奖券"。1993年2月,"中国社会福利有奖募捐券发行中心"更名为"中国社会福利奖券发行中心"。1994年12月"中国社会福利奖券发行中心"更名为"中国福利彩票发行中心",其发行的彩票也更名为"中国福利彩票"。

中国体育彩票于1994年开始全国统一发行。经批准,1994~1995年度共发行10亿元体育彩票。筹集的3亿元资金主要用于补充第43届世乒赛等13

---

① 本文数据引自财政部彩票公告、民政部及国家体育总局公告等。

项大型赛事经费的不足,为体育事业的发展开辟了一条新路。当年4月5日,原国家体委体育彩票管理中心正式成立,标志着我国体育彩票事业开始进入法制化、规范化的管理轨道,同时也意味着中国福利彩票和中国体育彩票两大发行体系初步形成。

1994年5月31日,中共中央办公厅、国务院办公厅联合发出《关于严格彩票市场管理 禁止擅自批准发行彩票的通知》(中办发〔1994〕21号),确定"中国人民银行是国务院主管彩票的机关,要会同民政部、国家体委和国家工商局等有关部门认真把彩票市场的管理工作做好"。1999年12月23日,中国人民银行、财政部联合发出《关于移交彩票监管工作的通知》(银发〔1999〕429号),确定由财政部负责统一监管彩票发行机构和彩票市场。

2009年5月4日,《彩票管理条例》公布,《彩票管理条例》提倡责任和理性彩票的理念,并实现了彩票公益使命与社会责任的必要结合与微妙平衡。在保障彩票公益使命的实现方面,条例在六个方面作了重点规范:一是在立法宗旨和彩票定义中明确揭示彩票的公益使命。二是要求彩票机构按照规定开设专门的彩票资金账户,用于核算彩票资金,并明确要求彩票机构及时上缴彩票公益金和彩票发行费中的业务费,不得截留或者挪作他用。三是明确逾期未兑奖的奖金,纳入彩票公益金。四是明确彩票公益金专项用于社会福利、体育等社会公益事业,按照政府性基金管理办法纳入预算,实行收支两条线管理,不用于平衡财政一般预算。五是明确彩票公益金的分配政策由国务院批准决定。六是要求彩票发行费、彩票公益金的管理、使用单位,依法接受财政部门、审计机关和社会公众的监督,并要求中央和省级财政部门每年向本级人民政府报告上年度彩票公益金的筹集、分配和使用情况,并向社会公告。

为贯彻落实《彩票管理条例》,经国务院批准,财政部、民政部、国家体育总局于2012年1月18日联合发布了《彩票管理条例实施细则》,自2012年3月1日起施行。彩票发行20多年来,民政部门、体育部门和彩票发行管理系统认真贯彻党中央、国务院的工作部署,全面落实《彩票管理条例》,正确把握彩票的发展方向,努力完善彩票工作运行机制,大力推进发行方式和发行技术创新,形成了独具特色的中国彩票文化和品牌。

2. 彩票发行及公益金筹集数量

截至2014年年底,中国两种类型彩票累计发行20483亿元,共筹集彩票公益金6084亿元。其中自1987年至2014年，全国福利彩票累计销量达到11702亿元，筹集公益金约3600亿元；自1994年到2014年，全国体育彩票累计发行超过8781亿元，筹集公益金超过2484亿元（见图1、图2）。

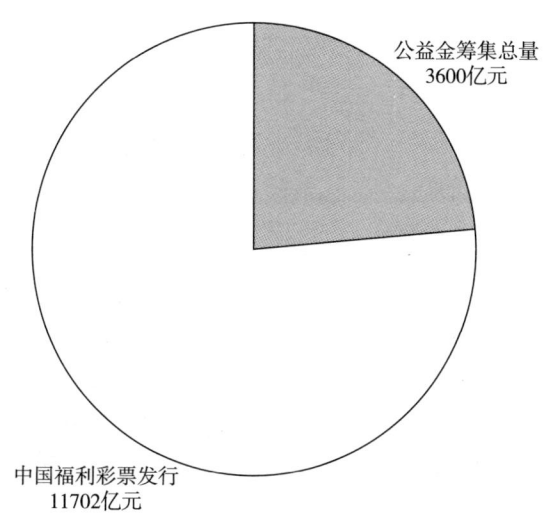

图1　1987~2014中国福利彩票发行及公益金筹集总量

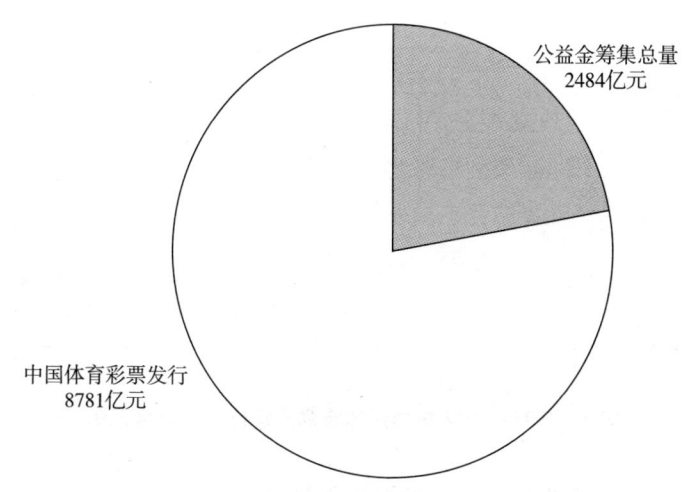

图2　1994~2014中国体育彩票发行及公益金筹集总量

1987年，当年发行"中国社会福利有奖募捐券"1740万元，2011年10月23日，中国福利彩票年发行量突破1000亿元，2014年全国福彩销量达到2059.68亿元，当年筹集彩票公益金586亿元。体育彩票于1994年开始全国统一发行，当年销量10亿元，2001年年销量突破100亿元，2009年年销量突破500亿元，2012年12月4日年销量突破1000亿元。2014年中国体育彩票年度销量达到1764亿元，当年筹集彩票公益金454亿元（见图3、图4）。

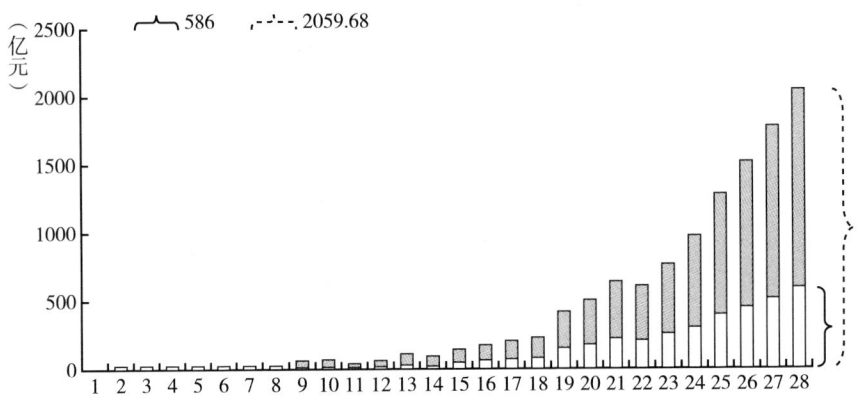

图3 1987~2014年中国福利彩票发行及公益金筹集

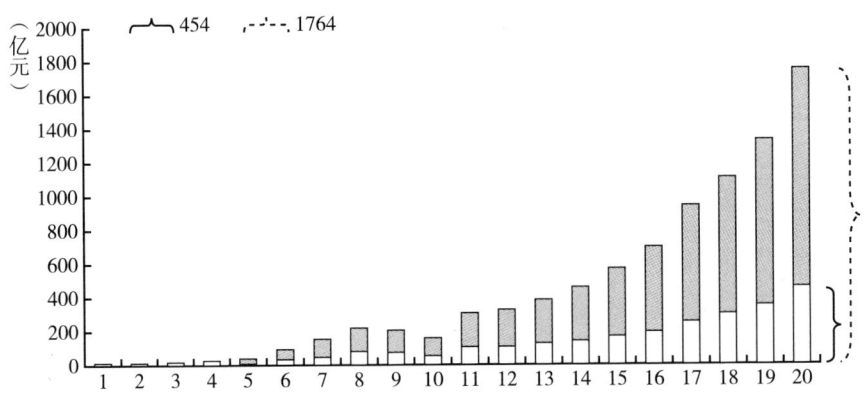

图4 1995~2014年中国体育彩票发行及公益金筹集

2001年，《国务院关于进一步规范彩票管理的通知》（国发〔2001〕35号）对彩票资金有这样的规定：彩票返奖比例不得低于50%，发行费比例不得高于15%，公益金比例不得低于35%。但是具体到彩票公益金提取比例和彩票发行经费使用比例，《彩票管理条例》并没有进一步给出详细解释，这是因为现有两大发行机构旗下拥有乐透数字型、即开型、竞猜型和视频型在内的数十种彩票玩法，每种彩票玩法因为上市时间不同，玩法特点不同，彩票奖金、彩票发行费和彩票公益金的构成比例也有所不同。

以体育彩票为例，以超级大乐透、排列3等为主的乐透数字型彩票，其中绝大部分彩票游戏的彩票公益金提取比例为35%，彩票奖金和彩票发行费的提取比例为50%和15%。即开型彩票，彩票公益金的提取比例为20%，彩票奖金和彩票发行费的提取比例为65%和15%。以足球彩票为主的竞猜型彩票，其中，大部分彩票游戏的彩票公益金提取比例为18%，彩票奖金和彩票发行费的提取比例为69%和13%。

彩票公益金的分配相对固定。根据2006年《财政部关于调整彩票公益金分配政策的通知》，彩票公益金在中央与地方之间按50∶50比例分配。中央彩票公益金中，社会保障基金、专项公益金、民政部和国家体育总局分别按60%、30%、5%和5%的比例分配。地方留成彩票公益金，由省级人民政府财政部门、体育部门确定分配原则。

二 彩票公益金社会公益使用分析

全球多数国家彩票发行管理权集中在政府，中国福利彩票和体育彩票都是以国家信用为担保，由国家特许发行、依法销售的公益彩票，公益是它们的根本属性。

1. 中央彩票公益金使用

自2007年起，财政部开始公开彩票公益金的具体使用情况。按照政策规定，中央彩票公益金部分，除了分配给社会保障基金部分和民政部、国家体育总局固定比例部分外，中央彩票公益金专项主要就是用于社会公益，其使用主体包含政府部门、人民团体和基金会等（见图5、表1）。

根据财政部公告的2007～2013年的中央彩票公益金中，中央专项彩票公益金使用情况显示，605.78亿元资金用于17个项目使用，包含赈灾、扶贫、教育助学、文化、医疗救助、法律援助、助残、红十字事业以及北京奥运会、

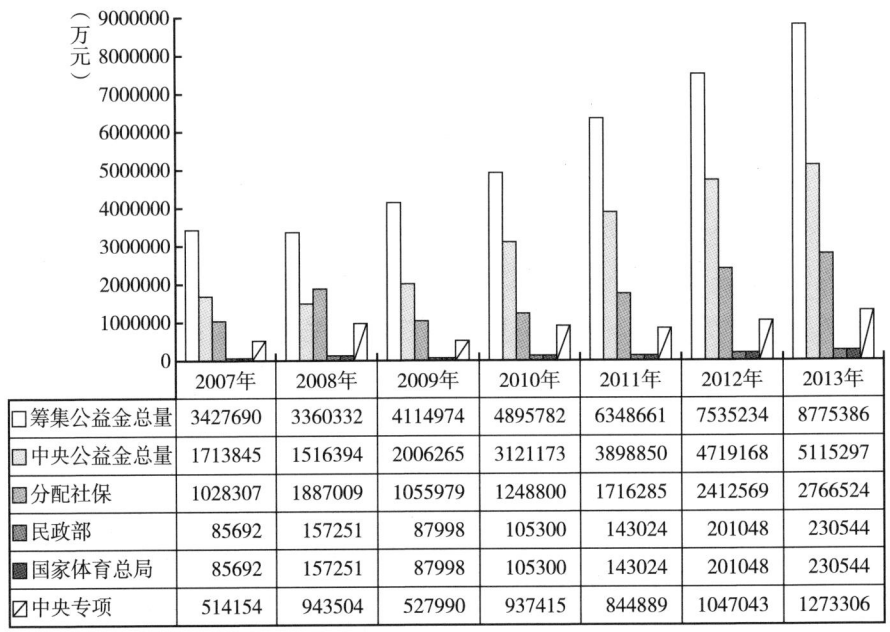

图5 2007~2013年中央彩票公益金分配情况

表1 2007~2013年中央彩票公益金分配情况数据表

单位：万元

年份	筹集公益金总量	中央公益金总量	分配社保	民政部	国家体育总局	中央专项
2007	3427690	1713845	1028307	85692	85692	514154
2008	3360332	1516394	1887009	157251	157251	943504
2009	4114974	2006265	1055979	87998	87998	527990
2010	4895782	3121173	1248800	105300	105300	937415
2011	6348661	3898850	1716285	143024	143024	844889
2012	7535234	4719168	2412569	201048	201048	1047043
2013	8775386	5115297	2766524	230544	230544	1273306

区域福利事业发展等。其中18.7%的资金量交由红十字会总会、中国残疾人联合会、中国教育发展基金会、中国妇女发展基金会、中国儿童少年基金会等社会组织实施，81.3%则交由国家部委和地方政府实施（见图6）。

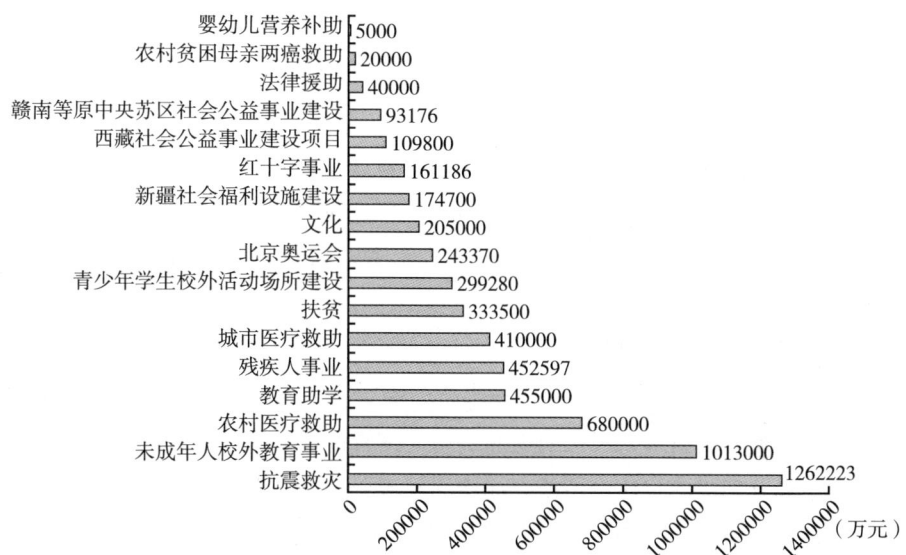

图6 2007～2013年中央专项彩票公益金使用领域分布

2. 两部委彩票公益金使用

两部委为等比例分配,其中分配给民政部的彩票公益金,由民政部按照"扶老、助残、救孤、济困"的宗旨,安排用于资助为老年人、残疾人、孤儿、有特殊困难等人群服务的社会福利设施建设和受助对象直接受益的项目。实际使用中又分为列入中央本级支出的中央级

项目和列入中央对地方转移支付的补助地方项目。

1987～2013年,除按规定上缴中央财政的部分以外,民政部围绕福利彩票发行宗旨,各级民政部门使用彩票公益金约1420亿元,加上地方政府配套资金的投入,主要资助了"社区老年福利服务星光计划"、"农村敬老院建设霞光计划"、"儿童福利机构建设蓝天计划"、流浪未成年人救助保护设施建设、精神病人福利设施建设等基础设施类项目,同时还资助城镇老年人居家养老服务项目、"残疾孤儿手术康复明天计划"、"重生行动——全国贫困家庭唇腭裂儿童手术康复计划"、残疾儿童特殊教育等非基础设施类项目,共计资助社会福利类项目32.02万个,直接受益人群和间接受益人群达4亿多人(次)。

根据财政部核准数据,2012年中央彩票公益金共分配给民政部彩票公益金201048万元，2013年为230544万元，2014年为224892万元，三年合计656484万元，其中中央级项目74963万元，占11.42%；补助地方项目581521万元，占88.58%。

据统计，国家体育总局每年都将本级体彩公益金的一半以上，用于援建各地的体育场地设施和捐赠健身器材，重点向中西部地区及"老、少、边、穷"地区倾斜，如"雪炭工程"和"路径工程"等。公益金在群众体育和竞技体育两方面的分配比例大概为8∶2。

3. 地方彩票公益金使用

根据2006年《财政部关于调整彩票公益金分配政策的通知》，地方留成的彩票公益金，由省级人民政府财政部门、体育部门研究确定分配原则。其中省、市、县分别以一定比例留成，而使用领域分为基础设施建设和非基础设施建设，福彩公益金地方使用基础设施建设和非基础设施建设比例大概为7∶3（见图7）。

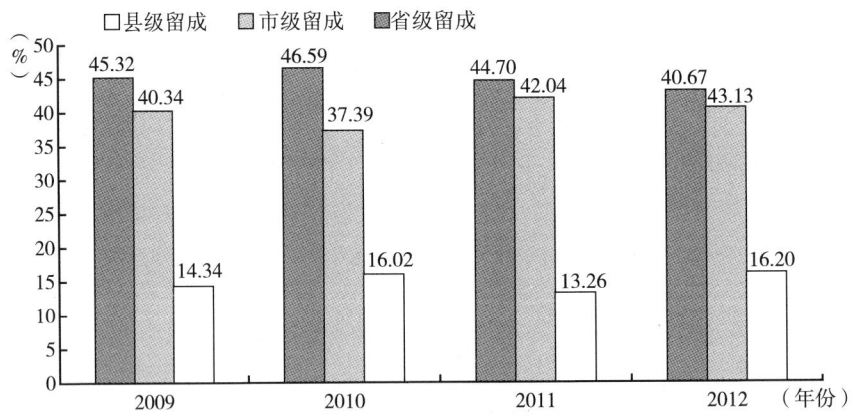

图7　2009~2012年地方福彩公益金分配比例

三　彩票业社会责任

彩票事业发展，既要积极创新游戏玩法，不断提升销量，又要坚持彩票公益性，以符合制度规定、群众能够接受的适当方式筹集更多公益金用于社会福利事业。这一方向体现在彩票业，既包含彩票行业的国家责任和对彩民的责任，也包含社会责任。

1. 彩票行业的三重责任

对国家的责任。彩票体现的是国家信用，需要与公益慈善实现结合和平衡，通过博彩筹集资金助力慈善公益，解决社会问题，增进社会福祉。

对彩民的责任。彩票业是具有高负外部性的特殊行业，在发展彩票业的同时应当坚持兴利除弊的原则，不能仅仅重视经济效益，更应关注社会效益。应立足责任彩票、理性彩票理念，建立多层次防控责任体系，努力实现彩票社会成本、社会风险与不良作用最小化。

对社会的责任。彩票是社会公众广泛参与的文化娱乐平台，不同地区应根据本地社会背景及需要确立起适合自身的有效形式，通过制度化方式尽可能地使通过彩票公益金累积的财富转化为促进公益慈善事业发展的资源，发挥彩票创富的社会效益。

2. 彩票发行机构社会责任

2014年5月24日第八次中华慈善百人论坛"慈善与博彩"论题形成的"澳门共识"指出，彩票机构必须履行社会责任，始终秉承"与员工共成长、与社区同命运"的理念。善待员工，保障高风险环境下员工身心健康，给予员工合理的薪酬福利与应有的工作尊严。同时，积极履行社会责任，致力于促进经济建设、社会治安、文化教育、绿色环保、志愿服务、人文关怀、伦理培植等各项事业发展，努力追求超越一般企业税务责任之上的道德及慈善责任。

社会责任从根本上体现的是福彩机构的存在价值。彩票发行机构也在履行社会责任方面多途径发力。一方面，倡导"购买福利彩票，奉献爱心"，争取筹集更多的公益金。另一方面，倡导"多人少买、寓募于乐、量力而行、理性投注"，引导人们理性购彩。

彩票行业自身也对社会产生了巨大的产业价值。其中仅福利彩票发行销售系统在全国就设有省级销售机构32个，地级销售机构320个，销售站点超过17万个，直接创造就业岗位40多万个。

直接参与慈善也是彩票机构履行社会责任的形式。以福利彩票行业为例，2014年全年福彩系统开展的公益活动累计达114项，投入资金超过2亿元，超过10万人（次）受益。

在全球社会责任风潮的引领下,不仅《中国福利彩票2013年社会责任报告》得以发布,湖北、浙江等地的地方福彩报告也陆续公布。2014年民政部还下发了《关于进一步加强福利彩票机构自身建设的指导意见》,彩票发行机构的社会责任必然日益引发社会各方面的重视。

四 彩票与慈善发展

彩票从发行到使用可以分为三个环节:一是彩票发行环节,具有市场指向性特点。二是福利彩票公益金的筹集分配环节,具有政策指向性特点。三是福利彩票公益金的使用环节,具有需求指向性特点。彩票资金取之于民、用之于民,而公益慈善既是彩票拥有巨大感召力的根本原因,也是彩票事业的发展根基,更是彩票事业发展的主要动力和不竭源泉。

1. 彩票事业与慈善事业发展关系

根据财政部公告,为支持地方社会公益事业发展,着力提升基本公共服务水平,2014~2015年间中央财政共安排中央专项彩票公益金79.88亿元,用于支持部分地方社会公益事业建设项目。

按照《彩票管理条例》规定,彩票公益金专项用于社会福利和相关社会公益事业,不用于平衡财政一般预算。彩票公益金按照政府性基金管理办法纳入预算,实行收支两条线管理。根据新修改的《预算法》,预算包括一般公共预算、政府性基金预算、国有资本经营预算、社会保险基金预算。因此,在政府购买服务工作中,一般公共预算资金应是主渠道,彩票公益金是一般公共预算资金的有益补充。

事实上中央彩票公益金的使用也完全履行彩票公益性的宗旨,以中央专项彩票公益金为例,历年支持领域都在扩充,已经从2007年的6个领域扩展到15个领域,这些领域与慈善事业发展的规律几乎完全重合,以赈灾、助教、助医、文化等为主体,只不过从使用主体上来说社会力量还不够充分,约有两成的资金被社会组织使用。

2. 彩票公益金使用逐步社会化

如何发挥彩票公益金的社会引导作用,政府走在逐步社会化的路上。《国务院办公厅关于政府向社会力量购买服务的指导意见》(国办发〔2013〕96

号）要求,"政府向社会力量购买服务所需资金在既有财政预算安排中统筹考虑。随着政府提供公共服务的发展所需增加的资金,应按照预算管理要求列入财政预算"。

以福彩为例,为充分发挥福利彩票公益金引导作用,在创新社会治理中增强社会发展活力,促进社会福利事业和相关公益事业发展,2014年10月19日,民政部发布了《民政部关于民政部门利用福利彩票公益金向社会力量购买服务的指导意见》,在此之前,广东、上海、江苏等地已经在尝试使用福彩公益金购买社会服务。

"十二五"时期,福彩公益金购买服务工作在各地逐步推开,服务平台和长效机制初步形成,制度建设稳步推进。民政部正在规划,到2020年全国基本建立比较完善的福彩公益金购买服务制度,健全以绩效评价为导向,以服务项目为载体,以合同管理为基础,权责明确,竞争择优,公开透明的福彩公益金购买服务机制。

随着这些政策的实施,政府购买服务将进一步规范化,社会组织必然会获得更多社会支持,慈善事业与彩票事业的发展将走上一条协同发展的道路。

B.10
中国基金会"走出去":
趋势、现状与前景

陆 波*

摘 要： 最近十年，一批中国基金会率先迈开"走出去"的步伐，这是中国慈善发展的新动向。本文论述了部分中国基金会目前"走出去"具有发展的内在必然性，是大势所趋。本文还首次对中国基金会"走出去"的现状做了盘点和定位，归纳其主要特点。截至2014年8月31日，中国以各种形式"走出去"的基金会共有37家，占全部4005家基金会的0.92%。中国基金会要想在"走出去"方面有所突破，就必须抓住慈善全球化和中国国际地位上升的重要战略机遇，牢牢把握国家开展公共外交和改革对外援助模式所带来的新机会，与海外中资企业积极合作，充分利用新的政策法规；同时，也必须正视和应对国内外舆论环境、法律法规缺位、人才匮乏及国际基金会所带来的各项挑战。

关键词： 中国基金会 走出去 战略机遇 挑战

近年来，中国基金会走向国际的现象引人瞩目。2004年6月实施《基金会管理条例》至今十年间，一批中国基金会已率先迈开"走出去"的步伐——2006年7月，中国儿童少年基金会在英国成立分支机构；2007年4月，中国扶贫基金会首度提出国际化战略；2008年8月，中国企业家冯仑等人在

---

* 陆波，管理学博士，新加坡世界未来基金会秘书长。

新加坡成立世界未来基金会；2010年12月，中国青少年发展基金会发起"希望工程走进非洲"项目；2011年5月，华民慈善基金会在美国罗格斯大学设立华民慈善研究中心；2014年1月，海南成美慈善基金会启动尼泊尔妇女儿童健康项目；2014年5月，中国灵山慈善公益促进会向埃塞俄比亚捐赠1000万元人民币分5年实施，2014年7月，SOHO中国基金会宣布将向哈佛大学等世界名校捐赠一亿美元。

中国基金会"走出去"不仅是中国慈善发展的新动向，而且是中国参与全球治理的重要标志，还有助于我国更好地承担国际责任、改善国际形象、提升国际影响力。

一 大势所趋

中国基金会"走出去"是各个方面的共同需要，是大势所趋。

（一）实施"走出去"国家战略的需要

"走出去"战略是党中央、国务院根据经济全球化新形势和国民经济发展的内在需要做出的重大决策，是实现我国经济与社会长远发展、促进与世界各国共同发展的有效途径。

2000年年初，时任中共中央总书记江泽民在向中央政治局通报"三讲"情况的讲话中，在全面总结我国对外开放经验的基础上，首次把"走出去"战略上升到"关系我国发展全局和前途的重大战略之举"的高度。2001年，"走出去"战略第一次被列入《国民经济和社会发展第十个五年计划纲要》。

"走出去"战略是在改革开放关键时期促进中国与国际接轨、强化各国联系的重要渠道，是中国进一步提高对外开放水平的内在要求。在改革开放初期，中国对外开放的着眼点是"引进来"。在当时情况下，这是必要的。然而，对外开放是双向的——"引进来"与"走出去"相辅相成、缺一不可。在"引进来"取得一定成效后，需要适时地"走出去"。这是中国应对经济全球化挑战的必然选择，也是在社会化大生产格局中寻求自我定位和发展的必由之路。

中国实施"走出去"战略的主体一直是政府和企业，非政府组织（含基金会）很少出现在国际舞台。尽管这种情况近年来有所改变，但中国非政府组织（含基金会）在国际社会的影响力仍然微乎其微，形成了一块"短板"。

根据国际经验，"走出去"的主体不仅应该包括政府和企业，还应该包括各类非政府组织。惟其如此，才能以非暴力的方式展示国家实力，以令人愉悦的方式打动人心。美、英、日等国的实践都已取得良好效果。

（二）提高中国国家软实力的需要

1. 公益慈善可以提高国家软实力

美国哈佛大学教授约瑟夫·奈（Joseph Nye）最早明确提出了"软实力"的概念，① 指出："软实力是指一种吸引力，依靠左右他人的愿望来达到目的。国家软实力依赖于一国文化和价值的吸引力，或者依赖于通过操纵政治议程的选择，让别人感到自身的目标不切实际而放弃表达个人愿望。"②

与硬实力相比，软实力的直接成本较低——金元外交和军事行动的花费太高；软实力的效果更好——威权和收买或许能暂时起到作用，长远来看，却难以让人心服口服。但是，打造软实力是一个潜移默化的长期过程；仅靠政府自身努力，仍然无法完成，还需要全社会的共同参与。

约瑟夫·奈还指出："软实力不仅适用于政府和企业，它也同样适用于公益组织。并且，作为体现软实力的代表性行业，公益也能打造一个国家的良好形象。"③ 在国际政治中，一个大国的国际地位不仅取决于其所拥有的物质财富，还要看它是否有意愿、有能力主动承担国际社会责任。例如，北欧国家的政府在国际事务中一贯表现得积极、慷慨，因此其所具有的软实力要大于其经济实力。美国民间慈善中的很大部分用于国际扶贫事业，在一定程度上弥补了政府外交政策失误对其国家形象造成的负面影响。

国务院参事、全国工商联副主席林毅夫表示："如何确保这数万亿美元海外资产的安全？如何保障中资企业在海外的可持续发展？13亿中国国民中有多少人具有真正的国际化意识？如何培养涌向世界各个角落的中国人的国民尊

---

① 在1990年出版的《注定领导世界：美国权力性质的变迁》一书及同年发表在《对外政策》杂志的《软实力》一文中，约瑟夫·奈进行了相关阐述。
② 约瑟夫·奈：《软实力》，马娟娟译，中信出版社，2013。
③ 高文兴：《NGO可以创造很可观的软实力》，《公益时报》2013年12月25日。

严?所有这些问题都成为摆在中国政府、企业、学者、媒体、民间组织以及社会公众面前的一个重大课题。这些问题如果处理不好,会影响中国人融入世界的进程,影响中国走出去企业的运用环境,甚至影响中国的国际形象和软实力的提升。"[1]

如今,中国的崛起引起了全世界的关注,但中国更需要向全世界证明,其崛起的方式是非暴力的、非霸权的,是和平、平等和互利的。从这个意义上说,"走出去"的基金会既是中国和平崛起的象征,又是诠释和传播中国文化的民间大使,还可以成为中国开展国际交往的新名片。

2. 公益慈善"走出去",基金会是排头兵

中国的公益慈善作为一个行业,其发展历史不过30多年,但发展势头十分迅猛。从中国公益慈善"走出去"的历史来看,基金会饰演了排头兵的角色。1978年,中国实行改革开放政策。随之在1980年,中国首家公益慈善基金会——中国少年儿童基金会成立。1979年中美建交后,美国福特基金会在中国开展资助项目,由此开启了改革开放后中国与西方国家的公益慈善交流。处于起步阶段的中国公益慈善组织也因此及时学习了西方发达国家的先进经验。

中国的基金会之所以应该在公益慈善领域发挥先驱作用,主要是由其自身的优势和特性决定的。

第一,基金会拥有相对严格的登记制度。中国民政部对于基金会的管理不断规范和完善。1988年颁布的《基金会管理办法》,规定了基金会的定义和登记注册等条件。2004年颁布的《基金会管理条例》,又对基金会下了更为精准的定义。中国人民银行于1995年4月4日颁布的《关于进一步加强基金会管理的通知》,进一步明确和规范了基金会的成立、基金管理、监督等重大原则问题。

第二,基金会拥有相对强大的资金实力。根据中国基金会中心网的数据,[2] 2012年净资产排名前十的中国基金会(包括公募和非公募)净资产都在10亿元以上,有超过100家基金会净资产超过1亿元。从捐赠情况来看,

---

[1] 林毅夫:《中国国际社会责任丛书》书评一,中国社会科学出版社,2013。
[2] 中国基金会中心网,www.foundationcenter.org.cn。

排名前十的基金会受捐赠额都超过3亿元,前100家基金会的捐赠收入都超过5000万元。强大的资金实力为基金会"走出去"提供了物质层面最基本的保障。

第三,基金会拥有相对规范的内部治理。2004年国务院颁布的《基金会管理条例》再次强调了基金会管理的透明度。此后于2005年,民政部制定了《基金会信息公布办法》,并建立了"信息公布义务人"制度,要求基金会在治理上做到流程透明、资金运作或资产增值透明、费用收支透明。此外,为促进基金会行业形成自律机制和提升公信力,由国内35家基金会联合发起了中国基金会中心网,并于2010年7月8日正式上线。

综上所述,中国的基金会应该能够发挥排头兵的作用,带动中国各类公益慈善组织主动融入国际社会。

(三)中国基金会自身发展的需要

1. 资金规模不断扩大

2000年以前,中国几乎没有年捐赠收入超过1亿元的基金会;2011年则有47家,其中还有两家超过10亿元。2006年以前,中国社会捐赠总量不足100亿元,2008年首次突破1000亿元,2010年也高达1032亿元,即便是受"郭美美"事件影响的2011年也有845亿元。[①]

随着中国经济的持续高速增长,仅就资金规模而言,部分大型的中国基金会已经具备了"走出去"的财务能力,具备了寻求外部市场的必要性。而这些在十年前是难以想象的事情。

2. 成熟项目的升级与扩张

一些成熟基金会的成熟项目,发展到一定阶段后,需要进一步升级与扩张。此时,为机构或项目制定国际化战略,设定国际化目标,在国际市场参与竞争,就成为一个顺理成章的选择。

中国青少年发展基金会在1999年前后就做出了国际化的尝试,并在马来西亚、越南等国家开展过希望小学项目。对于"走出去"的理解也在项目的不断成熟与延伸中深化,从最初的以国际视野和国际胸怀与跨国公司开展国际

---

① 《全国基金会发展趋势分析》,中国基金会中心网,www.foundationcenter.org.cn。

标准下的被动合作，到后来互动学习、积累自身品牌文化和人力资源。基于过去20年在中国国内建立18000多所希望小学的经验，该基金会最近三年将其复制到非洲五国，成功实现了希望工程项目的升级与扩张。在这一过程中，国际化战略起到了引领和推动的作用。

3. 国内发展空间受限

近年来，随着中国经济的快速发展，政府的财政收入不断增加，许多问题通过中央和地方两级政府的财政完全可以解决。在当前及今后一段时间内，有些中国基金会的发展空间在一定程度上会受到经济向好的"负影响"，因而在项目选择上面临"题材困难"。

以中国扶贫基金会的贫困大学生项目为例，自2002年启动以来，已经筹集资金超过2亿元，救助了7万余名大学生。此后，中国政府于2007年出台了针对贫困大学生的助学新政策，决定提供500亿元资金，用于保障家庭经济困难的学生上学。在这一新政策的影响下，中国扶贫基金会的一些助学类项目的筹资额出现明显下降，亟须转变操作思路，否则难以为继。于是，它们在国内发展空间受限的情况下，很自然地把目光投向国外，特别是贫困问题仍然非常严重的非洲地区。

4. 与海外中资企业结盟，拓宽生存空间

21世纪初实施"走出去"战略以来，特别是2001年加入世界贸易组织后，越来越多的中国企业走出国门，其海外投资数额也不断攀升。据统计，至2012年年底，中国共设立了海外企业2.2万多家，其资产总额达2.3万亿美元。①

中国企业要想在海外长期立足，就必须遵循国际市场的竞争规则，切实履行企业社会责任。无论是为了提高企业核心竞争力，还是为了获取所在国公众的信任，海外中资企业都需要学习和实践如何履行企业社会责任。尽管中资海外企业在当地开展了不少公益慈善项目，但往往难以惠及普通民众，不能达到预期效果，影响力也非常有限。此外，海外中资企业缺乏从事企业社会责任的专业人才，缺少选择、运营和评估企业社会责任项目的能力和经验，缺少与当地社区民众沟通的能力和经验，而这些正是基金会所擅长的。双方的合作，不仅可以实现优势互补，而且也为中国的基金会拓宽了生存空间，提供了外部资

---

① 林毅夫：《中国国际社会责任丛书》书评一，中国社会科学出版社，2013。

源。通过与专业化、正规化的基金会合作，还可以大大降低海外中资企业开展社会责任项目的成本，提高效率，扩大影响力。例如，近年来，中国扶贫基金会与中国石油尼罗河公司合作援建苏丹妇幼保健系统示范项目，中国青少年发展基金会与世界杰出华商协会合作的"希望工程走进非洲"项目，都是这方面的成功案例。

5. 提高国际竞争力的需要

基金会的国际竞争力指在全球化的背景下，其自身可持续发展的能力、执行项目的效率、所产生的社会影响力及与其他各国基金会竞争力相比较的情况。基金会的国际竞争力是项目运营能力、募款能力、市场拓展能力、资源配置能力、资产管理能力、品牌管理能力、人力资源管理能力、创新能力等诸多方面的综合体现。

凡是具备强大国际竞争力的基金会，其国际化程度都比较高。目前中国的基金会在国际竞争中不具有任何竞争优势。因中国背景而受到国际媒体的关注只是暂时现象，今后可能会发生变化。中国基金会要想真正提高国际竞争力，就必须走向国际市场，到大风大浪中去经受考验、磨炼本领。

（四）慈善全球化的需要

与传统慈善方式不同的是，现代的慈善基金会从诞生之日起就面向全国，乃至面向国际。早在1901年，美国钢铁大王卡内基就捐资1000万美元在苏格兰大学建立了卡内基信托基金，1910年又捐资1000万美元建立了调查国际和平状况的卡内基国际和平基金会，他在有生之年共捐赠了2811座图书馆，遍及全美各地以及英国、加拿大、爱尔兰、新西兰、南非、澳大利亚、塞舌尔、斐济、英属西印度群岛等国家和地区。① 1913年，洛克菲勒基金会成立伊始，就在美国南部开展公共卫生项目，几年之后就扩展到了南美洲，进而延展至亚洲。

近年来，慈善全球化的趋势风起云涌。慈善全球化是指在全球范围内积极学习、合作，共同解决公共问题，并相互成就。随着经济全球化的不断深入，从事公益慈善也需要有全球化的视野和开放的心态。具有全球思维的基金会既不满足于简单的资助行为，也不局限于支持某个特定机构或者某个特定项目，

---

① 彼得·克拉斯：《卡内基传》，王鹏译，国际文化出版公司，2005。

而是把目光投向社会问题本身，努力寻求最佳解决方案，如传染性疾病、性别歧视、环境污染、恐怖主义等。这些社会问题的成因众多、复杂性强，且不局限于某一个地域，也无法依靠单方面力量解决，只能在全球范围内寻求解决方案。

受慈善全球化的影响，很多基金会从原来单一的、孤立的项目资助，转变为以问题为核心、以结果为导向的思路，融合多种方式进行跨部门、跨文化的合作。在此背景下，中国不仅受到更多国际基金会的关注和帮助，而且一些本土的基金会也开始走向了其他国家和地区。

联合国前秘书长科菲·安南在接受2001年诺贝尔和平奖时曾表示："今天真正的边界并非在国家之间，而是在有权者和无权者、自由者与被奴役者、尊贵者与卑微者之间。今天，没有一堵墙能将世界上一个地区发生的人道主义和人权危机和另一地区的国家安全危机完全隔开。"

（五）对国外基金会的借鉴

在国际援助中，政府固然扮演了最为重要的角色，但是政府的官方援助容易被贴上意识形态的标签，并且政府项目很难落到实处，很难关注细节。这就为非政府组织大显身手提供了广阔的空间。从国际经验来看，以基金会为代表的非政府组织所实施的公益项目，是民间出于自愿的友好行为，可以淡化官方援助的政治色彩，因而更容易被受援国民众所接受。在这方面，美国、英国、日本的基金会的成功经验都非常值得中国基金会学习借鉴。

综上所述，在目前阶段，部分中国基金会开始"走出去"具有发展的内在必然性，是大势所趋。然而，这并不意味着所有的中国基金会都一定要"走出去"或者"走出去"的中国基金会越多越好。在任何一个国家的基金会群体中，有条件、有能力"走出去"的毕竟是少数，大多数还是应该留在本土发展。

二 发展现状

（一）发展历程

中国基金会"走出去"的历程可以划分为以下三个时期。

1. 自我封闭期（新中国成立至80年代初）。在这个时期，只有个别由政府主办的基金会，其资金来自政府拨款，行使政府的部分职能。真正意义上的基金会几乎不存在。受国内外大环境的影响，这些基金会处于自我封闭状态，完全没有"走出去"的意愿和可能。

2. 寻求外部资源期（20世纪80年代初至2004年）。在这个时期，仍然只有政府主办的基金会，但其中的极个别基金会开始走出国门，希望募集国外资金，用于国内的公益慈善项目，如：中国儿童少年发展基金会2006年在英国伦敦成立募款机构，中国青少年发展基金会也做过类似的尝试。当时的"走出去"，目标很明确也很简单，就是吸收国外资源，为国内项目所用。但由于条件和能力所限，完成情况很不理想。

3. 探索和尝试期（2004年至今）。2004年6月颁布的《基金会管理条例》成为一道"分水岭"。自该条例实施后，以中国青少年发展基金会、中国扶贫基金会为代表的一批公募基金会和以华民慈善基金会、海南成美慈善基金会为代表的一批非公募基金会开始走出国门，在当地开展各种公益慈善项目。但它们开展的基本上是跨境发展的尝试性行为，投入资源不多，项目期限不长，也没有全面、长期的战略规划。

根据国际经验，基金会"走出去"将经历初级、中级、高级三个发展阶段，分别对应的标志是：跨境发展、国际化、全球化。

笔者认为，目前，我国基金会在"走出去"方面处于初级阶段的探索和尝试期。

（二）发展状况

据笔者的不完全统计，截至2014年8月31日，中国以各种形式"走出去"的基金会共有37家（见表1），占全部4005家基金会的0.92%。

中国第一家公益基金会是中国儿童少年基金会，成立于1981年7月28日。该基金会于2006年7月19日在英国伦敦成立分支机构"中国儿童慈善"。这个机构的主要任务是在海外为中国境内开展的儿童少年项目募款。据称，这是"第一个在海外设立的中国慈善机构[①]"。

---

① 李鹏：《中国儿童少年基金会在英国设立首个海外中国慈善机构》，中国网，2006-07-21，http://www.china.com.cn/txt/2006-07/21/content_7018683.htm。

表1 中国37家"走出去"基金会的基本情况

	名称	资金	人员	项目	机构	品牌
1	中国儿童少年基金会		√		√	
2	中国宋庆龄基金会	√		√		
3	中国扶贫基金会	√	√	√		√
4	中国青少年发展基金会		√	√		√
5	北京企业家环保基金会	√				
6	中国发展研究基金会			√		
7	中华环境保护基金会					
8	中国妇女发展基金会	√				
9	腾讯公益基金会	√		√		
10	中国和平发展基金会		√	√		
11	华民慈善基金会	√				
12	海南成美慈善基金会					
13	中国华文教育基金会	√		√		√
14	爱德基金会	√		√		
15	海南省慈航公益基金会	√				
16	老牛基金会	√				
17	SOHO中国基金会			√		
18	中国友好和平发展基金会	√	√	√		√
19	中远慈善基金会	√				
20	深圳壹基金公益基金会	√				
21	中国电影基金会	√				
22	上海市青少年发展基金会	√				
23	中国人口福利基金会	√				
24	万科公益基金会	√				
25	南京新城市慈善基金会	√				
26	上海宋庆龄基金会	√		√		
27	北京市华夏人慈善基金会	√				
28	中国博士后科学基金会	√				
29	青岛市天泰公益基金会	√				
30	上海慈慧公益基金会	√				
31	重庆市星星灾害救助基金会	√				
32	乐山市教育基金会	√				
33	北京万通公益基金会	√		√		
34	南都公益基金会			√		
35	环球时报公益基金会			√		
36	中国国际文化交流基金会			√		
37	北京国际和平文化基金会			√		

资料来源：根据相关资料整理。

中国宋庆龄基金会成立于1982年5月29日,建立之初就以"增进国际友好"作为三大宗旨之一,并提出了民间外交和公益事业相结合的理念和目标。是中国最早开展国际活动的基金会之一。

中国扶贫基金会成立于1989年,于2007年提出国际化战略,是中国最早提出国际化战略的基金会。经过近十年的发展,在资金、人员、项目、品牌等层面上多有建树,并正在缅甸积极筹建分支机构。

在这37家基金会中,曾经给予海外资金捐赠的有27家,占总体的72.9%。中国基金会给予海外的资金捐赠大部分用于外国的灾后紧急救援,少部分用于外国的社会发展项目。从2005年至2013年,中国扶贫基金会用于开展国际项目的资金累计达7199万元。2014年7月,SOHO中国基金会宣布,为资助在世界一流大学攻读本科的中国贫困学生,将设立总额为1亿美元的"SOHO中国助学金"。7月15日,张欣、潘石屹与哈佛大学校长签订"SOHO中国助学金"协议,助学金额为1500万美元。① 这是中国基金会历年来海外捐赠的单笔最高纪录。需要说明的是,每逢外国发生重大自然灾害,都有大量来自中国企业和公民的紧急援救款项通过中国红十字会汇出,但由于中国红十字会并不属于基金会的范畴,故未将其计入在内。另外需要说明的是,这37家基金会中有相当部分,为救助某次自然灾害做过一次性捐赠,但并没有开展长期项目。

在这37家基金会中,实现人员"走出去"的有5家,占总体的13.5%。这里所说的人员"走出去",主要指常驻国外执行项目的工作人员,不包括出席国际论坛和开展短期国际交流的人员。据笔者的不完全统计,能长期派遣工作人员执行海外项目的,只有中国儿童少年基金会、中国扶贫基金会、中国青少年发展基金会、中国和平发展基金会、中国友好和平发展基金会5家。

在这37家基金会中,已经和正在国外(境外)开展项目的有18家,占总体的48.6%。项目涉及领域比较广泛,大致包括:国际交流类,如中国宋庆龄基金会常年开展的国际青少年交流营项目、中国友好和平发展基金会召开的中美文化艺术论坛等;学术研究类,如华民慈善基金会在美国罗格斯大学设立

---

① 石睿:《张欣、潘石屹哈佛签约,1亿美元资助中国贫困生》,《财新网公益慈善周刊》,2014-07-20。

的华民慈善研究中心、中国发展研究基金会与哈佛大学法学院共同举办的中美金融研讨会等；扶贫类，如中国扶贫基金会的"非洲之角旱灾"项目、腾讯公益基金会和中国扶贫基金会合作的"柬埔寨饥饿儿童营养餐"项目等；医疗类，如中国和平发展基金会的"友好光明行"项目、海南成美慈善基金会开展的尼泊尔妇女儿童健康项目等；教育类，如中国华文教育基金会的"海外华文师资培养计划"，中国青少年发展基金会的"希望工程走进非洲"项目等；环保类，如北京万通公益基金会赴中国台湾屏东县来义乡开展生态社区项目等。

从机构"走出去"的角度看，这37家基金会中在海外设立分支机构的只有1家，即中国儿童少年基金会于2006年在英国伦敦成立的分支机构"中国儿童慈善"，仅占总体的2.7%。而且，这家机构的主要任务是在海外为国内的儿童少年项目募集资金，并没有在海外真正开展公益慈善项目。目前，中国扶贫基金会正在缅甸筹备设立其第一家海外办公室。

五个层面中最能体现基金会成熟度的是品牌"走出去"。做到这一点的基金会仅有4家，占总体的10.8%。这里说的"品牌"，主要指项目品牌。这4家基金会的情况大致可分为两类：一类是对国内品牌项目的升级和扩张，如中国扶贫基金会的"母婴平安"项目、中国青少年发展基金会的"希望工程走进非洲"项目；另一类是在国外开发和运营新的项目品牌，如中国友好和平发展基金会的中缅、中苏、中蒙"友好光明行"活动、中国华文教育基金会的"海外华文师资培养计划"。要做到品牌"走出去"，首先得拥有自己的项目品牌，然后要培养和巩固核心竞争力，最后才能走向国际市场、扩大影响力。

综上所述，目前已经"走出去"的37家中国基金会，没有一家能在资金、人员、项目、机构和品牌五个层面上全面实现"走出去"，绝大多数仅在其中一两个层面上实现了零的突破。因此，这些基金会全部属于初级阶段的探索和尝试期。

（三）主要特点

1. 基本上属于"四无"状态

如前所述，目前中国基金会"走出去"仍处于初级阶段的探索和尝试期，基本上属于"四无"状态，即无固定经费来源、无固定项目、无当地雇员、无固定办公场所。即便是发展相对较好的几家也在"摸着石头过河",没有一家处于"四有"状态。究其原因,主要是受制于资金不足,导致对今后发展的信心不足,无法做出长远安排。对于现阶段这种不规范的做法,从短期来看可以理解;但从长期来看,不利于今后的发展,势必留下隐患。可以想见,已经"走出去"的中国基金会,因不具备基本条件而在海外举步维艰,项目效果会打折扣,也很难形成社会影响力。

值得一提的是,中国企业家冯仑等人于2008年8月26日在新加坡注册成立的世界未来基金会,经过三年多的努力,在2011年年底实现了四有,即有固定经费来源、有固定项目、有当地雇员、有固定办公场所。由于从严格意义上讲,该基金会是中国公民在海外成立的基金会,并不属于中国基金会"走出去"的范畴,故此没有被计入上述37家之列。但也充分证明了,任何新成立的海外公益机构,只要下定决心,就可以在短时间内摆脱"四无"状态,尽快进入规范、有序的工作状态。

2. 很大程度上源于领导者的个人意愿

当前,中国基金会"走出去"很大程度上源于领导者个人的视野和兴趣,往往并非集体决策或理性选择的结果。例如,何道峰之于中国扶贫基金会、卢德之之于华民慈善基金会、蒋会成之于海南成美慈善基金会、马化腾之于腾讯公益基金会、张欣和潘石屹之于SOHO中国基金会,其作用都是决定性的,其贡献都是无可替代的。可以毫不夸张地讲,如果没有这几位强势领导者的存在,中国基金会"走出去"的步伐还要滞后很久。

但是,这种源于领导者个人意愿的行为,有可能与组织的能力不匹配,也有可能得不到组织成员的广泛响应,还有可能对各种风险估计不足,导致难以为继。尽管这是我们不愿意看到的结果,但类似的情况不乏先例。已经"走出去"的基金会对此要有清醒的认识。

3. 地域分布零散

目前,中国"走出去"的基金会在地域分布零散,并未形成体系,更谈不上发挥协同作用。绝大多数"走出去"的中国基金会,其项目都是定位于单一国家的单一地点,未形成地域连片发展的规模效应。

单就每一家"走出去"的中国基金会而言,走向哪里发展完全是个体行为,是自主选择的结果。但若是站在中国公益慈善事业整体发展的角度,过于分散的地域分布，则不利于品牌传播，难以发挥协同效应，也难以与"走出去"的国家整体战略相呼应。

4. 影响力非常有限

国际交流和影响应该是双向的。但是，由于中国的基金会起步较晚，发育不充分，加之不重视或不懂得品牌宣传，由此造成的现状是，中国的基金会对于国际社会的影响力微乎其微，远不如外国基金会对于中国社会的影响力。

经过30多年的发展，中国拥有了一大批具备国际影响力的品牌，如企业界的联想、海尔、华为、阿里巴巴等，文化界的孔子学院、凤凰卫视等。然而，在公益慈善领域，却几乎没有什么叫得响的公益项目或基金会。可以说，中国基金会对于开展民间外交和增强国家软实力的贡献还远远不够，"走出去"任重道远。

上述特点与中国基金会"走出去"目前所处的发展阶段是相符的。

三 发展前景

在中国和平崛起的历史进程和实施"走出去"国家战略的过程中，基金会"走出去"不仅顺应时代潮流，而且具备独特优势，因此发展前景广阔。当前，中国基金会"走出去"既面临着难得的机遇，又面临着严峻的挑战。

（一）当前的机遇

1. 慈善全球化带来的机遇

和平与发展是当今时代的主旋律。维护和平、促进发展，是各国人民的共同心愿，也是不可阻挡的历史潮流。与此同时，人类社会面临着一系列难题，如恐怖主义、环境污染、毒品走私、极度贫困、传染性疾病等，需要共同协作加以解决。

慈善全球化不仅为中国带来了丰富的外部资源和渠道，同时也为中国基金会走出国门、与国外机构开展合作，提供了广阔的发展空间和层出不穷的机会。"走出去"的中国基金会，不必独自摸索，不必从零起步，可以通过建立国际合作伙伴关系，与国外机构共同开展项目。出于合作共赢和资源共享的考虑，这些国际机构也非常乐意与走出国门的中国基金会分享其成功经验。

2. 中国国际地位上升带来的机遇

中国是联合国安理会常任理事国,已经加入了世界卫生组织、国际奥林匹克委员会、世界贸易组织等重要的国际组织,从制度层面融入了国际社会,同时也必须按照国际通行的规则办事。中国始终坚持独立自主的和平外交政策,承担应尽的国际责任。近年来,中国在一系列全球重大问题上都发挥了积极的、负责任的作用,因而国际形象逐步改善,国际地位逐步上升。

令人欣喜的是,近年来,有越来越多的中国人在国际组织中任职高级领导。根据笔者的不完全统计,目前在任的就有:世界卫生组织总干事陈冯富珍、联合国工业发展组织总干事李勇、国际货币基金组织副总裁朱民、联合国教科文组织大会主席郝平、世界自然保护联盟理事会主席章新胜、国际电信联盟秘书长赵厚麟等。这是中国国际地位不断上升的有力证明,同时也为中国基金会"走出去"带来了新的发展机遇。

3. 中国发展公共外交带来的机遇

2012年召开的中国共产党第十八次代表大会,明确提出了发展"公共外交"的新理念。"公共外交"是以人为本的外交,一方面要服务于社会公众,另一方面也强调公众的积极参与。根据国际经验,非营利组织特别是基金会,可以在公共外交中扮演积极而重要的角色。近年来,国家各相关部委不约而同地开始关注中国非营利组织国际化的议题,如中联部于2005年成立中国民间组织国际交流促进会,旨在加强与国内外民间组织、企业、政府和热心公益事业人士在社会发展、扶贫济困、环境保护和社会建设方面的交流与合作,支持基层民间组织的能力建设,提供技术支持服务和咨询,促进社会建设的协调和发展;民政部2013年部级理论研究选题中,列入了"我国社会组织国际化战略与路径研究"[①]。商务部援外司与中国扶贫基金会于2013年5月举行会谈,探讨如何加强政府与民间组织在对外援助中的合作;及如何推动民间组织参与新形势下对外援助工作;[②] 外交部也在积极酝酿中。公共外交已经被提上中国政府的工作日程,基金会作为一个重要的行为主体,必将拥有新的、更广阔的

---

① 民政部2013年"中国社会组织建设与管理"理论研究部级课题指南,民政部网站,http://www.mca.gov.cn/article/zwgk/tzl/201303/20130300425465.shtml。
② 《援外司领导会见中国扶贫基金会秘书长助理》,商务部网站,http://yws.mofcom.gov.cn/article/j/gzdongtai/201305/20130500145568.shtml。

发展空间。

4. 中国对外援助模式变革带来的机遇

随着中国在世界上经济地位和政治地位的提升，对外援助的资源投入也持续增加。据2014年7月国务院发布的《中国的对外援助（2014）白皮书》，2010~2012年，中国政府对外援助金额为893.4亿元；新中国成立以来，累计对外援助金额超过3400亿元。[①]

根据国际社会的实践，政府在实施对外援助时，加强与非政府组织合作、部分项目交由非政府组织实施是大势所趋。因此，中国政府改变对外援助模式将为中国非政府组织（含基金会）"走出去"带来新的发展机遇，对外援助项目将成为中国非政府组织（含基金会）"走出去"的新的资金渠道。

5. 海外中资企业带来的机遇

改革开放30多年来，中国经济持续快速增长。截至2012年年底，中国的国内生产总值达到51.9万亿元，居世界第二位；公共财政收入也增加到11.7万亿元；在海外共设立2.2万多家企业，海外企业资产总额达2.3万亿美元。中资企业尤其是大型央企，每年拿出大量资源帮助受援地区发展，以前多数企业采取直接赠与受援国政府的办法，但往往效果不佳，而通过与中国有专业能力的非政府组织合作，可以取得更好的效果，提高公益资源的使用效率。

因此，越来越多的中国企业赴海外发展将为中国非营利组织（含基金会）"走出去"带来新的发展机遇，中资海外企业的社会责任项目将成为中国非营利组织（含基金会）"走出去"的新的资金渠道。

6. 新政策法规带来的机遇

2013年，中国国务院颁布了《国务院机构改革和政府职能转变方案》，强调要把配置资源的职能转让给社会和市场，实现政社分开，使政府从繁杂的事务中解放出来，向现代职能型政府转变。各个地方政府也进行了积极探索和尝试，如广东等19个省、市政府先后尝试新的公益组织登记制度，即在除政治和宗教之外的四大公益领域，取消公益组织主管部门、由双轨制向单轨制转变；云南省委、省政府首次通过地方立法宣示，政府将退出公益募捐市场，公益领域的资源交由市场配置；多地放松商会等行业协会的登记，允许行业逐步

---

① 刘鸿武、黄梅波等：《中国对外援助与国际责任的战略研究》，中国社会科学出版社，2013。

实现一业多会；广东、上海、山东等地政府宣布：在公益慈善领域增加政府购买服务，进行程序公开的试点等。

随着中国参与国际事务的程度不断加深，中国政府也在不断调整原有的法律法规，为包括基金会在内的非营利组织"走出去"提供便利条件。2014年2月，财政部、国税总局就非营利组织免税问题发布最新文件。其核心的改动是，不再限定非营利组织必须在中国境内活动才能申请免税。这一变化对于已经或者计划"走出去"的中国非营利组织（含基金会）将起到促进作用。

（二）当前的挑战

1. 国际舆论带来的挑战

近年来，中国的综合国力日益增强，在国际舞台上发挥着越来越大的作用，但也改变了原有的世界政治格局，触及了西方大国的既得利益。某些国家受冷战思维的影响，不断散布"中国威胁论"和"中国崩溃论"，试图遏制中国的发展。这些国际舆论破坏了中国的国际形象，恶化了中国的外部环境。

2011年年初，英国广播公司（BBC）推出一部纪录片《中国人要来了》，引起国际社会的强烈反响。该纪录片共两集，讲述了中国在世界各地的发展扩张及当地人的反应。该片还讨论了一个热门话题：如果中国超过美国成为世界经济第一强国，会给世界造成什么影响？尽管对该片的评价受利益因素的影响，带有抹黑中国的成分，但在一定程度上反映了西方主流社会的态度。

2. 国内舆论带来的挑战

尽管中国的综合国力已经今非昔比，但是国内仍然有大量的落后地区和弱势群体需要帮助，大量的社会问题亟待解决。在这种情形下，如果将大量的资源投入海外开展公益活动，容易引起国内公众和媒体的质疑。此外，近年来，以"郭美美事件"为代表的一系列负面新闻，使得公众对公益慈善组织的信心滑落，支持度下降，因而影响到公众对中国基金会"走出去"的支持。

中国国内的媒体和公众对于基金会"走出去"有一个从不理解到理解、从不支持到支持的过程。打算"走出去"的中国基金会需要有很好的心理准备和沟通能力。

3. 法律法规缺位带来的挑战

到目前为止，中国还没有涉及非营利组织（含基金会）参与国际事务方面的法律法规。在国务院颁布的社团、民非和基金会三个管理条例中，也找不到任何可供非营利组织（含基金会）在海外设立分支机构的政策依据。在实际工作中，普遍存在着多头管理、政出多门的现象。

由于法律法规的缺位，中国扶贫基金会的援外项目还处于特事特批的状态，没有形成制度化路径，例如，对非政府组织的援外物资出口没有明文规定，只是参照政府援外物资的出口要求，需要部级单位批准才能运出海关；非营利组织设立境外账户尚无现成的申请途径等。

4. 国际化人才匮乏带来的挑战

没有国际化的人才，基金会就无法实施"走出去"战略。中国基金会行业现有的员工，从数量到质量都难以承载"走出去"的历史使命。从存量的角度，如何打造符合中国国情的教育和培训模式，源源不断地"制造"国际化人才？从增量的角度，如何提高基金会行业的荣誉感，源源不断地吸引外部人才加入这个阵营？这是一个巨大的挑战。

5. 国际基金会带来的挑战

随着中国经济的持续快速发展，中国的国内财富急剧增长，一个潜在的筹资市场正在逐步形成。一些国际基金会也摩拳擦掌，等待合适的时机进入中国市场。基于目前的筹款政策，国内基金会暂时还可以独享资源；一旦政策放开，这些筹资经验丰富的国际基金会势必会抢占资源，打破现有的市场格局。可以预计的是，在募款方面，国内的政策制度对于中国基金会的保护作用将会越来越小，国际基金会对于中国基金会的冲击力度则会越来越大。

四 结语

过去十年，中国基金会"走出去"已经迈出了从无到有的第一步。无论是公募还是非公募，无论是哪个领域的基金会，都涌现出一批勇于尝试的先行者，而且"走出去"的方式多种多样、力度逐渐加大。这是中国慈善发展的新动向，引人瞩目。

一方面，目前已经"走出去"的基金会，数量不足总数的百分之一，现状也不尽如人意，面临重重困难和漫长征程；另一方面，在中国和平崛起的历史进程和实施"走出去"国家战略的过程中，基金会"走出去"不仅顺应时代发展的潮流，而且具备独特的优势和魅力，因此前途一片光明。

突破当前困境的主要途径是从理念、制度、知识、管理、技术等方面加以创新，从而实现目标、路径、效率、影响力的全面升级。

B.11

协同合作　专业救灾

——云南鲁甸地震救援中的社会组织

张国远　郭　虹*

> **摘　要：** 2014年"8·3"鲁甸地震是继2013年"4·20"芦山地震后又一次损失严重的自然灾害，全国各地社会组织一如既往积极参与，成为除国家救援和本地救援外的第三支救援力量。民间参与灾害应对仍然表现为两个方面：物款捐赠和行动援助。在行动援助方面，社会组织汲取汶川、芦山地震的教训和经验，建立了多种平台，促成了社会组织、志愿者和政府之间的协调合作，使灾害救援中的"社会协同、公众参与"渐成体制。在政府、基金会、NGO、志愿者个人之间，逐渐形成一个政府对接以公益基金会为核心的联合体，基金会联合社会组织，社会组织联合志愿者的协同救灾模式。同时，协同合作、专业救灾的特点较以往更为突出，以灾害救援推动当地社会建设的目的性也更加明确。
>
> **关键词：** 社会协同　灾害救援　社会组织

一　背景

2014年8月3日16时30分，云南省昭通市鲁甸县（北纬27.1度，东经

---

* 张国远，四川大学灾后重建与管理学院鲁甸地震灾后重建办公室，主任；郭虹，四川大学灾后重建与管理学院，研究员。

103.3度）发生6.5级地震，此次地震震中位于鲁甸县龙头山镇，震源深度12千米，地震灾区最高烈度达Ⅸ度，Ⅵ度区及以上总面积约10350平方千米，共涉及云南、四川、贵州3省。其中，云南省面积约8490平方千米，四川省面积约1530平方千米，贵州省面积约330平方千米。截至8月13日，据云南昭通鲁甸抗震救灾指挥部消息，地震造成昭通市鲁甸县、巧家县、昭阳区、永善县和曲靖市会泽县108.84万人受灾，617人死亡，112人失踪，3143人受伤，22.97万人紧急转移安置。房屋倒塌25156户，78486间；严重损坏35177户，110104间；一般性损坏151165户，466125间，受灾人群逾108万。地震发生后，根据李克强总理批示要求，国家减灾委、民政部紧急启动国家救灾应急响应，根据灾情，国家减灾委于8月4日11时决定将国家救灾应急响应等级提升至Ⅰ级。

这次鲁甸地震震级仅6.5，但是人员死亡和失踪数分别为617人和112人，实出人意料。究其原因，国内外专家认为鲁甸地震呈现五大特点：一是震级较高。此次地震是云南省自2000年姚安地震以来超过6级的地震。二是震源浅。此次地震震源仅12公里，震中距离县城有26公里左右，对房屋、道路等建筑伤害较大。三是震区人口密度较大。与云南全省每平方公里110人的平均密度相比，此次震中区域的人口密度达到每平方公里265人。四是当地建筑质量原因。由于当地农村民房多数为土坯房和砖混房，房屋抗灾能力差，导致人员伤亡较多。五是次生灾害频发。震区地质条件复杂，山高谷深，且余震不断，加之雨季降水影响，引发了泥石流、土崩、滚石、堰塞湖等一系列次生灾害，加重了当地的灾情并影响救援进程。

震后云南省政府立即组织开展抗震救灾工作，云南省减灾委、民政厅启动Ⅱ级救灾应急响应，向鲁甸县调拨2000顶帐篷、500件彩条布、3000套折叠床、3000床棉被、3000件棉衣等救灾物资。政府在此次救灾中派遣救援官兵达10101名，是新中国成立以来应对6级地震派遣军队人数最多的一次。

二 社会组织的救灾应急响应

在这次鲁甸地震抗震救灾过程中，全国各地社会组织继续积极参与，成为除国家救援和本地救援外的第三支救援力量。民间参与灾害应对仍然表现为两个方面：物款捐赠和行动援助。

（一）物资和资金的援助

地震发生后，中国扶贫基金会、深圳壹基金公益基金会、中华少年儿童慈善救助基金会、爱德基金会、中国青少年发展基金会、友成企业家扶贫基金会、腾讯公益慈善基金会、北京百度基金会等17家基金会，迅速采取应急响应机制，紧急调动人力、物资投入一线救灾。根据民政部救灾司《民政部关于社会组织接收和使用云南鲁甸6.5级地震救灾捐赠款物统计情况的通报（三）》。截至8月25日17时，中国红十字会总会和10家在民政部登记的社会组织向民政部报送的救灾捐赠款物统计数据，资金和物资合计大约为5亿元（见表1）。

表1 中国红十字总会与10家社会组织报送救灾捐赠款物统计

单位：万元

单位名称	接收情况			使用情况			数据截止日期
	资金	物资	合计	资金	物资	合计	
中国红十字会总会（含全系统）	22012.51	9855.35	31867.86	4334.91	8409.98	12744.89	8月21日17时
中华慈善总会	2808	120	2928	206	120	326	8月25日
中国残疾人福利基金会	307.37	\	307.37	100	\	100	8月22日
中国社会福利基金会	522.46	336.39	859.05	138.24	336.59	474.83	8月18日
中国青少年发展基金会	4198.16	105	4303.16	359.12	0	359.12	8月21日
中华社会救助基金会	122.98	7.7	130.68	26.28	7.7	33.98	8月19日
中国人口福利基金会	26.23	102.62	128.85	5.8	102.62	108.42	8月25日12时
中华少年儿童慈善救助基金会	59.3	59.02	118.32	\	39.71	39.71	8月22日
中国扶贫基金会	4127.24	6000.14	10127.38	927.62	4690.16	5617.78	8月13日
中国妇女发展基金会	1023.5	3236.49	4259.99	293.38	3006.09	3299.47	8月22日
光华科技基金会	0	150	150	0	150	150	8月20日

注：1. 表中"\"表示该单位未填报该项数据；
2. 中国残疾人福利基金会支出的100万元和中国人口福利基金会支出5.8万元分别为其自有资金，非本次救灾捐赠接收资金。

中国扶贫基金会8月3日启动应急响应机制,首期捐赠200万元用于地震紧急救援,协调成都备灾仓库200顶帐篷运往灾区,并出资委托人道救援网络①成员购置100个家庭保障包,为受灾群众提供洗漱用品、卫生用品、寝具等。8月4日,中国扶贫基金会将云南鲁甸地震救援行动升格为一级响应,并连续派出5批救援队支援一线紧急救援,在龙泉、光明、巧家、会泽、火德红建立的五个工作站高效运行,围绕三条主线开展工作:灾区救援(开展搜救、灾情及需求评估、协调发放救灾物资);信息披露(通过机构官网、微博、微信等自媒体平台及新闻媒体及时公开披露灾区救援工作进展、社会捐赠情况,倡导理性救灾);社会动员(开通捐赠平台,接受爱心捐赠)。截至8月25日18时,中国扶贫基金会共收到资金4127.24万元、物资6000.14万元,合计1亿127.38万元。发放物资为773300斤大米(30932袋25kg装大米),30932桶食用油(5L装),95500箱纯净水,2340张折叠床,20687床棉被,868860件彩条布,16500件雨衣,1700顶帐篷,9100个救灾保障箱,20000件厨房设备(电磁炉、电饭煲、电水壶),15000瓶洗手液,25918箱日用品,妇女儿童老人生活用品和营养品19万件,109箱衣物。

从8月3日开始,深圳壹基金公益基金会的"壹基金救援联盟"15支队伍与"壹基金联合救灾"11个省的网络伙伴,在鲁甸县和巧家县地震灾区,共投入444人参与救灾工作,包括生命搜救、伤员转移、灾情评估、救灾物资发放、为孩子提供灾后服务等。截至8月22日16时30分,壹基金接收实物捐赠243万元,实收现金捐赠44954367.9元,超过1042万人次的爱心捐赠。壹基金发放的物资为813000斤大米(8000袋10kg装,13060袋25kg装大米),22596桶食用油(5L装),216000瓶纯净水,20000床棉被,8518件彩条布(200平方米/件),580顶12平方米帐篷,49顶36平方米帐篷,5004袋洗衣粉(2.2kg装),4749口炒锅,15120块香皂,1000箱卫生棉,2500个夏季儿童温暖包(简版),2000个夏季温暖包。在地震灾区过渡安置阶段,壹基金还将在灾区设立20个壹乐园儿童服务站,支持17家民间机构为灾后儿童开展服务。

南京爱德基金会,截至8月20日共收到"鲁甸地震救援"海内外捐款

---

① http://www.onefoundation.cn/html/15/n-2415.html.

12059650元，累计发放救助物资大米254323公斤、食用油8372桶、矿泉水20500瓶、食盐4060袋、洗漱套装4000套、卫生巾9000包、棉被（含枕头）4000套、棉被2500床、炊具套装4000套、防雨布1208件、毛毯1200条、折叠床971张。

中华少年儿童慈善救助基金会的项目专员陈曦表示，儿慈会在这次鲁甸地震救灾中的主要工作聚焦于集中安置区的儿童及教育领域。除了紧急救援行动之外，将以建设儿童集中活动中心为主，8月14日～10月4日展开临时医疗救助行动，灾后重建阶段则投入5年以上时间建立幼儿园。

中国青少年发展基金会于8月8日下午在云南省昭通市鲁甸县龙头山镇中心小学安置点，与共青团云南省委、云南省青少年发展基金会、共青团昭通市委联合启动"希望工程圆梦行动鲁甸地震灾区重点乡镇大学新生全覆盖资助行动"。此次行动将帮助鲁甸县、巧家县、会泽县、昭阳区、永善县重灾乡镇2014年参加高考并被二本以上全日制普通高等院校录取的大学新生，帮助他们解决从家门到校门的困难，每人资助5000元。此外，中国青少年发展基金会已经在灾区展开抗震希望小学（学校）的援建工作，并对灾区小、初、高学生和特困学生的家庭开展资助。

在中华社会救助基金会的支持下，NGO备灾中心在鲁甸县人民医院、鲁甸县勤益幼儿园安置点、火德红镇集中安置点、龙头山镇灰街子安置点、光明村等地，发放紧急生活包480个、棉被130床、床65张、枕头130套、脸盆350个、碗筷130套、净水袋120个，直接受益2000余人。同时，NGO备灾中心还获得日本SVA支持资金206.7万元，并在龙井村、火德红镇各个安置点详细核实灾情和需求信息，收集受灾村民花名册，并与SVA一同采购了羽绒服、保暖内衣、厨具（电磁炉、锅等）、棉被、帐篷、防潮地垫等急需物资，分别发往龙井村受灾严重的7个社和火德红镇7个集中安置点13个社，累计1043户3700余人受益。

中国社会福利基金会支持的蓝豹救援队8月3日17点启动云南鲁甸地震救灾救援响应，赶赴现场救灾。8月6日，中国社会福利基金会审批通过了第一笔资助8万元，支持"民间公益组织鲁甸抗震救灾协作平台"大本营运营行政费用，以通过推动民间力量在灾害应对中的协作，实现有序有效参与。

8月4日，招商局慈善基金会与招商局物流集团合作，分别在成都、昆明和威宁三地为鲁甸救援行动无偿提供用于救灾物资的收储、分类、中转、装卸等专业服务。

（二）救援行动

在救援行动方面，8月3日下午，北京平安星、成都授渔公益发展中心、卓明、华夏等机构已抵达灾区开始灾情勘察。随后乐施会、NGO备灾中心、蓝天救援队云南队、中国福基会蓝豹救援队、苍南壹加壹、成都天虎防灾减灾应急服务中心、绿舟应急救援促进中心、重庆华岩寺文教基金会紧急救援队、南充红十字山地救援队、成都山地救援队、四川阳光公益、广西爱心蚂蚁、绵阳青年社会组织服务中心等机构也迅速赶赴灾区参与紧急救援。四川大学、香港理工大学灾后重建与管理学院派出的工作组8月4日抵达鲁甸设立了救灾及灾后重建办公室。根据云南民政厅统计，本次参与鲁甸救灾的社会组织有186家，近2万名社会组织工作人员和志愿者参与了灾区的救援服务工作。

四川与云南山水相连，经受过"5·12"和"4·20"两次地震灾难的四川人，特别是四川的公益机构，对自然灾害的救援有一份义不容辞的责任和担当，并把参与救灾作为川人对全国人民的感恩和回报。8月3日省内社会组织立即建立了"四川公益力量803联合救援平台微信群"，利用微信把奔赴救灾前线的社会组织与四川的公益伙伴密切联系越来，做到信息及时互通，行动相互配合，人员相互支持。8月3日晚9时35分，成都天虎防灾减灾应急服务中心12名队员携带专业器材，分乘4辆车于4日早上7时20分到达鲁甸。天虎李远森副队长说："我队是第一支到鲁甸县抗震救灾指挥部报到的民间队伍，当时签到表还没有准备好，我们是在一张白纸上签到的。"成都义工联、高新区志愿者协会、爱有戏、长虹家园公益服务中心等机构开展义捐义卖，为鲁甸筹集善款、物资。据不完全统计，四川先后有龙泉驿志愿者协会、成都一天公益、成都授渔公益、益众、根与芽、北川中国心、成都心家园社工中心、成都益众扶贫、四川天泽慈善、成都新市民志愿者协会、成都青羊三方调查评估中心等15支四川社会组织救援队伍奔赴鲁甸、巧家和彝良等灾区。8月5日已到鲁甸的成都龙泉驿志愿者协会在成都云公益发展促进会、成都公益组织服务园的支持下，在国税局大楼设立了"云聚公益　成都有爱昭通鲁甸'8·3'抗震救灾——成都志愿者服务站"，协助昭通市和鲁甸县文明办统筹、联系、组织来自各地的零散志愿者，有序参与鲁甸抗震救灾工作。服务站于8月6日建立了灾区第一个"公益组织志愿者临时党支部"，团结了来自同样受过地震灾害的四川志愿者、受过台风侵袭的广东志愿者、受过洪水涝灾的湖南志愿者、受过泥石流灾害的甘肃志愿者，还有鲁甸本地的志愿者等四面八方的志愿者，并发挥他们各自所长，为他们提供了在灾区提供志愿服务的机会。在近一个月的救灾过程中，服务站为灾区组建了鲁甸志愿者服务队、圆农志愿者服务队、青年创业协会志愿者服务队三支队伍，共计300余人加入，到9月底，服务站累计培训志愿者400余人，派遣志愿服务20000多人次，为灾后重建和当地的社会建设培育了"不走的志愿者"，使"灾害救援推动当地社会建设"的"雅安经验"在云南得到推广和实现。服务站的工作得到了云南人民的高度评价，服务站负责人陈奎安被云南省评为"鲁甸抗震救灾先进个人"，并参加"云南鲁甸6.5级地震抗震救灾先进事迹巡回报告会"到云南各地演讲。8月10日，成都根与芽、益众社区发展中心、美锦社区公益发展中心、和川公益发展中心四家四川公益组织在共同启动"活力蓝帐篷·安置区服务计划"，帮助安置区建立基本秩序、维护环境卫生、开展青少年活动等，该项目得到了成都慈善总会的支持。成都根与芽环境文化交流中心在地震灾区发起"安置区公共环境守护项目"，给安置区送去扫把、洒水桶、手套、口罩等环卫物资。8月10日，成都慈善总会设立了"8·3鲁甸地震专项基金"募集资金，并在同年9月启动"鲁甸灾区成都阳光家园慈善项目"，对已在鲁甸灾区的成都社会组织开展的四个灾区服务项目给予为期一年的资助，将成都对云南鲁甸的支持落到实处。

根据IDMR鲁甸地震灾后重建办公室统计，截至2014年9月30日在鲁甸参与救灾的本土机构有：云南连心社区照顾服务中心、云南省青少年发展基金会益行工作组、云南振滇社会组织发展研究院、昭通市环保志愿者协会、润土互助公益志愿团队、云南省红十字会心理救援队、云南省健康教育所、昆明市心理危机研究与干预中心8家机构。

此次社会组织参与鲁甸救灾的信息服务仍然由卓明灾害信息服务中心和益云（公益互联网）社会创新中心提供，卓明主要采用简报形式在互联网平台发布，益云主要采用数字地图形式发布。

各社会组织在紧急救援阶段的工作主要有：生命搜救、协助部队废墟救人和运送伤员、掩埋遇难者、运送物资、在灾区协助发放物资、协助灾民转移、协助安置灾民、协助交通疏导、勘察灾情、协助基层政府的救灾工作、协助搭建帐篷或简易住所，为集中安置的灾民提供清洁饮水、食品、衣物、药品、生活包、日常起居用品等，为集中安置区的孩子和家长提供心理抚慰，社会组织救灾信息收集和发布等。

三 鲁甸救援中的协同合作

鲁甸救援是社会组织在"4·20"芦山地震救援后的又一次大规模的社会参与行动。在芦山地震救援中积累的经验和形成的机制在此次救援中发挥了重要的作用。地震发生后，社会组织汲取汶川、芦山地震的教训和经验，建立了多种平台，促成了社会组织、志愿者和政府之间的协调合作，使灾害救援中的"社会协同、公众参与"渐成体制。在政府、基金会、NGO、志愿者个人之间，逐渐形成一个政府对接大型基金会建立的联合体，基金会联合社会组织，社会组织联合志愿者的协同救灾模式。

8月3日下午鲁甸地震发生后，建立于芦山地震灾后的"基金会救灾协调会"的各成员（中国扶贫基金会、南都公益基金会、中国青少年发展基金会、壹基金公益基金会、腾讯公益基金会、爱德基金会、中国妇女发展基金会等）基金会秘书长立即沟通协调，确定地震救援响应方案。8月4日上午基金会救灾协调会宣布各成员机构对鲁甸地震采取一级联合响应，并向媒体发布《基金会救灾协调会云南鲁甸地震社会组织协同救灾倡议书》。呼吁参与救灾的各类社会组织伙伴们承诺始终秉承公开透明、自律严谨的救灾准则，以灾区群众需求为本，结合自身专长合理安排资源，加强与当地政府合作，积极参与紧急救援，成为国家救灾体系的重要构成和政府应急管理职能的有力补充。完善基金会之间以及基金会与其他社会组织间的协同机制，做好志愿者服务与管理工作，实现在信息分享、物资调度、人员协作等方面的有机融通。在积极参与紧急救援的同时，充分发挥各自专业优势，重点关注受灾群众过渡安置，以及灾后重建阶段的社区重建和生计发展，为重建鲁甸美好家园贡献力量。

壹基金在芦山地震后建立起相对完整的救灾工作体系：一是通过"壹基

金救援联盟"联系了全国各地近 300 家救灾机构，平时开展普及公众安全和救生常识，当有灾难发生时各救援队能够在灾害发生后 8 小时内抵达灾区现场，搜救、转移伤员、排查险情、发放物资。二是"联合救灾平台"，通过在 15 个灾害多发省区建立的省级联合救灾网络及备灾仓库，平时开展减灾防灾教育，灾时负责灾后物资需求评估，救灾物资接收整理、调配发放。三是"企业联合救灾平台"，平时提供备灾物资仓储，灾时利用企业的物流体系就近调运物资。此次鲁甸救灾中这套工作也发挥了及时、有效的协调作用。地震发生 7 分钟后，壹基金联合救灾的伙伴第一时间与当地取得联系，第一梯队随即出发，截至当天 22 时 40 分已派出三批救援梯队，另有救援联盟 10 余支救援队备勤。到 8 月 6 日 4 时 30 分，已有救灾联盟的 13 支队伍 83 人（包括云南火峰救援队、贵州省青年志愿者应急救援总队、泸州救援队、凉山队、重庆华岩文教基金会应急救援队以及厦门、宁波、河南、山西、海南、北京、河北等地的救援队、壹基金雅安办公室、备灾救灾部等）在灾区开展生命搜救、伤员运送、物资发放、灾情勘察等工作。3 日 16 时 56 分，第一批救灾物资（412 件彩条布、100 顶帐篷、1500 个温暖包）从昆明备灾仓库装车，4 日 10 时 30 分已运达鲁甸。从成都、凉山备灾仓库调集的矿泉水 7.2 万瓶、帐篷、彩条布、温暖包等物资 4 日开始起运。

中国扶贫基金会人道救援网络是 2014 年 4 月 7 日由中国扶贫基金会与加多宝集团、英特尔公司联合发起，国际美慈组织、蓝天救援队等国内外 29 家公益组织共同组建的应急救援网络。该网络旨在及时应对灾害，紧急响应、评估灾情、找准人群、实施援助，救助处于生命边缘的灾区民众，同时支持、促进民间组织灾害救援能力的提升以及减防灾工作。在这次鲁甸抗震救灾中，网络也发挥了有效的作用。8 月 9 日，中国扶贫基金会、腾讯公益慈善基金会联合启动"公益同行·鲁甸地震社区陪伴计划"，支持公益伙伴参与 3~6 个月过渡安置阶段社区陪伴项目，这标志着中国扶贫基金会鲁甸地震人道救援行动已经进入第二阶段——紧急救援和过渡安置同步进行。经过紧凑严格的评审，30 家机构提交的 30 份项目申请，共有 15 家机构的 15 个项目获得支持（见表 2）。这 15 个项目均关注并基于受灾社区及灾区弱势人群需求开展陪伴服务活动，协助恢复社区关系和社区正常生活，支持资金总额为 70 万元。

表2 鲁甸抗震救灾部分机构及其开展项目一览

编号	评审日期	机构名称	项目名称
1	8月15日晚	湖南省长沙市岳麓区大爱无疆公益文化促进会	公益同行·鲁甸地震龙头山镇安置社区联合陪伴计划
2	8月15日晚	北川羌族自治县羌魂社会工作服务中心	"8·3"鲁甸地震社区心灵重建——村民远眺计划
3	8月15日晚	为乐志愿服务与研究中心（为乐公益）	童心抚慰 鲁甸加油
4	8月15日晚	四川省绵阳市一元爱心协会	妈妈之家
5	8月16日晚	云南振滇社会组织发展研究院	鲁甸县地震灾区火德红镇守望相助社区陪伴计划
6	8月16日晚	天津市鹤童老年公益基金会	"8·3"云南鲁甸灾区伤残人员免费康复培训
7	8月16日晚	广东省雏鹰助学促进会	鹰爱童行关爱行动
8	8月17日晚	云南省社会心理学会	鲁甸龙头山镇骡马口社区受灾儿童心理援助工作站
9	8月17日晚	盘县社会义工联合会	视野——用荧幕看世界
10	8月17日晚	成都根与芽环境文化交流中心	活力蓝帐篷·安置区公共环境守护陪伴
11	8月17日晚	南江县秦巴乡村发展研究中心	我是您的手足——鲁甸灾区小寨村残疾人（五保老人）灾后陪伴支持项目
12	8月17日晚	成都市和川公益发展中心	活力蓝帐篷·鲁甸少数民族儿童传统文化教育服务项目
13	8月17日晚	圆农马铃薯合作社	公益互助发展项目
14	8月18日下午	凉山汉达社工服务中心	"3200"鲁甸地震灾区翠屏村弱势群体社区陪护计划
15	8月18日下午	绿地里协作网络	从"影像疗法"入手的心理和能力援建

8月5日，由已经到达灾区的北京东城区平安星减防灾教育中心、成都授渔公益发展中心、北京市志愿者应急服务总队、河北张家口天行健救援队、华夏救灾、成都高新区益众乡村社区发展中心、贵州联合救灾、贵州六盘水行之公益、壹基金救援联盟、云南青基会益行工作组、成都和川公益发展中心、云南协力公益支持中心、成都根与芽等来自四川、北京、贵州和云南本地的19家救灾社会组织作为联合发起机构，成立了"民间公益组织鲁甸抗震救灾协作平台"，并在鲁甸特殊教育学校设立了"中国民间联合协作救灾大本营"。

该平台是民间公益组织和志愿者的服务与协调机构，面向在鲁甸救灾的公益组织和志愿者提供服务，包括对接当地政府、需求与资源信息对接，以及交通、生活保障等基础服务。大本营成立后先后得到了南都公益基金会、中国扶贫基金会和华夏救灾基金的支持。

2014年8月6日，云南省民政厅发文，宣布云南省民政厅救灾应急指挥部下设"社会组织参与救灾协调服务组"，同时建立"云南鲁甸地震社会组织救援服务平台"。该平台负责：（1）接受进入灾区社会组织的登记、备案工作，确保依法有序进入。（2）统一协调省内外社会组织进入灾区开展工作，加强社会组织间的协同意识、信息分享意识。（3）协调外界捐赠物资与灾区的对接、现场发放，提高救灾效率。（4）现场需求信息调查评估，确保发布准确有效的需求信息，使救援物资发挥最大效用，不产生浪费。（5）统筹协调志愿者，确保有序进入，避免拥堵。（6）提升相关社会组织参与救灾、重建工作的专业化水平，定期召集相关社会组织开展活动、邀请专家研讨会，实现信息共享。平台成立后，民政厅民间组织管理三处处长姜莉，与"民间组织鲁甸抗震救灾协作平台"的首位轮值主席邢陌（云南协力公益支持中心执行主任）进行了沟通，对于民间平台和政府平台的合作关系，提出了"信息共享、资源共享"八字原则，在这个基础上，民间组织救援力量进入灾区如果遇到困难，不论是最实际的通行证，还是每天的信息共享，政府平台都可以提供协助服务。

四 从汶川到鲁甸：以灾害救援推动社会建设

在中国社会组织能够参与的社会公共事务中，地震救援及其灾后重建是一个非常重要的领域。从汶川救灾开始，到后来的玉树救灾、盈江救灾、岷县救灾、芦山救灾……直到这次——鲁甸救灾，社会组织的参与越来越专业、越来越主动、越来越有成效。

首先，社会组织的专业性表现在社会组织参与救灾的分工更加明确，灾援领域中的NGO已经形成了救灾和安置重建两类专业。近年来灾害救援已经成为中国NGO的新领域，一批救灾专业机构脱颖而出，每当灾害发生，他们总能及时出现在救灾第一线。如蓝天救援、蓝豹救援，以及北京平安星、苍南壹加壹、成都天虎减防灾中心、泸州红十字山地救援队、南充高坪志愿者协会、NGO备灾中心等。这些机构的特点是出动及时、人员和技术设备专业、有多次废墟救援经验、有后续梯队接力，紧急救援结束后即撤出。另外，一批以关注救灾和重建的基金会为核心的社会组织联合体也开始成为每次救灾行动的主体力量，如壹基金的救灾联盟、中国扶贫基金会的公益同行团队以及南都基金会、乐施会的合作团队等。这批机构在为灾民提供过渡安置期临时居住区服务的同时，也有各自的侧重点，关注儿童的（如壹基金、儿童救助会等）、关注安全饮水的（如授渔公益等）、关注环境垃圾的（如成都根与芽等）、关注助学的（如北川中国心等）、关注生计发展的（如扶贫基金会）、关注心理健康的（如绿地里等）、关注老年的（天津鹤童等）等，这些组织的特点是一般在灾后72小时后开始行动、有过渡安置和重建的工作经验和团队、有物资和资金的配套支持、有专业服务方向、绝大多数团队相互了解、有合作经验，在灾区的工作时间往往是半年至二三年。

其次，社会组织参与灾害救援的目的更加明确。当今各种灾害日益频发，与灾害同行已是现代社会的基本状态。而由于受灾区域的不同发展程度、灾害的多样性以及灾害影响的多面性，灾害救援不仅是公共事务，而且是具有强烈公共性的事务。特别是在我国的欠发达地区，由于经济社会发展滞后、减防灾教育不足甚至缺失，公众的灾害抗逆力也很弱，即使是并不严重的自然灾害，有时也会造成严重的灾害损失，对这些地区来说，灾害的发生往往是雪上加霜。鲁甸地震灾区就属于这种情况，原本就不发达的地方经济、简陋的乡村住宅、年久失修的公共交通……一旦发生自然灾害，所造成的损失远远超出想象。因此，灾害救援不仅是地方政府或中央政府的事，也是重大社会公共事务。重大公共事务中社会组织的参与是汶川地震后的社会新现象，汶川地震灾后重建中提出的"政府主导与社会参与相结合"不仅是汶川灾后重建的指导原则，也成为此后历次救灾的指导原则，这也是汶川抗震救灾给我们留下的最宝贵的治国之道。社会参与的前提是有社会组织存在，而在我国的多数地区，社会组织的发展才刚刚开始。因此社会组织参与灾害救援的意义不仅在于履行公民义务、为救灾助一臂之力，还在于通过救援和重建中的陪伴，把社会发展的理念传播到灾区，推进灾区的社会建设。从汶川到鲁甸，我们看到，与政府救灾不同的是，社会组织的救灾通常会与灾后重建结合起来，通过重建项目，陪伴当地民众重建家园。在这次鲁甸救灾中，除了救灾时启动的救援和过渡安置项目外，中国扶贫基金会、壹基金、成都市慈善总会等都在2014年下半年分别启动了延续1~2年的重建项目，这些项目的共同特点，一是汲取了芦山灾后重建的经验——招募当地人员加入项目团队，带领和扶持当地工作人员开展项目工作，希望在二年后，当地的工作人员能够成为独立的社会组织，并以这些本地机构为起点，推动当地社会组织的发展。就像在芦山地震之后的雅安地区，公益力量从无到有，社会组织从少到多，不仅公众看到了组织起来的社会影响，当地政府也对"社会协同、公众参与"有了新的认识。二是与当地政府建立合作关系。社会组织在重建中的作用是"助力协同""帮忙不添乱"，因此主动与当地政府联系沟通是社会组织进入灾区开始工作的前提。由于参与救灾的社会组织平时就与共青团、民政、红十字会、慈善会等部门有合作关系，灾后可以通过这些党群部门与当地政府取得联系，主动汇报，保持联系，争取当地政府的支持。在这次鲁甸救灾中，外来的社会组织都通过"民间公益组织鲁甸抗震救灾协作平台"和民政部门的"云南鲁甸地震社会组织救援服务平台"与政府建立了较为密切的联系，有些组织与当地政府建立正式的合作关系，协调当地政府与社会组织之间的关系。四川大学灾管学院社工培训基地还帮助当地政府培训基层工作人员，把四川灾后重建的经验和教训及时传授给他们，帮助他们在坚持"党委领导、政府负责"的同时，做好"社会协同、公众参与"。

最后，社会组织参与鲁甸救灾的实践表明了中国公益力量的成长和发展。自"郭美美事件"后，有人认为中国公益因此受到了重创，然而鲁甸救灾的事实可以看出中国的公益力量一直在默默地成长成熟、发展壮大，而社会组织参与灾害救援的行动也在一定意义上成为中国公益力量发展的摇篮。许多公民是从到灾区做志愿者开始走上公益之路的，许多公益机构是从志愿服务团队开始成长起来的，而许多机构的专业化也是从灾区服务中开始形成的。通过灾害救援，中国公益力量有了参与社会公共事务的机会和空间，能够以实际行动和项目成效表达自己的理念、宗旨和目标，能够让公权力部门和公众了解公益、了解公民的权利和义务、了解公益力量的产生和发展是"治理体系和治理能力的现代化"的基础之一，了解在社会建设领域公益机构和社会组织的地位和作用，从而推进中国公益事业的发展。

参考文献

顾林生、张国远:《云南鲁甸803地震灾后重建需求评估报告》(中国扶贫基金会)。
基金官方网站,http://www.onefoundation.cn/。
爱德基金会官方网站,http://www.amityfoundation.org.cn。
民政部官方网站,http://www.mca.gov.cn/。

B.12
冰桶挑战：成就中国公益嘉年华

张天潘*

摘　要：	2014年夏天，通过互联网风靡全球的"冰桶挑战"也进入了中国，成就了一场中国的公益嘉年华。当然，和其他国家一样，这次活动在广受欢迎的同时，也有些质疑的声音。但无论如何，通过冰桶挑战，公众才知道了一直被社会忽视的那群罕见病患者群体，让"罕见"得以被"看见"，这样的创新、快乐公益，也给中国公益带来了强烈的思想冲击。同时，借助中国的互联网，也让以瓷娃娃罕见病关爱中心为主的罕见病组织获得了前所未有的爱心捐赠。然而面对这样突如其来的好事，罕见病行业也出现了一些风波。所幸的是，在各方的努力下，风波得以平息，而这些捐款也通过招标等方式，服务于整个罕见病防治事业的发展，最大化地惠及各个类型罕见病群体或患者。通过冰桶挑战，也让全社会真正意识到社会文明应该体现在对于每个弱势群体的重视，而公益行业则必须本着团结、分享、公正等理念，共同推进中国乃至全世界的公益事业发展。
关键词：	冰桶挑战　罕见病　瓷娃娃　渐冻人ALS

一　事件回顾

1. 冰桶挑战在国外的发展脉络

2014年夏天，全世界掀起一场前所未有的公益秀浪潮，那就是"冰桶挑

---

* 张天潘，《南方都市报》资深评论员、安平公共传播公益基金总干事。

战"。当年7月4日,新西兰的一个癌症协会成员发起了"冰桶挑战"的活动,向自己头上淋一桶冰水,以此显示对身患癌症病人及其家属的关怀和支持。7月15日,美国高尔夫运动员克里斯·肯尼迪决定接受挑战,并且指定其表姐(后者的丈夫患"渐冻人病"ALS已有11年)接力此活动。由此,挑战正式与ALS产生了关联,成为"ALS冰桶挑战赛"(ALS Ice Bucket Challenge)。ALS俗称渐冻人症,全称为肌萎缩侧索硬化症,罕见病种之一,不仅无法治愈而且致命,一般会在发病后3~5年内死亡。英国剑桥大学教授、物理学家史蒂芬·霍金是这类病例的典型。

这项活动很快在美国传播开来,在克里斯·肯尼迪之后,著名棒球运动员、原美国波士顿学院棒球队的明星队长皮特·弗雷茨(Pete Frates)接过了关键的一棒。29岁的弗雷茨在两年前被查出患有ALS,已丧失自理能力。在7月29日,他接受了美国ALS协会的邀请,接受冰桶挑战。随后,其父母召集200名波士顿当地人在广场上进行集体挑战,该事件成为当时当地及全美的热点新闻。随后众多篮球、足球及娱乐圈明星都加入了这项活动。

两个星期里,冰桶挑战迅速风靡欧美,成为社交媒体上最top的话题,脸书(Facebook)创始人马克·扎克伯格、微软的比尔·盖茨、苹果CEO库克及篮球明星、社交名媛等各界名人纷纷参与,ALS迅速成为世人瞩目的焦点,吸引了全球公众的高度关注。

2. 引爆中国公益

在美国风靡不久后,2014年8月,该挑战蔓延至中国互联网圈。8月17日起,中国的互联网界、演艺界名人明星、公益界以及公众热切欢快地汇入这场慈善挑战热潮。

8月17日19时55分,一加手机创始人刘作虎主动发起挑战,成为中国的首位"冰桶挑战"参与者,并点名奇虎360的周鸿祎、锤子科技的罗永浩、华为荣耀业务部总裁刘江峰三人接力挑战。18日下午,周鸿祎完成挑战,并点名真格基金创始人徐小平、魅族的黄章、腾讯的马化腾。

另一支挑战队伍由小米CEO、天使投资人雷军发起,严格意义上他是中国首个受邀参与活动者,邀他参与挑战的是俄罗斯互联网投资公司DST Global的CEO尤里·米尔纳(Yuri Milner),尤里·米尔纳在接受了盖茨的邀请完成挑战后点名雷军。雷军完成挑战后又点名邀请明星刘德华、富士康老板郭台铭和百度

CEO 李彦宏。雷军在接受挑战后，通过其官方微博公布：向美国 ALS 协会捐款 100 美元，同时向中国"瓷娃娃罕见病关爱基金"ALS 项目捐款 1 万元人民币。

8 月 19 日，刘德华完成挑战。这场"冰桶挑战"顺利地由科技界知名人士交棒演艺界、体育界等明星。如果说互联网科技界与金融界的参与，带动了主流社会的关注，明星的参与，则更加点燃了普通大众的关注热情。

8 月 20 日一早，南都公益基金会理事长徐永光接到了雷励中国创始人陆丰的点名，受邀参加"冰桶挑战"，公益界人士也正式接力挑战赛。但这并不是冰桶挑战与中国公益的最早接力。在此之前，雷军的一条微博已经把中国"瓷娃娃罕见病关爱中心"带进了人们的视野。

3. 瓷娃娃成瞩目焦点

瓷娃娃罕见病关爱中心，成立于 2008 年 5 月，前身为瓷娃娃关怀协会，由成骨不全症患者王奕鸥和黄如方共同发起成立，并于 2011 年在北京市民政局注册。2009 年 8 月，瓷娃娃罕见病关爱基金成立。目前机构团队有成员 17 人，志愿者 700 余名。

"瓷娃娃"——成骨不全症，俗称脆骨病，是一种发病概率在万分之一到一万五千分之一的罕见病，在中国大概有十万患者。在常人看来最普通不过的生活行为，如摔倒、磕碰，都可能造成患者骨折。

现任瓷娃娃罕见病关爱基金秘书长王奕鸥是这个瓷娃娃群体中病情较轻的一员，但她一直都觉得自己是唯一的患者，因为她没见过和她一样的瓷娃娃。2005 年，上大学期间，为了寻找病友，她建立了一个论坛——"玻璃之城"，短短数月聚集起 300 余名病友。通过在论坛上的相互交流，发现这个群体在教育、就业、医疗等各个方面存在很多障碍，但没有任何组织关注这样的群体。

冰桶挑战进入中国与瓷娃娃产生关联，这得益于新浪微公益的重要的桥梁与推动作用。至于为何进入中国后从 ALS 转移到了瓷娃娃，这其中有着各种的机缘巧合，但是"机会是留给有准备的人"的，得益于瓷娃娃关爱中心团队的快速反应机制，以及长期使用互联网的经验积累，从而能及时抓住机遇。新浪网的一篇报道《中国冰桶挑战迷局：为何渐冻人的钱捐给瓷娃娃?》详细介绍了这个过程。①

---

① 王辉：《中国冰桶挑战迷局：为何渐冻人的钱捐给瓷娃娃?》，新浪网"新知"，2014.8.28，链接：http://news.sina.com.cn/c/zg/lrs/2014-08-28/0933201.html。

当然，公益界的知名前辈们，也发挥了很大的推动作用。南都公益基金会理事长徐永光8月17日晚上看到介绍美国"冰桶挑战"的信息，在第一时间给瓷娃娃等罕见病公益机构转发，提醒相关组织和人士不要错过这一天赐良机。当天，他给王奕鸥发送微信："这次（冰桶挑战）能引发社会对罕见病群体命运的关注，意义远在筹款之上。"①

4. 事件小结

先从互联网点燃，公益界快速响应，结合互联网工具与渠道，完成了冰桶挑战赛的中国接力，最后引起舆论强烈反响。而这事件发展的过程，就有很多值得我们深思的地方。

第一，可以看到，这种模式事实上并不是一次完全新鲜的事件或社会动员，冰桶挑战在中国的迅速蔓延是因为国内存在着一定的社会基础。

2014年3月，众多英国女性在Twitter上发起了"素颜自拍狂潮"，并提醒人们关注乳腺癌。据报道，通过这一活动，英国癌症研究中心（Cancer Research UK）在一天内获得募捐80万人次，总金额达到100万英镑（约合人民币1000万元）。

报道称，这次"素颜自拍狂潮"源于英国女作家萝拉·李普曼（Laura Lippman）。她上传了一张自己的素颜自拍。此后，英国癌症研究中心顺势发起了以"关注乳癌"为主题的网络募捐活动，鼓励女性上传素颜自拍，并通过短信形式向癌症研究中心捐款。②

第二，对于规则的改变与创新，也是中国版冰桶挑战的一个亮点。美国人接受"冰桶挑战"要么捐款要么浇水，二选一。而在挑战赛风靡中国后，出现了适应本土的中国规则，即许多人在参与挑战的同时，依然会捐款，而不只是二选一。雷军在接受挑战后，还向美国ALS协会捐款100美元，同时也向中国的"瓷娃娃罕见病关爱基金"ALS项目捐款1万元人民币。王思聪在浇水后向瓷娃娃组织直接捐款100万元。中国的演艺界明星更是流行既要被"浇"也要捐款，避免了被人们指责以接受挑战"躲避"捐款的质疑。

---

① 张枭翔：《"冰桶挑战"，公众倒逼公益界》，《中国慈善家》2014年8月28日，http://www.icixun.com/2014/0828/4539.html。
② 梦真：《英女性为慈善网上晒素颜　助癌症中心募捐百万英镑》，《国际在线》2014年3月21日，http://www.chinadaily.com.cn/hqgj/jryw/2014-03-21/content_11449291.html。

第三，从传播路径来看，"冰桶挑战"在传播中有三个关键节点：一是克里斯·肯尼迪，二是皮特·弗雷茨，三是"各路名流的参与"①。这三个节点都和人有关。这种节点，显然都是不可控的，不是人为能够设置的具有极强的偶然性。而这种特质，正是互联网时代的一个特性，在现在这个互联网时代，一切都是凯文·凯利所谓的"失控"状态，是不可能被设计的，像之前英国素颜自拍的案例，也都是如此。其实一开始，素颜和乳癌什么关系都没有，但后来一个拐点出现，就被引导到关注乳癌去了。正是因为失控，也会让大家觉得好玩。

这对于公益界来说，是一个全新的挑战，我们必须迎接这样的一个失控的互联网时代，并拥抱它，更好地使用这种状态与工具，为公益服务。在欧美发达国家，这种公益与互联网深度契合的各种社会创新，已经有了很多优秀的案例。

但反观我们的业界表现，冰桶挑战在中国最火爆的时间是8月19日到21日，然而正如贝晓超说的，公益界在这之后才开始陆续进入，错过了最佳时机，响应比较滞后。当时贝晓超还联系国内多家公益基金会或基金，希望它们能够参与进来。但令他惊讶的是，好多个相关基金会对此表示"活动与自己的宗旨关系不大""经过讨论需要再观察一段时间"等。这种认识让人惊诧，当然，更别说后来引发的行业内部的大争议。

5. 背景：中国公益发展的积累

从2008年汶川大地震之后，中国公益进入了一个新的时代，又经过这六七年的发展，中国公益面貌又发生了巨大的变化。根据《中国慈善事业发展报告2014》数据显示，2013年，全年各类捐赠总价值突破1363亿元。而互联网公益、跨界公益、社会公益等颠覆性创新方式大放异彩。与美国"冰桶挑战"相比，依托着新浪微公益、支付宝等募捐平台，中国版"冰桶挑战"设置的捐赠平台比Twitter、Facebook等社交平台更为便捷，用户可以直接在各个平台上实现电脑与手机等即时的捐赠。在全部814万元善款中，新浪微公益平台筹款收获最高，共得到728万元；支付宝钱包爱心捐赠通道筹集到42万元；

---

① 周韶宏：《一桶冰水如何"点燃世界"？》，爱范儿网，2014.8.18，http://www.ifanr.com/443629。

直接向"瓷娃娃"捐款的有28万元；百度钱包爱心捐赠通道筹集到14万元；直接通过传统的层级捐赠方式，向中国福基会瓷娃娃罕见病关爱基金捐款的仅为1000元。从中可以发现，中国多元化的互联网捐赠渠道已经彻底改变了公益形态。这是技术平台的公益积累，为激活中国民间慈善公益，打下了良好的群众基础。

互联网与公益结合产生化学反应，升华了公益的面貌，让公益在新技术平台上大放异彩。就以这种冰桶挑战的载体新浪微公益为例，2012年1月17日至2015年1月17日，3年累计劝募善款超过2.4亿元，影响了微博5.6亿用户。3年间，总捐款人次达到400万，重复捐款用户突破26.7%。从这个数据就可以看到民间公益的成长，当前确实是中国公益发展的最好时光。

但是，中国公益虽然取得了令人瞩目的成绩，可与发达国家相比，还是有着很多的不足。尽管微博的统计显示，有近200多个各领域名人、意见领袖在微博上发布了完成"冰桶挑战"的视频，通过微博公益平台捐款的人数接近4万，捐款超800万元（最后，截至2014年8月30日，"冰桶挑战"专项捐款金额总计为人民币8146258元），但这其中的100万元是王思聪一个人捐赠的。这些数据和冰桶挑战在国外给ALS协会带来的捐款人数和捐款金额都无法比肩。资料显示，从7月29日至8月19日，"冰桶挑战"为ALS协会增加了近50万名新的捐赠者，连同之前的捐赠者，一共为协会带来2290万美元的捐款，是2013年同时间段190万美元的12倍。7月29日至8月27日，"冰桶挑战"已经为ALS协会募集了4180万美元（约合2.57亿元人民币）。

二 引发争议

这次冰桶挑战，和其在国外的发展历程是一致的，在中国版的冰桶挑战中，同样也出现了不同的声音。但这些微弱的争议，相对于公众强烈的参与感与支持行动，显然是有些单薄甚至十分微弱。

1. 赞：公益2.0时代到了！

中国社会科学院研究员杨团对于冰桶挑战有着高度的评价，认为这标志着"公益2.0时代到了"。她在给一家媒体的评论中认为：

"冰桶挑战"……起码从四个方面革新了传统观念和传统方式。一是筹款形式，原来慈善募捐还可以用如此充满戏剧性、娱乐性的方式；二是传播方式，"冰桶挑战"之所以能够成为一个跨越国界的世界性公益活动，就在于成功地运用互联网进行传播；三是公益也能启动科学普及，让世人了解到类似渐冻人这样的罕见病有 5000～8000 种之多；四是"冰桶挑战"引发世界深思，人类所面临的诸多挑战必须依靠全球协作和努力才能解决。①

作为被点名参与挑战的中国公益第一人，徐永光对此评价同样极高，他说："在中国，没有灾难动员，不是政府推动，甚至并非公益机构主动出击，由公众自发参与如此规模的公益活动，更是破天荒头一遭。"②

民政部新闻办官方微博也表态："冰桶挑战"活动以轻松有趣的方式宣传关爱罕见病患者的理念和相关的医疗知识，带动了社会各界许多有影响力的人士参与，起到了很好的推动作用。

2. 批：娱乐与作秀

不过公众的质疑声也不绝于耳，质疑这项挑战的消极性。概括起来，主要有如下五种观点：（1）雷声大雨点小，冰桶挑战受关注的程度和它实际捐款数反差很大。（2）不环保，浪费水，面对干旱地区情何以堪？（3）形式主义，捐款就捐款，干吗还要浇一桶冰水？（4）娱乐至死，把慈善搞成一种游戏，和慈善的精神相去甚远。（5）借机炒作，冰桶挑战，成为一些名人或想成为名人的炒作秀场。

有网友质疑："宁愿往自己头上泼冷水，也不愿意为慈善组织捐钱，这真的是在宣传慈善吗？"——但这种情况是很少见的，大多名人不仅接受了挑战，同时还完成捐款。

还有从健康角度质疑冰桶挑战的，这些对健康担心的人，显然不太了解这些游戏规则，冰桶挑战并非强制性的，而是一种志愿性的选择，参与者完全可以结合自己的情况选择是否应战，毕竟最终目的是号召公众关注和捐款。而且从整个过程来看，这个担心的情况几乎未曾听闻。

还有从环保的角度，尤其是从干旱地区发出的质疑——这一点可能是在所

---

① 杨团：《2014，NGO 革新中国公益事业内涵》，《凤凰周刊》2015 年第 1 期，总第 530 期。
② 徐永光：《"冰桶挑战"中国戏刚开锣》，《新京报》2014 年 9 月 9 日，http：//epaper.bjnews.com.cn/html/2014 -09/09/content_ 534095.htm? div = -1。

有质疑里最站得住脚,同时也包含着公益倡导与公益价值的一个,因而在随后的冰桶挑战,很多挑战者采取了回收冰水,以这些水来浇花、冲洗地板等,减少了水资源的浪费。

还有一个最常见而又最令人困扰的质疑就是"作秀""炒作",认为明星或商业人物等有借助"冰桶挑战"营销产品、自我作秀之嫌。这显然是一种无理而且也完全不懂公益乃至社会现实的幼稚的质疑。

3. 冰桶挑战游戏本身的点评

和所有引起关注的公益活动一样,总有一些人不经思索地批评为"炒作""作秀""噱头","动机论"乃至"阴谋论"就开始流行。但是这种拒人千里、以己度人、不问青红皂白的粗暴质疑,越来越缺少市场,人们对于这套可以放置在一切事件上的万能必杀器也感觉无趣无聊了。

公众对冰桶挑战这类公益活动有着"作秀""过度娱乐化"等质疑,但显然这是对公益的片面理解,只把悲情公益作为公益,而快乐公益则被视为离经叛道。但恰恰相反,冰桶挑战与近些年来的各种有意思的公益活动一样,是值得鼓励的公益创新。其实公益就要善于发动民众,快乐公益,或者说可以大声地宣布,公益就应该作秀。

这是一个已经被深度游戏化的社会,尤其对年轻一代来说,游戏化是一种生存方式,娱乐化才是生活关注的主流,这是所有公益人也是所有人都应该意识到的现实,很多时候"阳春白雪"并不能战胜"下里巴人",更何况,谁规定公益就是"阳春白雪",成为高高在上的道德宣教?恰恰相反,公益就应该走入寻常百姓家,让所有人都喜闻乐见,然后充满乐趣地积极参与其中。

三 行业内部的风波

1. 王甲的微博质疑

2014年8月24日,刚好是"冰桶挑战"来到中国的第6天,渐冻人患者王甲在微博上公开质疑:

"百思不得其解,为什么一到中国就变味?从渐冻症到罕见病,可是中国的罕见病根本不包括渐冻症,这次活动最大的受益人是瓷娃娃王奕鸥。这次打劫的罪魁祸首是中国公益体制混乱混沌。"

这个微博发出的背景,可能是源于宋庆龄基金会王甲关爱渐冻人基金会、北京东方丝雨渐冻人关爱中心、中华渐冻人联合会等专业 ALS 组织,在中国的"冰桶挑战"活动开始后的半个多月内并没有受到社会的关注。

不过,如果跳出具体病种及其组织的角度来看待这个问题的话,其实对于整个罕见病行业来说,所有的病种都是最弱势的。对于公众来说,渐冻人也好,瓷娃娃也好,都是陌生的"罕见病",也分不清楚各种罕见病的区别与差异。而瓷娃娃以快速的反应走到了公众面前,也是机缘巧合,这也说明瓷娃娃罕见病关爱中心的前期工作得到了公众认同。相比之下,其他相关罕见病组织并没有做好准备,因此也就自然而然地错失了良机。正如前文所述,"冰桶挑战"发起于新西兰,是为癌症病人募款的。后来传到了美国才转化为 ALS 捐款。所以,到中国后转到瓷娃娃也正是体现了互联网典型的"失控"特征。

随后王甲在微博中还把"新浪微公益"拉入争议旋涡中,表示自己并非要针对"瓷娃娃",而是觉得"一开始媒体导向的错误"造成了今天这样的局面。仅仅从最后的结果看这样的指摘值得商榷,新浪微公益成为最主要的捐赠渠道,占比达 89%,无疑为中国版"冰桶挑战赛"做出了巨大的贡献。针对网友的质疑,新浪新闻中心几天后发出了一篇资深公益记者王辉的调查文章《中国冰桶挑战迷局:为何渐冻人的钱捐给瓷娃娃?》,文章详细介绍了新浪微公益选择"瓷娃娃"的来龙去脉,从中可见机缘巧合的偶然背后,是有着必然的因素。

一波刚刚平息,在挑战赛的后期,更大的风波又发生了。

2. 一封公开信的"炮轰"

2014 年 9 月 14 日 MDACHINA 渐冻人协会的官网及论坛上发出了一封《冰桶挑战公开信》,落款署名为 MDACHINA 渐冻人协会,加上宋庆龄基金会王甲关爱渐冻人基金、上海市慈善基金会常青关爱渐冻人及罕见病患专项基金、运动神经元病互助家园,四家联合公开质疑,而公开信提交的对象却是"民政部民间组织管理局"和"张泉灵",内容则直指瓷娃娃罕见病关爱中心。这是一封措辞严厉、情绪化的公开信,同时更将公益圈中一些因为政策限制而不得已变通的做法,指责为"非法募集""非专业的组织"。公开信一开头就直接定性:

违背社会诚信,故意混淆概念,大力推广"为罕见病,'冻'起来!"的违规劝募行为,将"冰桶挑战"活动给运动神经元病患者(渐冻人)的善款拦截,误导社会公众捐赠至瓷娃娃专项基金。

诚然,上海的常青关爱渐冻人和罕见病专项基金仅收到少数几家单位的冰桶挑战捐款。这对于渐冻人患者群体来说,无疑是一个令人"干着急"的局面。

公开信还引用《中华人民共和国公益事业捐赠法》《民办非企业单位登记管理暂行条例》《基金会管理条例》等多项相关法律法规中一些不合情理或落后的条文,来指责瓷娃娃基金是"非法募集",而这些色彩鲜明的字眼如"非法截获""故意混淆概念""见财起意",也让公开信在行业内投下巨石一般,引起了极大的争议。尤其是对于业界来说,一些条文的不合时宜和不合情理造成了公益组织在现实操作中只能变通应对,但公开信却把这种行业内迫不得已的做法当做"非法"来指控,无疑令人失望。这种兄弟阋墙的事情实在是不该发生。这些指控更多的是让公众看到一种不理性的业内"分羹不均"而产生疵瑕,甚至可能成为笑话般的利益抢夺。

事实上,从整个冰桶挑战的发展脉络来看,进入中国以后从 ALS 转到了瓷娃娃,并没有存在"截获""混淆概念",正如在最开始,冰桶挑战就是为癌症而发起,然后才转变为 ALS 的,如今在中国的这种转化,也是一种顺势而为。对于这种"失控"的、稍纵即逝的机会,瓷娃娃在第一时间把握住了。王奕鸥的自述披露了内情:"回到 8 月 17 日的那个夜晚,当微公益的伙伴拨通我的电话,面对这项源于新西兰呼吁为癌症病人提供关怀,到美国为渐冻人筹款的冰桶挑战,当时并未多想,只是隐约意识到这是一个让中国罕见病群体浮出水面的机会。当晚,我们的'助力罕见病、一起冻起来'项目在新浪微公益上线。"①

当然,对于瓷娃娃来说,必须清楚地意识到,这些款项也必须服务于整个罕见病群体,毕竟作为一直以来被"罕见"的少数群体,如果再在这种可遇不可求的历史机遇中,因为内耗而丧失机会,或者无法得到公众的认同的话,那么未来这个罕见病群体又将面临发展的困境。

---

① 《致参与"冰桶挑战"爱心人士的公开信》,瓷娃娃罕见病关爱中心官方博客,http://blog.sina.com.cn/s/blog_532b6a210102v0mg.html,2014.8.23。

3. 以公开与行业资源共享平息风波

这种行业内病种间的兄弟阋墙，实在不是"冰桶挑战赛"这么难得的机遇下应该出现的。实际上关于资金使用与资源贡献的问题，在业界已经有所思考并付诸施行了。在王甲质疑的前一天即 8 月 23 日，"瓷娃娃关爱中心"就在其官方博客和官方网站上发出《致参与"冰桶挑战"爱心人士的公开信》，该公开信中明确提到瓷娃娃基金会关注的不只是瓷娃娃，也有 ALS 等罕见病。并承诺会将"首批善款用于救助 ALS 患者"。

2014 年 8 月 31 日，瓷娃娃罕见病关爱基金、瓷娃娃罕见病关爱中心召开了"冰桶挑战"公益项目媒体见面会，公布了工作进展详情、监督委员会名单、接收捐赠情况、善款使用方案等信息。在见面会上，由瓷娃娃罕见病关爱中心理事曲栋代表理事会发布了善款使用计划：冰桶挑战专项将根据捐赠人的捐赠意愿来确定资金使用方向。

两个月之后的 11 月 21 日，"冰桶挑战——关爱渐冻人"招标工作组通报了"冰桶挑战——关爱渐冻人"项目招标评审工作最新进展。在经过了"初步评估""实地走访""两次评审会议"等环节后，通过了救助与支持渐冻人患者、运动神经元病患者、SMA 病患者等 11 个中标项目。另外，招标的剩余资金，也都面向全国的运动神经元类疾病患者开放进行个案救助申请，并由多家相关罕见病组织联合组成救助协作小组，共同进行个案救助工作。①

2014 年 11 月 27~28 日，正是在项目的善款支持下，由中国福基会和东方丝雨渐冻人罕见病关爱中心主办的第一届全国渐冻人病友大会在京召开，邀请了来自全国各地的 50 多位患者家庭与其他罕见病组织代表、政府相关部门、医学专家、企业代表、公益机构、广大媒体及各界人士到会，展示了行业的团结，形成了资源共享。②

从共享资源方面，在冰桶挑战活动后期的 8 月 25 日上午，在北京圆恩空间举行的"中国冰桶挑战沙龙"上，与会的公益界人士、媒体记者、志愿者

---

① 《"冰桶挑战——关爱渐冻人"中标项目展示 广大运动神经元症病友救助渠道开放中》，瓷娃娃罕见病关爱中心官方博客，2014.12.19，http://blog.sina.com.cn/s/blog_532b6a210102vaiu.html。
② 《"冰桶挑战"初结硕果 首届渐冻人病友大会圆满落幕》，瓷娃娃罕见病关爱中心官方博客，2014.11.28，http://blog.sina.com.cn/s/blog_532b6a210102v8y4.html。

的各个群体达成共识，建立一家名为"病痛挑战基金会"的专业性、资助型的公募基金会，并建立理事会、监督委员会，构建关注中国罕见病患者的长效机制，引导更多的公众参与关爱罕见病患者。可惜的是，由于观点的不同，以及现实的一些因素的影响，设立公募基金会的目标迄今看来依然任重道远。

但是，因为有了"关注中国罕见病"这样一个行业共识，能够将所有的资源，公平公开地作为整个罕见病的共享资源，从而避免了前述公开信所担忧的善款成为某些类型罕见病的专用资金。在8月31日的媒体见面会上，十余家罕见病组织在会场设置了展览区。它们得益于"冰桶挑战赛"，有了更好的机会，向公众普及罕见病病种及其相关知识和面临的困难。

公开透明是公益的生命线，冰桶挑战所得捐款的管理者从一开始就牢记了这个天条，接受了公众的监督，相信会将捐款妥善用于罕见病群体的服务之中。但是，"冰桶挑战赛"这种活动，是可遇不可求的，中国罕见病的整体状况令人担忧，对罕见病群体的高度关注仍要继续，罕见病事业任重道远。

四　罕见病行业：团结才有未来

罕见病，顾名思义，是指那些发病率很低的，但往往又是慢性的、危及生命的疾病。目前国际确认的罕见病约有六七千种，非常多，占人类疾病的10%左右。罕见病覆盖了人类已知的身体的各个系统，有三四千种病症。据估算，我国罕见病总患病人口约为1644万，每种罕见病的患病人数约2740人。但是，对于罕见病的定义，每个国家和地区也有一定的差异。我国尚无罕见病的官方定义。

1. 罕见病事业困难重重

从全球罕见病的发展来看，中国对罕见病的整体关注要比美国、澳大利亚、法国、加拿大、日本等国家晚很多，在科研、诊治、权益保障、社会宣传等方面都要薄弱。正如黄如方的总结，目前国内罕见病群体面临七个大的问题。

第一，罕见病医学研究、诊疗水平低下。第二，病人药物可及性程度低，病人没有办法获得很好的治疗。第三，罕见病社会保障政策缺失。第四，病友家庭因病致贫现象普遍。第五，社会歧视和排斥现象普遍，主要表现在教育、就业、婚恋等方面。第六，病友家庭社会援助缺失。第七，社会宣传和公众认知不足。大家都不了解什么是罕见病，罕见病群体面临哪些困难。①

从以上分析中可以看到，其中共有五个利益相关方，患者及患者家庭本身、病友组织、医学专家、医药企业和政府。"最终解决罕见病必须是这五类人行动起来和联合起来，形成一个多部门、联合的协作网络，才有可能解决这个问题。任何一方都不能缺失，它是环环相扣的。政府侧重医生的培训、科研、诊疗水平的提高，建立医疗保险，引进药物、纳入医保等，政府的任务还是比较重的。病友组织也很重要却解决不了实际问题，病人要看病吃药等。"②

所以，靠"冰桶挑战"捐款，靠一个慈善机构去解决罕见病问题是不可能的。罕见病事业目前还面临着巨大的难题与挑战，在这种情况下，行业内要团结，不要自我分裂，才能更好地集中力量办大事，共同致力于罕见病事业的推进和困难解决。

2. 罕见病行业力量薄弱

目前在中国各类病友服务组织（RDNGO）约有50家，覆盖了40种疾病，60%都是在2008年之后成立，30%在北京。整体上讲，组织的专业化程度还是比较低的，也没有多少人员和善款做更多的服务。社会整体资源关注到这个领域的也比较少。冰桶挑战之后，才让更多的人真正知道了罕见病的存在，有了初步的了解。这些RDNGO覆盖20多种罕见病类型，联系到的病人约有2万人。在这50多家RDNGO中，大部分组织化程度很低，这些问题还将继续考验中国RDNGO整体的发展。③

但从国际层面讲，都有一个类似罕见病发展中心这样的机构，可以去支持不同的罕见病群体，都应该有一个病友服务组织，就像"ALS"，有这样一个组织为病友群体提供服务。加拿大已有102家规模不等的罕见病组织。日本国内单独的病友组织大约有200~300家，区域性的组织有40多家，这些病友组

---

① 黄如方、张天潘：《"冰桶挑战"：多方合力救治罕见病》，《南方都市报》2014年8月31日，http://epaper.nandu.com/epaper/A/html/2014-08/31/content_3305853.htm?div=0。
② 黄如方、张天潘：《"冰桶挑战"：多方合力救治罕见病》，《南方都市报》2014年8月31日，http://epaper.nandu.com/epaper/A/html/2014-08/31/content_3305853.htm?div=0。
③ 《"冰桶挑战"的火热掩饰不了中国罕见病现状的困境》，中国罕见病官方网站，http://www.hanjianbing.org/content/details_22_2013.html。

织对推动日本"难病"相关法律政策的制定和出台起着很重要的作用。日本患者协会是该国最大的"难病"病友组织协会,从2005年成立至今,协会成员已达30万人,这些成员分别来自82个不同的病友组织。日本罕见病法于2015年1月1日正式实施,从药企减税及对病人补贴等方面缓解日本罕见病治疗的困局。

美国最早的与罕见病相关的联邦法律是1983年出台的《罕见病用药法》,关注罕见病与罕见病群体开始进入国家法制层面,对罕见病临床研究费用减免税金,并提供研究资助,罕见病患者享有政府医疗保健计划和商业保险的双重保障。[①]

由此可见,中国罕见病整个行业自身发展情况与国外对比,还是力量薄弱,所以必须携手整个行业集体协作,共同推动罕见病防治行业的发展壮大。

3. 法律保障与社会救助亟须完善

诚如瓷娃娃罕见病关爱中心工作人员张皓宇在中心官方博客上著文所言:苦难之于罕见病患者,疾病的可怕只是开始,整体医疗体系层面的缺失,才让很多家庭感到绝望,譬如误诊、漏诊带来的二次伤害,譬如无处求医的苦闷,譬如新生儿疾病筛查、医保、医药科研层面对罕见病群体的忽略。从这个角度上看,在误诊之殇、医少难投、保障缺失……这些问题的笼罩下,冰桶挑战只能是带来一时关注,"病痛挑战"却是罕见病患者及其家庭一生所面对的艰巨战争,只有在医疗体系上建立全方位的保障,只有出台相应的法律法规,从根本上完善罕见病医疗体系,才能让这场与病魔战争中的他们赢回生命应有、基本的尊严。

目前全球已有很多国家和地区制定了专门的法律法规,定义罕见病,为罕见病群体提供科研、医疗、用药、成长等方面的支持。中国大陆目前对罕见病尚未有明确的定义和相关法律。[②]

总之,罕见病行业需携手各界,团结一致,共享资源,和衷共济,努力改善罕见病的社会环境与医疗环境,才能迎来光明的未来。

[①] 《2014第二届国际罕见病联盟会议暨国内罕见病NGO论坛在深圳成功举办》,中国罕见病官方网站,http://www.hanjianbing.org/content/details_12_2126.html。
[②] 张皓宇:《"冰桶挑战"背后的"病痛挑战":罕见病医疗体系亟待完善》,http://blog.sina.com.cn/s/blog_532b6a210102v123.html。

五 "后冰桶挑战时代"的思考

1. 冰桶挑战启示：更多可参与的公益创新

近些年来，诸如冰桶挑战这样可参与式的公益活动日益丰富，比如"地球一小时"、"为爱行走"、公益马拉松"为爱奔跑"、徒步"善行者"、"一个鸡蛋的暴走"等活动，还有在冰桶挑战之后复制的24小时"饥饿挑战""微笑挑战"等全民参与的公益倡导，它们的共同特征就是通过互联网发起民众的最大化关注，以创意、体验、娱乐等方式，让公众能够参与到其中，同时体验与倡导了公益。这些方式本质上标志着一种新型公益模式的兴起，它们改变了传统公益表现形态，塑造出全新形态的公益，同时更新了理念，改变了人们对公益的旧有观念，原来公益不只是苦难、悲情、怜悯等等，还有娱乐、游戏、体育、体验，公益是生活的一部分，是能够让生活更快乐的。

公益，顾名思义，必须有公众参与，才能称其为公益，也只有广泛参与的公益才能有生命力，而只有创新才能促进更多参与。冰桶挑战赛给了我们极为丰富的启示。首先，它以社会名人作为发起者，让活动本身就具备了极强的抓公众眼球的能力。其次，形式新奇，以点名这种一直以来颇受欢迎的方式接龙，然后用一桶冰水从受挑战者头上往下浇，落汤鸡的狼狈相更是吻合公众围观特性。最后，更为关键的是，通过冰水浇头的方式，能够让更多的人感受到渐冻的过程，初步体验渐冻人等罕见病的病痛。这些新颖的方式与方法，让冰桶挑战具备了极高的兴趣点和可参与感。

2. 快乐公益，让公益成为一种生活方式

以冰桶挑战赛作为重要的参照，2014年完全可以作为一个标志年，标志着中国进入了一个新的公益时代，人们对于公益的理解与参与，已经从一年一度在纪念日"学雷锋"做好人好事，转变到随时随地地参与，而且在创新公益的刺激上，有着更多的参与机会。尤其是80后、90后青年人，对于公益的理解与诉求，已经有别于传统慈善范畴下的"献爱心""做好事"。对于很多年轻人来说，公益已经是一种自我实现的生命体验，从中能够获取到快乐，所以他们并没有传统的"自我道德优势"，而是感谢被帮助者能够提供机会让他

们有机会获得这种生命体验。

在这个框架下,年青一代对于公益的理解,已经内化到生活的点点滴滴当中,成为一种日常的生活方式了,也是在这个意义上,能够将公益真正地理解为"公共利益",因此从慈善的狭义走向了更具广义的公益,日常生活的诸多领域都能够成为公益实践场域,如社区服务、时间捐献、呼吁关注雾霾、社群动员、公益众筹等,公益的门槛已经消逝,任何只要有善心和意愿,都可以参与社会公共利益的建设和倡导中。

同时,正如杨团教授所呼吁的"大公益",我们已经进入了大公益时代,这个范畴下的公益,从小的方面,它可以包容我们自己的民族慈善,从大的方面,它包容我们国家所做的公益。但大公益更重要的在于,它可以超越种族,超越国界,共同应对人类的各种危机和灾难。而这样的公益,必须做到"人人都有公益责任,人人都可以参与公益,人人都是公益人"①。

3. 牢记公正是公益的核心原则

冰桶挑战是一场公众广泛参与的快乐式的公益创新,但背后最应该受关注的罕见病,不仅有现在大家熟知的 ALS、瓷娃娃,还有更多的罕见病,这个名单能够列出很长很长,覆盖了人类已知的身体的各个系统,每个罕见病种类,都应该被公众所关注。

在社会高速发展和进步的今天,少数群体的权益要得以重视,这是一个多元社会的基本特征与要求,对待弱势与少数群体(罕见病)的态度,是检验人类文明程度的关键标准。正如中国扶贫基金会执行会长何道峰的点评:"挑战冰桶转化为发起资助罕见病的严肃公益活动,值得称道和击掌而歌,吾将鼓瑟和之。中国的现代化文明程度,绝不是靠高楼大厦来衡量,也不是靠 GDP 来量度,而是看弱势群体是否得到保护,特殊病患者是否得到关爱,失能失智老人是否得到专业护理,不公平不公正之公共抉择是否得到社会倡导来遏制与纠正……因此公益的路还很长,困难还很多,这才是对业内同仁和全社会志愿精神的真正的冰桶挑战。"②

---

① 《2013CCTV 年度慈善人物》,央视网,http://news.cntv.cn/2013/12/14/VIDE1387026133834238.shtml。
② 张泉翔:《"冰桶挑战",公众倒逼公益界》,《中国慈善家》,2014.8.28,链接:http://www.icixun.com/2014/0828/4539.html。

而如果从整个社会的宏观层面和罕见病行业的微观看，冰桶挑战都揭示了公益界的核心问题：社会公正，这个公益的基本原则和精神是帮助弱势，不是居高临下，而是以平等公平的姿态面对，如果没有处理好这个核心的问题，则公益界难以得到真正的发展。

从宏观层面看公益界里的社会公平正义问题，是公益行业的弱势群体（各类罕见病），与其他公益事业或项目所关注和服务对象之间的不平衡，如艾滋病、乙肝等，虽然同为难以治愈的疾病，却能够得到公众的关注，政府与政策的支持，有更多的机会受到关注。而罕见病因为借助冰桶挑战才真正地吸引了全社会的关注，发出公益界的强势声音，受到关注。当然，罕见病通过这次冰桶挑战，得以从"罕见"到被"看见"，而且引发全社会的关注，也让政府意识到自身的责任，这也是公正的公益理念的一次大彰显。

从罕见病行业的微观层面看，这个领域本身也存在公正的问题。虽然同样作为罕见病，比如在冰桶挑战活动中，ALS与瓷娃娃这两个病种就受到了更多的关注，因而带来资源动员与整合能力的区别，也因此导致病种之间的资源分配问题。

这个时候，作为受到较多关注（当然相比依然是弱势的、罕见的）的病种，需要在全领域内实现资源分享，实现内部团结，正如古训所言，合而力量大，分则弱。如果在这种本来就不受关注，现在机遇难得时却内耗不断，那对于整个罕见病来说，都是一件坏事，甚至对于整个公益行业来说，都带来极为不良的影响。这就需要整个行业必须时刻牢记分享、开放、公平、合作、抱团，不要自我分裂，一起面对，一起进步，一起发展，然后共同整合社会各界力量，去保障罕见病事业的进步和发展。

4. 结语

冰桶挑战，发轫于互联网，以一个全新的方式，助推了世界公益的发展，也成为一个难得一见的全球景观，成就了一场中国的公益嘉年华。但这种突如其来的"失控"的公益创新活动，中国公益界并没做好最充分的准备，后续发生的一些风波，也正是这种仓促应对后遗症的体现。所以，首先，无论如何，行业的共同发展与团结，分享资源，共患难，必须成为每一个罕见病行业从业者首先牢记的。其次，面对这些来自全社会的爱心资金，每一分钱都必须透明公开,接受社会的监督。这是公益的立命之本。再次,这种一阵狂风式的机遇,是可遇不可求的,如何推陈出新,开展更多的公益创新,让公众能够持续关注,还需要每一个关心罕见病的人士深入思考。最后,呼吁全社会,尤其是政府部门,要更多地关心罕见病,推动罕见病事业的发展,让每一个罕见病患者及其家庭,能够得到应有的生命保障和生活尊严。

B.13 维吉达尼：移动互联支持下的城乡互动助农合作在新疆的有益探索[*]

崔丽丽 刘敬文[**]

摘 要： 借助信息通信技术的赋能，来自各地的人们汇聚到一起，围绕着特定的社会问题发现了创新性的解决思路与途径，并产生了社会效益，这就是社会创新。在今天，越来越多的青年人开始以社会创新为出发点，凝聚"小我"的力量成就"大我"，增进沟通促进理解，造福更多人群。维吉达尼正在利用互联网、电子商务和社交媒体，营造虚拟社群，通过合作社组织改善着新疆农户们的生活和境遇，将他们采用自然农法种植与加工安全、健康的高品质干果献给各地的人们。这些凝结了天地人和的美食与情怀增进了新疆与内地民众之间的理解，正如他们自己所言：最关注的是人。一群有情怀的年轻人，用自己的热情、热心，携着代表天地人和的良心农产品，为更多有着同样热情热心的人们分享。

关键词： 企业社会创新 虚拟社群 社会化 营销合作社

序：当代慈善、民间公益与数字化技术赋能的社会创新

慈善在我国有着悠远的历史。传统慈善更多的是对社会上需要帮助的弱者

---

[*] 本文所要介绍的社会企业：喀什市维吉达尼商贸有限公司和喀什疏附维吉达尼农民专业合作社，简称维吉达尼，是维吾尔族语音译，意为良心。

[**] 崔丽丽，上海财经大学电子商务研究所执行所长。刘敬文，维吉达尼创始人。

的捐助行为，从外务到理念、智慧、信息等方面的扶贫救济。随着经济和社会的进步，各种涉及民生、环境的社会问题不断出现，社会公众对解决这些社会问题的期望和呼声日益高涨。政府、企业和公益组织不断尝试用公益性的方式解决社会问题，互联网特别是移动互联网的发展给了更多社会个人参与社会问题解决的机会，同时也赋予了人们更多解决社会问题的方式与方法，产生了数字化技术赋能的社会创新（Digital Empowered social innovation）。数字化技术赋能的社会创新使得当代慈善更多地表现为民间公益。分散在不同地区的个人、组织或群体，通过新兴的数字化技术的链接与赋能，在试图解决社会问题和满足社会需求的同时，发现了创造利润的机遇。个人、群体通过社会创新有效地解决社会问题，满足社会需求，正在成为有效推动社会健康发展的重要动力，也成了当代民间公益最为夺目的一抹亮色。今天的中国，维吉达尼正在利用互联网、电子商务和社交媒体，营造虚拟社群，通过合作社组织改善着新疆农户们的生活和境遇，将他们采用自然农法种植与加工安全、健康的高品质干果献给各地的人们。这些凝结了天地人和的美食与情怀增进了不同群体之间的理解，促进了人们之间的情感交融，谱写出当代中国慈善的新曲。

一 情怀与善念的缘来

1. 维吉达尼的源起：援疆志愿者一个人情谊与情怀一起点的选取与思考

大学毕业后加入媒体工作者行列的刘敬文一直非常关注社会创新。对社会问题的关注与报道促使他萌生了想要换一种生活的想法，于是2010年他辞去媒体人的工作，在深圳的残友集团做了一名全职志愿者，并且获得了一次去新疆做社工的机会。一直非常关注社会企业的他在去新疆之前，先后参加了东亚社会企业论坛，以及英国大使馆组织的社会企业家培训，对社会企业有了比较多的了解，很多国际经验令他至今印象深刻，启发很大。与此同时，有一位安徽工业大学社工系的学生陈军军通过老师联系到刘敬文，希望在毕业后一起参与到援疆项目中，于是她很快成为深圳援疆社工站的第一批社会工作者。2011年5月，刘敬文偕妻子张萍一起来到喀什，张萍作为一名志愿者参与深圳援疆残疾人培训项目中。项目的内容之一就是每周探访农户，特别是对口帮扶的维吾尔族残疾农户。在南疆地区，少数民族人口占总人口的90%以上，而且这里的维吾尔族农户多数都不懂汉语。因此在来到喀什参与援疆残疾人就业培训项目之前，陈军军就在网上结识了一个维吾尔族小伙子麦合穆提·吐尔逊（阿穆）。热心的阿穆很快就成为一名志愿者，在喀什海关工作的同时，业余时间担任探访农户的翻译。就这样，几个来自不同地方、不同民族的年轻人，因为一个爱心公益项目聚到了一起。

在阿穆的帮助下，刘敬文、陈军军和同样也承担一些任务的张萍开始了每周探访维吾尔农户的工作。一次大家乘坐的汽车接受哨卡的例行检查时，阿穆别在腰间的一把小刀被没收了。经过哨卡后，阿穆的脸色变得非常难看。经了解后，刘敬文才知道，原来这把小刀是阿穆非常要好的兄弟赠送的，在维吾尔族人中，好兄弟、好朋友之间赠送的礼物如果丢失，就好比古人"割席而坐"，会在朋友和兄弟之间产生非常严重的隔阂。然而，如果阿穆自己返回去讨要这把小刀可能会引起不必要的误会与麻烦。因此，他主动提出返回哨卡，与驻守的解放军进行了长时间的沟通后，终于要回了心爱的小刀。这次经历，让刘敬文深刻地感受到维族人重情义的特质。

不仅如此，在农户家探访时维吾尔族人热情好客的传统也无时无刻地不在感染着他们，每次探访农户们都将家里最好的干果拿出来招待客人。原来，地处南疆的喀什是一片自然条件优越的绿洲，光照和水源充足，农民仍然采用自然农法种植和储存农产品，可以生产出安全、健康、优质的干果、水果，然而这里又是地广人稀、交通不便、农户分散，农民以维吾尔族为主。社工们探访的很多农户家里都有品质优秀的干果，但他们辛辛苦苦得来的劳动成果却缺乏销售渠道，使得家庭一直无法摆脱比较穷困的状态。这使得刘敬文逐渐萌生了一个想法，探访农户不能停留在只与农户交流感情的阶段，应该帮助农户做一些实在的事情。他开始思考帮助农户们寻找好干果的销售出路。

一个普通的冬日，刘敬文像往常一样到荒地乡探访穆合塔尔家，穆合塔尔大叔热情好客，与大家非常熟悉。这一次大家照例走进穆合塔尔大叔家宽敞的砖房，却发现地上的核桃堆成了一座小山。深入了解后才知道，穆合塔尔家的核桃虽已全都采收完毕，却一颗也没卖出去。主要是因为当地小贩的收购价格抵不上种植的成本，穆合塔尔一家虽然很着急，但是宁愿留着。社工们立马决定，利用大家熟悉的互联网帮助穆合塔尔大叔在年关前卖掉家里储存的黑核桃。大家各尽所能、各司其职，刘敬文借着多年媒体人积累的经验，负责文案工作；张萍已有一个"三钻"主营服装的淘宝店铺，直接作为销售平台；陈军军擅长摄影，拿上单反相机就能将地里的场景拍得非常漂亮。大家只用了一星期时间，销售的平台就搭建起来。

虽然只是临时起意帮穆合塔尔大叔卖核桃，刘敬文却陷入深思，他要找到一个真正能体现这些农产品价值的名字作为品牌。刘敬文想到了维吾尔族人的重情义、热情真诚和自然农法种植，想到了"良心"一词，他觉得唯有这个词能够代表他眼中维吾尔族农户们和他们辛勤劳作得来的农产品的特质。于是"良心"的维语——Vizdan，取其音译，就有了今天的维吉达尼。

2. 维吉达尼的成长：社交媒体、社群众筹等新理念的使用—多方支持

维吉达尼从卖干果起步，带着一份对维吾尔族农户们的爱开始，然而要真正走向创业或成功干一番事业，刘敬文和他的团队也经历了不断的试错、学习、思考和实践的过程。如今回头看维吉达尼的成长时，我们发现，他的成功离不开这个时代背景——互联网及数字化技术。

表1 维吉达尼成长三阶段

发展	主要目的	工具/媒介	经营管理策略与方法
起步期（2011年）	帮农户卖产品	沟通媒介：微博 销售媒介：淘宝	树立品牌、故事营销、影响力
创业期（2012年）	立足于市场	沟通媒介：微信、微博 销售媒介：淘宝、6688商城	基于情感管理的品牌与客户维护：情感溯源、社群众筹
快速发展（2013年至今）	着眼于长远扩展	沟通媒介：微信、微博 销售媒介：淘宝、6688商城、天猫	基于社群组织与情感管理的品牌与客户维护：农户合作社管理等

（1）起步阶段——微博、大V和故事营销

要帮助农户们销售缺乏渠道的优质干果产品，除了有熟悉的平台外，更重要的是能够迅速打开销路。媒体人出身的刘敬文想到了熟悉的微博，因此最初的营销推广是在他的个人微博进行的。在他的微博上，有一段这样的动情文字：帮帮维吉达尼良心农户，尝尝真实维吾尔味道。我们义工开了个帮农淘宝店，帮助喀什淳朴的维吾尔农户，他们生活在喀什噶尔大绿洲上，用阳光和雨露来种植红枣、核桃、葡萄、巴旦木、无花果，用自己的良心和辛勤的劳作来守候它们，在他们的信仰里，植物和干果是真主赐给自己的，是要珍惜的，要感恩的。配图是身着维吾尔族服饰的农户站在广阔的田地中,捧着他们亲手种下又采收的果实,颇具感染力。

那年冬天,穆合塔尔家储存的核桃共有近2吨,维吉达尼网店第一批就试销了300公斤,加上阿穆舅舅家的几百斤杏干,通过刘敬文个人的社交网络和一些热爱新疆的人士的传播,很快卖完了。其他农户听说后也立马要把自己家里的干果拉来,一下子积攒了大量农产品,销售压力陡增。为了解决小淘宝店的销售瓶颈,刘敬文在粉丝数量超过10万人的微博大V中筛选了几十位有卖货经验的,通过私信求助,得到了中国互联网早期的著名网民"老榕"的回复。在"老榕"的帮助下,维吉达尼和他们售卖的喀什土特产冲破了地域的界限,被全国各地的人知晓,与社工们相熟的十余家农户积压的干果在年前尽数售完。①

(2)创业阶段——基于虚拟社群的情感追溯

年后,社工们还未返回喀什,就接到了农户们的电话,说今年的干果还要继续依靠大家在网络上销售。这究竟有多大的可能性与可行性?通过对200位微博购买用户的回访发现,90%的客户有重复购买的意愿。这把社工们夹在了中间。在决定做与不做之间,刘敬文的思考更为深远,要做就不只是在网上卖货,而是要让维吾尔农户们充分地分享品牌带来的丰厚利润,通过生产与消费的互动在新疆维族农户和内地消费者之间建立起沟通的渠道,传播正面的价值与信息。

这时,阿穆也从喀什海关辞职。于是,作为与刘敬文共同的事业,在2012年3月他们注册了"维吉达尼"品牌,为贫穷农户服务的社会企业。为了做好一个以农产品为媒介的新疆农民、生态农业媒体,刘敬文与妻子张萍通过材料和实地考察学习了国内外一些先进的农产品产销模式。他们对维吉达尼有了一个初步构想:以网络销售为龙头,打造并建立品牌后,围绕品牌理念,组织农户成立合作社,让农户学习成长、互助提高并参与合作社治理,以此向消费者提供安全健康、有品质、有"温度"的产品,并通过网络虚拟社群将这种温度和温情在农户与消费者之间传递。正如刘敬文所说:该我们赶上了一个有微博有电子商务有这些技术工具的好时代。农户、客户和创业团队的组

---

① 资料来源:http://www.sqshi.com/a/61733.html#ixzz3VHoo2ibb。

织、交流与沟通传递问题，全部通过基于社交媒体的虚拟社群迎刃而解了：农户和客户之间的社群，形成可追溯的情感纽带；客户和创业团队之间社群，通过零成本建群，传递真实的新疆，形成虚拟空间的消费合作社，让所有客户一边长知识一边充满参与感地去享用新疆天然农产品，甚至发展为分销商、众筹投资人。

（3）快速发展——多渠道管理与治理

从2012年3月21日创始到现在，三年过去了，小小的维吉达尼拥有了一个在互联网上小有名气的品牌，在新疆有大约2000家合作农户，从互联网上重复购买的客户约5万人，农民和农产品消费者之间成为了一个温暖的虚拟社群，大家每天在社交媒体上互通着新疆的信息，消费者可以吃到天然、安全的农产品，用手机和电脑向劳作的农户们表达感恩之情，农户们经常接到来自他们完全没听说过的地方的明信片和信件。维吉达尼还在稳步而快速地发展着，这些发展正表现为越来越多的采购、销售渠道和科学的治理。

在2015年，维吉达尼的产品将由原来的淘宝集市店、6688商城拓展到天猫商城，甚至将有更多的"微"力量加入分销渠道中来，所销售的产品将来自新疆更广阔的范围，从最开始的直接对接农户发展到成立农民合作社，到目前与喀什以外的农民专业合作社进行合作，取得了很好的效果。为了应对所销售产品品类的继续增加，维吉达尼将在未来探索成立合作社联盟，向其他合作社提供采购标准、相关的技术支持，共同开发农产品。在虚拟社群一块，也将持续对微博、微信社群的维护以及与线下活动的互动推进。

二 情怀与善念的交融：始终关注人

1. 生产人之与维吉达尼

在传统的农业生产运作中，生产者与消费者被层层流通环节割裂开来，我们在菜场、超级市场或者商店中所购买的农产品被过度地打上了商品的标签。一旦远离了共同赖以生存的基础——土地，金钱交换所构筑的商品关系就很难建立起生产者与消费者之间的信任关系。维吉达尼一直视自己为一个代言新疆生态农业的媒体，通过虚拟社群、社会化电商越过了传统消费渠道中的层层转包，将岩茶、杏干、蜂蜜等产品背后那些农户的故事与人情味，传达给客户，这是维吉达尼认为最好的产品溯源，包含情感的产品溯源，使他们自然而然与农产品形成信任关系。这种带有"温度"和情感的信任关系的形成离不开维吉达尼与生产人之间所建立的一系列机制。

首先是品牌与信任，与维吉达尼合作的农户目前绝大多数都是穆斯林农户，他们有着虔诚且与生俱来的信仰，这种以信仰为支撑的信用体系的建立具有天然的优势。自最初以"良心·Vizdan"一词代言农产品以来，虽然那些汉族和其他民族客户们觉得维吉达尼这个品牌比较难记，但维族农户们一听到Vizdan容易记忆，而且他们就知道了这代表着大家需要凭良心去种植和生产，如果暂时达不到这样的种植标准，维吉达尼的小伙伴们会帮助农户们努力去达到。

其次，组织与管理机制是维吉达尼用心学习了国内外先进的农业产销组织的管理经验之后，结合新疆的实际情况探索出来的一条可行的路径。2012年12月28日，由维吉达尼公司和兰干乡农户共同发起成立了疏附县兰干镇维吉达尼农民专业合作社。合作社对合作农户进行农业技术培训，在保留传统维吾尔农业技法的同时，加入现代生态农业的技法和理念，建立针对农产品的检测平台，培训农民子弟学习包括电子商务的现代营销方式。目前合作社的社员已经覆盖了喀什周边地区，与农户合作开发的产品种类已达到27种，包括红枣、杏干、核桃、雪菊、葡萄干、艾特莱斯桌旗等产品。为了更好地对接和管理农户，在合作社的框架下，对于品类销量较大，农户较多的社区已经分品类成立采购互助组，并建立了社区联络人制度以达到更有效的沟通的目的。

社工们借用了农村社会工作的方法，给每个农户建立一个农户档案，除了记录农户的基本信息以外，还配有生动的故事，探访的记录，采购的记录，质量评估情况等。目前维吉达尼的2000个农户中，已有约100个完整全面记录的农户档案，2015年会力争将这一档案做到500~1000个。未来在新疆更大范围内的合作，维吉达尼将通过倡导组建维吉达尼合作社联盟，在此联盟下的合作社，维吉达尼不仅将提供采购标准、相关的技术支持，共同开发农产品，还会与联盟的合作社一起探索可持续的、使中小农户真正受益的机制，这包括：年度分红，对有贡献的农户颁发荣誉证书和奖金等，让农户自己做主，与农户共同成长。

2. 消费人之与维吉达尼

在客户这一端，虚拟社群只是一个更充分的能够获得客户反馈、与客户进行互动的形式。而更为根本的是产品的品质保障。农户们在"巴扎"市场上销售自家种植产出的农产品，不同个头的大枣和杏子价位一致，农户们也没有质量等级的概念。而要将新疆的好产品传播到内地甚至更远的地方，并积累、沉淀大量的忠实客户，就必须对产品有严格的品质定义和筛选标准。维吉达尼的阿穆主要负责产品采购和质量控制。在选品过程中，维吉达尼对于一些产品建立了书面的标准，诸如最为直观的产品大小和甜度，也会结合采购人的个人经验来进行产品的收购。为了找到高品质的货源，阿穆这两年一直奔波于天山南北。目前，维吉达尼已经与国际小母牛组织进行合作，也在产品的选购标准中采用了国际小母牛组织的一些产品标准，例如吐鲁番不含有速干剂的葡萄干。

维吉达尼最开始在微博、微信平台做虚拟社群的目的就是沉淀客户，社群是承载新产品发布和收集客户反馈最好的平台。在微博粉丝的基础上，维吉达尼和客户们形成了一个有温情的微信社群，在这里，大家除了将维吉达尼提供给大家的安全天然好品质干果作为谈资以外，还共同学习维语，由专门的维吾尔族志愿者来担任老师，甚至还有专门的学习课件。分布在天南地北由新疆情缘牵起来的这张网络社群的人们，每周五都有网友作主题分享。分享的内容有在内地上学的维吾尔族青年的经历与故事，大家交流着对猫咪、对花草的爱好，这些主题性的交流与分享活动增进了社群中彼此的了解，很多社群里的顾客之间都成为了好朋友。在现在这样物欲横流的时代，特别是在城市中老死不相往来的氛围中，维吉达尼的社群特别的难得。这样一个生产者和购买者形成的有共同价值观的群体，使他们之间不再仅仅是买卖关系，而更多的成为情感上的互助与共鸣，大家不舍得也不会轻易地离开这样温暖的群体。

3. 维吉达尼产销生态：随手公益、交流互动

由生产者、维吉达尼的小伙伴们和消费者通过建立农户档案所必需的探访、带有温情的故事与明信片和虚拟社群形成了一个和谐、湿润而带有"温度"的生态圈子，他们自我维护、自我平衡，不断健康生长。维吉达尼的小伙伴们在生产者和消费者之间充当着润滑剂，通过入乡随俗、随手公益在弥合、增进民族与地区之间的理解与融合。

在做农户探访的过程中,维吉达尼的小伙伴们积极地本地化,入乡随俗,比如依照习俗女孩下乡戴头巾,在农户家吃饭后回赠一些礼物等。在探访过程中,维吉达尼的社工们发现很多农户都没有很好的照片,一次一个农户丢了一个孩子,居然没有一张照片可送到派出所找人,由此使他们萌生了每次下乡都给老人和小朋友拍照的想法,这都是维吉达尼的随手公益。从这些随手公益中小伙伴们把拍好的照片送给农户,农户都很高兴。岁月流逝,小伙伴们也看着好多小朋友长大,像雪菊农户的小朋友阿依夏,准备在每年都给她拍一张好照片,到她出嫁的时候可以送个影集给她。

现在刘敬文每次到一个地方去演讲,都会有一些粉丝前来助阵,常常碰到熟知维吉达尼的朋友,夸赞喀什的美景和马木提老人的杏干。这都得益于维吉达尼的小伙伴们通过深入农户探访,辛勤地寻找好产品,与农户们交朋友,然后通过社会化媒体将农户们的点点滴滴呈现给客户的行动。每发一份产品都会附带一张有农户头像和签名的明信片,让客户知道这个产品是谁生产的,有的客户收到明信片后还会寄回维吉达尼,转交给农户,小伙伴们就把顾客的祝福翻译给他们听,农户们都感到十分惊喜。

三 情怀与善念的闪光

1. 边疆农产品的远足:更多人从良心农产品了解新疆

维吉达尼的初心是出自一个善念,这就是把维吾尔农户的好东西分享给跟维吉达尼的小伙伴一样的人。在刘敬文的眼里,新疆的天是蓝的,水是清的,干果是好吃的,人心是善良的。这里的干果原料很少使用化肥和农药,在农户们眼里,这些都是真主赐予的食物,要珍惜和感恩,决不能对食物做违背良心的事。在维吉达尼刚起步的时候,大家没有任何不切实际的目的和过高的期待,回复和珍惜每一个评论。大家都感觉到如此边缘的事情,被人们关注着喜欢着,是多么的不易,传播着这样的善念是那么的美好。

渐渐地,跟着安全、健康、天然的农产品一起远足到世界各地的明信片载着客户们的喜爱之情和感恩之意回到了新疆,农户们与客户们的交流是那么的有温情。

"这一袋杏干是我亲手种的,很高兴你喜欢。我自己也喜欢吃,祝福您。

我是新疆喀什的艾尼江·乌斯音。"

来自日本的明信片上写着:"日本与新疆隔着千山万水,却能因良心干果让我们结缘。现在是日本樱花盛开的季节,想必喀什的杏花也一样美丽……"

从纽约寄来的明信片,上面写着:"大叔大婶,远在纽约,依然记得杏干雪菊的味道,真美!想对你们说,感谢你的辛苦劳作,喜欢那春风般淳朴的笑脸。同一个地球,我们是兄弟姐妹,祝福你们!"

大家真的可以通过凝结着天地人和的尚好食物交上朋友,很多内地的客户就是通过品尝这些大自然与农户们辛勤劳作赐予的礼物,开始了解新疆,喜爱新疆,理解新疆与这里的人们。

2. 维吾尔族农民兄弟赋能:更多维吾尔族同胞从良心农产品受益

2014年,维吉达尼销售了数以百吨新疆农户的农产品。这些农产品不仅换来了可以让农户们生活得更好的金钱,更让农户和顾客的内心得到了充实。大家都满满地感受到这些金子般的农产品所带来的价值,让大家相信有这样一种幸福。

维吉达尼第一家合作农户喀什荒地乡穆合塔尔大叔,他的收入越来越高,他第一年跟维吉达尼合作销售6000元核桃,2014年已经达到了25000元。更重要的是,已经成为荒地乡维吉达尼村民互助小组组长的穆大叔越来越自信,他到处游走告诉大家,还可以到网上去卖核桃,只要坚持"Vizdan",大家可以一起帮助做到。他的孩子们也愿意回来帮忙了,大家都感到生活越来越有盼头。维吉达尼每发展一户农户,就可以看到他们生存与发展条件的全面提升,产品的品质越来越好,生活越来越有奔头。

3. 边疆的民族融合:增进民族之间的相互理解

2014年"新疆"频频成为各种新闻事件中的焦点词汇,恐慌感在弥漫,偏见也在弥漫,维吉达尼通过干果销售而传播善念增进理解的价值与意义变得更大了。维吉达尼还继续以这种天然食物所承载的柔软和真诚去缓解种种偏见,让大家通过食物去了解一个真实的新疆和真实的维吾尔人。

在微信的社群里,有许多网友表达着他们对维吉达尼的喜爱与对新疆的理解。

"我喜欢维吉达尼,是因为一种精神。对小圆枣林,对产品,对客户,那种精神就叫坚持!总有一种坚持能感动人心,总有一种坚持值得所有人都坚持!"

"我想和你们一起看着陪着明信片上的孩子们长大……"

"支持维吉达尼,在新疆这个多民族的地区,利用新疆的优势惠及各民族百姓才是民族大融合之道。"

"对维吉达尼的信任源于了解和认同,我们深信新疆兄弟姐妹是一家人。"

这些感人至深的话语足以让维吉达尼的小伙伴们努力地坚持做好这一座民族沟通、理解与融合的桥梁。

四 维吉达尼之天地人和:从乡土情怀到天人交融

通过几年的实践与摸索,维吉达尼真正做到了从人与人的友谊与信任出发,通过互联网把这些小善慢慢做大到人类与自然的和谐共生,从当代青年人对土地的乡土情怀到更广阔的交融共通。小圆枣的故事,正是一个采用现代科技和新兴的商业模式促成自然与人类和谐相处的最好例证。

小圆枣的故事源于刘敬文与社工在寻访会制作维吾尔传统乐器民间艺人的一次迷途,幸好路遇热心的阿吉老人帮忙带路,并邀请大家去家中做客。老人家里堆满了小圆枣,由于个头小经济价值不高。刘敬文劝说老人种植大枣能获得更好的经济效益。而阿吉老人告诉大家,小圆枣是祖先留下的,都有几百年的树龄,在祖先生活最难的时候,它带来了幸运。阿吉老人小时候也得到过小圆枣的救治而得以活命。虽然小圆枣现在不值钱,但却不能砍掉它,这树有神性,是维吾尔人的恩人,要好好对它。刘敬文被感动了。他相信这些小圆枣理应带给阿吉这样的老人更好的生活。

就这样,小圆枣在2013年成为维吉达尼的产品,它被密封进透明圆罐,放在网店里向全国售卖。2014年,维吉达尼推出了"南疆圆枣古树林,我来养你"淘宝众筹项目,得到上千人的支持。每一个认养小圆枣的客户会获得一份认养证书和小圆枣。每一位认养的顾客也会得到一个微信展示链接,供他们查看认养的情况,同时也方便顾客分享到自己的朋友圈。一千多棵小圆枣树被数百名客户认养。农户们觉得很新奇,把枣树护理好了,就不用发愁别的事情。可惜的是,如今阿吉老人已经去世。当再次回到那片树林,整个树林密密麻麻挂满了认养的牌子,解决了21户小圆枣农户的销售问题。2014年,维吉达尼的小伙伴和农户在北京参加了客户闷闷的婚礼，闷闷将认养的小圆枣作为喜糖分享给来宾。这可以说是最有成就感和最具幸福感的时刻，一股浓浓的温暖以食物为载体在传递着，从土地到枣树，从小圆枣到人，从一个人传递到更多的人。故乡、乡土、情怀、善念，天地人和。

五 数字化技术赋能的社会创新价值分析

1. 维吉达尼新型农民合作组织方式的探索帮助农民"有尊严地进入市场经济"

农业可以说是最个性化的产业，依照自然条件的不同和生产者知识、经验的差异会产出千差万别的产品。目前我国农产品的生产者大部分是单个农户，他们之中接受过系统农业职业技术教育的不足5%，[①] 在种植、生产与加工、销售等方面基本以祖辈传授的传统技法进行种植。在生产经营上，仍然采用分散的家庭模式，生产加工能力不高，效率较低。南疆地区的环境使得这里的农户更为分散，能够接受种植与生产加工技法的机会更少，使他们长期处于贫困的边缘，祖祖辈辈都难以得到改善。维吉达尼以销售为龙头，以市场价值的分享作为前提，将喀什地区的农户以不同层级的合作组织形式组织起来，形成了一种新的组织管理方式。

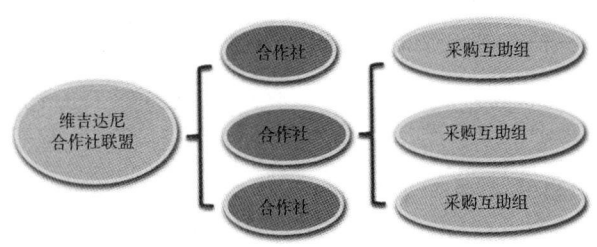

维吉达尼针对农户的组织管理分为几个层级：农户—采购互助组—农民专业合作社—维吉达尼合作社联盟。从最开始农户数量少的时候由维吉达尼直接对接农户，发展到同一个相邻社区帮助生产相同农产品的农户成立采购互助

[①] 《农产品电商迅猛发展背后的冷思考》，《人民邮政报》2015年4月7日。

组,并建立了社区联络人制度来对接,到现在的喀什地区形成农民专业合作社,并开始寻求喀什以外的真正发挥功能的农民专业合作社进行合作,取得了很好的效果。通过农户探访和建立农户档案,了解并监督他们的种植加工过程;通过采购互助组以选品采购为起点,让农户了解维吉达尼的生产加工标准,分享优秀农户的种植、加工经验;通过合作社,对农户进行农业技术培训,建立针对农产品的检测平台,培训农民子弟学习包括电子商务在内的现代营销方式。随着维吉达尼新兴农民合作组织模型的逐渐扩大,将有越来越多的新疆农户从中受益。这样的受益不仅仅表现在经济收入的增加,更多的是农民能够学有所用,获得真实可靠的技能,能够跟上世界最新的科技潮流,缩小工农差距、缩小城乡差距、缩小区位差异,消弭数字鸿沟,实现从边缘走向主流,正如刘敬文所说,维吉达尼就是要用一种方式让少数民族的农户们能够有尊严地踏入市场经济社会。这就是一种帮助农民的最好公益。

2. 维吉达尼借助新兴数字化技术促进广泛的群体间互信合作

中国社会是植根于农业时代发展起来的社会,带有非常浓重的"熟人"社会特点。不论城乡,亲属、邻里和同事等是人们社会交往的主要路径。不难发现,"熟人"多半都有着非常相似或共同的属性,从而促进了人与人之间的交流与交往。然而随着经济的发展,城市发展越来越快,各种职业变化和住宅的充分商业化,使得人们不断在迁徙,从一个城市到另一个城市,从城市的一个角落到另一个角落,同类人群的交集逐渐减小,人际关系逐渐疏离。而乡村更因为一直以来没有占据经济发展的重心而被远远地抛在城市的步伐之后,城乡差距、工农差距越来越大。然而数字化技术的出现带来了转机,人们可以借由互联网跨越职业的差别、地域的分隔,寻找具有共同语言、共同爱好、共同志向的朋友,从线上走到线下,再从线下走到线上。

维吉达尼的志愿者们就是因为网络而汇聚在一起的,刘敬文、陈军军、张萍和阿穆,他们几个从线上走到线下,共同参与了喀什帮扶残疾人就业的公益项目。在不断的接触中,他们建立了跨越民族的深厚友谊,感受到了南疆地区淳朴的民风和农户们的热情,下定决心以自己的力量帮助农户们的农产品找到更好的销路。这促成了一个远在广东生长深圳工作的城市青年刘敬文与遥远的喀什农户穆合塔尔大叔一家的合作,刘敬文和小伙伴们利用自己熟悉的微博、电子商务平台解决了穆合塔尔大叔家丰收的黑核桃的销售。以这项合作为基础，维吉达尼不断壮大，在线上联合微博大V"老榕"扩大影响力，帮助农户们销售更多的农产品，到有意识地基于线上的消费需求，在线下促成农户与农户之间的互助合作，成立合作社乃至合作社联盟。现今的维吉达尼平台，集合了来自世界各地的热爱自然、喜爱美食、关心新疆的人们，人们通过农户们辛勤的劳作感受到新疆的美好，同时也将内地甚至世界各地的问候与祝福送给农户们，这又广泛地促成了消费者与农民之间的交流与合作。几个青年人汇聚在喀什参与公益项目所发挥的能量是有限的，当这几个年轻人下定决心帮助农户们销售干果，他们发挥了新兴技术的能量，将与少数农户的合作逐渐延伸、扩大，将这种爱的汇聚通过互联网的方式传播、扩散，终于产生了巨大的能量，促成了在过去难以想象的不同群体跨越民族、跨越地域隔阂、跨越时空的广泛互动、互信与互爱。

3. 线上销售与线下生产运作的互动助力民族地区团结稳定

新疆一直以来是多民族聚集的地区，由于地理位置、宗教信仰、民俗习惯与语言的差异，长期以来与内地之间存在经济发展上的差异。特别是南疆地区，经济的不发达使得这里明显滞后于国家整体的发展，也使一些当地人特别是青年人在没有得到正确的信息的情况下误入歧途。东汉赵晔在《吴越春秋》中云：国富民强，众安道泰。我国古代历来太平盛世都是经济发展的顶峰时期，民富则民安，人民富裕了就会安于生活，享受生活，这时国家也会随着人民生活水平的提升而国力强大，根基稳固长远。人民不富裕或者存在较大的贫富差距特别是在不同阶层或不同群体之间存在较大的贫富差距的话，就会容易出现战乱，国家很难强大起来。因而从这个角度来看，要维护边疆民族地区的稳定势必先要使他们富裕起来，帮助他们获得与内地的人们享受平等的在市场竞争中的能力，使他们同样能够享受祖国强大所带来的福利。

维吉达尼通过微博、电子商务平台和微信虚拟社群的形式构建起一个庞大的，以维吉达尼品质保障为核心的消费者粉丝群。由这个群体所产生的巨大市场，撬动了南疆地区以喀什为起始地的农户们采用现代农民互助合作方式组织起来的生产运作体系。这个体系既松散组织又紧密合作，大家围绕着如何更好地生产出"良心"高品质干果产品，发挥各自的能量，付出辛勤的努力。维吉达尼把线下这些好产品传递给线上的消费者群体，消费者们通过这些好产品看到了新疆的自然、人文，又将来自各地的祝福与爱回赠给这些辛勤劳作的维吾尔农户们,增加了彼此之间的了解。农民们可以获得更好的回报,过着有盼头的幸福的生活;线上的人们看到了更加美好的新疆,更可亲可爱的维吾尔农户的笑脸。这无疑通过线上线下的商品交易促成了边疆地区的富足稳定与民族团结。

结语:维吉达尼掀开企业慈善的新页

维吉达尼实现了用创意、用文化、用商业的力量帮助维吾尔农户有尊严地走向市场经济的目标,用商业的力量,让善待土地的人们能一直守护着故乡。"我们的努力,更多体现在用经济力量消弭城乡裂痕,重新让人们认识那个温暖的故乡"刘敬文说。这样的善念还在传播着,这样的行动仍在继续着。

未来维吉达尼希望在3~5年内做到新疆的300万户农户的1%,就是3万户农户,分区域形成不同规模的家庭农场,维吉达尼合作社为这些农场提供服务。所有的营销都是以社会化营销作为主导方向,用电子商务的形式,希望客户与生产者真正通过移动互联网进行沟通,希望农户们能够一夜进入移动互联网时代。到那时,虚拟社群里的客户们学的维吾尔语就真正能学有所用了。

正如维吉达尼的客户帮助总结的:维吉达尼,因信仰(情怀)而来,因产品而驻。这就是当代慈善,一个基于虚拟社群的新疆助农社会企业的善举背后的信念。维吉达尼这种对土地的信仰与情怀会伴随着它的发展与壮大不断地在人与人之间延续、传递。

热点事件篇

Hot Topics

B.14
开门立法 社会参与
——记慈善立法实践中的国家与社会互动*

摘　要： 2014年，社会各方群策群力、有序参与慈善立法，向牵头起草的全国人大内司委积极提供慈善立法的材料和观点，多所高校和中国社会科学院有关机构自发组织、主动提交了7个民间立法草案稿。中国灵山慈善公益促进会于年底组织了清华、北大等5家慈善法民间版本研讨会，邀请全国人大内司委、法工委有关人员出席，将社会参与的开门立法推向高潮。2014年慈善法开门立法展现了国家与社会良性互动的效果和价值，为中国的立法史记下重要一页。

关键词： 慈善立法　开门立法　社会参与

---

* 本文初稿撰写者钟丹，中国灵山公益慈善促进会北京办事处干事；重写并定稿者杨团，本书主编，中国社会科学院研究员，院社会政策研究中心副主任，中国社会学会社会政策研究专业委员会理事长。

2013年，党的十八届三中全会决议将国家发展带入了一个新的历史时期，2014年，十八届四中全会明确了"依法治国"的战略方针。2014年开展的慈善立法进程正好处于国家进入新历史时期的开端，立法机关与学界和社会组织密切合作，多场次、多议题、多形式、多参与主体的慈善立法讨论，很好地实践了四中全会关于"立法机关主导、社会各方有序参与立法"的精神，展现出以往从未有过的国家"开门立法"的盛况。

慈善法开门立法，社会各界在立法草案起草过程中进行公共讨论，致使立法实践的过程不仅促进了法律议题的公开透明，也成为打造中国社会公共空间的直接动力。

2014慈善立法进程简介

我国慈善领域的相关立法远远落后于实践。迄今，慈善方面的立法只有1999年颁布的《公益事业捐赠法》，以及规范我国三种社会组织——基金会、社会团体、民办非企业单位登记、注册和行为的三个行政法规。

慈善立法的历程可追溯至2005年。当年9月，民政部正式向全国人大和国务院提出起草《慈善事业促进法》的立法建议。2009年，民政部向国务院法制办提交立法草案，慈善法进入立法程序。但是，相关的很多问题包括慈善的含义，是大慈善还是小慈善，与公益是什么关系等问题均有很大争论，致使慈善法一直未被提上国家立法的重要日程。直到2013年11月，慈善法列入了十二届全国人大常委会立法规划第一类项目，并确定由全国人大内务司法委员会牵头起草。

2014年，是慈善立法的重要转折点。可以说，慈善立法驶入了快车道。十年长跑，一朝提速，工作的紧迫性可想而知。

2月24日，全国人大内务司法委员会召开慈善事业立法领导小组第一次全体会议，列出了立法时间表和路线图。按照程序，全国人大法工委应该在内司委提请常委会第一次审议之后接手立法工作，而为了保障慈善立法全程顺利，他们提前介入，和内司委一道工作。

全国人大内司委对慈善事业立法高度重视，专门成立由委员会主要领导担任组长的立法领导小组，并召开立法研讨会，邀请有过慈善法规立法经验的地方人大、民政部门代表和专家对立法过程中的重大问题进行讨论。

2014年，正是党中央提出"依法治国"重大方针后的第一年，作为立法机关的全国人大常委会，在慈善立法进程中，按照"立法机关主导、社会各方有序参与立法"的原则实践开门立法。

慈善立法由全国人大内司委亲自牵头的消息一经传出，立刻引起全社会的高度关注。大专院校、研究机构、民间组织、传媒界各界人士，以及参与慈善公益事业的企业家们奔走相告，都志愿为立一部善法贡献力量。多家机构以民间建言献策方式自行组织立法建议稿起草小组，并开始连续作战，多个社团、基金会不仅参与全国人大内司委的立法座谈会，而且自行组织立法研讨会，且下半年的频率更高于上半年，总之，社会参与慈善立法的活动贯穿了2014年全年。

同时，全国人大内司委连续作战，马不停蹄。自3月到年底，全国人大内司委共组织了9次座谈会，到七八个省份调研，而全国各地自组织的慈善立法沙龙、研讨会、座谈会等近30场，仅北京大学法学院非营利组织法研究中心与清华大学明德公益研究中心合办的"慈善立法半月谈"就历经8个月，办了14期之多。每场讨论，都邀请基金会、社团、民办非企业单位、高校研究中心以及草根组织和传媒机构代表广泛参与。全国人大内司委和法工委也尽了最大努力参加社会各界自组织的慈善立法研讨会，达20次之多。每到一处，他们都全程聆听和仔细记录，针对重点问题提问。这种谦逊和认真的态度鼓励了会议的参与者们，大家对慈善立法中的每个议题，都热烈讨论、知无不言、言无不尽。可以说，在慈善立法的议题上，国家与社会间的互动达到了前所未有的广度和深度。

2014社会参与慈善立法的重要记录

据不完全统计，2014年，全国各地组织了近30场慈善立法沙龙、研讨会、座谈会等活动。参与单位有六七百家，参与者达2000人次以上。这些研讨活动涉及慈善的定义，与公益的区别，慈善法的调整范围、慈善组织的含义和分类，慈善法与其他三部行政法规的关系，慈善公募权和网络募捐的关系、中外慈善立法比较等众多重要议题。现将其中的重要研讨活动列表如下。①

---

① 数据来源于网络，经汇总而成。

活动名称	活动时间	地点	主办单位	主要内容
慈善基本法立法研讨会	2014年3月29日	北京	中国社会科学院法学研究所社会法研究室	慈善立法框架
慈善立法研讨会第一/二次会议	2014年3月~4月	济南	山东大学法学院	设立慈善法（专家建议稿）研究小组专题讨论
民间参与慈善立法	2014年4月12日	北京	中国灵山公益慈善促进会、华民慈善基金会	推动学界和社会组织参与慈善立法
慈善立法系列沙龙半月谈（前后共14期）	2014年4月26日至12月14日	北京	北京大学非营利组织法研究中心、清华大学NGO研究所、明德公益研究中心	慈善立法重要议题分期讨论
慈善立法公共研究系列讨论	2014年5月8日	北京	北京师范大学中国公益研究院	慈善法定位问题
慈善立法高层论坛暨"创新慈善制度，推进慈善立法"学术研讨会	2014年6月4日至6月6日	济南	山东大学	慈善法的调整范围、慈善组织及其内部治理、募捐资格与公募许可等议题
2014公益慈善思想峰会	2014年6月18日	广州	中山大学中国公益慈善研究院、广州市慈善服务中心	探索慈善发展中的问题，推动慈善立法进程
慈善税制、慈善组织、慈善服务立法专题研讨会	2014年6月22日	北京	中国人民大学中国社会保障研究中心	慈善税制、慈善组织、慈善服务等服务
"公益·对话·传媒"	2014年7月9日	北京	北京师范大学中国公益研究院、中国灵山公益慈善促进会	慈善立法要点热议
正益论之"杨六斤事件引发的慈善立法思考"	2014年8月13日	北京	中国扶贫基金会、安平公益传播基金会、中国灵山公益慈善促进会	政府是否可以透过媒体介入慈善募捐？慈善是否应该为特定对象募捐？
慈善组织与慈善服务立法专题研讨会	2014年8月24日	北京	中国人民大学中国社会保障研究中心、中国慈善联合会	慈善立法中的实务问题
中日慈善立法研讨会	2014年11月4~5日	北京	北京师范大学中国公益研究院、河仁慈善基金会	中日慈善法交流
慈善立法理论与实践学术研讨会	2014年12月2~4日		山东大学	全面讨论慈善立法理论与实践
慈善立法民间5版本研讨会	2014年12月21日	北京	中国灵山公益慈善促进会、北京大学非营利组织法研究中心	民间慈善法5个版本发布，邀集各界系统讨论、分析比较

1221民间5版本研讨会

民间为慈善立法出版本,而且出了多个版本,是2014年慈善法开门立法的亮点。

2014年12月21日,由中国灵山公益慈善促进会主持召开了慈善立法民间5版本研讨会。5个版本的提出机构是:(1)北京大学非营利组织法研究中心联手清华大学明德公益研究中心;(2)北京师范大学中国公益研究院;(3)中山大学公民与社会发展研究中心;(4)上海交通大学非营利组织研究中心;(5)中国社会科学院法学研究所。

据了解,山东大学和山东临沂大学也向全国人大内司委提交了慈善法的版本,所以一共是7个版本。2014年确实是民间参与慈善立法的丰收年,迄今为止,还没有哪一部法律在起草阶段就能如此牵动全社会的关注。

2014年12月21日发布的民间5个版本中,最值得提出的是北京大学非营利组织法研究中心与清华大学明德公益研究中心共同提出的版本。这个两家联手,历经8个月磨砺出来的版本,共14章247条,几乎够上一部慈善法典了。而这部"法典"的起草过程更加不同凡响。它是法学、社会学、经济学、行政学等各界专家学者,与基金会、社团、民办非企业单位和草根民间组织共同切磋14次的最终成果。

北大、清华联手起草慈善法民间版本的目的和目标十分明确,不仅要为全国人大立法机构贡献一部汇集民间智慧的法律版本,还要在立法起草过程中向公众不断进行法律知识的传播。

可以说,这个目标既在法律之中,又在法律之外。要让公众明白慈善立法并非只是慈善组织的事,也是关系到每个公民社会权利的要事。金锦萍、王名、刘培峰三位学者取其"法"字的"三生有幸"之意,刻立铭章,作为共同设立和主持"慈善立法半月谈"沙龙的logo,凸显了三位学者也即三位公民的社会情怀。为让慈善法成为真正能解决现实问题的法,就得"先说事儿,后写字儿",所以,从4月26日到12月14日,"三生"即三位书生共举办了14期半月谈沙龙,邀请了几十家社会组织和上百人次参与慈善立法的专题讨论,从立法原理、意义到具体法条,从宏观框架到微观法条,将庞大的慈善法系统分解成了可理解、可参与的法律普及知识，让所有的参会者获益匪浅。非营利组织——基金会中心网的负责人程刚参与了大部分半月谈，对此深有感触。他说，这大半年的参会等于上了一次高质量的法律研讨班，对提升自己是一场真正的洗礼。全国人大内司委和法工委有关人员全程参加了14次半月谈，《新京报》的公益记者受邀也全程参与，为将晦涩的法理知识与专业的法理词汇转换成通俗易懂的报道，三位书生做出了重要的努力。

为了准备12月21日的慈善立法研讨会，作为主办机构的中国灵山公益慈善促进会进行了精心策划，不仅编辑印刷以集中展示5个版本，协助其中4个版本首发，更主要的是，策划全天会议中各节的内容、邀请最合适的各界人员参会、把握好会议的每步程序、努力让所有参会者都有所收获。

内容策划上，首先对5个版本进行比较和综述，接着依照慈善立法的法理逻辑，并与现实结合，以规范与自由、规制与激励为两个分主题，再分别就立法宗旨与定位，慈善组织，捐赠与募捐，慈善财产，慈善服务，行业自律与他律、信息披露等5个子主题进行专题讨论，每场讨论，都邀请一位法学家先做主旨发言，接着由法学专家、社会学专家和非营利组织负责人各一名做点评，而后与在场嘉宾进行充分互动。

为了邀请最合适的人出席研讨会，确定了全结构化的各界全面参与的邀请原则。最后，有百位参会者分别代表了政界、学界、社会组织界（基金会、社团、民非、备案组织、免登组织、境外驻华组织）、企业界、传播界，以及社区备案组织和公民个人。参会者的多界别化，为多层面、多视角、多领域的这场公共讨论奠定了基础。

该次会议的形式设置也有别于以往，会务方面采取"自主服务""秩序谏言"的原则，不设置单纯工作人员，每个参会者都是会议代表，以求共同营造平等自助、秩序井然的庄重气氛。

为保障会议讨论公开公正，会议主办者精确计算全天的讨论时间净值，即去掉休息、午餐时间后总共6个半小时、390分钟，并且定出了严格守时、自由发言不得超过2分钟等规则以提升时间的利用率。会中还对每段发言人次做统计，不断鼓励到会者积极参与。与会者均以开放的心态聚精会神、专心致志、排除干扰地投入讨论。据统计，到会议结束时，100位代表有80人次发言，可见会议的热烈程度。

中国扶贫基金会执行会长何道峰在总结发言时提出："今天的会议完全凸显了时代的特征，在立法领域，在公益行业，应该是一个里程碑式的会议。"

开门立法、社会协同任重而道远

任何立法都是一种重大的公共选择，需要给利益相关方提供参与的公共通道。而慈善立法涉面很广，从普通公民到企业家，从草根组织到公募、非公募基金会，从民间社会到政府机构，无不与之相关联。2014年慈善法开门立法的实践，为立法者与民间社会之间的充分沟通提供了方式和渠道，一种将实务分析与法理研究相结合、以民间智慧形成的立法版本用于支持国家完善立法的模式已现雏形。这种模式对于改善国家立法机关的结构和功能具有前所未有的重要意义，甚至应该成为依宪治国、依法治国的一种新常态。可以说，2014年慈善法开门立法展现了国家与社会良性互动的效果和价值，为中国的立法史记下重要一页。

展望2015年的慈善立法进程，将会延续2014年开门立法之路，更好地发挥民间参与、社会协同的力量，让国家与社会在互动中共同创造更加广阔的公共空间。

B.15
"轻公益"的来临

——"冰桶挑战赛"宣告公益进入2.0时代*

摘　要： 2014年夏天，风靡欧美搅动互联网、娱乐、体育等各界的"冰桶挑战赛"，也以最快的速度蔓延到中国，开启了火热的中国版"冰桶挑战赛"。与欧美"冰桶挑战赛"关注渐冻人有些差别的是，中国版"冰桶挑战赛"由于机缘巧合关注了瓷娃娃，而且在游戏规则上也有了改善。虽然挑战赛引起了行业内的争议风波，不过在各方的努力下，最后以行业团结、资源共享得以妥善解决。"冰桶挑战赛"不仅让世人关注到罕见病，还从深远意义上给中国公益界带来一次风暴式的洗礼，同时也检阅了中国互联网公益发展的最新高度。"冰桶挑战赛"以其创新性、娱乐性、互联网化等特征，刷新了公益的刻板面貌，正如专家所言，它注定在中国乃至全球公益史上成为一个重要节点，宣告了一个可以称为"轻公益"的公益2.0时代的到来。

关键词： 冰桶挑战　渐冻人ALS　罕见病　公益2.0　轻公益

一　"冰桶挑战赛"席卷全球

2014年7月4日，从新西兰发轫的"冰桶挑战赛"，搅动了美国的企业界、科技界、体育圈、娱乐圈等，然后又蔓延到世界各国，成为这个夏天最火

---

* 张天潘，《南方都市报》资深评论员，安平公共传播公益基金总干事。

热的全球性事件。"冰桶挑战"的游戏规则是,参加者需要将一桶冰水倒在自己头上,并且将整个过程拍成视频上传至社交网络。参加者完成挑战的同时,另可最多点名三人要求其效仿此行为;被点名者须于24小时内,选择接受"挑战",否则要向慈善团体捐款100美元。捐款的话,在美国是向罕见病ALS(Amyotrophic lateral sclerosis,肌萎缩侧索硬化症,俗称渐冻人症)公益协会捐款。

肌萎缩侧索硬化症(ALS)也叫运动神经元病(MND),后一名称英国常用,法国又叫夏科(Charcot)病,而美国也称卢伽雷氏(Lou Gehrig)病。我国通常将肌萎缩侧索硬化症和运动神经元病混用。它是上运动神经元和下运动神经元损伤之后,导致包括球部(所谓球部,指的是延髓支配的这部分肌肉)、四肢、躯干、胸腹部的肌肉逐渐无力和萎缩。患病率为1~9/100000,遗传方式是常染色体显性、常染色体隐性。也有业界人士认为ALS严格意义上不算是罕见病。

2014年8月18日,冰桶挑战赛活动蔓延至中国互联网圈,雷军、周鸿祎等多名科技界大佬被点名参与了这一活动,而后也蔓延到了娱乐、体育等圈子,刘德华、周杰伦、姚明、林丹等极具号召力的公众人物也纷纷加入。8月20日一早,南都公益基金会理事长徐永光接到了雷励中国创始人陆丰的点名,受邀参加"冰桶挑战赛",标志着中国公益圈人士正式加入这次公益"嘉年华",随后涂猛、邓飞等公益界知名人士也纷纷加入"湿身"行列。

二 "冰桶挑战赛"的中国化

"冰桶挑战赛"进入中国以后,基于国内的公益环境,捐赠对象从ALS症患者转换成了ALS症等罕见病群体,服务于各类罕见病群体的瓷娃娃罕见病关爱中心成为这次活动的主要捐赠对象。这在很大程度上是因为接受了俄罗斯互联网投资公司DST Global的CEO尤里·米尔纳(Yuri Milner)点名雷军的一条微博。作为严格意义上的首个受邀参与"冰桶挑战赛"的中国知名人士,8月18日雷军在接受挑战之后,向美国ALS协会捐款100美元,同时向中国"瓷娃娃罕见病关爱基金"ALS项目捐款1万元。于是,就把"瓷娃娃罕见病关爱中心"带进了人们的视野。"瓷娃娃"——成骨不全症,又称脆骨病，是一种罕见遗传性骨疾病，发病概率在万分之一到一万五千分之一之间，发病男女的比例大致相同，中国大概有十万人。患者易发骨折，轻微的碰撞，不小心摔跤、磕碰，严重者甚至打个喷嚏、踢个被子，这些在常人看来最普通不过的生活行为，都可能造成患者骨折。

"冰桶挑战赛"实现了两个有别于其他国家的中国化特征：一是捐赠对象主要为瓷娃娃，二是被点名者在接受挑战的同时，也会捐款，既避免了参与者遭到公众指责，又能动员更多捐款，为罕见病捐款做出贡献。"冰桶挑战"专项捐款金额截止到2014年8月30日24时，总计为人民币8146258.19元，不到半个月的时间里，就获得了800多万元捐款，这是罕见病捐赠前所未有的新纪录。

冰桶挑战赛活动不管在世界其他国家还是在中国，其意义与价值都为各界所称道，它成功地激发了公众对罕见病的关注热情，调动全社会的公益激情，成为一个标志性的公益大事件。尽管这一过程中，也发生了一些对浪费水、作秀等问题的质疑，但这些质疑本身并没有太多的理性含量，更无法削弱活动本身的巨大意义。作为被点名参与挑战的中国公益第一人，徐永光对此评价同样极高，他说："我认为可以用四个'很'字来概括这项活动，即很公益、很快乐、很接地气、很正能量。在中国，NGO组织的发展一直很弱，而冰桶挑战这样一个爆炸性的传播模式，对中国NGO基金会也是一个很好的发展机会。"而从整个公益界层面来看，其意义正如中国社会科学院研究员杨团的评价：这标志着"公益2.0时代到了"。

而这个"公益2.0时代"在表现形态上，可以概述为"轻公益"的到来，以冰桶挑战赛为基本的案例，呈现出"轻便""轻松""年轻"等"轻"的特质。相对于1.0时代的公益，尤其以2008年汶川地震为重要标志，呈现更多的是"重公益"色彩浓重的特质——悲情、大爱、道德感召等，在众志成城式的全民动员下的公益界爆发出惊人的力量，但这种突发式的大事件驱动的公益，也存在着诸如"道德绑架"等这样那样的问题。

六年过去了，在这个起点上，中国公益的进步可用飞速来形容，微公益、互联网公益、人人公益等新名词产生，社会企业、公益创投、公益信托等新产品的出现，都为公益的多元化发展提供了新思路和新可能。但从更广泛的趋势上看，以冰桶挑战赛为标志，最明显的特质是"轻公益"的异军突起。

三 冰桶挑战的轻公益特征之一：轻便

截至2014年8月30日，"冰桶挑战"专项捐款金额总计为8146258.19元，其中新浪微公益筹款7284981.00元，直接向北京瓷娃娃罕见病关爱中心账户捐赠288330.80元，直接向中国社会福利基金会瓷娃娃罕见病关爱基金捐赠1000.00元，支付宝钱包爱心捐赠通道获捐423458.83元，百度钱包爱心捐赠通道获捐148487.56元。

数据的背后是捐赠渠道多样化的胜利，微博乐捐、支付宝的钱包等，在各个公益活动中都成为不可或缺的仰赖工具。互联网公益在轻公益发展中起到了举足轻重的作用。这里轻，是轻便，是借助互联网尤其是移动互联网，人们参与公益完全可以做到举手之劳，绑定一张银行卡，通过几个按键就可以轻松地完成捐款、募捐或发起项目。尤其是，当下如火如荼发展的腾讯公益，其日捐、月捐还有一起捐，成就了"小而美"的公益项目成批地出现。公益与互联网众筹紧密结合，让公益实现了真正的无门槛，人人可公益，公益也就轻便起来。

轻便还体现在公益实现了互联网的O2O，公众与公益之间的界限被打破，公众可以直接以各种形式参与公益，而不再像原来那样，只能通过某些特定的中介，或者说是被捐款，才能绕着弯与公益发生关联。现在可以通过互联网轻便地捐款，还可以更轻便地通过互联网获得项目的详细进展情况，尤其可以实时监督其财务透明，公众可以直达公益项目本身，公益项目可以直接与公众互联。

公益与公共社会各界之间也物联起来，物物相连，万物万联，业界、国界都被轻易跨过，公益在联动中实现了轻便抵达，能够整合各界的资源，集全社会之力，打造更好的公益。这也是冰桶挑战之所以能够迅速风靡全球的一个根本原因。

四 冰桶挑战的轻公益特征之二：轻松

冰桶挑战赛以互动性极强的点名方式开展，是借鉴了长期以来互联网文化中的点名游戏。这使其很容易在某一个特定的圈子内形成一种受瞩目的风潮，互动性很强。点名游戏这种模式，是社会资源中人际关系的体现，被点名者往往能够获得很强的联动感、中心感，没有被点名者反而会失落，因此点名游戏成为互联网生存的强纽带，很容易受到关注。

另外，规则规定需要接受挑战者必须在互联网上公布挑战视频，让自己成为关注的焦点，展示自己，成为这个自拍风行时代最受欢迎的互联网生产方式。互联网、娱乐圈、体育界等公众号召力强大的人士参与及其病毒式扩散，制造了一个又一个娱乐话题，让活动具有凯文·凯利所谓的"失控"特质，能够在短时间席卷全球。

此外，在随后也出现了一些复制冰桶挑战的活动，如饥饿挑战。中国扶贫基金会在2014年世界粮食日发起了这项活动，要求参与者在10月16日20时至17日20时持续24小时体验饥饿的感受，以此表达对中国乃至全世界饥饿人群和贫困弱势人群的关注。体验者在这24小时中，需要不断地在朋友圈等互联网平台上分享自己的体验，也可以点名邀请自己的三个朋友参与。当然，每个人可以视自身的身体灵活变通，可以在中途放弃。饥饿挑战在启动过程中，还有统一的微信头像设计，哪怕不参与饥饿的过程，也可以为饥饿挑战做代言者。

还有微笑挑战。2014年11月27日，"微笑挑战"开始在朋友圈发酵，号召大家"左边放上点你的人的照片，右边放上自己的照片，点十个人继续传递微笑"。这项活动在28日开始清晰地呈现出背后的公益目的。28日下午，北京嫣然天使基金发起人李亚鹏发布微博，接受了因为娱乐电视节目《爸爸去哪儿》而受全国观众喜欢的多多的点名，多多是著名演员黄磊的女儿。李亚鹏除了点名刘嘉玲、杨坤等明星参与外，还在微博后面附了一个叫"多多小特齐上阵　呼唤爱心送礼物"的公益项目捐款链接。

这些活动，都延served了冰桶挑战的精髓，将轻松的娱乐化、游戏化作为活动的运作模式，采用点名、名人等病毒式的公益传播方法，将活动的社会效应最大化地提升。虽然每项活动本身是不轻松的，但形式上是轻松的，具有极强的体验性，这是轻公益的一个重要特征。虽然这几个复制冰桶挑战的公益活动并没有取得相同的效应，但这种轻公益的理念和操作方式，已经成功地启发了中国公益，能够不断地推陈出新，以轻松快乐的方式玩出新花样，玩出新公益。

五 冰桶挑战的轻公益特征之三：年轻

冰桶挑战呈现出的轻公益特征，就在其轻便与轻松的基础上，让年轻人有着天然的参与和围观激情。公益越来越成为生活方式，越来越多的公益创新能够吸引更多的年轻人参与其中。其实从1.0公益时代开始，汶川地震中的80后一代就一举扭转了社会将这个群体称为"垮掉的一代"的各种偏见。如今的2.0公益时代，已经成为90后这群"互联网土著"的时代。

除了参与者，公益从业者主体已经是80后、90后，这样的青年群体，对于新鲜的、好玩的、有创意的公益活动有着天然的亲近感和渴望，他们不愿在窠臼中徘徊，热衷于拥抱新技术，敢于尝试敢于挑战。在冰桶挑战赛中，瓷娃娃关爱中心的团队，基本上都是由80后组成的，而筹款渠道最多的新浪微公益团队，也几乎都是由80后组成的。

总结："冰桶挑战赛"下轻公益将成为大势

冰桶挑战赛虽然形式上只是一场游戏、一次娱乐，但其牢牢捆绑与倡导的是对罕见病的关注，正是通过冰桶挑战赛，全社会才真正"看见"了被忽视的各种罕见病。从罕见到看见，这并不是一件能够轻松达成的事业。所以，从这个角度看，冰桶挑战是中国公益界一次极具标杆性的事件，也给予了我们深刻的思考。

首先，从活动本身的启示——我们该如何推动更多的公益创新，让更广泛的民众参与公益，并快乐公益，最后让公益成为一种生活方式？不要害怕炒作、娱乐化，更不要高举道德大棒，因为中国公益已经进入大众公益阶段，创新，好玩，让公益从一味的苦情催泪中，实现快乐公益，才能激发更多公众的公益参与热情。

其次，中国公益界应该迎接互联网新公益竞争时代来临，从传统形态的公益转型，学会使用互联网为公益服务，实现便利快速的筹款、联动，促进中国公益事业的进步，互联网新公益要求掌握公益传播语言，善于抓住瞬息万变的机遇，增强市场竞争意识，提升自身的竞争力（加强专业化、组织化、职业化等），"等、靠、要"的陈旧慈善时代，将一去不复返了。

最后，从冰桶挑战赛中可以看到，病毒式传播是社会化动员最为有效的武器，公益必须要做到影响最广泛的公众，才能找到扎根的真正土壤。而扎根就必须掌握时代规律，迎合时代的兴趣点和兴奋点。以冰桶挑战赛为标志，未来全球公益将迎来轻公益发展趋势，公益轻便化、轻松化、年轻化，将成为主流。每一个从业者必须更新理念，迎头赶上，将公益推进一个人人做公益、处处有公益的现代社会中。

B.16 鲁甸抗震：政府主导社会组织协同机制发挥更大力量[*]

摘　要： 2014年"8·3"鲁甸地震是我国继2013年"4·20"芦山地震后又一次损失严重的自然灾害。鲁甸地震因震级较高、震源浅、次生灾害频发、人口密度较大、建筑标准低等原因，导致人员伤亡和灾害损失严重。灾后政府迅速响应，社会组织有序协同，形成了"政府主导、平台合力、基金搭台、专业服务、在地扶持"的协同救灾模式，为我国自然灾害救助史增添了浓重的一笔。

关键词： 灾害救援　政府主导　社会协同

一　背景

2014年8月3日16时30分，云南省昭通市鲁甸县（北纬27.1°，东经103.3°）发生6.5级地震，此次地震震中位于鲁甸县龙头山镇，震源深度12千米，共涉及云南、四川、贵州3省。截至8月13日，地震造成昭通市鲁甸县、巧家县、昭阳区、永善县和曲靖市会泽县108.84万人受灾，617人死亡，112人失踪，3143人受伤，22.97万人紧急转移安置，受灾人群逾108万。地震发生后国家减灾委、民政部紧急启动国家救灾应急响应，8月4日11时，国家减灾委根据灾情，决定将国家救灾应急响应等级提升至Ⅰ级。

---

[*] 郭虹，四川大学-香港理工大学灾后重建与管理学院，研究员；钟平，四川大学-香港理工大学灾后重建与管理学院教师。

二 社会组织参与鲁甸抗震救灾的经验

据云南民政厅和四川大学-香港理工大学灾后重建与管理学院鲁甸地震灾后重建办公室统计，参与鲁甸救灾的社会组织共有186家（其中云南本地机构8家），近2万名社会组织工作人员和志愿者参与了灾区的救援服务工作。各社会组织在紧急救援和过渡安置阶段的工作主要有：生命搜救、协助部队废墟救人和运送伤员、掩埋遇难者、运送物资、在灾区协助发放物资、协助灾民转移、协助安置灾民、协助交通疏导、勘察灾情、协助基层政府的救灾工作，协助搭建帐篷或简易住所，为集中安置的灾民提供清洁饮水、食品、衣物、药品、生活包、日常起居用品等，为集中安置区的孩子和家长提供心理抚慰，社会组织救灾信息收集和发布等。

鲁甸救援是社会组织在"4·20"芦山地震救援后的又一次大规模的社会参与行动。在芦山地震救援中积累的经验和形成的社会协同机制在此次救援中发挥了重要的作用。地震发生后，社会组织汲取汶川、芦山地震的教训和经验，建立了多种平台，促进了社会组织、志愿者和政府之间的协调合作，使灾害救援中的"社会协同、公众参与"渐成体制。在政府、基金会、NGO、志愿者个人之间，逐渐形成"政府主导、平台合力、基金搭台、专业服务、在地扶持"的社会组织协同救灾模式。

1. 政府主导

地震发生后，国家主席、中央军委主席习近平高度重视，立即做出重要指示，要求当前把救人放在第一位，努力减少人员伤亡，妥善做好群众安置工作；有关方面要抓紧了解灾情，组织群众避险，全力投入抗震救灾；要加强余震监测预报，密切防范次生灾害发生。中共中央政治局常委、国务院总理李克强做出批示，要求有关部门千方百计抢救被掩埋和受伤人员，要确保群众有饭吃、有衣穿、有干净水喝、有临时住处、有病能得到及时治疗。要保障救灾物资、人员运输和通信畅通，维护灾区社会秩序。

地震之后，国家减灾委紧急启动国家灾害救助应急响应。面对灾情，政府部门一方面组织各个部门迅速启动紧急预案，应对灾情；另一方面为社会组织和志愿者在灾区开展服务提供方便，合力规划接收来自全国各地的物资援助。

鲁甸县民政局在政府大楼一楼平台醒目位置设立了社会组织报道、登记地点，记录社会组织名称、规模、注册地点、服务地点、服务类型等信息。对于有经验、有救灾计划的社会组织，登记备案后为其在灾区提供服务提供一定便利。对于没有明确救灾计划的社会组织，提供服务需求信息和建议。对于来自全国的志愿者，也在简单的登记之后，将其派往合适的工作岗位，指导其有序参与救灾。

同时，政府在鲁甸划定了三个指定的物资接收点，派遣志愿者前往协助，接收来自全国各地的救灾物资，如帐篷、棉被、彩条布、衣物、饮用水、方便面、药品等。政府指定物资接收点，一是便于物资集中分类存放，科学保存，减少损耗；二是可以根据不同地方的需求进行合理调配和发放；三是可以统一接收来自社会各界的非指定性物资捐赠；四是便于统一管理、登记，更好地对国家资金、捐赠人负责。

政府主导在"8·3"鲁甸地震救援中产生了积极的作用。相较于之前的几次地震救援，政府逐渐接纳、认可了社会组织、志愿者在地震救援中的积极作用，了解了他们可以提供的服务种类、内容，因此可以引导不同机构和公民个人规范地参与救灾，有效整合各类社会资源，使得人力、物力资源都能更大限度地发挥作用。

2. 平台合力

"8·3"鲁甸地震中，各个社会组织组成了多种不同的网络平台。这些平台内部分工明确、职能互补，有专人负责直接与政府和其他平台对接，各成员组织互相协同、独立行动，形成了有效的联合行动网络。

2014年8月6日，云南省民政厅宣布，云南省民政厅救灾应急指挥部下设"社会组织参与救灾协调服务组"，同时建立"云南鲁甸地震社会组织救援服务平台"。该平台负责接收进入灾区社会组织的登记、备案工作，确保依法有序进入；统一协调省内外社会组织进入灾区开展工作；协调外界捐赠物资与灾区的对接，提高救灾效率；现场需求信息调查评估，确保发布准确有效的需求信息；统筹协调志愿者，确保有序进入；提升相关社会组织参与救灾、重建工作的专业化水平，定期召集相关社会组织开展活动、邀请专家研讨会，实现信息共享。平台成立后，民政厅民间组织管理三处处长姜莉，与南都基金会和扶贫基金会共同资助的"民间组织鲁甸抗震救灾协作平台"的首位轮值主席邢陌（云南协力公益支持中心执行主任）进行了沟通，对于民间平台和政府平台的合作关系，提出了"信息共享、资源共享"八字原则，在这个基础上，民间组织救援力量进入灾区如果遇到困难，不论是最实际的通行证，还是每天的信息共享，政府平台都可以提供协助服务。

同时，通过参与之前的多次自然灾害救助，一些专业方向、业务内容相近、相似的社会组织也开始组团形成合力，成立了不同类型的网络平台。这些小型平台组织在灾前就通过能力建设、机制建设、资源整合做好了救灾的准备。一旦出现紧急情况，他们就能更迅速、更机动、更具专业化水准地进入灾区开展救援。壹基金救援联盟、壹基金联合救灾、红十字蓝天救援队、中国社会福利基金会蓝豹救援队、中国扶贫基金会人道救援网络等都属于这样的网络平台。这些平台网络不同于之前提到的平台组织是基于现实灾害形成的临时性的联合体，而是成员相对稳定、有资金保证、彼此熟悉配合度高、有统一领导、高度协同的联盟。

由于参与鲁甸救灾的社会组织很多都参与过汶川地震、玉树地震、舟曲泥石流、雅安地震等一次或多次灾害救助，故基于之前彼此的互相了解，以及认识到在政府的领导下联合行动才能产生更大价值，它们在灾区服务的不同平台并非各自为政、互不来往，而是通过联席会议、工作简报、信息发布、机构沟通等方式保持着密切的联系。因此很快就达成了以"多种联合"形式进驻灾区开展服务的共识。各平台和政府、社会组织之间也经常联系，彼此交换相关信息，互通有无，更好地为灾区群众开展不同类型的服务。

3. 基金搭台

"8·3"鲁甸地震，一些基金会逐渐将工作重心从本组织转向其他组织，从实操型转为资助型，从"唱戏人"转向"搭台人"。

在汶川地震后的历次灾害救援中，各公益基金会均是自筹资金、独立运作，完成紧急救援和灾后重建工作，即使和其他机构合作，也多在紧急救援阶段。芦山地震后，一些公益基金会共同发起成立了"基金会救灾协调会"，开始注重在灾害救援中的协调合作。鲁甸地震后，他们立刻发出《云南鲁甸地震社会组织协同救灾倡议书》，提出：始终秉承公开透明、自律严谨的救灾准则，以灾区群众需求为本，结合自身专长合理安排资源，加强与当地政府合作；积极参与紧急救援，成为国家救灾体系的重要构成和政府应急管理职能的

有力补充；完善基金会之间以及基金会与其他社会组织间的协同机制，做好志愿者服务与管理工作，实现在信息分享、物资调度、人员协作等方面的有机融通；在积极参与紧急救援的同时，充分发挥各自专业优势，重点关注受灾群众过渡安置，以及灾后重建阶段的社区重建和生计发展，为重建鲁甸美好家园贡献力量。各大基金会除了在紧急救援阶段继续与机构合作，还在其他方面积极开发新的合作方式。壹基金公益基金会继雅安地震后，搭建了"鲁甸地震壹乐园儿童服务站"项目，用7个月的时间为17家机构在鲁甸地震灾区搭建了20个提供儿童服务的站点。中国扶贫基金会启动"公益同行·鲁甸地震社区陪伴计划"，支持10～15家公益组织为"地震中的弱势群体如老人、儿童、妇女等，开展社区服务活动，帮助恢复社区关系、缓解受灾人群紧张情绪等，开展社区陪伴行动"。成都慈善总会设立了"8·3鲁甸地震专项基金"募集资金，并在同年9月启动"鲁甸灾区成都阳光家园慈善项目"，对已在鲁甸灾区的成都社会组织所开展的四个灾区服务项目给予为期一年的资助，将成都对云南鲁甸的支持落到实处。

4. 专业服务

民政部副部长宫蒲光表示，汶川地震、玉树地震和芦山地震等重大自然灾害的救援经验表明，社会工作者是灾区过渡性安置和灾后恢复重建过程中的重要力量，在化解灾区群众的心理问题、再造灾区社会支持网络、提升灾区恢复重建能力、引领灾区志愿服务有序开展等方面具有重要作用。同样，社会组织只有提供专业化的服务才能在灾害救援中呈现和发挥社会参与的特殊价值和意义。

2014年9月5日，民政部社会工作司联合云南省民政厅共同成立"鲁甸地震灾区社会工作服务支援团"，这是第一次在灾害救援和重建中由政府和社会组织共同启动的专业社工对口服务。服务团由五支服务队和督导组组成，北京市民政局、上海市民政局、广东省民政厅、四川省民政厅和中国社会工作协会依托各地社工机构组建了灾区社会工作服务队，对口到灾区乡镇安置区开展服务。每支服务队派出10名左右的社工，与云南当地社工一起赴云南鲁甸县和巧家县受灾群众较为集中的临时安置点和板房学校，重点为丧亲家庭、老年人、青少年儿童、残疾人、因灾致贫人群提供心理抚慰、生命教育、关系修复、互助网络建设、社区建设与发展等方面的服务。由来自境内外社工界专家组成的社会工作督导培训组对灾区社会工作服务进行专业督导,对灾区有关干部、社会工作者和志愿者进行相关培训。2014年年底各地社会工作服务队已陆续撤离灾区,服务移交给当地社会工作者和社会工作服务机构;社会工作督导培训组则对灾区社会工作服务提供持续指导。

在鲁甸救灾中,各社会组织提供的服务专业性越来越凸显,各机构自己的服务领域更加明确,如紧急阶段的救援服务、灾情信息服务;过渡阶段的安置服务、儿童服务、身障者服务、基层干部培训服务等。参与救灾的各个组织在灾区各地提供了具有机构专业特点的服务,如清洁饮水、儿童保护与心理支持、老人服务、生计发展、健康、医疗、文化、环境保护等。

5. 在地扶持

根据汶川地震之后社会组织参与历次灾害救助、灾后重建的经验,各个社会组织越来越意识到动员本地资源、扶持在地组织发展的重要性。"8·3"鲁甸地震后,各个社会组织在派出本机构专业工作人员前往灾区开展服务的同时,也要求工作人员要立足当地、开发本地资源,有意识地培养本地志愿者组织和骨干。

昭通市安然公益事业联合会2014年6月刚成立就突遇鲁甸地震。地震后安然积极响应,3天时间征集500多名志愿者,在灾区开展各种服务。因为是刚成立的组织,虽然之前开展过一些志愿者活动,但并不专业。但安然人通过与民政部派驻鲁甸的社会工作服务志愿团紧密合作,在为当地灾民提供服务的同时努力学习、积极交流,当服务团陆续撤出鲁甸后,安然公益人已经可以独立运作服务站点,继续为灾民提供社工服务。同时,因为安然的核心志愿者绝大多数都是本地人,因此在今后的灾后重建阶段,可以在当地开展相应的社工服务和其他服务。

在灾区提供服务的社会组织还积极招募当地志愿者,培训当地志愿者,协助志愿者成立组织。例如,成都龙泉驿志愿者协会成立的"昭通鲁甸8·3抗震救灾—成都志愿者服务站",协助昭通市和鲁甸县文明办统筹、联系、组织来自各地的零散志愿者,有序参与鲁甸抗震救灾工作。服务站于8月6日建立了灾区第一个"公益组织志愿者临时党支部",团结了来自四川、广东、湖南、甘肃以及云南等地四面八方的志愿者,为他们提供了在灾区提供志愿服务的机会。在近一个月的救灾过程中,服务站为灾区当地组建了鲁甸志愿者服务

队、圆农志愿者服务队、青年创业协会志愿者服务队三支队伍，共计300余人加入，到9月底，服务站累计培训志愿者400余人，派遣志愿服务20000多人次，为灾后重建和当地的社会建设培育了"不走的志愿者"，使"灾害救援推动当地社会建设"的"雅安经验"在云南得到推广和实现。

三 问题与反思

在"8·3"鲁甸抗震行动中，政府主导社会组织协同参与的机制取得了良好的效果。与6年前的汶川地震、4年前的玉树地震、2年前的芦山地震等救援相比，本次地震救援行动更加有序、有效、有质。政府相关部门通过之前的合作增进了对社会组织的了解，社会组织通过不断努力找到了自己可以更好地发挥作用的角色，两者的配合更加紧密，更加协调。然而，救援过程中仍然存在一些问题，值得反思。

1. 服务机构数量较少、服务时间较短

本次救援行动中，无论社会组织的数量还是服务时间都大大少于两年前的芦山地震。芦山地震已经过去两年多时间，到2015年仍然有很多机构留在雅安地区，民房修建、儿童服务、安全校园、生计发展、环境保护等项目依然如火如荼地开展。而在鲁甸，除救援队属于72小时后正常撤离外，大多数社会组织在执行了1~3个月不等的安置阶段服务项目之后，就选择了离开灾区。到2015年3月，还在灾区开展服务的机构不到20家。究其原因，除了当地政府的含糊态度外，各公益基金会对介入鲁甸的灾后重建的意向也是重要因素。

2. 筹资量减少

"8·3"地震人员伤亡较两年前的芦山地震更大，但是各公益基金会和社会组织都反映筹资不易。一方面，公众对频繁发生的重大自然灾害的关注度开始慢慢降低，导致通过社会募集的资金量减少；另一方面，芦山地震吸纳的社会资金还没有使用完，一些社会组织在雅安持续开展服务，无法抽身鲁甸。目前，从局部情况来看，鲁甸灾后重建的难度更大，资金缺口也更加严重，社会组织心有余而力不足，难以坚持在鲁甸开展服务。

3. 服务提供点不均衡

鲁甸地区受灾范围集中，自然环境恶劣，受地震影响的次生灾害频发，加上地震后当地政府对通行证的控制较为严格，震后一段时间，社会组织可以进入提供服务的区域非常有限。因此，在一些可以进入的、条件较好的集中安置区域，社会组织扎堆开展服务；而在一些虽然灾情严重但进入困难或聚集人口较少的区域，灾民能够得到的社会服务就非常匮乏了。

4，服务内容同质化高

在灾区服务的社会组织，在结束物资发放阶段之后逐渐开始转向社区服务。然而可以看到，很多机构都在提供儿童服务，而关注其他弱势人群、提供更具针对性的社会服务相对较少。

"8·3"鲁甸地震是云南省遭受的又一次灾难，也是2014年国家的一次重大灾难。我们可以看到，无论是政府、社会组织还是公众，面对自然灾害，已经有了更加有效的应急应对方法、更加有序的组织行动、更加自觉的协同合作意识，以及逐渐健全的制度和机制。

现代社会是个与灾害共生的社会，我们不得不与灾害同行，为此，我们必须有所准备。从汶川到鲁甸，我们一直在以实际行动做着这样的准备。

参考文献

顾林生、张国远：《云南鲁甸803地震灾后重建需求评估报告》（中国扶贫基金会）。
壹基金官方网站：http://www.onefoundation.cn/。
爱德基金会官方网站：http://www.amityfoundation.org.cn。
民政部官方网站：http://www.mca.gov.cn/。
云南民政厅网站：http://yunnan.mca.gov.cn。

B.17 壹基金、天使妈妈遭质疑，公信力建设任重道远

摘　要：近两年，嫣然基金、壹基金、天使妈妈等透明度较高的专项基金或基金会相继陷入网络曝料或质疑风波，其日常运作和公众信任深受影响。这些质疑已超越信息披露的范畴，将公民教育的问题摆到了慈善行业面前。

关键词：壹基金　天使妈妈　透明公信力　信息披露

2014年，嫣然天使基金、崔永元公益基金、壹基金、天使妈妈等知名专项基金、基金会相继卷入"私吞善款""贪污""花钱慢""信息造假"等舆论风波。尽管它们都在第一时间做了解释，监管部门也公布了"被举报问题基本不存在"的调查结论，但质疑者和部分网民并不满足，他们继续"刨根问底"，牵扯出更多"可疑之处"，甚至要求披露银行对账单，从而引发一场慈善信息披露边界的争论和现代慈善公民教育的反思。

壹基金"花钱慢"受质疑

2014年4月20日，基金会中心网发布《芦山地震一周年捐款流向调查报告》。报告中的《雅安地震筹集款物金额前十名基金会款物支出情况》表格显示，壹基金为雅安地震募集款物最多，总额38552万元，已拨付款物4701万元。

这组数据引起关注。4月22日，实名认证微博四月网以"出离愤怒了，

---

* 程芬，北京师范大学中国公益研究院研究部副主任。

这算是@李连杰贪污雅安地震捐款三个亿吗?"为题发布信息:"我们的捐款去哪了?截至2014年4月20日8点2分,全国219家基金会参与雅安地震募捐,接收社会捐款16.96亿元,目前已支出款物6.45亿元,占总收入的38%。壹基金一家独大收了近4个亿的捐款,目前拨付4000多万,仅占9%。"[1]

很快,这条微博被众多网友阅读转发,也有不少网站转载。

23日凌晨,时任壹基金秘书长的杨鹏写了一条近千字的微博长文解释:"灾后重建项目要看投入产出效果,绝不在花钱速度上投机取巧。"当晚,李连杰也通过微博回应:"我既没有财务章,又没有签字权,钱是在国家的银行里面,怎么办能转到我的银行账户里呢?"

当天,杨鹏召集壹基金中层讨论如何处理微博质疑,多数人倾向"冷处理",认为只要把事情讲明白,淡一淡就过去了。同时,他们达成一个共识——对方说李连杰贪污是诽谤,要采用法律手段。

24日,壹基金委托律师给"四月网"所在公司发律师函,称其微博标题部分纯属诽谤,要求其澄清事实、赔礼道歉、消除影响,否则将提起诉讼。当天,四月网删除了涉嫌"诽谤"的微博内容,其公司代表在接受《中国青年报》采访时说质疑壹基金的微博内容是"小编未经审核发出的,小编作为普通网友,不是专业人士,后来看到壹基金理事长的专业解释才明白"[2]。

但是针对壹基金的质疑并未就此结束。25日,四月网发布中国政法大学副教授吴法天的署名文章《为什么要质疑壹基金》。两天后,四月网发表公开信,称已正式委托吴法天律师处理相关法律事宜。

吴法天继续从壹基金公开的信息中寻找可疑线索,相继提出利息收入处理、与捐赠人之间是否有关联交易、王石担任理事长期间给其曾任过会长的深圳市登山户外运动协会数百万经费办活动、800万元的项目撤销后款项是否收回等疑点。壹基金也不断发布新的信息、证据或通过媒体采访自证清白。但是

---

[1] 《李连杰被质疑贪污壹基金3亿善款 壹基金秘书长表示壹基金拟走法律途径回应质疑》,《北京青年报》2014年4月24日,http://epaper.ynet.com/html/2014-04/24/content_54475.htm?div=-1。

[2] 《中国青年报》2014年4月25日报道《四月网回应"实名指控"壹基金:小编未经审核发布微博》,原文网址http://gd.people.com.cn/n/2014/0425/c123932-21074827.html,访问日期:2015年2月16日。

质疑继续升级，甚至上升到政治层面。这种情形引起整个公益行业和社会各界的关注。

5月26日，正益论沙龙以《公益为何成了"公疑"》为题，邀请徐永光、金锦萍、邓飞、杨团、王振耀、邓国胜、游昌乔等专家讨论壹基金受质疑事件。专家认为，壹基金雅安地震捐赠"花钱慢"不违规。虽然《基金会管理条例》有关于"公益支出不得低于上年度总收入70%"的规定，但是对于灾后重建捐赠和限定性捐赠有特殊规定。壹基金在此之前已发布过雅安地震资金使用五年规划，更多的钱将用于2014~2016年的"灾后重建"中，这是对捐赠人负责任的表现。

吴法天本人也到了现场。专家对壹基金"花钱慢"的解释未能消除以吴法天为代表的网友对壹基金关联交易乃至涉嫌利益输送的质疑。

对壹基金的质疑随杨鹏的辞职而不了了之。但是那些已经广为传播的"疑点"和"公开银行对账单"的诉求就像一个定时炸弹，不知何时又会卷土重来。

天使妈妈"实时信息"惹风波

8月5日，演员袁立通过微博向天使妈妈基金会"请教"，称她打开天使妈妈7月13日发来的链接，页面内容却写着"7月29日，宝宝术后第12天，宝宝重生""13日已经知道29日发生的事了！很多问题我不太懂，请指教！"8月6日中午，袁立了解到链接内容是实时更新的，便发了"握手"的聊天表情，又询问天使妈妈为何将近一周未更新微博信息，但一被质疑就"立马更新"了。一个多小时后，天使妈妈天津志愿团队向袁立解释，他们全部是业余时间做救助，志愿者一般周二采集资料，当夜或次日更新网站。另外，如果捐赠人需要，天使妈妈可提供医生和家长电话，以便捐赠者核实。

之后，袁立发微博请天使妈妈的理事邱启明关注质疑。后又以"普通捐款人"身份提出三点质疑，除了报表时间穿越和信息更新不及时外，还追问"捐款数目为何变少了""孩子已经出院为何还募捐"。邱启明和天使妈妈一一给予回复。其中，关于捐款数目变少，是因为袁立最早得到的数据是三个网络

壹基金、天使妈妈遭质疑，公信力建设任重道远

平台的募捐总额，实际上"两个平台的捐款未到账"。对于第三个质疑，基金会的解释是烧伤孩童只是做了一期手术而出院，他还需要一段时间康复后才能做下一期手术，主治医生估算下一期手术大概要25000元，现有捐款不够，所以继续募捐。[①]

袁立质疑的都是操作细节，解释清楚后便能释嫌。但是由于牵涉到袁立、邱启明两位名人，又有众多粉丝围观，一个问题接一个问题的互动之后，每个不妥措辞语气都被放大，引起双方情绪上的对立，上升为媒体眼中的"骂战"或"语言攻击"。

8月7日，袁立自曝微博看不到互动内容和内文，疑似被禁言。她和邱启明的公益舌战告一段落。但是，周筱赟转发了袁立的相关微博，并称天使妈妈有很多问题，他将向北京市民政局、北京市民政综合执法监察大队实名举报"天使妈妈"涉嫌违规、违法的事实。

早在2013年年初，周筱赟就将天使妈妈"私设小金库，涉嫌侵吞大量善款"作为质疑儿慈会的"第四季猛料"大肆传播，并向民政部进行实名举报。2014年5月，民政部向周回复了调查结果，并接受媒体采访，称"发现天使妈妈存在用个人账号收款的问题，但未发现天使妈妈专项基金有涉外募捐未公示和骗取荣誉的证据，也未发现造成公益资产的流失"[②]。

后来，在儿慈会天使妈妈专项基金名下并行运作的"天使之家"和"大病儿童救助"两个项目分离，后者沿用"天使妈妈"名号于2013年12月26日在北京市民政局注册了"北京市天使妈妈慈善基金会"。2014年8月，北京天使妈妈慈善基金会声明，原被举报的儿慈会天使妈妈基金"用个人账号收款"的问题，系"天使之家"所为，与现在的"天使妈妈"没有关系。

慈善信息披露边界之争

2011年以来，我国公益慈善事业的"透明度"已经得到整体提升，越来

[①] 《袁立提出三项质疑　天使妈妈基金会对此逐一回应》，《北京青年报》2014年8月8日，http://epaper.ynet.com/html/2014-08/08/content_78234.htm?div=-1。

[②] 《民政部披露"天使妈妈"调查结果》，《中国青年报》2014年8月29日第5版，网址：qb.cyol.com/html/2014-08/29/nw.D110000zgqnb_20140829_1-05.htm。

越多的慈善组织通过第三方信息平台或自媒体公布年检报告或捐助信息。连美国和欧洲基金会中心网的代表也感叹，中国基金会的透明度远远超过了欧美基金会。①

然而，一个出人意料的现象是，慈善组织似乎越透明越容易招致质疑。

嫣然天使基金、崔永元公益基金、壹基金和天使妈妈都是近十年由个人发起、因其明确的价值观或救助活动和透明运作而在网络募捐平台脱颖而出、得到基金会登记管理机关认可的慈善组织。嫣然天使基金和崔永元公益基金挂靠在中国红十字基金会下面，均开设了专题页面披露财务报告、捐赠接收使用信息、救助申请流程办法和进度等内容；壹基金的 FTI 指数满分，天使妈妈也通过官方网站、微博等自媒体公开了内容相当丰富的信息。2014 年上半年，天使妈妈还公开征选第三方独立评估机构对 2010 年 1 月至 2014 年 1 月 "天使妈妈基金"的运作情况进行评估。根据北京师范大学社会公益研究中心的评估结论，"在公信力方面，患儿救助资金 100% 真实到位，对天使妈妈的平均打分为 97.17 分（满分 100），97% 的受助人认为好或者非常好"②。

上述基金会或专项基金刚被质疑时，总体应对是坦然、主动的，他们通过审计报告、公开信或媒体采访、监管部门调查、第三方评估来回应质疑。

但是，这种程度的"透明"未能令质疑者满意。他们向慈善组织提出公开银行对账单、关联交易细节、高管薪酬等信息诉求。而这些信息常被视作"会计资料""商业机密"或个人隐私，是否应向公众公开，尚存争议。

信息披露的边界在哪里？社会各界观点不一。从英国、美国、新加坡等国外经验来看，组织注册或免税申请信息、年度信息、募捐信息都属于法定公开内容，慈善组织不接受公众查询将被罚款。而对于查阅申请突然增加、恶意请求、组织已定期按要求供文件副本等情况，美国联邦税务局可根据免税组织的申诉认定该查询为骚扰行为。在这种情况下，慈善组织完全可以无视申请者的查询诉求。

---

① 参考基金会中心网三周年大会专题页面，http：//gongyi.ifeng.com/news/detail_ 2013_ 08/30/29161944_ 0.shtml。
② 参考天使妈妈官方微博发布的评估报告，http：//weibo.com/u/2214124667？is_ search = 1&key_ word = 天使妈妈基金评估报告 7#_ 0，访问日期：2015 年 2 月 16 日。

重建公信力须加强公民教育

慈善组织披露信息、提高透明度,根本动力是争取公众支持以实现公共利益。这不仅需要组织从透明、专业、高效等方面"练好内功",也需要从"外部公关"方面发力,重视公众沟通和公民教育,改善行业生存环境。

综观近两年的慈善质疑风波,其中不乏组织自身的不完美,更多则源自我国慈善法律法规不健全、现代慈善常识未普及。比如,对于提取行政管理成本、保值增值活动、全职员工的薪酬支出等合法合理的事情,公众难以理解、接受。因此,当某些"恶意质疑"发生时,不明就里的公众容易被误导、被激怒。

从某种程度上说,质疑不见得是坏事。这些风波吸引了公众的注意,给慈善行业创造了传道的机会。在"请教"与"解释"的互动中,慈善行业常识将逐渐被公众接受。久而久之,现代慈善理念将得以普及,公众辨明是非善恶的能力将得以提升,公民教育的使命将得以贯彻。

能力越大,责任越大。对于社会捐赠多、影响力大的组织,公众的期望值也更高。所以,如天使妈妈所言:"既然我们躲不过就不要躲了,我们站出来,正面看待这样的质疑和指责。平心而论,要真心感谢这些质疑和指责,它确实帮助了我们成长。"[①]

[①] 《天使妈妈公开招募10名内审员暨天使妈妈团队的反思》,北京天使妈妈慈善基金会官网,网址:http://www.angelmom.org/WebSite/NewsShow/146/474。

B.18 潘石屹向哈佛、耶鲁捐赠助学金惹争议*

摘　要： 作为名人的潘石屹、张欣夫妇向哈佛、耶鲁两所大学的千万美元捐赠引起了中国公众的普遍热议，质疑者从情理、道德层面质疑其捐赠目的、讨论其善款"应该"捐赠给谁。在中国的慈善事业告别传统迈入现代之际，潘石屹夫妇的捐赠目的与方向值得尊重与理解。这是中国慈善家拥有巨额财富后承担社会责任的表现，有利于推动公众对公益慈善事业的进一步理解与认知。

关键词： 潘石屹　张欣夫妇　1亿美元　哈佛　耶鲁　争议

2014年7月，潘石屹、张欣夫妇创立的"SOHO中国基金会"承诺捐赠1亿美元设立"SOHO中国助学金"，用于资助在世界一流大学攻读本科的中国贫困学生，并于2014年年底前完成了对美国哈佛大学1500万美元与耶鲁大学1000万美元的捐赠。这两笔捐赠引起了社会的广泛讨论与争议，质疑与批判的声音此起彼伏。

"SOHO中国助学金"的设立及背景

2014年7月16日，SOHO中国有限公司通过微博宣布SOHO中国基金会将捐助1亿美元，设立"SOHO中国助学金"，为那些被世界顶尖学府

---

* 孙晓舒，北京师范大学中国公益研究院公益评估中心副主任。

录取、攻读本科学历的中国学生提供经济资助。而此前一天，潘石屹、张欣代表SOHO中国基金会与美国哈佛大学签订了1500万美元的"SOHO中国助学金"协议。同年10月29日，SOHO中国基金会与美国耶鲁大学签订了1000万美元的助学金协议，用于资助在耶鲁大学就读的中国学生。截至2014年年底，潘石屹、张欣伉俪承诺捐赠的1亿美元已经向哈佛、耶鲁两所美国高校兑现了2500万美元，另有7500万美元助学金有待捐出。

潘石屹、张欣夫妇设立"SOHO中国助学金计划"的宗旨是"为中国最优秀的学生提供世界上最好的教育，支持中国的发展，提高中国在全球的地位"，目标是"鼓励国外大学提高贫困中国留学生的录取率"，鼓励优异的中国学生申请国际一流学府。除了为名校中的在读贫困学生提供财务资助外，助学金计划还将为申请学校和录取过程中需要帮助的学生提供协助，此外，SOHO中国助学金还将每年组织"SOHO中国学者论坛"，带动"SOHO中国学者"建造中国和世界的桥梁。

在受赠学校的选择上，潘石屹表示主要有两个标准："一是看学校跟中国的联系多不多；另一个是看学校是否愿意按照我们的意愿使用捐款。"目前受助的哈佛大学、耶鲁大学均符合这两项标准。在受助学生的选择方面，以哈佛大学学生为例，家庭年收入6.5万美元以下的学生均可申请助学金。潘石屹夫妇认为人才是属于全人类的，因此对受助学生的未来发展方向并没有限制，不要求他们一定要回到中国发展。

对SOHO中国基金会稍作了解便可以知道，其对教育领域的关注并非始于这一笔1亿美元的捐赠，潘石屹、张欣对教育领域的关注与投入从基金会创立之初便开始了。由潘、张二人发起成立的"SOHO中国基金会"成立于2005年，基金会提出了推动精神进步、促进教育发展的使命："SOHO中国基金会捐助的项目主要集中在资金匮乏和缺少关注的领域，尤其是与之相关的教育项目。"到目前为止，基金会的所有项目与捐助几乎都投向了教育领域：2008~2012年间，基金会先后在甘肃省、北京市等地发起了"儿童美德教育""学校文明卫生间""阳光学子工程"等公益项目，改善了学校的卫生条件，资助了大量贫困的师范院校学生。2013年，SOHO中国基金会计划在未来的三年中，投入人民币2700万元（合美元436万），以支持教育公益项目"美丽中国"

的成长和发展。

潘石屹、张欣二人的求学经历可以让我们从侧面了解其对教育领域的"偏爱"。潘石屹出生在甘肃省天水市潘集寨村，凭借全校第2名的高考成绩被中国石油管道学院录取，离开家乡到北京求学。张欣曾在香港做过5年的流水线女工，凭借奖学金资助，先后从英国萨斯克斯大学、剑桥大学毕业，获得硕士学位。二人的教育经历对其事业的发展起到了决定性作用，而张欣认为，正是由于获得了奖学金的资助，她才能完成在英国的学业。是教育影响了潘石屹与张欣的人生轨迹。

两笔捐赠引发的争议

潘石屹、张欣夫妇做出的1亿美元承诺捐赠以及对哈佛、耶鲁大学的两笔捐赠引起了公众的普遍热议，从经济学家到公益人士，从媒体记者到普通百姓，纷纷通过网络、自媒体等途径表达自己对此事的评论。通常来讲，公益慈善并非唇枪舌剑之地，而称赞声与骂声此起彼伏、不分伯仲的情况更是少见。而潘石屹、张欣夫妇的捐赠就是这样一个焦点事件。公众对此事的质疑主要集中在以下几点。

捐到海外还是捐给国内之争。潘石屹、张欣夫妇将大额善款捐赠给了海外的高校，令很多人在情感上难以接受。以环球网与经济学家姚树洁的评论为例，其质疑的逻辑是这样的：潘石屹是在中国的土地上赚的钱，且从事的行业并非实业，而是暴利的房地产行业。房地产行业利用中国的国家政策牟利，他赚的钱是有原罪的。如果他要做慈善的话，"应该"第一考虑中国，而不是不远万里捐赠到海外。如果捐赠到国内，把钱留在自己国家的土地上，用于投资创新，多少还能创造一点就业，对国家和人民还是有点用的。而捐赠到海外就是看不起自己的国家和人民。然而，还是有相当一部分公众赞许潘、张二人的做法，认为教育无国界，善举不分国籍，只要愿意为教育事业贡献力量，便值得鼓励。

对此，潘石屹、张欣夫妇的回应是，虽然基金会的捐赠协议是与哈佛大学、耶鲁大学签订的，但是助学金的受益人是中国的贫困生，并强调其慈善捐款唯一的标准是让中国学生受益。潘石屹十分肯定中国赴美留学生在推进中国社会发展过程中所起到的作用，他在SOHO与耶鲁大学签约仪式上的致辞中特意提到"洋务运动"期间由清政府派至美国学习技术与文化的幼童，以及先进知识、技术和文化给中国社会带来的最根本的变化。

实际上，潘石屹并不是第一个捐赠善款到海外的民营企业家。仅在一年前，即2013年，万达集团董事长王健林向美国电影艺术和科学学院捐赠2000万美元，助其兴建电影博物馆。2010年高瓴资本集团创建人张磊向母校耶鲁大学管理学院捐赠888.8888万美元，成为该学院毕业生捐赠的最大一笔个人捐款。这两笔捐赠与潘石屹、张欣夫妇的捐赠皆有共同之处，或捐赠人同处房地产行业，或同样捐赠给了美国的耶鲁大学。然而，却只有潘石屹、张欣的捐赠引起了"公愤"，在社会上引起了轩然大波，这与潘石屹个人在各个领域中的走红有着分不开的关系。

"雪中送炭"与"锦上添花"之辩。质疑者认为，哈佛大学、耶鲁大学每年的募款额度都可以达到上百亿美元，"富得流油"，根本不缺少捐赠，但与之相比，即便是国内最著名的清华大学、北京大学也显得寒酸许多，更何况广大农村的中小学连像样的校舍都没有，有些贫困县连老师的工资都发不出来。由此看来，潘石屹的捐赠明显是"锦上添花"而非"雪中送炭"，善款没有花在"刀刃"上。而能够通过昂贵的托福、雅思考试，申请到哈佛、耶鲁大学的学生一定不会出自贫困家庭。甚至有人这样猜测，潘石屹给哈佛、耶鲁两所大学的捐赠并非出于慈善的目的，他们实际上是在为即将念大学的两个儿子"买门票"。

而潘石屹、张欣夫妇却坚持认为其资助的是贫困家庭的学生。潘石屹认为，大家普遍有一个误解，就是到美国一流学校去读书的都是官二代、富二代。但是他通过考察却发现，很多美国高校的中国留学生都是比较贫困的，但是却不敢告知学校他们在经济上需要帮助，因为这些学校没有为中国学生提供助学金，他们担心如果提出助学金的需求，就会失去录取机会。张欣则认为，随着中国经济的高速发展，虽然有相当一部分家庭能够负担起世界顶级大学的学费，但是还是会有像潘石屹这样的农村学生、像她自己这样的流水线女工，会因为资金问题而失去在一流高校读书的机会。对于这部分学生来讲，"SOHO中国助学金"就是"雪中送炭"。

善款"应该"捐给谁?

潘石屹个人的名气、网络媒体的快速传播,以及质疑声占主导的公益舆论环境为"潘石屹向哈佛、耶鲁捐赠助学金"这一话题引来了太多的争议,人们迫切地投入到这场质疑当中,而有意无意地屏蔽了潘石屹、张欣夫妇捐赠1亿美元的初衷。

无论是捐到海外/国内之争,还是"雪中送炭"与"锦上添花"之辩,其实都是在质疑捐赠者"应该"把善款捐给谁的问题。把善款捐给国内贫困山区的学校难道就更为"恰当"?而捐给世界一流大学就是大逆不道,即便其受益人是中国学生?如果我们把这一话题放到现代慈善事业的框架下讨论,答案似乎就会清晰很多。现代慈善即现代民间公益,"民间"与"公益"是其最为鲜明的特点,其中,"民间"强调慈善事业主体的自主选择性;"公益"则强调公共利益。也就是说,与传统慈善事业相比,现代慈善事业并不局限于提供社会服务、扶助弱势群体等工作,它还承担着维护公共利益、挖掘人类潜能的功能,而这些功能则主要通过高等教育、艺术、文化等方式实现。从这一角度来看,"SOHO中国助学金"的设立符合公共利益。那么善款究竟"应该"捐给谁?这恐怕与捐赠者个人的经历、情感、愿望等要素相关,完全属于捐赠人的自主选择。他人只需理解,无须评价。

在"SOHO中国助学金计划"的官方网站中最显著的位置上,放着巴哈欧拉的一句话:"人可比喻作一个丰富的矿藏,蕴藏着不可估量的宝石。唯有教育能使之显露出来,使人类获得裨益。"或许我们能够从中理解潘石屹、张欣夫妇对教育事业的巨额投入。

从中国公益慈善行业的发展来看,近年来,中国慈善家向海外捐赠的数额越来越高,规模越来越大,反映了中国慈善家在世界范围内的影响。面对世界大国、强国、富国,乃至排名第一的美国时,中国的慈善家已经有能力展示自己的信心,呈现不输于任何国家和民族的实力。这是当代中国屹立于世界之林的标志。另外,该现象也说明,中国慈善家对财富的理解正进一步加深,并越来越主动地承担起财富所带来的托付与责任。中国慈善家对海外的捐赠将进一步拓展公众对公益慈善行业的认知,从而鼓励更多人投身公益慈善事业。

B.19 马云、蔡崇信40亿美元捐赠设立公益信托*

摘　要：	2014年，马云、蔡崇信通过向境外巨额期权捐赠设立公益信托，开创了国内期权捐赠的先河，刷新了国内大额捐赠纪录，也令马云和蔡崇信跻身世界最知名的慈善家之列。本次大额捐赠花落境外同时也凸显出国内慈善制度的种种障碍。随着国内大额捐赠、新型捐赠需求增加，相关捐赠、税收、信托等制度如何应对，成为一个亟待解决的课题。
关键词：	公益信托　大额捐赠　期权

自2014年5月马云宣布以期权设立公益信托后，各方赞扬和议论此起彼伏。随着公益信托细节进一步浮出水面，巨额公益信托花落境外再次引发各界密切关注。为何要在境外设立公益信托？期权捐赠设立公益信托的境内障碍何在？怎样完善现有制度以吸引大额捐赠和新型捐赠？这次事件再一次将现有的境内慈善制度的弊端暴露在聚光灯下。

新型大额捐赠引众议

2014年4月25日，阿里巴巴两位创始人马云和蔡崇信宣布，将成立个人公益信托基金，致力于环境、医疗、教育和文化领域的发展，地域覆盖中国内

---

* 黎颖露，法学硕士，北京师范大学中国公益研究院慈善法律研究中心副主任。

地、香港和海外。该基金来自马云和蔡崇信在阿里集团拥有的期权。据阿里官微披露，总体规模为阿里集团总股本的2%。而公开数据显示，马云在阿里集团的持股比例为7.3%。

该项宣布正值阿里赴美IPO前。消息一出，立即引发舆论密切关注，媒体根据市场对阿里集团美国上市后的估值，预计基金规模将在20亿~40亿美元，认为基金有望成为亚洲最大的公益信托。马云的慷慨善举立即得到了境外业内人士的高度赞誉。比尔·盖茨、沃伦·巴菲特、迈克尔·布隆伯格及阿里巴巴最大股东软银首席执行官孙正义都对此公开表示支持。布隆伯格表示，他们的捐赠为中国慈善事业树立了新的标杆，全世界其他企业家和商界领袖很可能会跟随他们的脚步。① 美国洛克菲勒慈善顾问公司总裁伯曼表示，马云显然是在努力激发一种慈善和公民权的文化，有助于刚刚起步的民间慈善机构获得更好的资金来源和发展机遇。印第安纳大学中国政治与商业研究中心主任肯尼迪表示，中国社会的迅速城市化带来了各种复杂的问题，政府分身乏术，日益认识到需要慈善组织来弥补中国社会基础设施的巨大漏洞，越来越多的中国富人开始设立民间基金会来应对挑战。富人在慈善领域的积极姿态，将引领慈善的风潮，让更多的人投入到这一事业中来。②

马云早就开始参与中国慈善。2009年，他加入大自然保护协会理事会，也是壹基金理事会成员。马云还有一个大有助益的工具，那就是阿里巴巴庞大的用户群。凭借庞大的用户群，马云可以更有效地唤起公众的公益意识，以协作而非对抗的方式影响政府政策。此次更为高调的捐赠将马云的慈善触角从国内伸向国际，英国《金融时报》评论说，马云试图借此加入比尔·盖茨、沃伦·巴菲特这些全球最知名的慈善家行列。然而中国慈善家和美国慈善家相比还有很大差距。根据《胡润百富》的报告，去年排名中国前100位的慈善家的捐助总额不到10亿美元。与此相比，美国前50名慈善家捐助了将近80亿美元。③

4月25日的阿里官微并未透露马、蔡的个人公益信托基金将于何时设在

---

① 《马云成立慈善信托基金》，http：//www.ftchinese.com/story/001055967。
② 《马云成立个人慈善信托基金估值约30亿美元》，http：//finance.ifeng.com/a/20140425/12206799_0.shtml。
③ 《马云成立慈善信托基金》，http：//www.ftchinese.com/story/001055967。

何处，二人所获相应期权的行权价格和时间约束也未披露，阿里巴巴公司也声称此事完全是马、蔡二人个人行为，公司不就此发表意见和提供信息，所以当时业内基本没有渠道可以获得该公益信托基金的更多细节。

尽管如此，这个亚洲最大的公益信托花落何地，还是引发了业内人士的不少推测。根据公益信托在国内的制度和实践现状，专家认为公益信托的落地至少得跨过三重门槛。① 第一是信托财产问题。因我国《信托法》对信托财产所有权转移表述含糊，模糊了信托财产的所有权关系，相应的信托财产登记制度没有建立，故现实中的信托仅限于资金信托，股权、汽车、房产等财产难以作为信托财产，所以期权设立信托很可能无法落地。第二是公益事业管理机构审批。根据《信托法》规定，公益信托的设立和其受托人的确定，应当经有关公益事业管理机构批准，否则，不得以公益信托的名义进行活动。在具体实践中，公益事业管理机构既可以理解为主管公益事业的民政部门，也可以理解为公益活动所涉及的行业主管部门。由于指向不明，导致现实中获得审批的公益信托少之又少，马云如在境内设立公益信托，自然也面临同样的问题。第三是缺乏税收优惠。我国《信托法》中明确规定国家鼓励公益信托发展，但并未具体明确如何鼓励其发展，公益信托也未被界定为非营利组织的一种，所以公益信托目前无法享受任何公益相关的税收优惠，包括委托人的税前抵扣和信托收益免税等。甚至因为信托中含有委托人、受托人及受益人三重关系，流转过程中很可能出现重复征税的情况。马云的期权设立信托后，不仅无法获得捐赠税前抵扣，将来期权行权时有可能就增值部分面临巨额税赋的压力。所以，当时在消息来源有限的情况下，业内依据境内相关的法律政策，做出了公益信托应当是设立在境外的初步猜想。

随着境内大额捐赠榜单的出炉，马云的公益信托的细节渐渐浮出水面。中国公益研究院百杰榜的研究团队在查阅了阿里巴巴美国上市招股说明书后了解到，马云和蔡崇信将其持有的共计5000万普通股的期权捐给了新加坡的一家慈善组织，该期权将向马云和蔡崇信未来成立的公益信托基金转让。其中，马云捐赠了3500万期权，蔡崇信捐赠了1500万期权。也就是说，起码可以确认

---

① 《马云"公益信托"的三重门槛》，http://news.xinhuanet.com/gongyi/2014-05/12/c_126488408.htm。

的是，马云的期权确实已经捐到了境外，但是何时设立公益信托，公益信托位于何地，目前确实还无从考证。该文件指出，该期权基于公平市场的价值评估程序后确定的行权价格为25美元/股，并且没有附加行权条件。由此可以估算出马云捐赠金额的大小，但是将来再次转让给公益信托的具体数额多少，则取决于阿里巴巴当时的股价。

阿里巴巴股价不出现大幅动荡的前提下，马云所捐赠的3500万股期权，使其成为截至目前中国捐赠总额第一人。同时，马云及蔡崇信的该项股权捐赠也成为继曹德旺、海航集团捐赠之后最大的两笔股权捐赠，也是目前已经实现的中国大陆地区最大的两笔捐赠。①

境外捐赠或缘于巨额税负和公益信托

对于马云向新加坡进行的期权捐赠，中国公益研究院院长助理兼研究部主任章高荣认为，这很可能归因于境内股权捐赠的税收障碍。

中国大陆将股权捐赠视为销售，因此，捐赠方在捐赠时需就股权增值部分交税，而接收方在将来变现时如有增值也都要纳税。并且对于有计划上市的企业来说，由于要上缴股票增值部分25%的所得税，上市前后善款税额的差距更大。在新加坡，慈善机构在出售股权时，不需要对股票增值的部分缴纳所得税。因此，马云如果将同样的股权数额捐给国内机构，与捐给新加坡机构相比，结果和效应是完全不同的。统计得出，马云和蔡崇信的捐赠规模近240亿元。若选择国内机构将面临巨额的税收，甚至需要拿出一部分资金变现和补贴。显然，税收优惠不足可能是阻碍本次大额捐赠的主要因素。

另外一个原因可能在于公益信托的设立。公益信托尽管早在2001年信托法上就以专章规定，但是对于大多数人而言仍是个陌生的字眼。这不仅源于信托制度本身的疏离性，更因为公益信托十几年来的发展步履蹒跚。

我国公益信托与基金会相比，具有自身的制度优势：一是设立和运营成本较低。公益信托不是法人，不存在法定的原始基金门槛，无须设置专门的工作

---

① 《2014中国捐赠百杰榜公布：富豪八成捐款流向境外》，http://news.hexun.com/2015-02-12/173333624.html。

场所和人员，治理结构也不受限制。二是灵活性强，能实现委托人个性化需求。公益信托设立方式多样化，自然人、法人皆可担任受托人，行政成本、年度公益支出等方面的无强制性规定，可充分尊重委托人的自主意愿。三是就我国常见的信托公司承办的公益信托而言，受托人信用等级和透明度相对高（金融机构信用），具有专业资产管理能力，管理费用低。然而由于制度障碍，公益信托实务中难以落地，其优势也难以彰显。

从2014年起，由于各种利好因素的出现，我国公益信托的实践开始加速。据不完全统计，2014年出现的符合法律要件的公益信托共计四单，公益性信托的数量更多，整体较往年有明显增长，可谓是继2008年后公益信托发展的另一个高峰。不仅公益信托的数量上有所突破，其模式也开始展现创新性，审批环节已开始走出过去民政审批的惯常思路。如上文所述，审批、信托财产登记和税收优惠是国内设立公益信托的三重门槛。从最新的公益信托实践来看，即便审批可以寻求解决途径，税收优惠可以通过和基金会合作间接获取，然而信托财产登记制度短期内突破的可能性比较小，也难以有替代方案。信托财产的问题，想必是促使马云在境外设立公益信托的主要原因。

中国慈善制度障碍亟待突破

除了马云之外，2014年包括潘石屹在内向境外慈善机构大额捐赠的数额超过242亿元，占年度大额捐赠总额的80%。这一数字不得不引起国内慈善界的反思。虽然境外大额捐赠不全然归因于国内制度不健全，但国内慈善事业模式和渠道相对单一、新型捐赠的制度支持匮乏和税收优惠不健全等确是重要原因：一是股权（期权）捐赠这一新型的捐赠途径虽已获得法律认可，但相关税收优惠制度并未建立，曹德旺当年巨额股权捐赠遭遇的障碍便是例证，这将极大地阻碍股权捐赠的实现；二是公益信托虽有《信托法》的法律框架，但也因为审批、信托财产登记缺失、税收优惠不明等问题难以解决，十几年来发展迟缓。

专家预测，马云选择境外捐赠合法合规，预计通过海外机构实现捐赠的第一步后，资金很可能通过其他方式回流到国内实现最终的慈善目的。此举可能能够规避国内高额税负，通过信托方式灵活地实现其慈善目的。

如果将捐赠比作一种购买行为，境外的选择更为多元，激励措施也更多，相比之下国内慈善模式和渠道之间有很强的同质性。我国慈善事业想要长足发展，需要紧跟实践需求，畅通新型慈善渠道，以竞争机制、优胜劣汰的方式促进整个产业的发展。在法律层面，慈善法律法规必须积极应对实践需求，由慈善法等慈善领域基本法将股权等非货币捐赠进行确认；针对非货币捐赠的税收优惠进行明确，特别是股权捐赠视同销售问题。应该尽快制定公益信托的实施细则使该制度能够真正落地。

B.20 《广州市社会组织管理办法》出台：
"宽进严管"社会组织*

摘　要：《广州市社会组织管理办法》以地方立法形式确认了社会组织直接登记的改革成果，也率先在统一管理社会组织方面进行了地方立法创新。《办法》对社会组织的准入管理、过程管理和退出管理方面做出了详细规定；其在降低社会组织登记门槛、推进社会组织的去行政化、建立年度报告制度、信息披露制度等方面的改革具有重要意义。

关键词：　社会组织　直接登记　年度报告　信息披露　广州

2014年10月30日，广州市以政府令的方式公布了《广州市社会组织管理办法》（政府令第108号）（以下简称《办法》），在全国率先以地方立法形式确认了社会组织直接登记的改革成果，也率先在统一管理社会组织方面进行了创新，对其他地方的相关立法具有示范意义，也为未来制定国家层面的社会组织管理法提供了经验。《办法》在降低社会组织登记门槛、简化登记程序、建立年度报告制度和信息披露制度等方面进行了改革。一方面，《办法》通过放松准入管制，激发了社会组织的活力；另一方面，《办法》也加强了对社会组织的后续监管，实行"宽进严管"，引导社会组织规范化运作和可持续发展。

---

* 李芳，法学博士，青岛大学法学院副教授，主要研究方向为公益慈善法；孙旖旎，硕士，青岛大学法学院研究生，专业为民商法学。

《广州市社会组织管理办法》的出台背景及社会效果

近年来，我国社会组织快速增长，在促进民主政治建设、深化行政管理体制改革、推动社会建设等方面都发挥着积极作用。但社会组织的发展也面临着许多问题，除经费缺乏、人才匮乏、内部治理不完善等自身原因外，登记门槛过高等法律政策的制约是影响社会组织发展的主要因素之一。为应对社会发展与社会结构深刻变动的需求，政府将创新社会治理方式以及发展社会组织作为其重要目标。

2013年年初，国家发展和改革委员会推出允许四类社会组织直接登记的政策，该政策在党的十八届三中全会上得到肯定。《中共中央关于全面深化改革的若干重大问题的决定》中指出，要"正确处理政府和社会关系，加快实施政社分开，推进社会组织明确权责、依法自治、发挥作用。适合由社会组织提供的公共服务和解决的事项，交由社会组织承担。支持和发展志愿服务组织。限期实现行业协会商会与行政机关真正脱钩，重点培育和优先发展行业协会商会类、科技类、公益慈善类、城乡社区服务类社会组织，成立时直接依法申请登记。加强对社会组织和在华境外非政府组织的管理，引导它们依法开展活动"。以此为指导思想，广州市进行了《办法》的起草工作。

早在2006年3月，广州已开始实行行业协会的直接登记制。[①] 为促进社区社会组织的发展，从2009年3月起，广州实行了社区社会组织的备案制。2010年1月，科技类、公益慈善类、社会组织类社会组织也改由民政部门直接登记。2012年1月，直接登记的范围再次扩大到了行业协会、异地商会、公益慈善类、社会服务类、经济类、科技类、体育类、文化类等八类社会组织。2012年4月，广州市民政局制定了《关于实施"广州市社会组织直接登记"社会创新观察项目的工作方案》，规定从2012年5月1日起，全面铺开社会组织直接登记，除依据国家法律法规需前置审批外，其他都可以进行直接登记。从2012年9月起，广州全部实行社会组织网上成立、变更和注销登记。

---

① 参见《关于促进行业协会商会改革发展的意见》（穗字〔2006〕11号）。

《广州市社会组织管理办法》出台:"宽进严管"社会组织

2013年3月,广州市政府正式将《广州市社会组织管理办法》列为广州市政府规章制订计划的正式项目。2013年10月,广州市政府向社会公布了《广州市社会组织管理办法》征求意见稿。2014年6月16日,《办法》经广州市政府常务会议审议通过。

广州市社会组织管理体制改革和《办法》得到了官方和民间的认可,也取得了良好的社会效果。在2014年度的社会组织年会上,《办法》被评为"广州市社会组织十件大事"之首。广州市社会组织在2006年改革前的年增长率是8%~9%,而2013年和2014年的年增长率已增加到11%~13%,呈平稳增长的态势。截至2015年2月,全市共有社会组织5850家(不含备案的923家),相比2005年年底的3091家已近两倍。而且,社会组织类别结构也显著优化,新增的行业协会、商会、公益慈善类社会组织、社会服务类社会组织占新登记社会组织的49%。①

社会组织管理体制改革使诸多社会组织受益。2012年,"垃圾斗士"罗建民为倡导垃圾分类行动,筹划成立一个社会组织。没想到事情意想不到的顺利,罗建民说:"我们在2月17日申请核名,3月9日得到第一次核准通知书,由于自身的原因(增加出资人和出资金额),3月29日我们再次递交了重新核名申请,4月13日再获核准通知书。一套程序走完用了还不到两个月,6月20日中心就正式成立了。"如今,在广州申办一个社会组织,完全可以实现"足不出户"。具有一定影响力的广州市灯塔计划青少年发展促进会、广州市绿点公益环保促进会、广州市映诺公益服务促进会、广州市民营口腔医师协会等社会组织目前均已顺利登记。

《办法》出台后,虽然得到了社会组织的好评,但也有"弊大于利"的声音,认为在社会组织发展不健全的情况下,这样的政策引导可能会带来不良发展。"拜客广州"陈嘉俊认为,这是对NGO的挑战以及对非NGO的机遇。会有更多商业机构看好非营利领域并将资源投入其中;另外,门槛降低的同时,监管和约束都还处在真空状态,钻政策漏洞的情况恐怕难以避免。映诺社区发展机构总监李镐表示,新政策的每一次出台,都让还处于萌芽阶段的同行为之

---

① 王福军:《在社会治理法治化进程中激发社会组织活力——〈广州市社会组织管理办法〉解读》,《中国社会组织》2014年第24期。

雀跃和摩拳擦掌。然而，回应和解决社会需求，关键还是靠每一个机构的能力和行业的生态链。①

社会组织管理之"宽进"

《办法》是创新社会治理方式的重要改革，是改变过去的管制思维、引入现代化管理理念的尝试。《办法》最大的亮点，就是吸收了几年来的直接登记改革成果，降低了社会组织法人登记的门槛，对社会组织实行了"宽进"。主要表现在以下六个方面。

1.《办法》以地方立法形式确立了社会组织的直接登记制

在实行直接登记制改革之前，双重管理体制曾经是社会组织登记难的主要原因，很多社会组织因为找不到主管单位而不能登记。《办法》实施后，除民办非营利教育培训机构、民办非营利医疗机构、民办社会福利机构、民办博物馆等法律、行政法规规定需经前置审批的社会组织外，其他的社会组织都可以直接向登记管理机关申请成立登记。

2. 打破垄断，允许"一业多会"

《社会团体登记管理条例》规定的单一社团制（同一行政区域已有业务范围相同或者相似的社会团体，没有必要成立的，登记管理机关不予批准筹备）曾是社会组织登记的另一门槛。而《办法》改变了这一限制竞争的做法，规定"同一行政区域内，可以成立两个以上业务范围相同或者相似的社会组织，但社会组织的名称及标识应当有明显区别"。这一规定表明，为激发社会组织的活力、促进社会组织多元化、为社会提供更好的公共服务，广州市允许在同一行政区域内"一业多会"。

3.《办法》规定了社会组织登记的认缴制

过去，广州区级注册民办非企业单位须3万元注册资金，市级注册为30万元。《办法》实施后，对社会团体和民办非企业单位取消了注册资金要求，这两类组织在设立登记时不再需要向登记管理机关提供专业验资机构出具的验

---

① 参见王会贤《取消注册资金 广州社会组织迎来政策利好》，《公益时报》2014年6月24日。

资报告。这意味着，与申办企业类似，1元注册资金即可申办这两类社会组织。

4. 降低了社会团体登记时会员数量的要求

在社会组织的会员数量要求方面，《办法》第9条规定，"在本市设立登记的社会团体会员数量不得少于15个"，而之前《社会团体登记管理条例》对会员数量的要求较高：个人会员为50名，团体会员为30名。

5. 降低了社会组织登记住所的要求

过去对社会组织的使用场地有着严格的规范，要求社会组织必须有满足组织活动需要、符合房屋安全规定的住所，且社会组织的住所不得设在住宅内。这些规定引来不少社会组织的不满，因为很多公益性社会组织根本租不起商业地产办公。或者是办公场所由其他单位免费提供，该单位因各种原因无法出具出租协议，社会组织因此得不到登记。为解决这一问题，《办法》规定社会组织只要有固定的住所即可。社会组织的住所可以是住宅，但必须是邮政通信可达的地址。

6. 简化了负责人无犯罪记录证明

《办法》规定，社会团体在申请登记成立时只需提供会长（法定代表人）无犯罪记录证明，其他主要负责人无须提交无犯罪记录证明。

为实施《办法》的以上规定，广州市民政局已发布了《社会团体名称预先核准指引》《社会团体成立登记指引》《社会团体变更登记指引》和《社会组织年度工作报告指引》（《社会组织内部治理指引》已在制定中）等，为社会组织的登记和管理提供更为明确细致的引导。

《办法》所规定的"宽进"制度，开通了社会组织的法人化道路，使那些多年来得不到登记的社会组织终于获得了登记。但是，放宽登记条件，也会促使那些考虑尚未成熟、仅凭一时热情和善心冲动设立的社会组织增加。这些社会组织由于人财物等资源并不具有可持续性安排，或者其治理机构尚未合理建立等原因，在运营一段时间后却难以维系，不得不终止。因此，在"宽进"的同时，政府还担负着扶持培育社会组织的职责。政府在追求社会组织登记数量的同时，更要关注社会组织的"质量"和可持续发展问题。对已登记社会组织的"休眠"和退出，也应充分关注。此外，尽管社会组织的登记门槛已经降低到了"地平线"，但仍有诸多社会组织选择不愿登记。如何通过备案制

等解决这部分非法人社会组织的合法身份及权利保障，也是社会组织制度体系应关注的内容。

社会组织管理之"严出"

《办法》在降低社会组织登记门槛的同时也转变和加强了对社会组织的后续管理。《办法》要求社会组织具有较为完善的内部治理结构。《办法》也规定了较为完善的监督体系：行政监督、行业监督、第三方监督、社会监督，以此促进社会组织的有序发展。

1. 规定了以章程为核心的内部治理结构

《办法》规定社会组织应当建立以章程为核心的内部管理制度，建立民主选举、民主决策、民主管理、民主监督、诚信自律和廉洁从业机制。章程是社会组织内部治理的基本依据，社会组织可以按照权责明确、互相制约、运转协调的原则，建立相应的决策机构、执行机构和监督机构。《办法》要求行业协会、商会应当设立监事会，基金会应当设立监事会或者监事，以此加强行业协会、商会、基金会的内部监管能力。通过以上任意性规定和强制性规定的结合，促进社会组织自我管理、自我服务、自我发展，成为独立的法人主体。

2. 建立了社会组织的年度报告制度

《办法》参考广州市商事登记制度的做法，取消了年检制度，建立了社会组织的年度报告制度。社会组织应当于每年3月31日前自行向登记管理机关提交年度报告，除社会组织负责人换届或者更换法定代表人之外，年度报告不需提交财务审计报告。2014年12月，广州市民政局公布了《广州市社会组织年度报告指引》，开发了社会组织年度报告信息公示平台，以此落实年度报告工作。社会组织提交的年度报告必须对社会公示。提交年度报告可全程在网上进行"一站式"办理。年度报告不再出具结论，减少了过去年检的"盖图章"式无效监督。

广州市民政部门将每年按照不少于5%的比例对年度报告进行抽查。社会组织未在限期内完成年度报告，或在年度报告中隐瞒真实情况、弄虚作假的，由登记管理机关给予警告、责令改正或者限期停止活动的行政处罚；情节严重的，处以2万元以上5万元以下的罚款，该处罚要通过广州社会组织信息网络平台向社会公示。未提交年度报告、未申报重大事项、逾期换届且不进行整改的社会组织将列入异常名录，这些组织在承接政府购买服务、申请公益性捐赠所得税税前扣除资格、申请募捐许可证等方面将受到限制。

3. 建立了社会组织的强制性信息披露制度

《办法》建立了社会组织的信息披露制度，社会组织至少每年度向组织成员公布一次其重大活动、财务状况、工作报告等信息。社会组织接受捐赠，应当在接受捐赠后15个工作日内，通过市社会组织信息发布平台公布接受捐赠款物的信息，并在年度报告中披露使用捐赠、资助的情况。社会组织有召开会员（会员代表）大会、创办经济实体、接受境外捐款或者资助、涉外（包括港、澳、台地区）活动、面向公众开展募捐活动等重大事项的，应向登记管理机关和有关主管部门报告。政府也负有一定的信息公开义务，登记管理机关和政府有关部门应当将社会组织遵纪守法、诚实守信、廉洁从业等情况及时向社会公布，并依法纳入社会诚信管理体系。

与《办法》的要求相一致，广州市民政局于2014年5月发布了《广州市慈善组织募捐透明度评价指标（试行）》，委托第三方机构以开展募捐活动的信息公开、守法信息和募捐活跃情况等为标准对慈善组织进行评价，并将结果向社会公开。

4. 建立了社会组织的行业自律机制

《办法》规定行业协会、商会应当采取措施加强行业廉政建设，建立廉洁从业的监督机构，制定行业公约、行为规范、服务标准。行业协会、商会应及时向市场监管部门报告会员单位的失信和不廉洁行为，协助市场监管部门进行处理；并且依法将会员单位的失信和不廉洁行为记录纳入社会信用信息系统。

5. 规定了社会组织的第三方评估机制

第三方评估是由独立于政府之外的第三方机构对社会组织进行的评估。在其他国家，独立的第三方评估具有公正性和专业性，是有效的监督方式。《办法》规定，要"建立政府指导、部门协同、社会参与的社会组织评估机制，鼓励第三方评估机构参与社会组织的评估"。由于我国的第三方评估机制尚处于初步发展阶段，《办法》并未采取以第三方评估机构为主导的社会组织评估制度，采取了"鼓励第三方评估机构参与社会组织评估"的做法。

对社会组织的"严管"，会促进社会组织的规范化运作和可持续性发展。

但《办法》的实施对许多小规模组织（按照会员人数或资产的多少区分）来说却也是严峻的考验，这也是诸多社会组织不愿进行登记的主要原因。《办法》并未按照规模大小实行分类管理。按照国际上的管理实践，对大规模组织往往要实行更为严格的监管。在年度报告的内容、信息公开的内容、社会组织免税资格申请等方面，对大规模组织和小规模组织的管理要求都不相同。《办法》也没有区分公益组织管理和一般社会组织管理的区别，通常对公益组织要实行更为严格的监管。《办法》在"严管"方面尚有不少改善的余地。

社会组织的发展需要一定的文化基础、制度基础和经济基础。新中国成立后，我国长期处于政社不分的总体性社会，社会组织相当于准政府组织，独立的社会组织发育较晚。在政府不断向社会开放公共空间的过程中，为社会组织的发展提供制度保障尤为关键。但制度变革还要考虑政治、文化、经济条件的限制。《办法》的社会效果还需长时间来检验，制度和社会之间也需形成良性互动。社会组织法律制度体系的建设任重而道远。

B.21
杨六斤事件：折射法律、媒体、福利问题的多棱镜*

摘 要： 一个困境儿童通过公共媒体向公众进行募捐获取巨额捐赠，一石激起千层浪。该事件是一直存有争议的捐赠、募捐法律问题的集中展现，对起草过程中的慈善法提出难以回避的挑战；也暴露出媒体个案救助和报道不实等媒体角色和责任问题；更引发了全社会对儿童福利政策的深层次思考。

关键词： 公益捐赠 募捐 个案救助 儿童福利

2014年5月23日的一次公益节目，为一个困境儿童杨六斤募集了高达500万元的巨额捐赠，将一个弃儿顿时变成了宠儿。在这个过程中，公共媒体是否应当介入募捐、善款的所有权问题等都成为争议焦点。虽然此类争议在捐赠领域并非首次出现，但恰逢国家慈善法正在起草，成为慈善法需要回应的一个重要问题。此外，杨六斤报道不实的曝光，再次将事件推向风口浪尖，引发了公众对于社会救助中的媒体角色定位和儿童福利政策的拷问。

一次备受争议的募捐事件

杨六斤是广西壮族自治区百色市隆林县新街村的一个困境儿童。杨六斤六岁时父亲因病去世，半年后母亲改嫁，此后一直跟爷爷奶奶居住。2007年、

---

* 黎颖露，法学硕士，北京师范大学中国公益研究院慈善法律研究中心副主任。

2012年,杨六斤的奶奶、爷爷相继去世,5个月后堂伯杨建强抚养杨六斤。2012年8月,杨六斤被堂哥杨取林接走并一直在其家中居住。2014年5月23日,广西卫视的公益节目《第一书记》报道了杨六斤事件,称杨六斤身世悲惨,独自生活,每个星期从堂哥那里领10元生活费兼零花钱,常吃野菜充饥,生存环境非常恶劣。杨六斤的故事感动了很多人,当天获得捐款4.22万元,节目组按照惯例用杨六斤本人的户名开设了捐款账户,接受公共捐款。截至2014年6月28日,杨六斤个人账户里善款已达500余万元。

500余万元的捐款顿时让弃儿变成了宠儿,而这些善款的使用成为众人关注的首要问题。对于善款的所有权归属,清华大学公共管理学院副教授、清华NGO研究所副所长贾西津认为,媒体以杨六斤本人户名作为善款接受方发布信息,公众根据媒体发布的信息进行捐款,这在法律层面上是一种民事赠与,故善款属于杨六斤本人,完全受杨六斤本人自主支配,公众和公益组织无权干涉这500万元善款的使用。北京师范大学中国公益研究院院长王振耀则将其界定为一种捐赠行为,认为判定属于赠与行为还是捐赠行为,不是因为捐赠渠道不同,也不是看是否通过公益慈善机构进行。

对于受助者个人账户发布是否欠妥以及接受善款后的后续执行是否有困难等问题,各方也有不同看法。有专家指出,电视台初衷是好的,但将受助人个人账号公布考虑欠周全,忽视了能够募来的数额和款项后续使用的风险;而如果公布的是一个专业的公益组织机构账号,风险就可控了。而有的捐赠人认为,公益组织公信力偏低,募款能力有限,不一定能达到募款的标准。一些慈善组织近年来暴露出的信息不公开、不透明,捐款人感觉直接将钱交到受益人手上比较放心,所以才会出现"面对面"的捐款。

经媒体报道,深圳康桥书院负责人看到杨六斤故事的视频后,去广西把杨六斤带到深圳康桥书院,由学校资助他读书。2014年6月19日,德峨镇镇长、新街村学校校长及杨六斤堂哥杨取林一起赶赴深圳带杨六斤回广西。2014年6月23日,网上出现《孤儿被报道后赴深圳就读 当地政府欲将其接回》等报道,"镇政府抢杨六斤"在网络疯传,"家属侵占爱心款"等舆论引发了更多关注和质疑。

2014年6月26日,针对抢人报道,对杨六斤故事进行全程报道的广西电视台工作人员澄清说,社会对杨六斤家属有误解。深圳康桥书院院长表示,通过友好沟通，了解实际情况，开始的一点小小的误会已经完全化解了。当地政府表示，杨六斤的去留，完全遵循其个人意愿，不存在网络炒作的所谓"抢人"情况。①

在杨六斤被带回德峨镇后，多家媒体在走访中发现，他的生活并非如节目所展示的那般艰苦，很多细节并不符合实际。几年来他一直同堂哥一家住，独居生活从2014年3月才开始。此外，他每周5天住校，周末才回堂哥家，到电视节目播出时独居时间加起来不超过25天，只是偶尔吃一下野菜，野菜也是当地家常菜。上学期间他享受国家"两免一补"政策，与此同时还接受江苏南京爱德基金会从2012年开始的资助，堂哥每学期给他500元生活费，政府也给他发放了低保资金。②广西卫视卫星频道相关负责人事后承认，节目制作时因记者挖掘不够深入，导致一些细节与事实不符，他还呼吁不要再给杨六斤捐款，因为捐款已足够多。③

自此，杨六斤从弃儿变为宠儿后又再急转直下，"滥用社会爱心""骗捐"等言论充斥着各个舆论平台。此戏剧性转折是对媒体公信力的巨大讽刺，也再次对慈善环境敲响警钟。杨六斤事件也引发大家对媒体的个案救助的角色的思考：面对救助性报道，媒体要做的如果只是"一事一报"，发动大众参与捐款的话，如何解决现实生活中还有很多待救助的弱势群体，怎样从根源上解决受助群体的问题？而且为特定人救助进行报道，相当于动用公共资源救助特定人，对于相同或类似境遇的受助者是否意味着不公平？

慈善法律如何应对

本事件中的善款所有权问题实际上取决于此次捐助的法律性质。按照现行的公益事业捐赠法的捐赠定义，经过该法规定的公益性社会团体和公益性非营利事业单位的捐款才属于捐赠。本案中新闻媒体实际充当的是居间人的角色，

---

① 《杨六斤去留自己做主　家属政府抢人系误读》，http://news.qq.com/a/20140626/025493.htm。
② 《14岁男孩杨六斤获捐500万后》，http://www.gongyishibao.com/html/yaowen/6683.html。
③ 《杨六斤：回归真实后如何反思》，http://paper.nandu.com/nis/201502/04/324476_2.html。

只是在中间牵线搭桥，不是捐赠法上的受赠人，也并非法律意义上的募捐主体。单纯的宣传并不构成募捐行为，所以该案例中的公众直接捐给杨六斤本人的账户的行为，应被界定为赠与行为。

但是否被定性为赠与就意味着杨六斤可以任意支配这部分捐款了呢？我们可以从以往的司法判例中寻找一些思路。过往多个司法判例的争议焦点多数集中在作为非公益组织的第三方进行募捐之后的捐款权属问题，特别是受益人去世之后余款的归属。基本上，尽管不同的判例对于这种第三方募捐的法律性质的界定各有不同，但是最后余款的归属的判定却是殊途同归。即使判定为赠与，但是法官也会推定此赠与是附带条件的赠与，受赠人对赠款的使用必须以赠与人最初目的为限，仅是满足该特定人生活、学习等必不可少的需求，使之达到一个正常儿童所应达到的标准。例如，如果该特定人将捐款用于挥霍或者挪作他用，捐款人可以撤销该捐赠。甚至，有的判例适用公序良俗原则来否认受赠人对其享有不加限制的所有权。可见，无论捐赠或赠与，杨六斤对于该善款的使用都不是不加限制的。

尽管本案中的所有权问题通过民法即可解决，但是考虑到扶贫济困的赠与带有显著的慈善性质，而且善款不当使用的民法事后救济的成本高昂，特别是公共媒体介入的，赠与人众多的情形，慈善法律应当对此进行回应。第一，此类赠与完全属于民事法律的调整范围，还是属于慈善法的调整范围，慈善法对此是否应当规定特殊的监督制度？第二，法律如何通过制度设计引导公众向专业化的慈善组织进行捐赠，并保证其公信力？第三，募捐主体是否应当以经手善款为必要，公共媒体这种具有特殊地位的主体的求助行为是否适用募捐规范？

从对媒体个案救助的评论，以及后续的能否为特定个体募捐（即假设公共媒体设立账户，或媒体被纳入法律上的募捐主体中）的讨论中，还可以引申出一个问题，募捐主体是否可以为特定人募捐，这也是当前慈善法立法面临的一个争议较大的问题。由于我国并没有中央层面的募捐法律法规，所以为特定人募捐并无明确规定。从美国和英国的法律制度来看，公益组织为特定人募捐并不在禁止之列，因为募捐权是言论自由的一种表现，然而如果为特定人进行的募捐不被认定为公益募捐，不能享受相应的税收优惠。这种设计主要有两点考量因素：一是公益本身应针对的是不特定的公众；二是为了特定人的募捐容易涉及利益输送的问题，对此行为赋予税收优惠风险较高。我国由于现实国情和英美等国不同，为特定人募捐，特别是扶危济困类的募捐的需求较大，而且在慈善组织公信力普遍偏低的情形下，如果不赋予其税收优惠甚至是一味禁止，很可能会导致慈善组织的公益项目难以开展，大量的受助者难以获得捐款。至于为特定个体募捐可能引致的利益输送的问题，可以通过其他的制度加以解决。如何进行制度选择，需要综合考虑多种因素审慎决定。

完善儿童福利政策，媒体角色再定位

杨六斤事件折射出当地镇政府等部门的失职，当地镇政府在事发之后接孤儿杨六斤回家的举动，很大程度上也被认为是为了挽回政府形象和面子。杨六斤事件的媒体追踪，也进一步促使当地政府履行职责，完善相关救助体系。隆林县县委宣传部给《公益时报》发来最新回复表示：隆林将在全县范围内再次对留守儿童、孤儿、事实孤儿和孤寡老人进行排查，查缺补漏，建立健全档案资料，开展留守儿童、孤儿、事实孤儿和孤寡老人活动，确保他们享受到党委、政府的温暖。

杨六斤的命运转折只是个案，但是社会上还有无数个遭遇杨六斤同样的悲惨经历却无缘受到救助的孩子。有资料表明，类似杨六斤这样的事实孤儿，全国已有61.5万。从根本上说，保障孤儿的生活以及他们的未来，不能寄托在媒体的偶遇上。靠媒体递出的爱心包裹，能改变的只是一个人的命运，最根本的问题是如何统筹资源来满足儿童福利保护的需求，形成政府主导、社会参与、机构承担的通畅救助体系。

一方面，政府应当发挥基础性作用，加大投入，采取供养、补贴等形式，使得儿童福利成为普惠式福利；另一方面，政府应引导和扶持民间公益慈善组织发展，增强慈善的影响力与覆盖面，充分汇集和释放社会爱心，使其成为儿童福利保护的充足补充。在此基础上，应加快儿童福利保护和公益慈善立法，健全权利与义务、责任与约束等方面的规则，来防范风险，规避矛盾。①

---

① 《杨六斤成"宠儿" 谁让爱心成负累》，http：//www. legaldaily. com. cn/commentary/content/2014 - 06/26/content_ 5629139. htm？node =34257。

与此同时，公共媒体在救助领域的角色也值得反思。专家普遍认为，依托媒体的个案救助，个案识别的成本太高，引发的慈善行为的覆盖面十分有限，在真正需要帮助群体的普遍性和广泛性上，个案救助凸显缺陷。媒体自身也认为，"有困难找媒体"本身就是一种不太正常的社会现象，要从根源上解决救助性报道中存在的问题。① 同时，由于媒体本身不是专业化的慈善组织，在受助群体的识别和宣传募捐上，很容易出现报道不实的情况，反过来加剧了公众对慈善领域的质疑，对整体的慈善环境而言弊大于利。

随着各级政府对弱势群体的救助政策和专业化慈善组织的增加，面对求助者，媒体首先应该搭建信息沟通的桥梁，和相关方建立有效的合作机制，成为联系人和监督人，而不是单纯地渲染作为个体的求助者的悲情故事，仅靠眼球效应来获取捐赠。

---

① 《从"杨六斤事件"看救助报道的责任担当》，http：//paper.people.com.cn/xwzx/html/2014-09/01/content_1517186.htm。

B.22
公益组织知识产权第一案*

摘　要： 上海浦东新区禾邻社区艺术促进社状告万科公益基金会侵犯其公益产品《全民植物地图》著作权，成为中国公益组织知识产权维权的第一案。公益基金会与公益服务组织本处于公益生态链的上游和下游，良性互动才能推动公益事业有序发展。而双方在知识产权上的争执时有发生，甚至诉诸法律的现象应该引起业界重视。如何判定知识产权是否受到侵犯需要依法而定，而解决争议最好采用协商方式。该案是一个信号，证明做公益不可任性，公益业界的治理需要重视规则和法律。

关键词： 公益组织　知识产权第一案　维权门槛　上海　禾邻社

近几年来，公益组织在社会治理方面的作用日益突出，越来越多地进入公众视野。党的十八大召开后，国家层面提出了社会治理创新理念，更是激起了公益组织的注册发展热潮。

公益组织相互之间、公益组织与商业机构之间、公益组织与其他社会实体之间形成了越来越多的紧密联系。但公益组织是市场主体的一部分，也具有一般权利人的属性，包括享有知识产权的权利。

很长一段时期，公益组织侵权与维权事件时有发生，公益组织建立知识产权保护体系，普及知识产权法律法规的迫切性也日益凸显。

---

* 张明敏，《公益时报》记者。

维权诉讼第一案

禾邻社位于上海市浦东新区，是一个以自然艺术推广可持续社区理念的非营利艺术机构，全称为"禾邻社区艺术促进社"（简称"禾邻社"）。《全民植物地图》是禾邻社推出的一个公益产品，旨在将志愿者引入城市绿色公共空间，通过观察，用手绘、摄影等方式记录植物，与本土设计师及艺术家合作，共同描绘植物地图。

2012年6月1日，为了更好地推广《全民植物地图》，禾邻社找到万科公益基金会，通过邮件表达合作意向。同年7月30日，禾邻社与万科公益基金会达成合作协议。

协议约定，双方将在万科集团上海万科地产公司的万科假日风景社区内合作开展"'熟悉的新朋友'全民植物地图——万科假日风景项目"，万科公益基金会提供项目资金34791元。

同时，合作协议第四部分最后条款规定"乙方（禾邻社）拥有甲方（万科公益基金会）制作的项目中所有材料的知识产权和版权，包括工作方法和模式，工作坊教材等。未经书面许可，任何人不得影印、复制、抄袭、传播或用作其他商业用途"。

2012年10月20日至11月3日，"'熟悉的新朋友'全民植物地图——万科假日风景项目"正式在上海万科假日风景社区开展，发放活动顺利完成。

2012年11月7日，禾邻社向万科公益基金会以邮件形式发送了项目总结报告和项目决算，总结活动得失，并希望在这次成功合作的基础上开启下一阶段的合作。

活动总结内容共有七个部分，分别以活动概述、活动周期、地图制作（立拍得）、地图制作（自然笔记）、地图发放（植物拓印）、活动数据分析和居民反馈等组成，以文字与现场图片（20余张）相结合的方式呈现。

初期合作令双方都很满意。

2013年1月元旦假期之后，万科公益基金会电话告知禾邻社将继续项目合作，并希望尽快推广实行。

这一年农历新年之后，禾邻社官方微博、电话突然接到万科集团在全国各地分公司陆续发来的表达项目合作的意愿。禾邻社随即与万科公益基金会沟通，得到答复是为了促进万科集团各地分公司树立与本地 NGO 合作意识，并请禾邻社不要急于与外地万科地产公司接洽，先做好上海万科地产公司的合作。

禾邻社表示，希望万科公益基金会能够协助处理突然出现的万科各地分公司的合作要求，有计划推广以保证项目质量。

在此期间，2013 年 4 月 1 日，禾邻社又接到南京万科地产公司电话，称对"全民植物地图"项目感兴趣，已经筹备过半，准备定于 4 月 13 日推出，但筹备效果不理想，希望提供解决方案。

至此，禾邻社认为在没有任何通知的前提下，万科公益基金会已向全国各地万科地产公司公开了项目实施总结报告和相关资料。

4 月 3 日，禾邻社与万科公益基金会沟通，希望妥善解决问题，并期望当日下午 3 时前给予答复，当天 14 点 55 分，万科公益基金会给禾邻社发来邮件，拒绝承认侵害禾邻社权益，拒绝与禾邻社协调解决此次争端。

协商未果，禾邻社并不愿意看到，随即于当天将此过程公布于禾邻社官方微博，指责万科公益基金会侵权。

2013 年 4 月 5 日，万科公益基金会在其官方微博发表致歉信，内容为"希望在城市社区中，参照美国纽约'绿地图'的方式，组织社区成员志愿参与绘制植物地图，了解植物，关心身边的环境，从而激发和传递社区成员对社区的自然与人文环境的热爱，进而思考更健康的环保方式"。承认在未与禾邻社沟通并获得同意的情况下，将项目实施《总结报告》提供给全国各地万科公司。

但致歉信没有得到禾邻社谅解。禾邻社称，万科公益基金会有意识地简化"全民植物地图"的作用，含糊禾邻社与基金会合作的"全民植物地图"的项目目的，同时强调公开资源"绿地图"的作用，无疑想弱化基金会的侵权行为，并同时收集材料准备起诉。

至此，双方走向法庭。2014 年 3 月 27 日和 2014 年 9 月 22 日，分别进行了一审、二审。

未经同意转发构成侵权

一审中，禾邻社认为，"'熟悉的新朋友'全民植物地图——万科假日风景项目"《活动总结》系禾邻社具有独创性的作品,按照《著作权保护法》规定,作品无论是否发表都享有著作权,而禾邻社在与万科公益基金会签订的"合作协议"中也已经明确双方权利、义务,万科公益基金会在未得到禾邻社同意的情况下向万科集团旗下房地产公司进行传播实属违约,侵犯禾邻社著作权。

万科公益基金会认为并不侵权。认为作品所记载的信息不受《著作权保护法》保护,我国《著作权保护法》保护的是表达形式,而非表达思想,也就是说,你发表了一本菜谱,只能禁止别人改编、翻译,不能禁止别人做菜。因此,将活动《总结报告》提供给第三人不构成侵权,并称禾邻社的《活动总结》是公开宣传资料,已经在其网站上发表。

一审法院审理后认为,本案系著作权侵权纠纷。禾邻社根据双方协议组织开展"'熟悉的新朋友'全民植物地图——万科假日风景项目"活动后,制作完成活动总结,以文字与图片相互结合的方式对活动过程、具体情况进行介绍和分析,记录了原告的工作方法以及工作成果,凝聚了原告的思想和智慧,具有独创性,属于我国《著作权保护法》所保护的文字作品,原告依法享有著作权。万科公益基金会未经禾邻社许可将享有著作权的《活动总结》以邮件方式发送给各地万科公司,且无证据证实在万科公益基金会发送前禾邻社已将作品发表,万科公益基金会行为导致该作品公之于众,为他人所知,且以电子文档的方式为他人保存。

因此,判定万科公益基金会侵犯禾邻社对涉案作品依法享有的复制权和发表权,一审判定万科公益基金会侵权行为成立。

上诉期内,万科公益基金会依法向深圳市中级人民法院提起上诉。

二审中,万科公益基金会称,将《活动总结》转发给有关万科一线公司的行为是禾邻社许可甚至积极追求的。万科公益基金会应禾邻社请求,尽力为禾邻社提供商业机会,才将之前双方合作成功的《活动总结》转发给有关的万科一线公司,向其推荐。对于万科公益基金会推荐产生的效果"非常兴奋",禾邻社也已经与有关万科一线公司进行实质性的磋商。此时,2013年4月1日禾邻社发送给万科公益基金会的邮件中第一点提到了"在2012年试点项目结束后,双方口头确定在上海多个社区推广项目"。这表明禾邻社对万科基金会的推荐行为是认可的,更是盼望并积极追求的。一审认定万科公益基金会未经许可属于认定事实错误。

对此,二审法院审理认为,在未提交充分反正情况下,万科公益基金会主张禾邻社希望并同意万科公益基金会推广《全民植物地图》公益活动，即意味着同意万科公益基金会转发涉案活动总结，该主张不予支持。

二审法院判定本案为侵害作品发表权、复制权纠纷，万科公益基金会侵权行为成立。

"借鉴""抄袭"还是"原创"

"借鉴"还是"抄袭"是长期存在于公益领域中争论不休的话题，不好判定。它并不像复制对方机构已经出版的报告、文章等，在法律上来说很容易被认定为侵权。

本案中，万科公益基金会还认为，禾邻社的《全民植物地图》并非其独创，早在1992年就有美国的公益组织推出过"绿地图"，由此还形成了全球性的活动。在国内，早在禾邻社之前，就有公益组织，包括自然之友、中国红树林保育联盟在内的多家机构获得"绿地图"系统使用授权，并在全国各地开展了"绿地图"项目。

百度百科显示，绿地图（Green Map System）是在纽约成立的一家非营利组织，其工作内容主要是致力于联合世界各地的人们，以绘制绿色地图的方式，帮助大家认识和描绘本地区的人文和生态环境。

禾邻社表示，2011年年底，禾邻社开始尝试《全民植物地图》的研发。通过"绿地图"开放信息分析比较后，认为"绿地图"的工作模式不适合在国内推广，因为国内的社区结构和公民意识尚不足以支持"绿地图"这样的活动。因此，禾邻社决定独立研发"全民植物地图"。

2012年4月，第二份《全民植物地图》研发中更加注重参与者的体验，力求以简单轻松有趣的方式有效传达项目理念，使没有专业背景的普通参与者容易介入，快速获得生动的知识，并且成为高质量的可供传播的地图的一部分。这些正是与"绿地图"的区别，也是《全民植物地图》的核心所在。

2014年9月22日，北京爱稀客肺动脉高压罕见病关爱中心（简称"爱稀客"）创始人等在网络上质疑无锡灵山慈善基金会（简称灵山基金会）和无锡传媒集团（国有企业）发起的"蓝嘴唇关爱基金""涂起蓝唇"两个项目涉嫌全盘抄袭。这是因为2011年注册的爱稀客，早就于2013年推出"蓝唇新生计

划",至今一直在救助肺动脉高压患者,还创立了《蓝嘴唇》杂志。"蓝嘴唇"已经成为爱稀客的标志。但灵山基金会与无锡传媒集团却在未经爱稀客允许的情况下,发起同名基金和项目,涉嫌抄袭"爱稀客"的"蓝唇"品牌。爱稀客还称,曾经在爱稀客医生顾问的介绍下,无私地与灵山基金会和无锡传媒集团分享了几年来在公众宣传、政策倡导及专业顾问方面的成功经验。但这两方却未经爱稀客允许,全盘抄袭"爱稀客"的"蓝唇挑战"项目,在没有明确交代资金用途的情况下开展募款活动,以基金会和传媒集团的名义发起了一个没有肺动脉高压者自主参与、自主发声的"蓝嘴唇关爱基金"。

灵山基金会称,之所以发起"蓝嘴唇关爱基金",是无锡传播集团点名这个项目找上门的,因为无锡只有灵山基金会有公募资格。基金会在冰桶挑战席卷全国后也想为罕见病人做点事,所以一拍即合。基金会了解了爱稀客后,曾积极邀请其参与共同发起基金,但是最终为了尊重无锡传播集团的意见,未能成功。基金会绝非有意要排斥或者抄袭爱稀客。现在看来,尽管当时并未想过设立与爱稀客项目名称类似的基金有侵犯知识产权的嫌疑,不过,处理确有不妥之处。可是围绕"蓝嘴唇"议题,大家都在做公益,帮助肺动脉高压患者,传媒集团参照爱稀客的经验做活动设计和执行,确实支持和帮助了无锡的一些患者,没错反而有功,不该受到指责。

业内专家认为,知识产权问题是一个比较复杂的法律问题,需要根据相关法律进行认定。如果蓝嘴唇登记注册为爱稀客的机构品牌,那么,不经爱稀客允许,不应成立类似名称的机构,但现在看来并不是这样。慈善公益组织需要有品牌保护意识。此外,项目活动的经验相互借鉴,应该大力提倡,好的思路、好的方法应该在业界大力推广。当然,为了更加支持大众创业、万众创新,行业内部应设立评鉴和奖励机制,更加重视知识和智力的创新,并重在精神鼓励。

看来,是借鉴还是抄袭,是推广还是追责,双方总是各执一词,争议不休,但是不管怎样,2014年,知识产权问题已经摆在慈善公益界面前,不得不面对了。

公益组织维权两道"坎"

当下,公益组织在遭受侵权对待后,已经表现为勇于拿起法律武器开始维护自身机构权益，但目前公益组织维权仍受到现实问题的困扰。

公益组织工作人员知识产权意识薄弱以及作为非营利组织其资金有限等，成为公益组织维权较难跨越的两大门槛。

根据上海复恩社会组织法律服务中心 2013 年对民间公益组织法律需求所做的调查分析显示，仅有 3% 的公益组织有专门完善的知识产权管理制度，21% 的公益组织在机构内其他的管理制度中捎带提到。这充分说明在保护知识产权方面，绝大部分民间公益组织还处于"不懂"的状态。

上海复恩社会组织法律服务中心主任陆璇指出，目前大部分公益组织没有独立的知识产权管理人员或机构，也没有知识产权管理制度，同时也未与社会上的知识产权保护中介机构建立合作关系。这使得大部分公益组织内部的知识产权保护处于一种真空状态。

公益机构被侵权是走法律渠道还是调解，可以综合考量后再做决定，一旦走上诉讼程序，不仅耗时长，也容易在业界造成负面影响。

协商是公益社会组织维权的首选，通过与侵权方进行充分沟通来解决问题，这也是成本最低的方式。其次，寻求双方都认可、在业内具有相当地位的第三方社会组织或公益人士进行斡旋，提出双方都接受的调解方案。只有当这些途径都无法解决问题的时候，才需要走法律程序。

有法律专家指出，在法律程序上，公益知识产权诉讼和商业知识产权诉讼并无不同。相应的案件，视情况不同诉讼费可达几万元甚至几十万元，一旦起诉将对公益组织造成一笔不小的负担。

国内知识产权相关的案件，一些合理支出如律师费、公证费、合理维权成本可以要求对方承担，但只有胜诉才能实现，但这需要大量时间和精力，需要公益组织综合考量。

公益基金会与公益服务组织本处于公益生态链的上游和下游，良性互动才能推动公益事业有序发展。而双方在知识产权上的争执时有发生甚至诉诸法律的现象应该引起业界重视。如何判定知识产权是否受到侵犯需要依法而定，而解决争议最好采用协商方式。该案是一个信号，证明做公益不可任性，公益业界的治理需要重视规则和法律。

B.23
施乐会募捐置顶事件引发有偿募捐的争论[*]

摘 要： 施乐会收取置顶费事件，是慈善组织运用网络进行筹款的尝试。由于收取了"置顶费"，在网络媒体的作用下，施乐会资助项目的"善"遭到质疑，其与经济利益相关的"恶"被放大。时代在发展，慈善组织为了持续发展而探讨新的运行模式，应受到鼓励。但与此同时，慈善组织对捐赠人和受赠人的披露义务有哪些、收取费用的限度在哪里等问题，亟须法律观念正本清源，也有赖于相关法律标准的制定。

关键词： 施乐会 置顶费有偿募捐 公益捐赠

2014年11月，搜狐、新浪等国内著名门户网站以及《公益时报》等公益行业主要媒体，以"慈善网收置顶费"等为题，报道了浙江省金华市慈善总会下设分支机构施乐会收取"高额网页置顶费""违规行为被叫停"等内容，引起社会对施乐会捐赠模式的广泛关注。慈善组织能否以搜索引擎常见的"置顶"方式来发布求助项目？慈善组织能否自己定价、收取费用，用于机构运转、人员开支？慈善事业中有偿行为的基本原则亟待法律明确，慈善捐赠中各主体义务的履行应受到社会监督。

---

[*] 郭然，法学硕士，北京东易律师事务所律师。

施乐会置顶费的来龙去脉

在施乐会的网站上,以及网络对施乐会的调查显示:施乐会创立于2007年4月28日,初始资金完全由某当地电子商务企业资助,设立的目的是在网上无偿发布项目、帮助困难人士开展募捐救助。2008年汶川大地震发生后,施乐会在网上发起网友募捐活动,影响很大。经金华市政府相关部门调研后,2009年将施乐会划归民政局管理,并作为金华市慈善总会的分支机构正式登记注册,至此,施乐会拥有了"合法身份"。

2012年,施乐会就曾因"募集善款社工可提成15%"而身陷"提成门"。经金华市慈善总会对施乐会的财务进行审计,没有发现施乐会有财务上的问题。网友对此答复,能够接受其没有"做假账",但是仍然质疑施乐会网站上的"资助施乐会",实为小金库;以疑似"机器粉"等方式发布扰民信息等行为,亦令网友怀疑其是否另有商业意图。

2014年,施乐会又爆出了"置顶费"事件。2013年10月,原出资企业停止为施乐会提供资助,施乐会为解决开支问题,推出网络置顶收费服务;2014年4月,金华市慈善总会接到受助者投诉,经调查后要求施乐会停止收取置顶费;2014年5月,施乐会停止直接收取置顶费;2014年6月,施乐会救助项目由46网络营销中心向受助人收取宣传费,其用途仍为置顶费用,46网络营销中心承诺同时提供向其他社交网站推广的服务;2014年11月,媒体广泛报道施乐会置顶费事件;2014年11月7日,金华市慈善总会要求施乐会立即停止收取置顶费;2014年11月10日,金华市慈善总会称审计部门已进驻施乐会;2014年11月12日,施乐会网站发布情况说明,承认并公布置顶推广项目收入金额。①

网络报道称,所谓"置顶费"是指受助申请人向施乐会网站缴纳一定的费用,以便申请者的求助信息能够在该慈善网站的突出位置显示,进而获得更

---

① 资料来源:百度,http://baike.baidu.com/link?url=UEasUQ3I-W0drpgi3tjxoKqYx4jVZtRJZtoNAwISLYmK7JjZpo7IotYUNiAhfJ4tmA6FAGaiFN6G5Xu6TtaZ3q。

多的捐赠款项。①

施乐会收取"置顶费"的方式进行了几次调整：（1）2013年10月，施乐会推出"置顶费"业务，只允许捐赠人定向捐赠，本意是希望部分捐助人向求助者捐赠的同时，定向为施乐会平台捐赠一部分支持费用。（2）第一次调整是出现大量求助者自己注册小号花钱置顶的现象，施乐会遂放开条件，不对"置顶费"的支付进行限制。（3）2014年5月，为了规避风险，施乐会对外声称取消"置顶费"，实际上要求求助者把该费用汇入"46网络营销中心"，46网收到后除了帮助求助者置顶求助帖外，还提供在其他社交网站上推广及募捐的服务。

2014年11月10日，施乐会在其官网上发布的"施乐会运行情况说明"显示：2014年1月至2014年11月1日，施乐会总受助人数24145人，总捐助金额38028561.35元，总运营经费收入6416464.98元，其中置顶推广项目收入5875266.98元。参加置顶推广项目人数605人，占总人数的2.5%，截至2014年11月1日，运行经费支出占总捐助额的12.28%。仅11个月时间，施乐会就收到"置顶费"587万元，参与置顶的求助者平均支出9711元。据报道，2014年3月25日，网友公布的施乐会一天之内的置顶费金额就为42560元。②

至本文撰写之日，时隔几个月，施乐会的网站上没有明显的"置顶费"的描述。从网站发布来看，施乐会仍在广泛接受社会捐赠，正常运营中。

"置顶费"引发社会热议

1. "没有谁规定做慈善必须是无偿的"

施乐会会长方路认为，施乐会需要资金培养专业人才、进行宣传推广。否则难以将受助人的困难在更大范围内展示。③

2. "涉及公共利益的，法律应有强制性规定"

清华大学法学院副教授程啸认为，捐款者、受捐者与网站之间存在多重法

---

① 资料来源：搜狐，http://news.sohu.com/20141110/n405912046.shtml。
② 资料来源：《公益时报》，http://www.gongyishibao.com/html/gongyizixun/7279.html。
③ 资料来源：《观察者》，http://www.guancha.cn/society/2014_11_07_283961_2.shtml。

律关系。求助人，在法律上委托网站处理发布求助信息；受托人即网站，应该帮委托人去处理这个事务，也可以收取相应的费用，即有偿委托。按法律规定，委托可以是有偿的，也可以是无偿的，网站可以收取一定的费用。如果网站收取"置顶费"，就不能高于一定的比例，但法律并没有明确的规定。因而建议，应规范捐赠，比如什么人能发起捐赠，捐赠的款项如何使用、管理，可不可以收费、收费的比例是多少，涉及公共利益的，希望法律有强制性规定。①

3. "运用市场手段，也要遵循诚实守信的原则"

公益人士姚遥认为，在资源稀缺情况下，运用市场手段调配资源可以探讨。

对于需求更加紧迫的家庭愿意付出更多的成本来获得帮助，包括付出资金，是现实需求。然而即便是市场的手段，也需要遵循诚实守信的原则。而施乐会选择了收费的方式调配资源，公开的资料上没有这样的信息，机构不愿意公开承认收费的存在，甚至最终通过一个商业公司来收费，这样遮遮掩掩的行为完全无法保证过程的公平。慈善借鉴商业力量而不忘初心，提高工作效率，但不能损害公平和人心。

关于收钱的过程存在致命的质疑点，往往愿意付钱来将求助信息置顶的受助者，获取帮助的需求非常紧迫。而在这样紧迫的情况下，受助者一方没有足够的谈判对价，完全受制于网站方。这样显失公平的交易应属合同法之可撤销合同。②

4. "与其让慈善变味，不如关停"

北京大学社会学系教授夏学銮认为，竞价排名这种商业模式让慈善变得不纯粹，甚至让慈善蒙羞。施乐会靠竞价排名来维持日常运作，偏离了存在的意义。真的因为经费不足办不下去，那只能忍痛关停，不能让慈善变味。③

置顶费到底违不违规

根据媒体报道，施乐会是金华市慈善总会的分支机构，不具独立法人资

---

① 资料来源：新浪，http://tech.sina.com.cn/i/2014-11-06/11129766504.shtml。
② 资料来源：《新京报》，http://www.bjnews.com.cn/opinion/2014/11/07/340483.html。
③ 资料来源：网易，http://news.163.com/14/1110/21/AANIFAHT00014SEH.html。

格。金华市慈善总会系由金华市民政局担任业务主管单位、依法注册的社会团体。关于社会团体的现行有效法律、行政法规,仅有《社会团体登记管理条例》。因此,除了遵守金华市慈善总会章程等"规"外,施乐会还必须遵守的就是《社团条例》。至于施乐会作为社会团体分支机构,能否以施乐会而非金华市慈善总会的名义收取"置顶费"、能否有偿提供慈善信息发布服务,在《社团条例》中并无禁止性规定。因此,施乐会收取置顶费的行为本身,并未违反《社团条例》,也不违反金华市慈善总会的章程,因此不能因此说施乐会"违规"。

置顶费哪去了

虽然金华市慈善总会称施乐会经审计并无问题,但点击施乐会网页页面,财务方面有相当多瑕疵引人怀疑。

1. 针对财务管理的质疑

在"资助施乐会"一栏中,点击"差旅费用"可见"捐赠明细""善款使用明细"等项。如善款使用时间为 2013 年 9 月 17 日的差旅费用金额为 2650.00 元,而其所附凭据为 2013 年 9 月 23 日浙江省慈善总会开具的"代收深圳慈展会展览费(参展)";时间为 2013 年 8 月 27 日的差旅费用金额为 606.00 元,但仅附一张金额为 455 元的中石化加油票。① 再如点击"宣传推广",善款使用时间为 2013 年 11 月 21 日的推广经费金额为 240.00 元,而其所附明细是一份空白的《人民政协报》2014 年征订单。毋庸置疑,以上内容不符合财务制度。② 又如,善款使用时间为 2013 年 9 月 16 日的通信费用金额为 4080.00 元,所附票据为 8 部手机的购货发票;而善款使用时间为 2014 年 1 月 22 日的通信费用金额为 6240.00 元,所附票据为 12 部手机的购货发票。③ 再比如,施乐会已有相对其组织规模而言比较庞大的网络技术支持队伍,但其每月仍有 24000 元的"宣传推广"费。因此,虽然施乐会在网站上展示了相

---

① 资料来源:施乐会官网,http://www.shilehui.com/AssistUI/FinanceShow.aspx?kid=9。
② 资料来源:施乐会官网,http://www.shilehui.com/AssistUI/FinanceShow.aspx?kid=5。
③ 资料来源:施乐会官网,http://www.shilehui.com/AssistUI/FinanceShow.aspx?kid=14。

当数量的票据,但其是否确实符合财务制度、每项支出的必要性和合理性又是否具备,值得深究。

另外,施乐会每个受助项目的所需金额,在计算时又加入了施乐会为该项目的有偿社工以及网络推广实际支出或成本分摊的数额;网友还可以为施乐会的客服人员工资进行捐赠。

那么,这里面是否存在重复计算?网友是否就同一标的物的不同名义进行了重复的捐赠?

2. 施乐会鼓励捐助人直接向其客服人员捐助工资,其行为是否合法、适当

除了是否有重复捐赠之嫌(既对施乐会机构开支进行募捐,又对机构中人员工资进行募捐,还对客服个人进行募捐)以外,以公益组织之名为非贫困、残疾的员工个人募集款项是否适当?客服人员在接受捐赠后,是否按照《个人所得税法》的规定缴纳了因偶然所得而产生的个人所得税?

因此,施乐会虽然没有违反《社团条例》以及金华市慈善总会章程等关于收取费用的直接规定,但是否存在信息披露不实、财务管理缺陷等问题,有待社会监督。

加收"置顶费"的公益捐助,法律性质该如何界定

1. 捐助人与施乐会之间的公益捐赠法律关系

施乐会是依法成立的公益性社会团体的分支机构。捐助人自愿、无偿向其捐赠财产用于帮助贫困、残疾等困难个人,属于《公益事业捐赠法》的公益捐赠。

点击施乐会的"我要捐助",有清晰的"捐款买药""求学""助医"等12个选项,还有目的"不限"选项;关于年龄、所在地区等也可以选择。因此,捐助人一旦点击并支付捐款,其捐赠的受赠人、标的额、用途均非常明确。根据相关司法解释,此类网上捐助应视为书面赠与合同,一旦支付完毕,赠与合同即发生法律效力。

《社会团体登记管理条例》第二十九条规定,社会团体接受捐赠、资助,必须符合章程规定的宗旨和业务范围,必须根据与捐赠人、资助人约定的期限、方式和合法用途使用。《公益事业捐赠法》第十八条规定,受赠人与捐赠

人订立了捐赠协议的,应当按照协议约定的用途使用捐赠财产,不得擅自改变捐赠财产的用途。如果确需改变用途的,应当征得捐赠人的同意。施乐会的义务,就是按照捐助人所指定的受助项目如约支付给项目受助人。如果施乐会违反该义务,应承担违约责任,捐赠人可以要求其继续履行或返还捐款。

由于施乐会在募款资料中明示了,捐款中的部分确定金额将用于施乐会人员等机构成本,因此如施乐会确实按此金额、用于了此目的,其行为亦不违反法律规定。

2. 网络宣传推广费用的法律关系

施乐会事件的焦点——"置顶费",是由受助人本人或其亲友抑或社会爱心人士,向施乐会的推广网站——46网络营销中心——支付的用于宣传推广的服务费用。

如果46网络营销中心确为依法注册的营利性组织,且与施乐会确无从属关系,其按照市场标准,收取相应的服务报酬属合法有效。

但是,46网络营销中心是否仅仅是施乐会出资、自行运营的网站尚未可知。如果46网络营销中心,就是施乐会的网络运营部门,那么施乐会收取"置顶费"等名目的费用,就违反了《社团条例》第四条关于社会团体不得从事营利性经营活动的规定。而《社团条例》是登记管理条例,对于违反上述禁止性规定应承担何种法律责任、如何承担,并未规定。只能依赖其业务主管单位的监督管理以及社会监督。

由于《社团条例》并未如《基金会管理条例》第二十九条之对应规定(基金会工作人员工资福利和行政办公支出不得超过当年总支出的10%),如果施乐会所收的置顶费确为运行捐助网络体系所需,也确实全部用于必要的"行政开支",那么其支出的标准是什么,合理性谁来监督?比如媒体所述,施乐会的"家长"金华市慈善总会以及金华市民政局,仅要求对施乐会进行财务审计。但是否对其实际运营进行了监管、监管标准如何,业务主管单位以及公益行业,是否要对"行政开支"制定标准?这些问题值得在慈善法立法中,就政府干预的原则进行探讨。

3. 对于公益性社会组织不得向捐赠人索捐、不得有偿捐赠等内容,已在我国现行法律法规如《公益事业捐赠法》等规定中有较为充分的体现

但是,对于公益性社会组织与实际受益人之间的法律关系如何界定、公权力介入的边界等原则性问题，并无法律规范。

近十年来，因公益捐赠或慈善性赠与发生纠纷并最终诉诸司法程序的案例数量虽然不多，但反映的问题非常集中——接受捐赠的机构与实际受助人之间的法律关系不明确：是否适用公益捐赠；不适用公益捐赠的是否只能适用赠与；受赠机构与受助人之间没有书面约定，那么其权利义务如何确定，等等。在慈善法立法的过程中，不断有专家学者指出，该行为应被认定为信托法律关系。即捐赠人（委托人）将财产转移交付给受赠机构（受托人），受赠机构按照捐赠人的意愿，将该财产交付给受助人（受益人）。目前《信托法》中关于公益信托的规定还较为原则，尚需可操作的实施细则。

通过公益性社会组织等专业性慈善机构开展募捐、实施捐赠，是公益发展的趋势和必然，相应的规范性法律文件应尽快出台，以免因法律关系的不明确而打击公众的善心。

境外慈善篇
Overseas Philanthropy

B.24
韩国第三部门发展经验初探

徐启智*

摘　要：	本文研究韩国成为东亚地区第一个在国家层面上推动社会企业的发展历程，发现并介绍了韩国处理儒家文化和西方文化在国家治理理论层面的冲突与选择及其结果。从韩国第三部门发展经验来看，韩国已经对主要接受儒家思想的东亚文明进行了扬弃，在面对非营利组织、国家、市场这三种力量时，做出了一个有别于西方传统的重要演示。
关键词：	第三部门　非营利组织　社会企业　自给自足企业　韩国

作为东亚地区最早明确地提出社会企业政策以及社会企业相关法律的国家，相较于隔了几千公里之外的欧洲与美洲，相较于西方基督教文化孕育下的

---

* 徐启智，中国青少年发展基金会新工场协力中心总干事。

社会发展，同样深受儒家文化影响的韩国，是如何走过那段调适西方文化，将其融入传统韩国社会并取得成就的经验，对目前的中国而言，是非常有借鉴意义的。

一 韩国第三部门发展背景

追溯历史，韩国的非营利组织长期笼罩在政府干预的阴影中，但随着西方影响的深入和"二战"以后民主化运动的推动，1990年代，缺乏独立自主特征的社会领域取得了相对于政府和市场的独立性，产生了西方意义上的第三部门，这个时代的韩国被称为"公民社会时代"。长期的社会运动传统塑造了韩国非营利组织的多样性，并直接表现在对此类组织的称谓上，如非营利组织（BeyoungriDanche）、非政府组织（MinganDanche）、市民社会组织（SiminDanche）、市民运动组织（SiminWoondongDanche）和公益法人（GongickBubin）等等。

（一）历史分期

韩国近现代的第三部门发展大致可以分成4个时期，萌芽期、抑制期、发展期及成熟期（Kim, 1996；Bidet, 2002；郑准镐, 2003；Kim, 2007；郝美娟, 2008；王岩, 2011）。1953年以前属于萌芽期，这是韩国近现代非营利组织刚刚萌芽的时期，以1903年成立的YMCA和1905年成立的红十字会为代表，此时期一直到1953年朝鲜战争结束为止。自1954年到1986年是为抑制期，此时期统治韩国的军事政权对非营利组织并不友善，实施较严格的管制，甚至监督，因此抑制期的非营利组织发展相当困难。1987~1992年为发展期，此期间韩国社会对军事政权的贪腐和集权无法忍受，民主的要求化为实际行动，出现了一连串针对军事政权的激烈斗争，到1992年初步完成了韩国近现代的民主化过程，这期间出现了许多非营利组织。1993年之后，由于民主社会对民众自组织的需求，各种类型的非营利组织开始出现，第三部门的发展进入成熟期。

萌芽期间的韩国，先是处于日本殖民统治之下，接着是韩国政府致力于建立一个现代化国家，在这样的社会条件下，一是没有足够的资源投入社会

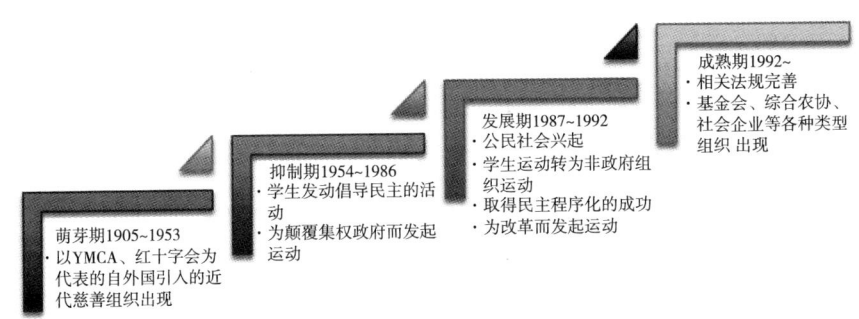

图 1　韩国近现代第三部门发展分期图

注：本图由作者自绘。

福利事业，再是长期的日本殖民统治将韩国原先的社会网络破坏殆尽，因此这段时间主要是由像红十字会、YMCA 这类外国志愿机构提供社会救助服务，这些机构也形塑了日后韩国的志愿服务机构（KAVA，1995）。在韩国近代非营利组织发展的 4 个时期中，最重要的里程碑是 1987 年，这一年，后来当选为韩国总统的卢泰愚发表了民主化宣言八条，自此近代的非营利组织开始较大规模地在韩国出现。1987 年之前的组织形态以学生运动为主，主要目的是反对极权统治，追求民主，这时组织一般被称为民间团体的非正式组织。而在 1987 年之前韩国基本上都处于被殖民和战争状态，作为殖民者的日本是军事政权，因此不受政府控制的组织是完全被禁止的，即使后来摆脱了被殖民身份，当时的政权依然是以集权方式进行统治，在全力发展国家经济的大目标下，非营利组织依然没有太大的生存空间，直到 1987 年之后才能以正式的非营利组织身份活动，这些机构的主要目标在于改革社会、经济制度，到了 1992 年之后，聚焦于人权和消费者等民生议题的机构才开始多了起来（Kim，2007）。

（二）韩国第三部门发展的特色

韩国第三部门的发展相当有特色，这些特色与韩国的传统文化以及近代韩国遭到的侵略历史有关联。

1. 深受儒家思想影响

西汉以来，韩国即深受儒家文化熏陶。宋朝二程和朱熹的理学在高丽末期传入之后，当时的李氏王朝就把理学作为国家的正统思想传承长达五六百年。韩国大儒李退溪的头像甚至被印在韩国的千元纸币上。20世纪末一些学者注意到儒家思想在韩国非营利组织发展上扮演的角色。从个人层面而言，儒家思想强调的是精英对其他人所担负的责任，而现代非营利组织理论强调的是组织与普通人间相互的权利。从外显的特征来看，韩国非营利组织总体而言更具机构代理和营利倾向，前者以合作社为代表，后者以基金会为代表。而只有一小部分非营利组织秉持的宗旨是对弱势群体的帮扶或是弱势群体间的互帮互助（Cho，1997；D. Steinberg，1997；Han，1998）。

儒家思想的一个特色是以家庭作为社会的核心，许多对弱势群体的照顾和帮扶在儒家社会里，都是由家庭以及其外延的家族来完成的，而现代非营利组织理论的核心却是个人，因此对弱势群体的照顾和帮扶是由无血缘关系的非营利组织来承担的，韩国政府以及民间在推动非营组织发展时，儒家思想无可否认地扮演了一个非常重要的角色。

2. 被动式的发展

1905年日俄战争后，日本成为朝鲜的"保护国"，1910年起正式将"朝鲜"吞并进入大日本帝国。这段36年的殖民时间，日本人在剥削和奴役之外，也为韩国带来了现代经济和西方文化。现代法律制度、税收制度、城市商业化、农业优良品种等现代化因素都是在这段时间按照日本的意愿带入的。外力强迫的现代化，虽然能够加速社会进步，实现了韩国的追赶型发展，但是日本的殖民统治却极大地损害了韩国人的民族自尊心，强烈的反抗也就不可避免，直到今天韩国人对日本的殖民统治仍念念不忘。这也直接导致日后催生了一批以追求民主为目标的非营利组织。

"二战"结束后，韩国被美国占领和重建。通过敦促、设计和监督韩国的土地改革，美国对韩国进行了全方位的改造，扫除了韩国传统的因素（如派系分裂、家长制等）、封建的因素（如地主阶级对韩国的政治经济的控制）、亲社会主义的因素（如民众对社会主义的渴望、对朝鲜发展的羡慕、工人对归属工厂的占有等）。在美国的影响和干预下，韩国的经济社会发生了深刻的变化。为了稳定当时的社会秩序，解决人们所面临的饥荒问题，美国在1945～1948年间采取了一系列的公共救济措施，这也催生了一批后来的现代非营利组织（Cuming，1981）。

慈善蓝皮书

(三)韩国政府对第三部门的管理

依照韩国《非营利组织法》对非营利组织的界定为:具有公益性、非营利性、非政治性、非宗教性、成员100人以上并具有至少一年公益活动经验的组织。在管理上按韩国政府于2000年4月17日颁布的《非营利组织/民间组织支持法》进行管理。

为了更好地进行管理,韩国特别在总理办公厅专设一个总理民政事务秘书部(Secretary for the Civil Affairs,SCA),负责维持总理与非营利组织之间沟通渠道的畅通,收集有关促进社会健康发展方面的意见和政策建议。行政自治部(Ministry of Government Administration and Home Affairs)所属的市民协力课(Citizen Cooperation Division)则主要负责支持、执行和监管非营利组织。此外还设有公民社会发展委员会(Committee on Development of Civil Society,CDCS),负责研究政府与非营利组织间的关系及非营利组织活动发展相关的法律问题。

行政自治部支持的项目分为两大类:中央政府项目和地方政府项目。中央政府项目由行政自治部评审并拨款。可以申请中央政府项目的非营利组织有两大类:一类是在中央政府登记注册的组织,其项目范围跨两个或两个以上的市或省;另一类是在市/省政府登记注册的组织,但活动跨三个市或省政府登记注册。地方项目由地方政府负责评审,申请资格限定为在地方市/省政府登记注册,项目范围不超出一个市或省的地方性民间组织。

韩国政府对非营利组织的管理采用行业管理模式,任何一个政府主管部门都可能是一个登记管理部门。非营利组织根据组织的特征和宗旨,选择相应的部门申请登记注册。非营利的社团和财团在取得主管部门许可后均可依照《民法》或其他特别法规定的条件申请成为法人,从而自动享有免税资格。部分较重要的类型还有单独的法律进行管理。例如,大韩商工会议所根据《大韩商工会议所法》成立,农业协同组合根据《农业协同组合法》成立,社会企业也有《社会企业育成法》。其中除了根据1952年《大韩商工会议所法》,所有从事工商业的韩国国民、法人均自动获得大韩商工会议所资格外,企业是否加入除此之外的商会或协会则全由企业根据自己的需求自由选择。

(四)韩国第三部门的主要关注领域

如图2所示,韩国的非营利组织活动领域很广,其中环境组织的数量最多,有121家,占总数846家的14.3%。其次为残疾人领域,有88家,占总数的10.4%。志愿活动/救灾与地域发展则同样有71家,各占总数的9.1%。以上合计占了42.4%。

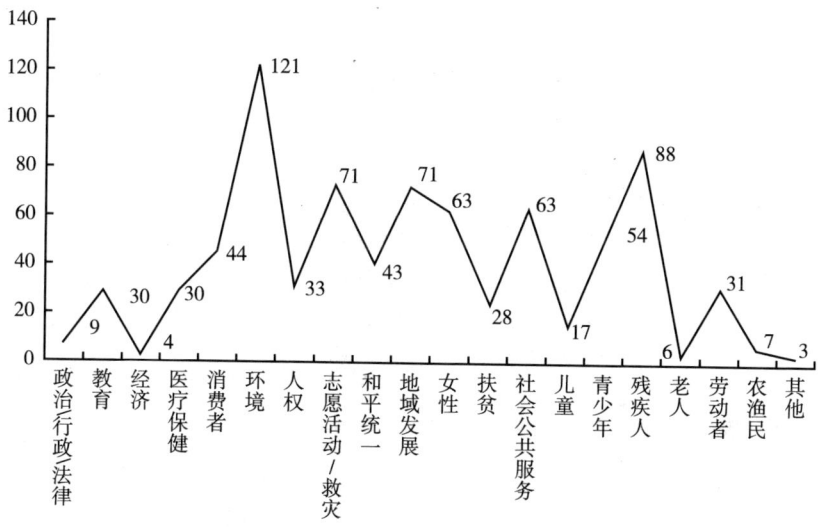

图2 韩国非营利组织活动领域及数量

注:数据引自郑准镐,2003:55。

韩国的基金会大部分是在1970~1980年这十年之间成立的,并且主要是由大型企业捐资成立。韩国企业联盟(The Federation of Korean Industries)曾经对由其会员企业或会员企业主所捐资成立的81家基金会进行过调研。结果发现从时间上看,其中只有9家基金会是在1970年之前成立的,47%的基金会是1980年代成立的,只有12.3%的基金会是在1990~1992年之间成立的。从捐资人来看,24家基金会是由企业捐资成立的,33家基金会是由企业主自己成立的,另外24家是由企业和企业主共同成立的。从主管机构来看,这些基金注册仅仅限于以下4个部门:教育部(62家基金会)、健康与社会事务部(12家基金会)、文化部(4家基金会)、科技部(3家基金会)(Park,1996:

58~59)。

从以上的数据可以清晰地看到,这些基金会资助的领域主要集中在发放奖学金或资助大学教授的研究经费,比例高达76.5%。其次是投入健康与社会事务相关的领域,但是和教育领域的差距超过5倍之巨。这一方面印证了韩国人才及科技研发能力的高质量是全社会高度关注的结果,也显示出韩国第三部门对社会的关注点太过倾斜。在这种过于倾斜的状态下,韩国社会仍然能够保持稳定,不得不归功于韩国的社会救助制度。韩国社会救助制度改革最早由1994年成立的"参带联盟"社会福利委员会发起,它从一成立就开始推进"国民基础生活保障"运动,稍后它与另外19个非政府组织共同起草了"国民基础生活保障系统"法案,该法案于1999年8月12日经韩国国会通过。这个法案保障了处于绝对贫困线以下的家庭能够获得必需的生存资源,从而为韩国社会的稳定提供了保障(杨玲玲,2009)。

另外,韩国的企业基金会存在最突出的问题,就是它们越来越成为大企业的大股东逃漏税,特别是转移财产给下一代的工具。而不是原来期待可以为社会整体造福的公益基金会。虽然韩国政府对此现象早有察觉,并且对税法以及基金会的管理办法都进行了几次修法,但是仍然无法遏止这一现象。

二 韩国社会企业的出现

欧洲和美洲的社会企业的出现都是从民间发起,之后才进行制度化和获得政府政策支持的。但是韩国推动社会企业的初衷,却是有意识地用社会企业来解决经济发展过程中出现的许多社会问题。从2003年韩国政府提出社会就业的概念的时候,就很清晰地期待利用社会企业解决劳动贫困问题、老龄化社会、社会公共服务需求增加、无就业增加的经济增长等社会问题,其中最主要的就是解决就业问题。

(一)韩国社会企业出现的背景

韩国的第一部推动社会企业的法律是由韩国的劳动部颁布的,这主要是因为韩国的社会企业从一开始就是为了解决失业问题。韩国政府在学习了西方的社会企业概念以及相关经验之后,将其引入韩国作为解决在经济发展过程中的社会问题的解药。在2003年提出社会就业的概念之前，韩国主要依靠1998年由20个非营利组织一起起草的"国民基础生活保障系统"（National Basic Livelihood System，NBLS）的内容和精神，来解决1998年的金融危机所带来的高失业率问题、劳动贫困问题、老龄化社会、社会公共服务需求增加、无就业增加的经济增长等复杂的问题。

相较于经济合作与发展组织（Organization for Economic Co-operation and Development，OECD）的其他成员国家，韩国长期以来的低失业率一直是OECD成员国家所艳羡的。但是这也是相对的，韩国在两次金融危机中受到的重创仍然对其产生了相当大的影响，伴随着经济的恶化，2009年失业率较2008年增加了15%。当时的韩国就业情况有以下两个特征（Bidet，2011）。

1. 工作职务平均水平较低

光从数字来看，韩国的失业率相较于同为OECD成员的国家，处于比较低的水平，但如果仔细研究工作岗位的质量时，就会发现数字后面的玄机，特别是从"无工资工作"的比例以及"非正常工作"占正常工作的比例两个维度来看，这两类工作通常比起正常工作在社会福利以及社会保障上，有工资低、不稳定以及"不慷慨"三个较大的特征。无工资工作还可以再细分成两个子类："家族员工""自我雇用"。"家族员工"在工作人口中占30%以上，这些家族员工是在家族企业里工作，并且基本没有收入或只能拿到远低于正常工资的收入。"自我雇用"的人口中50岁以上的人也占了30%以上，而在50~60岁之间的人口中，甚至出现将近60%的人是处于"自我雇用"的状态（见表1）。

表1 韩国工作岗位状况表（2000~2010）

		2010	2009	2008	2007	2006	2005	2004	2003	2002	2001	2000
无工资工作		6958	7052	7371	7463	7600	7671	7663	7736	7988	7913	7795
非正常工作	自我雇用	5627	5711	5970	6029	6145	6172	6110	6043	6190	6051	5864
	家族员工	1331	1341	1401	1413	1466	1499	1553	1694	1797	1863	1931
	短期工	17048	16454	16206	15870	15551	15185	14894	14402	14181	13659	13360
	临时工	5122	5101	5079	5172	5143	5056	5082	5004	4886	4726	4608
	小时工	1775	1963	2121	2178	2204	2212	2188	2130	2433	2218	2357
正常工作		10151	9390	9007	8620	8204	7917	7625	7269	6862	6714	6395
总计		24005	23506	23577	23433	23151	22856	22557	22139	22169	21572	21156

注：本表数据转引自Eric Bidet引用的韩国统计办公室资料，本文作者整理。Bidet，2011：73。

相较于其他发展中国家,韩国的"非正常工作者"的比例也相当高。非正常工作者还可以细分成两类:"临时工"(指那些劳动合同期低于1年的人)和"小时工"(指那些劳动合同不足1个月的人)。"非正常工作者"的比例居然占到了工作人口的45%,以及全部劳动人口的30%。即便劳动合同关系最具"弹性"的美国,非正常工作者的人口也仅占全国劳动人口的24%。

整体而言,韩国的劳动市场可以说只有40%的工作是有保障的,而另外60%的工作是非常有弹性的次级劳动市场。

2. 社会歧视风险增高

如上所述,虽然在1998年到2002年,那些"不保险的工作"岗位有效地扑灭了失业问题从火苗烧成大火。但是之后的研究发现这两者的关系是互相影响的。不保险的工作很容易导致失业,而如果社会福利方案和团结过程没有很好运作,那么失业也将很容易导致社会歧视。如果社会福利系统不能提供有效的安全保障网,那么不保险的工作将容易拉高社会歧视的风险。

从1997年的金融危机之后,韩国政府就认识到以上的各种就业状况及其带来的危险,也开始制定各种各样的政策来处理失业以及社会歧视所带来的问题。在这过程当中,韩国政府对能够处理工作整合以及社会服务提供的社会企业这个工具产生了越来越高的兴趣。

(二)欧洲社会企业模式的影响

社会企业在欧洲被视为透过生产财货及服务以寻求特定的财政自主性,以弥补政府补贴的不足,其主要目的在于消除社会疏离感。欧洲各国社会企业的活动可以区分成两个范畴,包含:1. 提供失业人口重新就业的机会,并透过提供社区财货及服务,使日渐萧条的地区能够重新发展;2. 回应新的需求,例如矫正教育、识字课程及房地产安全等(OECD,1999:9-10)。2001年出版的《社会企业的浮现》(*The Emergence of Social Enterprises*)认为社会企业起源自社会经济(social economy)及非营利部门(non-profit sector)。除了指称由非营利部门提供生产财货与服务外,若私人企业为了社会目的,而在股东同意下,也可以提供类似的活动(OECD,2003:298-299)。社会经济之利益可以分配,而社会企业因系属第三部门,故利益不得分配(OECD,1999;Borzaga& Defourny,2001:8-10)。

欧洲委员会据此认为社会企业乃是合作社（co-operatives）与非营利组织（non-profit organizations）的交叉点（crossroad），其中合作社包含劳动者合作社（workers' co-ops）及使用者合作社（users' co-ops），而非营利组织包含生产型非营利组织（production oriented NPOs）及倡议型非营利组织（advocacy oriented NPOs），而社会企业偏向劳动者合作社与生产型非营利组织的混合体。

总的说来，欧洲社会企业乃是期望透过财货与劳务的提供，以协助弱势团体重新投入劳力市场，以因应那些未经满足的社会需求，实现国家的社会目标（丘昌泰，2000：366~367）。从目前看来，韩国的社会企业和欧洲的社会企业比较类似，欧洲的社会企业偏向社会经济的非营利化（OECD，1999），这里的社会经济指的是微型的合作社组织，它们扮演解决失业问题的社会角色。很明显地，此一变革的目的并非基于财政考虑，而是透过互助合作的方式解决社会问题，最具代表性的社会企业类型为社会合作社（social co-operatives）。

法国的社会企业主要有两种类型：A类型之目的在提供让更多人更易接近的集体服务，包含提供工作整合机制的社会企业（work integration social enterprise）、中型社团、地区性社团及社会目的企业；B类型则是社团及合作社。其中最主要的是属于A类型组织的"社会企业国家委员会"（National Council of Work Integration Social Enterprises）。A类型组织的特色为：1. 雇用长期失业的弱势人员；2. 以社会目的为主，提供短暂的工作契约及职业训练，让其回归劳动市场；3. 提供工作整合机制生产商品或提供服务（OECD，1999：25-30）。

意大利的社会企业最主要的解释概念为"社会合作社"（social co-operatives）。1991年通过的《社会合作社法》中，认为这些组织的目标在于透过人力提升及公民的社会整合，将利润挹注入社区。意大利的社会合作社可以区分成两种类型：A类型合作社负责管理社会、医疗及教育服务，其提供不同标的团体服务，例如老人、未成年、残障、吸毒成瘾者、流浪汉及来自欧盟以外的新移民；B类型合作社则透过一段时间的在职训练，让弱势团体劳工得以重回劳动市场。每一个B类型合作社若能雇用超过30%的弱势劳工，依据该法可以享有税赋减免优惠，或者得到政府补助（OECD，1999：21-23）。

（三）韩国的社会企业定义及类型

其实，在韩国当讨论什么是社会企业的时候，并不总是没有歧义的。第一种社会企业是指那些通过政府官方认证为社会企业的，以非营利活动为核心，这些被认证的韩国社会企业可分为工作岗位提供型、社会服务提供型，以及地域社会贡献型等（童赟，2012：17）。第二种是依据其所发挥的功能以及扮演的角色被认为是社会企业的，特别是那些与"国民基础生活保障系统"相关的组织，虽然有时候它们并不将自己定位成社会企业。第三种是不在以上两类，但是依据国际上对社会企业研究的学术定义，可以被认为是社会企业的。第四种指那些追求社会目的并从大概念上推动社会创新的任何形式的组织（Eric Bidet，2011：77－80）。由于第四种的随意性太强，因此不予讨论，以下对三类韩国的"社会企业"进行说明。

1. 获得官方认证的社会企业

这一类社会企业主要特征就是被官方承认为社会企业，并享受相关的政策优惠和支持。这类社会企业是韩国"社会企业促进法"第二条规定的社会企业："为社会脆弱阶层提供社会服务、提供就业岗位或者为社区做出贡献来提高当地人民的生活质量的企业。既追求社会性目的，也进行服务生产和商品拍卖等营业活动，并根据《社会企业促进法》第七条获得认证的。"

该法第8条规定了认证的条件：①要具备以总统令规定的组织形态，如《民法》规定的法人和组合、《商法》规定的企业和合资组合、《特别法》规定的法人或非营利民间团体等。②要为受雇的工薪劳动者，进行财务或服务的生产和销售等营业活动。③给脆弱阶层提供社会服务或工作岗位，为社区做出贡献以及提高当地居民的生活水平等，组织的主要目的在于社会目的的实现。在此情况下，具体判断的标准应依据总统令。④要采取服务受益者、提供者等共同参与的决策模式。⑤通过营业活动获取的收入要超过总统令规定的标准。⑥要具备第9条所制定的条款或规章。⑦若产生可按会计年度分配的利润时，要把利润的三分之二以上用于实现社会目的（仅针对《商法》上的企业和合资）。⑧其他的经营标准，要具备总统令规定的条件。按照这个要求并按该法规定程序进行认证通过的机构，可以被承认为社会企业，并享受法律上对社会企业的相关优惠待遇以及政府的政策支持。

2. 自给自足企业（Self-sufficiency Enterprises）

有学者认为韩国的"国民基础生活保障系统"是"韩国改革生产主义式的福利资本主义"，是韩国在进行改革时最突出的亮点。这个保障系统的一个主要特征在于为处于绝对贫困线以下的家庭提供津贴。"国民基础生活保障系统"为这些家庭在包括健康、教育、住房等在内的领域提供资金支持与非资金支持。这些领域中有一类是工作整合，工作整合类支持中的一类是"自给自足推动计划"（Self-Sufficiency Promotion Programme）。依据法律，如果一名参与"自给自足推动计划"的受益人被认为是具备工作能力的，必须参加一项工作整合方案以后，才能够领取全额的"国民基础生活保障系统"津贴，不过即便如此，也只有略高于10%的人能够真的参与到工作整合方案里去。在"自给自足推动计划"中，工作整合活动是由政府部门以及社会组织来共同组织的。地方政府部门主管那些为较弱势的人群规划的较简单的、较没有生产能力的工作方案；"自给自足企业"（Self-sufficiency Enterprises）和"准备自给自足的工作计划团队"（Work project teams preparing self-sufficiency）是由242个地方"自给自足中心"（Local self-sufficiency centre，LSSC）来组织的。"自给自足中心"是由非营利组织所运营的，不过其主要经费是由政府按严格的标准进行补贴的。"自给自足中心"的任务之一便是创造出自给自足企业以提供穷困民众一个长久稳定的工作。认定是不是一个合格的"自给自足中心"的首要条件是能够在经济上实现可持续发展，是集体所有制，并且还要有至少1/3的工人必须是"国民基础生活保障系统"的受益人。一旦被政府确认为"自给自足中心"，就可以享有政府对其经济活动的辅导和支持。2010年的数据表明，有20%的政府认证的社会企业曾经是"自给自足企业"，这也确立了"自给自足推动计划"作为韩国社会企业孵化摇篮的地位（Bidet，2011）。

3. 其他类社会企业

这一类主要是指不在以上两类，但是依据国际上对社会企业研究的学术定义，可以被认为是社会企业的。韩国存在一些协助残疾人就业的俱乐部，但是规模和影响力都非常有限，比较有代表性就是合作社组织——农业协同组合。

1957年韩国独立后的第一部《农业协同组合法》颁布，韩国第一个全国性的农协组织即全国农协，1958年中央会依法成立。韩国建立农业协同组合的目的是："通过提高农业生产力和通过农业人的独立的合作组织，提高农业

人的经济社会地位,确保国家经济的均衡发展"至2010年年底,韩国农协的农民组会员,几乎覆盖了全体农民。韩国农协的组织结构分上下两层,上层为农协中央会,农协中央会在一级批发上成为政府与商业公司的主要合作伙伴。下层为设在乡镇的基层农协。农协的业务可分为金融事业、经济事业和社会事业三个大类。

第一大类金融事业为农协的中坚,获利能力最强,为农协的社会事业和流通事业提供资金,是农协运行的主心骨。其下有农协银行,农协银行是以城市为中心,向下延伸到乡镇建立分支机构,目前农协银行在全韩国银行间排名第四。第二大类是农协合作机制的"合作金融",合作金融以基层农协信用部为中心。信用部是基层农协各项服务的枢纽部门,农民需要购买生产原料、销售产品、在合作社内的分配等,均由信用部提供服务,另外,信用部的服务对象也不限定为农民,一般民众有需要时也可以要求提供服务。第三大类是社会事业,农协的社会事业分为两个层次:一是政府通过农协给组合员的各项福利,二是农协的各项事业在盈利之后,会返利给成员(杨团、孙炳耀,2012)。

韩国社会企业从最早在1990年代被介绍以来,到如今已经有20多年的时间,它的演化脉络可以从近代西方非营利组织理论与韩国袭自儒家思想的碰撞中观察到。儒家文化继承的自上而下的传统,让韩国在推动社会企业时,由政府掌握更多的主动权,例如由政府对社会企业的资格进行认定;而西方由下而上的传统,也由于韩国被殖民、被占领的历史原因,表现在韩国社会企业的最基层的"自给自足中心"主要由非营利组织经营的事实上。目前韩国政府也成立了社会企业促进局,系统化地推动社会企业。除了上述几种类型的社会企业,近年来也有意识地引导企业转型成社会企业,最著名的成果便是韩国的SK集团,到2014年年底该集团已经在韩国扶持成立了16家社会企业。

三 结语

再回头看西方,第三部门的变化也不能说不剧烈,1980年代,由于美国政府削减预算,在此前被重度依赖的美国政府财政补助已经无法满足慈善组织日渐增加的新需求,美国的非营利组织因而转向另一个替代方案:市场。在此期间,商业收入不仅成为非营利组织的主要资金来源,而商业收入的成长也是相当普遍的现象，非仅仅是少数个案；另一方面，私人企业在此时期也大量投入社会福利领域，以本身的竞争优势，争取更多的政府补助方案（Anheier，2005）。但非营利组织虽也收取费用，却很难比照私人企业制定价格；此外，政府虽未扮演直接的角色，但对于非营利市场的收费及所提供服务的价格，仍具有间接的影响力，这些交易特质构成所谓的"混合经济"（mixed economy）。同美国的社会企业是在非营利组织的基础上发展不同，欧洲传统社会本来就有合作社或类似的社会经济组织，这些组织的目的除了为利害关系人增加收益外，更看重成员间的关系。欧洲各国社会企业的活动可以区分成两个范畴，包含：①提供失业人口重新就业的机会，并透过提供社区财货及服务，以使日渐萧条的地区能够重新发展。②响应新的需求，例如矫正教育、识字课程及房地产安全等（OECD，1999：9－10）。

深受儒家文化影响的韩国在迈入20世纪时也遇到如同中国一样的困境。儒家文化强调由精英分子负起照顾国家和民众的责任，由上而下的制定政策，而西方却恰恰相反，强调每个个人自身就有这个权利和义务照顾好自己。从非营利组织在韩国出现的第一阶段起，就是东西方思想文化的相互冶炼。这样的冶炼从韩国摆脱殖民地地位之后一度由于军方集权统治以及经济的快速发展的需求被摆在一边，但是自从韩国遭遇到1997年毁灭性的金融危机之后，国家和大企业再无力包办社会福利，而韩国传统儒家社会中由血缘联系的家族提供支撑的福利模式在都市化和西化的过程中逐渐解体，最终在劳动就业压力下终于一步一步地推动韩国的社会保障理念经历了从"国家调整论"向"国家责任论"的转变。"国家调整论"认为福利是经济增长的附属品，市场机制本身就能够带来福利优惠，国家只有在市场机制失灵时才需要介入。"国家责任论"认为只能通过支援工薪阶层保障就业稳定的各种制度来达成社会保障的目的（杨玲玲，2009）。

目前中国也面临着如何正确处理非营利组织与政府的协力关系，传统家族保障体系因为城市化的关系土崩瓦解，无法再为家族成员提供社会福利保障，而政府的社会福利保障体系也同韩国此前一样面临着要从包办一切退居二线的情况。韩国第三部门的发展给出的这个稍有别于西方传统的非营利组织、国家、市场关系的变化演示，或许能够作为中国在处理以上社会转型问题的参考。

参考资料

Anheier, Helmut K. (2005), Nonprofit Organizations: Theory, Management, Policy, Routledge, London& New York.

Cuming B. (1981), The Origins of Korean War, Princeton University Press, Princeton, NJ.

Borzaga, Carol &Defourny, Jacques (2001), The Emergence of Social Enterprise, London& New York: Routledge.

Bidet, Eric (2002), Explaining the Third Sector in South Korea, Voluntas: International Journal of Voluntary and Nonprofit Organizations 13 (2): 131 – 147.

Bidet, Eric (2011), Social Enterprise in South Korea: History and Diversity, Social Enterprise Journal 7 (1): 69 – 85.

Eum, H. (2008), Social Economy and Social Enterprise in South Korea, Working Together Foundation, Seoul (in Korean).

Kim, Dohye (2007), Growth of Korean NGOS and Its Activity for International Solidarity, Ajou University.

Cho, H. I. (1997), The Historical Origin of Civil Society in Korea, Korea Journal, 37 (2), 24 – 41.

OECD (1999), Social Enterprises, OECD.

Han, S. J. (1998), The Public Sphere and Democracy in Korea, Korea Journal: 37 (4), 78 – 97.

Steinberg, D. (1997), Civil Society and Human Rights in Korea: On Contemporary and Classical Orthodoxy and Ideology. Korea Journal, 37 (3) 145 – 165.

Korean Association of Voluntary Associations (KAVA), (1995), The History of Foreign Voluntary Welfare Agencies, Seoul: Hongikche.

Kim, Sunhyuk (1996), Civil Society in South Korea: From Grand Democracy Movements to Petty Interest Groups?, Journal of Northeast Asian Studies: 81 – 97.

Kim, Taekyoon (2008), The Social Construction of Welfare Control: A Sociological Review on State Voluntary Sector Links in Korea. International Sociology 23 (6): 819 – 944.

Park, Tae-Kyu (1996), The Role of Non-profit Corporate Foundations in Korea: Positive and Negative Prespectives, Voluntas: International Journal of Voluntary and Nonprofit Organizations 7 (1): 57 – 65.

郝美娟:《我国非政府组织与政府关系研究——兼谈韩国的经验与启示》,山东大学硕士学位论文,2008。

丘昌泰:《公共管理——理论与实务手册》,台北,元照出版社,2000。

童赟:《韩国社会企业的现状和培养体系》,《商品与质量》2012年1月刊。

王岩:《福利制度发展的社会力量——以韩国第三部门为视角》,《吉林大学社会科学学报》2011年第50卷第6期。

杨玲玲:《韩国社会福利制度的基础和相关因素》,中国国际共运史学会年会暨学术讨论会,2009。

杨团、孙炳耀:《公法社团:中国三农改革的"顶层设计"路径——基于韩国农协的考察》,《探索与争鸣》2012。

郑准镐:《韩国市民团体的分类及与政府的关系》,《中国行政管理》2003年第3期。

B.25
2013～2014年度美国慈善报告与全球慈善发展趋势*

北京师范大学中国公益研究院

摘　要： 在慈善全球化的今天，国际合作、相互借鉴是慈善事业发展的必然趋势。美国慈善凭借其专业化的运作方式，引领着全球慈善事业发展。首先，本文根据2013年度的数据，展现美国公益慈善行业慈善捐赠、志愿服务和非营利组织的总体发展状况。其次，通过慈善数据的跨国比较，本文试图分析文化、政策等因素对全球慈善版图的影响。最后，本文介绍了近年来全球慈善创新的三个亮点：互联网慈善、社会企业和女性捐赠圈，并探讨新环境下全球慈善事业面临的挑战。

关键词： 美国　慈善捐赠　志愿服务　非营利组织　创新　全球化

英语中"慈善"一词（philanthropy）源于希腊语，传递着"爱人类"的概念。[①] 现代慈善自诞生之日起，就承担着解决社会问题、推进社会体制改革

---

* 本篇是根据Eugene R. Tempel教授于2014年11月26日在北京师范大学的讲座，题为《全球挑战与国际合作》(*Global Challenges and International Cooperation*)。Eugene R. Tempel博士，美国印第安纳大学终身教授，他领导、规划并成立了全球第一个致力于慈善事业研究和教学的学院——印第安纳大学礼来家族慈善学院(Lilly Family School of Philanthropy)。曾获得詹姆斯·L. 费舍尔教育杰出服务奖(The James L. Fisher Award for Distinguished Service to Education)、印第安纳大学基金会大使奖、杰出导师奖、印第安纳大学校友会梅纳德·海因勋章(Maynard K. Hine Medal)，并连续十三年入选美国权威期刊《非营利时代》评选的"全美非营利部门最具影响力的50位领导者"。本篇文字编译与内容扩充由北京师范大学中国公益研究教学管理中心主任童甯负责完成。

① 〔美〕罗伯特·佩顿(Robert L. Payton)和迈克尔·穆迪(Michael P. Moody)：《慈善的意义和使命》(*Understanding Philanthropy: Its Meaning and Mission*)，郭烁译，中国劳动社会保障出版社，2013，第50页。

的功能。慈善事业已成为现代社会福利体系的有机组成部分。慈善全球化随着经济、文化的全球化翩然而至，慈善的凝聚力与包容性使其成为连接全球各方力量的纽带，成为新世界格局下更有影响力、更深入有效的一种合作方式。其附带的跨文化属性，使其成为追求共同社会价值、提升人类文明的方式。慈善——作为第三板块经济能量的来源——是全球现代化社会健康发展不可或缺的力量。

美国慈善事业在其发展历程中，形成了独特的慈善传统与文化，并逐步构建起规范的运作模式，清晰的战略目标和理性的行业秩序，在实现资源优化配置与社会转型，在如何汇聚世界智慧于本土化实践等方面，为世界各国提供了诸多有益的启示。

一 美国2013～2014年度慈善报告

（一）慈善捐赠

美国施惠基金会（Giving USA Foundation）是一家非营利性慈善咨询机构，已连续59年出版年度慈善报告，为非营利组织领导人、学者、公民提供全面、可靠的美国慈善捐款数据。根据2014年6月17日施惠基金会发布的《慈善美国：2013年度慈善报告》数据，[①] 本文对2013年度美国慈善捐赠领域的现状、趋势以及背后的文化因素等进行分析。

1. 个人捐赠来源稳定　大额捐赠增幅显著

2013年全年，美国捐赠总额中有72%来自个人捐赠，15%来自基金会捐赠，8%来自遗赠（依生前所立遗嘱在其去世后将遗产进行捐赠），另有5%来自企业捐赠（见图1）。与2012年相比，个人捐赠、基金会捐赠、遗赠的数额分别增长4.2%、5.7%、8.7%，企业捐赠则呈现1.9%的缩减，这一缩减可能与该年度企业营利增长缓慢有关。

---

① 美国施惠基金会（Giving USA Foundation）和印第安纳大学礼来家族慈善学院（Indiana University Lilly Family School of Philanthropy）：《慈善美国：2013年度慈善报告》（*Giving USA 2014: The Annual Report on Philanthropy for the Year 2013*），2014。该报告电子版可从www.givingUSAreports.org获取，最后访问时间：2015年3月19日。

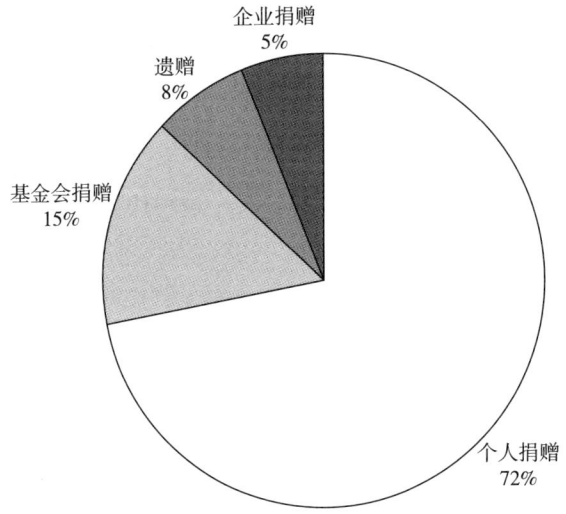

图 1　2013 年全美慈善捐赠来源分布图

资料来源：美国施惠基金会和印第安纳大学礼来家族慈善学院，2014，《慈善美国：2013 年度慈善报告》。

个人捐赠一向是美国慈善捐赠最重要、最稳定的来源，在 2013 年贡献了 2406 亿美元，占捐赠总额的 72%。个人捐赠比例曾在 2005 年达到 76.5% 的高峰，历年捐赠中占最大比例的也无一例外来源于个人。①

与个人捐赠相比，基金会捐赠、遗赠、企业捐赠实际上是慈善捐赠的少数，分别占总捐赠额的 15%、8% 和 5%。如果将遗赠、家族基金会捐赠也视为个人捐赠，那么个人捐赠所占比例实际高达 87.5%。施惠基金会主席格雷格·卡尔森（Gregg Carlson）指出："（非营利机构）理事会总是被企业、基金会捐赠吸引，却忽视了日常募款最重要的来源——个人。"他向非营利机构领导人提出忠告："应当更加重视向个人募捐。"②

---

① 该结论来源于美国慈善统计中心（National Center for Charitable Statistics）对历年《慈善美国》（Giving USA）报告的分析，见 http：//nccs.urban.org/nccs/statistics/Charitable - Giving - in - America - Some - Facts - and - Figures.cfm，最后访问时间：2015 年 3 月 19 日。

② 〔美〕马克·赫夫纳（Mark Hrywna）：《多一分捐赠，多一分快乐》（Americans Feeling Better, Giving More），《非营利时报》（The Nonprofit Times），2014 年 7 月 1 日，http：//www.thenonprofittimes.com/wp - content/uploads/2014/07/7 - 1 - 14_ SR_ GivingUSA.pdf，最后访问时间：2015 年 3 月 19 日。

在美国，人们相信富人应当回馈社会。19世纪的富豪慈善家们所秉承的"财富的福音"（The Gospel of Wealth）①，这一理念也流传至今。印第安纳大学礼来慈善学院与顾资（Coutts）银行②联合开展的《百万美元捐赠者报告》（Million Dollar Donors Report）是一个跟踪百万美元级别捐赠的研究项目，通过每年发布百万美元级别捐赠数据和分析报告，鼓励大额捐赠。百万美元级别的捐赠来源有基金会、个人、企业三类。2013年，美国百万美元级别的捐赠总额达到自研究项目启动（2008年）以来的最高值，共计169.2亿美元。与2012年相比，个人捐赠增幅显著，基金会捐赠同往年基本持平，企业捐赠则有所下降。其中，有575笔百万美元级别捐赠来自基金会，其数额达到59.3亿美元。个人捐赠有435笔，虽然低于基金会，但是数额更高，为100.8亿美元，占捐赠总额的60%。

2. 宗教和教育为最大受助领域　受赠领域多元增长

按照受赠领域划分，美国的慈善捐款主要流向宗教、教育、公共服务、基金会、健康、公共和社会福利、文化艺术、国际事务、环境/动物等领域（见图2）。其中，宗教、教育和人道主义服务是2013年度最主要的三个受赠领域，共计获得当年59%的慈善捐款。

如图2所示，流向宗教领域的捐赠比例最大（31%），数额高达1053.3亿美元，但是与2012年相比，捐赠额降低了1.6%。实际上，该数额连续五年都呈现持平或小幅下降的趋势。③ 这与美国宗教组织影响力下降有关。皮尤研究中心（Pew Research Center）2012年调查指出，美国成年人中有近五分之一与

---

① 《财富的福音》（The Gospel of Wealth）是安德鲁·卡耐基（Andrew Carnegie, 1835 - 1919）于1889年发表的一篇文章，他在这篇文章中指出，财富拥有者同时承担着慈善的责任。这篇文章对美国慈善事业影响深远。
② 顾资（Coutts）银行是一家总部位于英国、享誉国际的私人银行。顾资银行始终注重慈善领域，帮助客户管理财富、开展慈善捐赠是顾资银行的重要业务之一。
③ 劳伦·马尔科（Lauren Markoe）：《随着慈善从经济危机中恢复，流向宗教团体的慈善捐赠下降》（Charitable giving to religious groups is down as philanthropy improves from the Great Recession），《华盛顿邮报》（The Washington Post）2014年7月17日，http://www.washingtonpost.com/national/religion/charitable - giving - to - religious - groups - is - down - as - philanthropy - improves - from - the - great - recession/2014/06/17/eb1f7876 - f65c - 11e3 - afdf - f7ffea8c744a_story.html，最后访问时间：2015年3月19日。

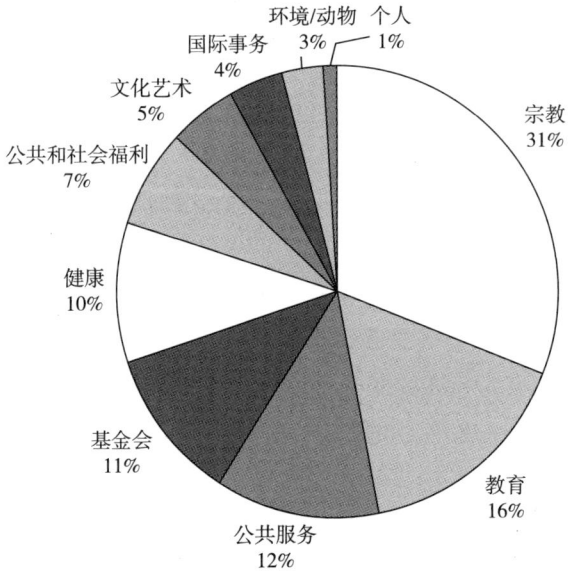

图 2　全美慈善捐赠受助领域分布图（2013 年）

资料来源：美国施惠基金会和印第安纳大学礼来家族慈善学院，2014，《慈善美国：2013 年度慈善报告》。

"宗教无关联"者，[①] 30 岁以下人群中这个比例更高达 30%。[②] 另外，据印第安纳大学礼来家族慈善学院 2005 年一份研究显示，美国低收入人群的捐款大多流向宗教团体，而中产阶级则更多、更广泛地参与各种类型的慈善捐赠。全美高净值家庭的捐赠绝大部分用于教育领域，极少流向宗教团体。[③] 宗教影响

---

① "宗教无关联"（religiously-unaffiliated）者既包括宗教方面持无神论、不可知论的人，也包括不信仰某一特定宗教的人。与之相反的则是有特定宗教信仰的"宗教有关联"（religiously affiliated）者。
② 皮尤研究中心（Pew Research Center）：《"无信仰者"增加：五分之一成年人宗教无关联》（Nones' on the Rise: One-in-Five Adults Have No Religious Affiliation）2012 年 10 月 9 日，http：//www. pewforum. org/files/2012/10/NonesOnTheRise - full. pdf，最后访问时间：2015 年 3 月 19 日。
③ 印第安纳大学慈善研究中心（The Center of Philanthropy at Indiana University）：《家庭慈善捐赠趋势：按收入群体》（Patterns of Household Charitable Giving by Income Group），2007，2005，http：//www. philanthropy. iupui. edu/files/research/giving_ focused_ on_ meeting_ needs_ of_ the_ poor_ july_ 2007. pdf，最后访问时间：2015 年 3 月 19 日。

力的下降是当前美国宗教机构所面临的重要挑战。

与2012年相比,除流向宗教、国际事务领域的捐赠下降以外,其他各领域所获捐赠数额均有所增长。其中五个领域(教育、人道主义服务、健康、基金会、环境/动物)得到的捐款,按照调整通货膨胀率之后达到自2009年经济危机结束后的最高水平。近年来,美国对国际事务的捐赠呈现增长趋势。但2013年美国对国际事务的捐赠占总捐赠的比例有所下降,获得的捐赠数额也比2012年下降了6.7%,① 其主要原因与该年度全球范围内赈灾需求的下降、企业捐赠的减少和捐赠者偏好的变化有关。②

在2013年,教育领域接受的捐款以16%的份额位居第二,达到520.7亿美元,比2012年增长8.9%,③ 也是增幅最大的受赠领域。该领域所得捐赠主要用于支持高等教育与基础教育机构(既包括大学,也包括K-12类学校④)的发展。美国教育发展与促进协会⑤主席约翰·利平科特(John Lippincott)认为,这同教育机构持续不断的募捐努力息息相关。他评论道:"教育机构即使在(经济)危机时也一直坚持和捐赠者保持联系,尽管这一时期捐款者暂时无法捐赠,或难以做出同以往水平相当的捐赠。但当经济从危机中复苏后,他们会乐意提供支持。"⑥

美国百万美元捐赠的受赠领域同样存在于高等教育、基金会、海外、社会公共福利、医疗、政府、公共服务、文化艺术等。2013年高等教育共获得

---

① 按照通货膨胀率调整后8%。
② 印第安纳大学礼来家族慈善学院(Lilly School of Philanthropy Indiana University):《捐赠美国:2013年美国人捐赠3351.7亿美元;总捐赠接近经济危机前峰值》(*Giving USA: Americans Gave MYM335. 17 Billion to Charity in 2013*; *Total Approaches Pre-Recession Peak*),2014年6月17日,http://www.philanthropy.iupui.edu/news/article/giving - usa - 2014 # sthash. dy8zJx5l. dpuf。
③ 按照通货膨胀率调整后7.4%。
④ 在美国,人们通常将高等教育以下的教育系统——从幼儿园直到12年级——称为K-12。
⑤ 美国教育发展与促进协会(Council for Advancement and Support of Education,简称CASE)是一个由全世界77个国家3600多所学校组成的联盟,其主要使命在于在校友关系、募捐、营销、招聘等领域为成员学校提供指导,提高教育机构在全社会的地位。
⑥ 〔美〕马克·赫夫纳(Mark Hrywna):《多一分捐赠,多一分快乐》(*Americans Feeling Better, Giving More*),《非营利时报》(*The Nonprofit Times*),2014年7月1日,http://www.thenonprofittimes.com/wp - content/uploads/2014/07/7 - 1 - 14_ SR_ GivingUSA. pdf,最后访问时间:2015年3月19日。

72.5亿美元捐赠（占总额34.3%），依旧是获得捐赠最大的领域。与2012年的56.2亿美元相比，高等教育获得的捐赠足足增长了28%。宗教领域仅得到极少的百万美元级捐赠，这也与上文分析宗教在美国影响力减弱有关（见图3）。

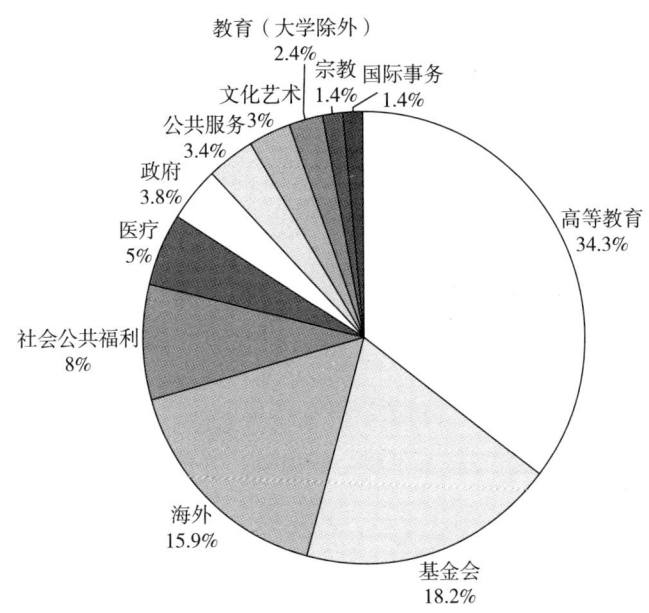

图3　2013年全美百万美元级别捐赠（按照受赠领域划分）

资料来源：美国施惠基金会和印第安纳大学礼来家族慈善学院，2014，《慈善美国：2013年度慈善报告》。

值得注意的是，尽管百万美元捐赠者的捐款主要用于支持美国国内各项事业，但用于海外事业的捐款金额呈上升趋势。2013年，41.9亿美元的捐款流向海外组织，占全部捐款的15.9%。流向海外的善款数额剧增，主要与盖茨基金会当年向世界卫生组织捐赠的18亿美元有关。如果排除这笔捐赠，流向海外的捐赠仅为3.4亿美元，略少于2012年的3.58亿美元。即便如此，在慈善全球化的今天，境外捐赠仍是一个值得关注的趋势。

3. 经济复苏带动慈善捐赠　独特文化孕育慈善精神

2013年见证了慈善捐赠自2009年经济危机结束以来的持续复苏，全年慈善捐赠总额达 3351.7 亿美元，比 2012 年（3209.7 亿美元）增长 4.4%。① 虽然 2007～2009 年的经济危机一度导致慈善捐赠总额大幅缩水，但是自 2009 年以来，美国慈善捐赠已连续四年持续增长，② 总增幅达到 22%（见图 4）③。如果持续以当前的速率增长，一到两年内捐赠总额就能恢复到经济危机前的峰值，即 2007 年的 3495 亿美元。④

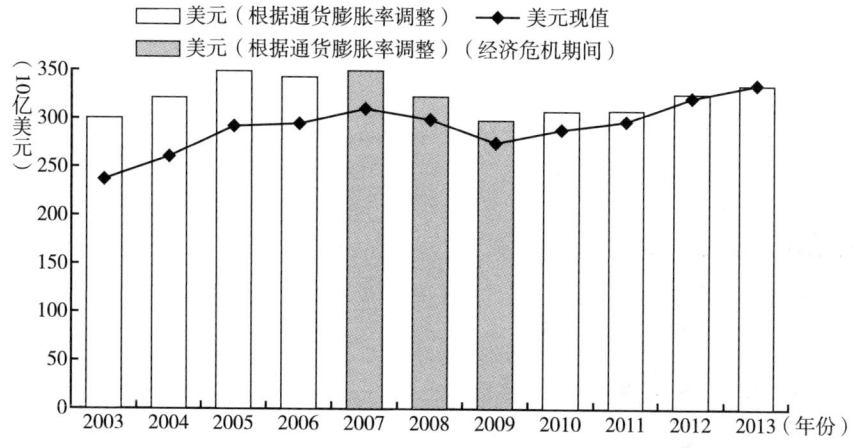

图 4　2003～2013 年美国慈善捐赠总额

资料来源：美国施惠基金会和印第安纳大学礼来家族慈善学院，2014，《慈善美国：2013 年度慈善报告》。

在美国，慈善捐赠与其经济表现密切相关。回顾近 50 年来的美国慈善捐赠数据，判断捐赠额年度增长率趋势的最好指标之一就是标准普尔 500 指数（Standard & Poor 500 Stock Index）⑤——捐赠额的增长率大致是标准普尔 500

---

① 根据通货膨胀率调整后为 3.0%。
② 按美元市值计算。
③ 根据通货膨胀率调整后为 12.3%。
④ 印第安纳大学礼来家族慈善学院（Lilly School of Philanthropy Indiana University）：《慈善美国：2013 年美国人捐赠 3351.7 亿美元；总捐赠接近经济危机前峰值》（Giving USA: Americans Gave MYM335.17 Billion to Charity in 2013; Total Approaches Pre-Recession Peak），2014 年 6 月 17 日，http://www.philanthropy.iupui.edu/news/article/giving-usa-2014#sthash.dy8zJx5l.dpuf，最后访问时间：2015 年 3 月 19 日。
⑤ 标准普尔 500 指数是美国最大的证券研究机构标准·普尔公司（Standard & Poor's）编制的，记录美国 500 家上市公司的一个股票价格指数。

指数增长率的两倍。① 而国内生产总值（GDP）作为一国境内在特定时期生产所有产品与服务的市场价值，是衡量一国经济状况和国民收入的主要指标。通过考察捐款总额占GDP的比重，可以看出慈善捐赠在经济板块中的地位，也可获悉慈善捐赠与国民经济发展、国民收入的关系。

在过去几十年里，美国慈善捐赠总额一直约占GDP的2%。这一比值在2007年经济危机发生后略有下降，近年来则逐渐回升（见图5）。从图5可以明显看出，随着经济危机缓解、经济状况持续提升，美国国民更愿意为他们所关心的公益事业做出贡献。

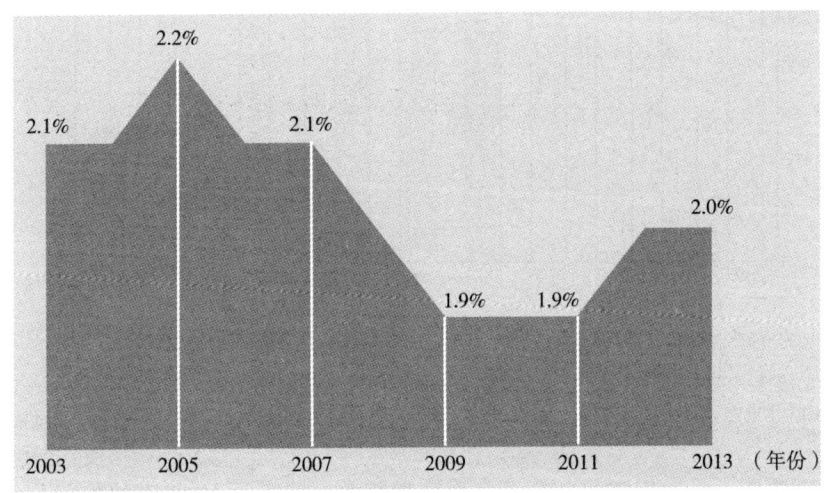

图5　2003～2013年美国捐款总额占GDP比重＊

＊按照通货膨胀率调整，以2013年为基准100美元。
资料来源：美国施惠基金会和印第安纳大学礼来家族慈善学院，2014，《慈善美国：2013年度慈善报告》。

正如前文所述，无论是社会总体捐赠还是大额捐赠，个人一向是美国慈善捐赠最重要、最稳定的来源。除了优惠的税费政策和规范行业秩序的法律法规，例如早在1921年，美国国会就决定为私人捐赠提供税费减免。1935年，

---

① 〔美〕约翰·李斯特（John A. List）：《慈善捐赠的市场》（The Market for Charitable Giving），载《经济展望杂志》（Journal of Economic Perspectives），Vol. 25, No. 2, 2011, p. 157。

随着企业慈善捐赠税费减免立法，企业基金会大量涌现。① 美国政府从未对个人捐赠进行干预，而是通过各种活动提升公民参与公益的意识、引导全民捐赠。而极高的个人捐赠比例也有赖于美国建国以来持续发展的公民精神与长久的慈善文化影响。

美国慈善的起源可以追溯到印第安人部落时代。作为一个移民国家，美国也继承了多元的慈善传统：一方面是土著印第安人的长期社会实践；另一方面是欧洲、非洲、亚洲等地的移民族群带来的文化积累。

慈善文化在土著美洲人社会已经发芽生根。印第安人族群持有一种"第七代"观念，即今天所做的每一件事情都要考虑到对第七代后代的影响，因而形成财富向善、代际传承的慈善文化。② 随后，欧洲、非洲、亚洲的移民群体先后到达美国，同时带来了源于各自民族的慈善观念。希腊罗马文化主张赞助文化、教育、艺术等社会事业，从而提高人们的生活质量。基督教文化强调通过善行来减轻人们所受的痛苦，带着爱和同情心帮助他人。③ 犹太教、佛教等宗教理念也在美国得以延续。这些不同的慈善传统极大地丰富了美国慈善文化的维度。

美国近代慈善发端自美国的殖民时期，当时美国缺乏稳固的社会结构和一个强有力的政府。一些社会组织由此建立起来，专门负责筹集资金，支持这样的行动。社会得以运行发展在很大程度上有赖于志愿者和慈善精神。《论美国的民主》一书中托克维尔就对美国人对各种结社的运用，人们共赴一个目标，

---

① 全国慈善信托基金（National Philanthropic Trust）：《慈善的历史》（*History of philanthropy*），2010，http://www.npt.org/philanthropy/history_philanthropy.asp，最后访问时间：2015年3月16日。
② 第一国家发展研究院（First Nations Development Institute）：《捐赠的智慧：日益增长的美洲原住民慈善指南》（*The Wisdom of the Giveaway: A Guide to Growing Native American Philanthropy*），2000，http://www.philanthropy.org/documents/FG_TheWisdomoftheGiveawayAGuidetoNativeAmericanPhilanthropy.pdf，最后访问时间：2015年3月20日。
③ 〔美〕伊丽莎白·林恩（Elizabeth Lynn）和苏珊·卫斯里（Susan Wisely）：《慈善的四个传统》（*Four Traditions of Philanthropy*），载戴维斯（A. Davis）和林恩（E. Lynn）（主编）《公民参与读本》（*The Civically Engaged Reader*），名著基金会（Great Books Foundation），2006，http://civicreflection.org/images/external_resources/Four_Traditions_of_Philanthropy.pdf，最后访问时间：2015年3月16日。

使社会前进的办法①赞叹不已。

19世纪末美国迎来了工业革命后的经济高速发展，但也带来了严重的贫富分化。马克·吐温将这一时期称为"镀金年代"（Gilded Age），寓意这一时代表面光鲜无比，内里却十分腐朽；许多人通过投机一夜暴富跻身上层阶级，却被嘲讽为"强盗贵族"（robber barons），不断受到政界和新闻界抨击。② 安德鲁·卡耐基（Andrew Carnegie）、约翰·洛克菲勒（John Rockefeller）等商业巨子开始思考财富的意义，强调财富的责任，探索用科学慈善的方式解决社会痼疾。他们建立起以个人名字命名的慈善基金会，推行募捐工作职业化，致力于研究社会问题的成因，用教育等手段从根本上解决问题，从而带来了美国慈善的"黄金年代"，这一时期对于培育国民"财富向善"的理念有着重要影响。③

20世纪则是慈善界致力于"社会改良"的时代。慈善家们意识到，简单的资助或教育手段是有限的，无法解决种族、贫困、不平等等根本问题。许多慈善基金会——包括洛克菲勒基金会（Rockefeller Foundation）、福特基金会（Ford Foundation）、卡耐基基金会（Carnegie Corporation）等，开始致力于寻找社会不平等的根源，寻找创新性的社会发展方式，直接推动社会改革。④

乐于帮助他人和对多元文化的尊重与包容是美国慈善精神的根基，从而在美国社会发挥着多重，往往是不可替代的作用。

如今，美国全体国民中每年约有67%的人会进行慈善捐赠，这一比例历年来较为稳定，即使在发生灾难性事件之后也鲜有增长。在"9·11"事件发生之后，一些预言家视其为展现爱国主义的最好时机，因而预测慈善捐赠将可

---

① 〔法〕阿列克谢·德·托克维尔（Alexis de Tocqueville）：《论美国的民主：卷 I》（Democracy in America, Volume I），亨利·里夫（Henry Reeve）译，1835，该书为公共版权，可从古登堡计划网站获取，http：//www.gutenberg.org/files/815/815 - h/815 - h.htm，最后访问时间：2015年3月20日。

② 数字化历史（Digital History），《镀金年代概览》（Overview of the Gilded Age），2012，http：//www.digitalhistory.uh.edu/disp_ textbook_ print.cfm? smtid =1&psid =2916，最后访问时间：2015年3月20日。

③ （美国）克里斯托弗·乐文礼（Christopher Levenick）：《关于大慈善家的七个谜思》（Seven Myths about the Great Philanthropists），2015，慈善圆桌（Philanthropy Roundtable），http：//www.philanthropyroundtable.org/topic/excellence_ in_ philanthropy/seven_ myths_ about_ the_ great_ philanthropists，最后访问时间：2015年3月16日。

④ 本小节内容由北京师范大学中国公益研究院编译负责人补充撰写。

能大幅增加。但印第安纳大学的统计数据显示并非如此,个人捐款比例仍保持在67%左右①。可见,捐款早已成为一种全民运动,人们将捐助当做个人生活方式的一部分,而非仅仅在发生灾难时才慷慨解囊。而募捐也是更为专业的常态行为,并非灾难时才运作。这种慈善文化与卓有成效的非营利组织管理模式一起形成了美国慈善领域的独特景观。

综上所述,2013年度见证了美国慈善捐赠自2009年经济危机结束以来的持续恢复,个人捐赠和大额捐赠的复苏势头格外强劲,这跟美国经济逐渐复苏有关,也离不开政府对慈善事业的引导和美国慈善文化的日趋成熟,也进一步表明了美国公众与慈善部门的互信关系,以及慈善部门在经济社会板块中的重要地位。

(二)志愿服务②

除慈善捐款外,提供志愿服务是大众支持和参与公益事业的另一种方式。据美国城市研究所(Urban Institute)③发布的《非营利部门简报2014:公共慈善机构,捐赠和志愿服务》④显示,2013年有6260万美国成年人参与了至少一次志愿服务,占总人口的25.4%。但这是自2002年开始收集志愿服务参与数据后,这一数字出现的最低值。参与志愿服务人口比例的高峰连续出现在2003~2005年,为28.8%。⑤

---

① 《美国捐赠:"9·11"事件后美国人慈善调查》(America Gives: Survey of Americans' Generosity After September 11),2002年1月,印第安纳大学慈善研究中心(The Center on Philanthropy at Indiana University)与美国专业筹款人协会(Association of Fundraising Professionals),http://www.philanthropy.iupui.edu/files/file/americagivesreport_3.pdf,最后访问时间:2015年3月19日。
② 本小节内容由北京师范大学中国公益研究院编译负责人补充撰写。
③ 城市研究所(Urban Institute)是一个开展关于美国社会经济问题的调查与分析的研究型智库,总部位于华盛顿哥伦比亚特区。
④ 〔美〕布莱斯·麦基弗(Brice S. McKeever)和莎拉·佩蒂约翰(Sarah L. Pettijohn):《2014非营利部门简报:公共慈善机构,捐赠和志愿服务》(The Nonprofit Sector in Brief 2014: Public Charities, Giving, and Volunteering),2014,http://www.urban.org/UploadedPDF/413277-Nonprofit-Sector-in-Brief-2014.pdf,最后访问时间:2015年3月20日。
⑤ 〔美〕丹妮尔·库尔茨雷本(Danielle Kurtzleben):《志愿率十多年来新低》(Volunteering Hits Lowest Rate in More Than 10 Years),2014年2月26日,http://www.usnews.com/news/blogs/data-mine/2014/02/26/volunteering-hits-lowest-rate-in-more-than-10-years,最后访问时间:2015年3月20日。

不仅志愿者数量下降，志愿者平均投入时间也有所下降。2013年度美国人共计参与志愿服务的时间约81亿小时，志愿者平均志愿服务时间为129小时。与2012年的132小时相比，2013年的平均志愿服务时间降低了2.3%，是2010年以来的最低值。若把2013年全美总志愿服务时间转换为经济价值，约合1630.0亿美元。如果将志愿服务与慈善捐赠视为美国第三部门活动的两大支持来源，其总经济价值约为4981.7亿美元。其中，志愿服务约占1/3（32.7%）。可见志愿服务投入的时间对于美国非营利部门而言具有重要意义，如何保持并刺激志愿者投入更多时间，需要非营利部门认真地思考。

从志愿活动类型来看（见图6），志愿者平均志愿服务时间中占比例最大的活动是社会服务与关怀（27.5%），与2012年的20.7%相比增幅显著。社会服务与关怀活动的内容包括提供救济食物、打扫与整理（社区或公共场所）、旧衣回收与分配、直接关怀或服务、教育、咨询与辅导等。2012年占比最大的活动是行政与支持性活动（26.2%），该类型的活动在2013退居次席，所占比例降至22.0%。

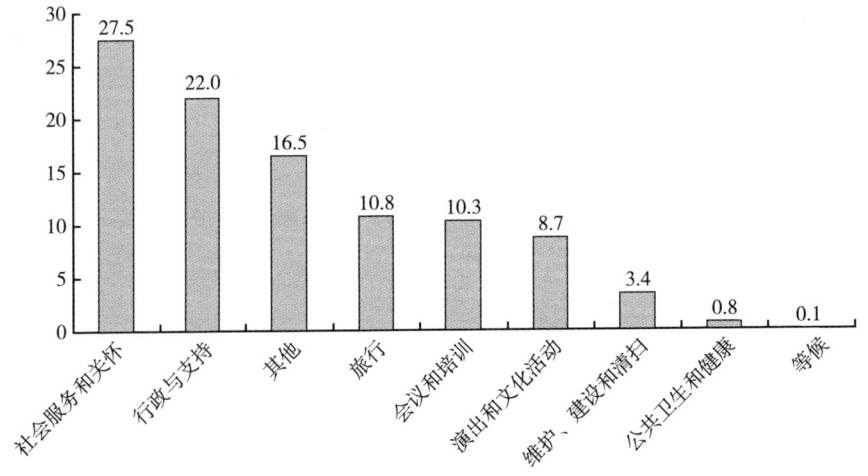

图6　2013年志愿者平均志愿服务时间（按志愿活动类型划分）

资料来源：布莱斯·麦基弗和莎拉·佩蒂约翰：《2014非营利部门简报：公共慈善机构，捐赠和志愿服务》，2014。

美国公众志愿精神衰退的趋势令一些学者和公益部门从业者感到担忧。彭博社记者朱音大谷（Akane Otani）发表了一篇题为《新千年一代不为他人做一件好事》的报道,指出 20～24 岁年龄群体的志愿服务率是所有年龄群体中最低的。① 一个可能的解释是,在美国人口调查局与劳工统计局的调查问卷中有一个问题是人们"为一个非营利组织提供志愿服务的时间",实际上,城市研究所高级研究员内森·迪茨(Nathan Dietz)指出:"人们以社区为导向、非组织化帮助他人的行为有所增加。非营利组织可能尚未适应志愿者供给方面的这一情况。这是非营利部门未来应当抓住的机遇。"②

志愿精神一向是美国价值的核心,管理学大师彼得·德鲁克(Peter F. Drucker)更是将非营利机构称为"全美第一大雇主"③。在未来,如何恢复、保持志愿者的志愿服务热情,是美国诸多非营利机构应当思考并应对的一大挑战。

(三)美国的非营利组织④

在美国,非营利部门被称为政府、商业之外的第三部门,包括公共慈善机构⑤

---

① 朱音大谷(Akane Otani):《新千年一代不为他人做一件好事》(*Most Millennials Can't Do a Single Nice Thing for Someone Else*),《彭博商业周刊》(*Bloomberg Business*),http://www.bloomberg.com/news/articles/2015 - 02 - 26/most - millennials - can - t - do - a - single - nice - thing - for - someone - else,最后访问时间:2015 年 3 月 19 日。
② 保罗·克罗勒里(Paul Clolery):《志愿服务率令人担忧的数字》(*Troubling Numbers In Volunteering Rates*),2014 年 2 月 27 日,《非营利时报》(*The Nonprofit Times*),http://www.thenonprofittimes.com/news - articles/troubling - numbers - in - volunteering - rates/,最后访问:2015 年 3 月 19 日。
③ 彼得·德鲁克(Peter F. Drucker):《企业可以向非营利组织学到什么》(*What Business Can Learn from Nonprofits*),1989 年 7 月,《哈佛经济评论》(*Harvard Business Review*),https://hbr.org/1989/07/what - business - can - learn - from - nonprofits/ar/1,最后访问时间:2015 年 3 月 19 日。
④ 本小节内容由北京师范大学中国公益研究院编译负责人补充撰写。
⑤ 美国国内税收法(Internal Revenue Code)中的条款 501(c)列出了适用 26 种享受联邦所得税(federal Income tax)减免的非营利组织,美国大多数州政府以及学界对非营利组织的定义都参考了 501(c)(3)条款。其中 501(c)(3)免税条款适用于为宗教、教育、慈善、科学、文学、公共安全测试、促进业余体育竞争和防止虐待儿童或动物等公共利益而建立并运作的公司、机构以及公益金、基金和基金会。501(c)(3)条款下的公共慈善机构(public charity)包括艺术、教育、医疗健康、人道主义服务、社区服务等领域的非营利组织。需要注意的是,教会组织也属于公共慈善机构,这类组织没有在美国国税局注册的义务,但是大约一半仍进行了注册。

和私人基金会①等,是美国社会的重要组成部分。前文所述的慈善捐赠、志愿服务等公益慈善资源,主要通过各个领域运作的非营利组织转化为实在的社会效益。本节概述美国非营利组织2013年度发展情况,从而展现美国非营利部门组织化运营图景。

美国联邦国税局(Internal Revenue Service)的商业管理档案(Business Master Files)记录了所有在国税局以税费减免条件注册的活跃机构信息。据2013年10月发布的数据显示(见表1),2013年美国国内共有1492186个非营利组织。其中,公共慈善机构(public charities)有1022865个,占全部非营利组织的68.5%。私人基金会(private foundations)数量为100276个,占全部非营利组织的6.7%。其他类型的501(c)条款下的非营利组织②为369045个,占全部非营利组织的24.7%。

表1 美国非营利组织数量(2003~2013年)

	2003		2013		变化情况(%)
	机构数量	机构比例(%)	机构数量	机构比例(%)	
全部非营利组织	1368332	100.0	1492186	100.0	9.1
501(c)(3)公共慈善机构	783020	57.2	1022865	68.5	30.6
501(c)(3)私人基金会	103387	7.6	100276	6.7	-3.0
其他501(c)非营利组织	481925	35.2	369045	24.7	-23.4

* 该数据经城市研究所全国慈善统计中心(National Center for Charitable Statistics, Urban Institute)调整并排除了海外机构和政府机构。

资料来源:美国联邦国税局商业管理档案(IRS Business Master File),2013年10月,http://nccsweb.urban.org/PubApps/profile1.php?state=US,最后访问时间:2015年3月10日。

纵观2003~2013年十年来美国非营利组织的发展,其总数增加了9.1%,增幅最大的是公共慈善机构,数量较十年前增长30.6%。私人基金会呈现小幅减少,数量比2003年下降3.0%。其他非营利组织数量降幅较大,下降23.4%。③

---

① 501(c)(3)条款下的私人基金会(private foundation)主要指拥有一个主要资金来源(通常是家族、企业而非众多来源),大部分行为是向其他非营利组织和个人做出捐赠的组织。资料来源:Compliance Guide for 501(c)(3) Private Foundations(501(c)(3)条款私人基金会标准指南),www.irs.gov/pub/irs-pdf/p4221pf.pdf,最后访问时间:2015年3月19日。
② 在美国联邦国税局的其他类型税费减免组织包括商会、社ў/娱乐性俱乐部、退役老兵组织等。
③ 以上数字仅包含在美国税务局注册的非营利组织。还有一些非营利组织未在美国税务局注册,但在实际运作。因此,非营利组织数量可能更多。

2013~2014年度美国慈善报告与全球慈善发展趋势

基金会是重要的非营利组织,掌握着捐赠者赋予的数量巨大财富和社会资源,并将其应用于公益慈善目的。美国基金会中心(Foundation Center)于2015年2月发布2013年度"全美基金会排行榜",按资金规模和总捐赠额等进行排名,表2和表3分别截取了"资金规模排行榜"和"总捐赠额排行榜"两个排行榜前十位的基金会(已对数额进行化约)。

表2 全美基金会资金规模排行榜(前十位)

排名	名称	总资产(美元)
1.	比尔和梅琳达·盖茨基金会(Bill & Melinda Gates Foundation)	413亿
2.	福特基金会(Ford Foundation)	122亿
3.	保罗·盖蒂信托基金(J. Paul Getty Trust)	111亿
4.	罗伯特·伍德·约翰逊基金会(The Robert Wood Johnson Foundation)	101亿
5.	W. K. 凯洛格基金会(W. K. Kellogg Foundation)	86.2亿
6.	威廉和弗洛拉·休利特基金会(The William and Flora Hewlett Foundation)	86亿
7.	礼来公司基金会(Lilly Endowment Inc.)	76亿
8.	大卫和露西尔·帕卡德基金会(The David and Lucile Packard Foundation)	69亿
9.	戈登和贝蒂·摩尔基金会(Gordon and Betty Moore Foundation)	64亿
10.	约翰和凯瑟琳·麦克阿瑟基金会(The John D. and Catherine T. MacArthur Foundation)	63亿

资料来源:基金会中心网,2013年12月31日,《全美基金会资金规模排行榜(前100名)》("Top 100 U. S. Foundations by Asset Size"),http://foundationcenter.org/findfunders/topfunders/top100assets.html,最后访问时间:2015年3月10日。

表3 全美基金会总捐赠排行榜(前十位)

排名	名称	总捐赠(美元)
1.	比尔和梅琳达·盖茨基金会(Bill & Melinda Gates Foundation)	33.2亿
2.	百时美施贵宝患者援助基金会(The Bristol-Myers Squibb Patient Assistance Foundation, Inc.)	8.1亿
3.	艾伯维患者援助基金会(The Abbvie Patient Assistance Foundation)	7.8亿
4.	礼来关怀基金会(Lilly Cares Foundation, Inc.)	6.9亿
5.	默克患者支持项目(Merck Patient Assistance Program, Inc.)	6.86亿
6.	基因泰克关怀基金会(Genentech Access To Care Foundation)	6.8亿
7.	强生患者援助基金会(Johnson & Johnson Patient Assistance Foundation, Inc.)	6.1亿
8.	葛兰素史克患者支持项目基金会(GlaxoSmithKline Patient Access Programs Foundation)	5.9亿
9.	福特基金会(Ford Foundation)	5.6亿
10.	辉瑞患者援助基金会(Pfizer Patient Assistance Foundation, Inc.)	5.1亿

资料来源:基金会中心网,2013年12月31日,《全美基金会总捐赠排行榜(前100名)》(Top 100 U. S. Foundations by Total Giving),http://foundationcenter.org/findfunders/topfunders/top100giving.html,最后访问时间:2015年3月10日。

数据显示，比尔和梅琳达·盖茨基金会凭借超400亿美元的总资产和33亿美元的总捐赠额领跑2013双榜。福特基金会也跻身资金规模排行榜第二名和总捐赠排行榜第9名。在榜单的前十位中，资金规模排行前列的基金会绝大多数为私人基金会，而关注医疗领域的占据了总捐赠排行榜前十的大部分席位，这与医疗卫生领域购置药品的货值较高有关。

《福布斯》（Forbes）每年发布"全美最大慈善机构排行榜"（Largest U.S Charities），排行榜通过这些非营利组织收到的年度私人捐款数额进行排名，捐款形式可以以现金、证券或物品，捐款的来源可以是个人、公司和其他非营利组织，但是不包括政府和一些特定的非营利组织，如学术机构（多来自校友捐赠）、私人基金会（几乎来自个人或家族捐赠）、捐赠者只是基金和不公开信息的宗教团体等，该榜单对分析广大捐赠人捐赠行为和非营利组织运作具有参考价值。

同时该榜单还计算了三个评价指标，分别是筹款效率（Funding Efficiency），慈善支出比例（Charitable Commitment）和捐赠者依赖度（Donor Dependency），表4截取了2014年榜单排行榜前五位的慈善机构，对其所获捐赠，各项指标和简介进行介绍和分析。

表4 福布斯2014年全美最大慈善机构排行榜

排名	机构名称	私人捐赠额（private support/百万美元）	筹款效率（％）	慈善支出比例（％）	捐赠者依赖度（％）	机构简介	2013年排名
1	联合劝募会（United Way）	3870	91	86	100	联合劝募会是一个基于社区的公益系统，通过1300多个地方分支进行劝募。捐款主要依靠工资扣款	1
2	救世军组织（Salvation Army）	2080	90	82	56	救世军组织是一个基于基督教信仰的公益慈善组织，对全球120多个国家提供救助服务	2
3	消除美国饥饿组织（Feeding America）	1855	99	98	100	该组织由200多个食物银行和食物救济站组成，大多数捐赠为食物形式	4

续表

排名	机构名称	私人捐赠额 (private support/ 百万美元)	筹款 效率 (%)	慈善支 出比例 (%)	捐赠者 依赖度 (%)	机构简介	2013年 排名
4	环球健康行动组织 (Task Force for Global Health)	1575	100	100	100	该组织为50多个国家的得不到充分医疗服务的人群提供健康帮助，绝大部分是药品捐赠	3
5	美国国家红十字会 (American National Red Cross)	1079	82	90	86	美国国家红十字会是在灾难紧急救援时动员志愿者力量和捐款人的老牌组织	13

资料来源：《福布斯》（Forbes），2014年12月，（美国最大慈善机构排行榜，The Largest Charities in America）*。

*〔美〕威廉·廉·巴雷特（William P. Barrett）对该榜单的各项指标进行分析阐述，具体完整榜单可以在福布斯网站 http://www.forbes.com/top-charities 获取，最后访问时间：2015年3月10日。

跟2013年榜单相比，除了美国国家红十字会冲进榜单前五之外，其余四家组织均在2013年前五榜单中。而2013年排名第5位的美国天主教慈善会（Catholic Charities USA）从2012年第3名下降到2013第5名，2014年更进一步下降至13名，从侧面反映宗教影响力在美国的下降。连续两年救世军组织和环球健康行动组织的上榜，以及前十榜单中有3家是关注国际事务的组织，另外1家是粮食济贫组织（Food for the Poor, #6），这表明美国普通民众对海外公益问题的持续关注。

除了关注领域之外，《福布斯》公布的三个计算指标对于非营利组织的运作提供了重要参考。筹款效率指扣除获取筹款所需成本后的筹款数额所占赠款总额的百分比，榜单前50强的平均筹款效率为92%，这意味着每筹款1美元只需要花8美分。相对而言，依赖较少但更为大额的捐款，和以服务、物品形式的捐赠（gift-in-kind）相比筹款效率会更高。

慈善支出比例指慈善支出在多大程度上直接用于慈善目的而不是用于间接费用，如行政管理支出，这一指标在2014年的平均为88%。慈善机构收到以服务或物品式的捐赠在这个指标上数值会更高，因为这产生更少或几乎为零的筹款开支。

最后一个指标——捐赠者依赖度，对于广大慈善机构而言是一个值得警醒的指标。这个指标展示的是慈善机构收支平衡的状态是否依赖捐赠人的捐赠，

更高的依赖度如100%意味着慈善机构刚好收支相抵，而一旦捐赠者的捐赠数额降低，将有可能导致慈善机构入不敷出。较高捐赠依赖度的慈善机构需要更广泛的筹款渠道以拓宽收入来源，以及更多的财务预留。

慈善捐赠、志愿服务和非营利组织是美国公益慈善事业三大重要构成部分，三者的齐头发展保证了公益慈善部门在美国社会中继续发挥举足轻重的作用。2013年度是美国公益慈善稳健发展的一年。尽管由于经济局势起伏等原因，美国人进行慈善捐赠、志愿服务的动机有所波动，非营利组织的运营也并非一帆风顺，但这是一个已成熟社会经济板块必然要面对的挑战。美国非营利组织的使命多元，在美国公众福祉中扮演重要角色。美国人对慈善捐赠的热情和关注以及美国非营利组织专业化管理都是值得其他国家借鉴的。《纽约时报》记者爱德华多·波特（Eduardo Porter）的一篇报道中称："我们对于慈善部门的信任是十分独特的美国特征。"①

玛茨 & 朗迪（Marts & Lundy）和印第安纳大学礼来家族慈善学院联合发布的研究预测认为，慈善捐赠在2015年将增长4.8%，2016年将增长4.9%。其中，来自个人、遗赠、企业和基金会的捐赠在2015和2016年度都会呈现上升趋势。② 参与该项研究的乌纳·欧思里（Una Osili）博士认为，"总体经济的增长形势意味着慈善部门处于一个更稳定和积极的环境。但更重要的是，面对日渐增长的慈善捐赠，非营利部门要做出强有力的、清晰的回应，支持并悉心培养与捐赠者的关系"③。

---

① 〔美〕爱德华多·波特（Eduardo Porter），2012年11月13日，《公益慈善在美国的角色及其局限》（Charity's Role in America, and Its Limits），《纽约时报》（The New York Times），http://www.nytimes.com/2012/11/14/business/charitys - role - in - america - and - its - limits.html?_r=0，最后访问时间：2015年3月19日。
② 玛茨 & 朗迪（Marts & Lundy，发布者）和印第安纳大学礼来家族慈善学院（Lilly Family School of Philanthropy Indiana University，研究者），2015年2月，《慈善展望：2015&2016》（"The Philanthropy Outlook: 2015 & 2016"）。玛茨 & 朗迪（Marts & Lundy）是一家慈善咨询公司。该研究报告可从http://martsandlundy.com/the - philanthropy - outlook#sthash.dAR6JFJ1.dpuf获取，最后访问时间：2015年3月19日。
③ 印第安纳大学礼来家族慈善学院（Lilly School of Philanthropy Indiana University），2015年2月24日《美国慈善捐赠预计2015年增长4.8%，2016年增长4.9%》（U.S. charitable giving projected to grow 4.8 percent in 2015, 4.9 percent in 2016），http://www.philanthropy.iupui.edu/news/article/us - charitable - giving - projected - to - grow#sthash.dAR6JFJ1.dpuf，最后访问时间：2015年3月19日。

二 全球慈善趋势、创新与挑战

慈善能够正面回应大众需求、提升人类的文明水平,对于全球公民而言都具有重要的影响力。正如《世界传统中的慈善》(*Philanthropy in the World's Traditions*)一书编者在书中前言所述,世界各国都有慈善传统。尽管慈善在不同国家和地区、不同历史时期、不同文化环境中表现出不同形式,但都构成了积极活跃的公民社会的重要基础。[1] 除美国以外,世界各国的慈善捐赠现状、慈善政策环境,以及近年来全球慈善领域涌现的创新和面临的挑战也值得我们关注。

(一)全球慈善事业影响因素

慈善援助基金会(Charity Aid Foundation,简称CAF)自2010年以来连续发布年度《全球捐助指数》(*World Giving Index*)报告[2],该报告旨在解析全球范围内捐助的规模和特点,从而推动全球慈善的发展。"捐助指数"是一个范围在1~100之间的数字,是捐赠、志愿服务和帮助他人三个单项指数的平均值,每个单项指数显示参与该类公益慈善活动的人数占总人口的比例。除慈善援助基金会发布的"全球捐助指数"之外,前文所述的顾资银行与印第安纳大学礼来家族慈善学院的百万美元捐赠者研究项目也给观察全球慈善捐赠提供了另一个角度。结合两个报告数据,下文对影响全球慈善捐赠的因素进行分析。

1. 慈善捐赠的跨国比较:经济因素影响捐助指数

根据"全球捐助指数"显示,从全球范围来看,与2012年相比,2013年全球参与志愿服务和帮助他人的人数占总人口比例都有所增长。其中,帮助他

---

[1] 〔美〕沃伦·里奇曼(Warren F. Ilchman),〔美〕斯坦利·卡茨(Stanley N. Katz),〔美〕爱德华·奎因(Edward L. Queen, II)合编,1998,载《世界传统中的慈善》(*Philanthropy in the World's Traditions*),印第安纳大学出版社(Indiana University Press),ix - xv。

[2] 慈善援助基金会(Charity Aid Foundation),《2014全球捐助指数》(*World Giving Index 2014*),2014,《2014全球捐助指数》使用的数据由盖洛普咨询公司(Gallup)2013年度在全球135个国家收集得到。该报告可从 https://www.cafonline.org/pdf/CAF_WGI2014_Report_1555AWEBFinal.pdf 获得,最后访问时间:2015年3月19日。

人人数增幅最为引人注目，达到 23 亿人，比 2012 年增长 2 亿。但是，参与捐赠的人数占总人口的比例下降了 0.6%，主要受到 19～29 岁年龄群体参与捐赠的比例下降的影响。报告认为，这跟近些年全球经济增长速度下降、青年失业问题有关。不过，鉴于世界人口增长，实际参与捐赠活动的人数增加了约 8400 万。图 7 显示了 2009～2013 年全球捐赠、志愿服务、帮助他人指数变化趋势，这些指数的波动与全球国民生产总值（GDP）增长率的波动呈现出一定相关关系。

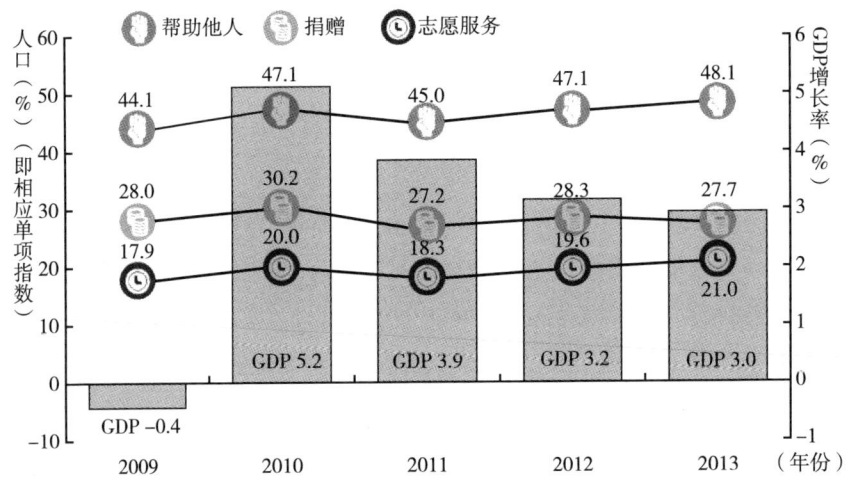

图 7　全球 GDP 增长率与全球捐赠、志愿服务、
帮助他人指数变化趋势（2009～2013 年）

资料来源：慈善援助基金会《2014 全球捐助指数》，2014。

值得注意的是，2013 年捐助指数排名前 20 的国家中，只有 5 个是 G20（二十国集团）的成员，[1] 有 11 个 G20 国家的捐助指数排名在 50 名之外。[2] 甚至有 3 个 G20 国家排名在百位开外。[3] 而在 15 个捐助指数增速最快的国家中，仅有一个是世界银行公布的高收入国家，因此新生经济市场被认为有很大捐助潜力。

---

[1] 包括美国、加拿大、澳大利亚、英国、印度尼西亚（注：欧盟作为一个整体亦为 G20 成员，爱尔兰、荷兰、冰岛、丹麦等欧盟国家也在捐助指数排名中位列前 20）。
[2] 包括韩国、印度、阿根廷、意大利、墨西哥、巴西、法国、日本、俄罗斯、中国、土耳其。
[3] 这三个国家是俄罗斯（#126）、中国（#128）、土耳其（#128）。

从国别来看，美国仍是全球慈善捐助的领跑者，综合慈善捐助指数得分64，是唯一在捐赠、志愿服务、帮助他人三个方面的指数都位列前十的国家（分列第九、第五和第一位）。其中，中国作为世界第二大经济体，其捐助指数在135个受调查国家中仅位列第128位。但报告也指出，中国自从2012年以来慈善捐赠人数占总人口比例从10%上升到13%，金砖四国在志愿服务得分上均有所增长。这意味着，大型经济体将社会财富转型成"善经济"并非"一步之遥"。它们虽有经济优势，但在众多方面还要学习、借鉴他国经验。而捐助并不仅仅意味着与一国现有的经济表现和财富有关，更受到许多其他因素的影响。

2. 宗教文化和灾难等因素不容忽视

正如上文所述，经济成长只是影响一国捐助指数的相关因素之一，宗教和文化的影响对于一国而言来得更为深远。

在这次"全球捐助指数"排名中，和美国并列第一的是缅甸，该国在捐赠方面的得分高达91。报告分析认为，这可能由于缅甸深受小乘佛教传统的影响，普济善行是佛教信众的重要信仰传统，该国的佛教团体得到信徒的大量捐赠。同样深受佛教文化影响的南亚国家斯里兰卡，综合捐助指数也位列全球第九。缅甸和斯里兰卡的高捐赠指数体现出国家文化——尤其是宗教文化对于一国慈善环境的深刻影响。表5显示了2013年度捐助指数综合得分排名前20的国家以及这些国家在帮助他人、捐赠、志愿服务三个方面的得分。

表5 《世界捐助指数》2013年度排名前20的国家

	全球捐赠指数排名	全球捐赠指数得分(%)	帮助他人得分(%)	捐赠得分(%)	志愿服务得分(%)
缅甸	1	64	49	91	51
美国	1	64	79	68	44
加拿大	3	60	66	71	44
爱尔兰	4	60	64	74	41
新西兰	5	58	69	62	44
澳大利亚	6	56	65	66	37

续表

	全球捐赠指数排名	全球捐赠指数得分(%)	帮助他人得分(%)	捐赠得分(%)	志愿服务得分(%)
马来西亚	7	55	61	74	29
英　　国	7	55	61	74	29
斯里兰卡	9	54	56	56	50
特立尼达和多巴哥	9	54	75	49	37
不　　丹	11	53	54	63	43
荷　　兰	12	53	54	70	34
印度尼西亚	13	51	48	66	40
冰　　岛	14	50	52	70	29
肯 尼 亚	15	49	67	43	37
马耳他	16	49	43	78	25
奥地利	17	48	57	57	29
丹　　麦	18	47	55	62	23
伊　　朗	19	46	62	52	24
牙买加	20	45	73	26	35

资料来源：慈善援助基金会《2014全球捐助指数》，2014。

2013年综合捐助指数排名前10的国家与2012年大体一致，其中引人注目的一匹"黑马"是马来西亚，其综合捐助指数比2012年增长了26%，排名从第71位跃升至第7位。大幅增长的捐助指数背后，是马来西亚各界在2013年邻国菲律宾遭受台风"海燕"袭击期间对赈灾和人道主义救援提供的重要支持，也包括其提高了对中国和日本的自然灾害援助。

而《2014百万美元捐赠者报告》指出，美国、英国、俄罗斯、中国、新加坡、中国香港以及海湾地区阿拉伯国家经济体联合组织（GCC）等七个国家（地区）的境外捐赠成为继高等教育和基金会之后的第三大受助领域。由于海外捐赠大多用于一次性赈灾，① 且来自美国和中东的几笔巨额捐赠对该

---

① 全球影响（Global Impact），2013，《2013年度美国向国际事务捐赠评估》（2013 Assessment of U. S. Giving to International Causes），http：//charity.org/sites/default/files/userfiles/pdfs/Assessment%20of%20US%20Giving%20to%20International%20Causes%20FINAL.pdf，最后访问时间：2015年3月19日。全球影响是一家支持型非营利组织，为80多家位于美国、在全球开展活动的非营利组织提供募捐等方面的帮助。

数据产生较大影响。2013 年共有 41.9 亿美元（占捐赠总额的 15.9%）流向海外机构。可见在灾难性事件来临时，无论是基于地理因素或是国家的慈善文化使然，慈善能够跨越国界，在重大灾难性事件中发挥强大的"善力量"。

排在受赠领域第一位的是高等教育，获得了 90.6 亿美元的捐赠，即捐赠总额的 34.4%，是受赠数额最大的领域。基金会是百万美元级别捐赠的第二大受助领域，共计获得 47.8 亿美元（占捐赠总额 18.2%）。二者均属于较为稳定和固定的受赠领域。除了宗教文化因素之外，《2014 百万美元捐赠者报告》还反映了调查国家（地区）在捐赠文化上的不同。在一些国家（地区）（如俄罗斯、中国、中国香港），政府是百万美元级别捐赠的主要受益方，而在另一些国家（地区）政府几乎不会获得捐赠（如美国、英国）。这体现了长期以来不同国家（地区）在政府、公益组织之间形成了不同的社会互动关系和社会捐赠文化。尽管美国、英国政府极少收到来自民间的慈善捐赠，但大型基金会、公益组织和政府间存在着十分密切的合作关系，互为利益相关方，共同推动社会问题的解决和民生进步。

3. 公共政策影响全球慈善自由度[①]

一国政府施行的公共政策无疑会对本国的慈善环境产生影响，鼓励或限制慈善事业的发展。美国哈德逊研究所（Hudson Institute）2013 年发布研究报告《慈善自由度：一项探索性研究》（*Philanthropic Freedom: A Pilot Study*），对全球 13 个国家的慈善自由度进行量化，对鼓励或限制慈善的政策加以评估，从而提出可行的政策建议。[②]该研究将"慈善自由度"定义为"个人与组织（营利或非营利）向社会事业投入时间和金钱的能力"，并通过三项指标对 13 个国家的慈善自由度进行打分。这三个指标分别是社会规制、国内税收条例和跨国资金流管控，慈善自由度具体构成如图 8 所示。

---

① 本小节内容主要由北京师范大学中国公益研究院编译负责人补充撰写。
② 哈德逊研究所（Hudson Institute），2013，《慈善自由：一项探索性研究》（*Philanthropic Freedom: A Pilot Study*），研究报告可从 http://www.hudson.org/research/9555 - philanthropic - freedom - a - pilot - study 获得，最后访问时间：2015 年 3 月 19 日。哈德逊研究所是一家位于华盛顿哥伦比亚特区的非营利智库，主要研究领域为美国国内和对外政策。

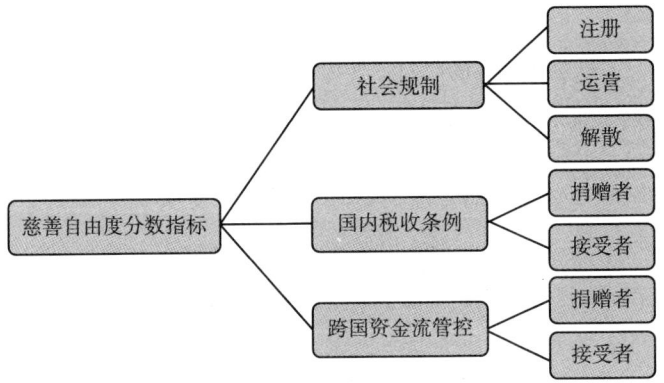

图 8　慈善自由度衡量指标

资料来源：哈德逊研究所《慈善自由：一项探索性研究》，2013。

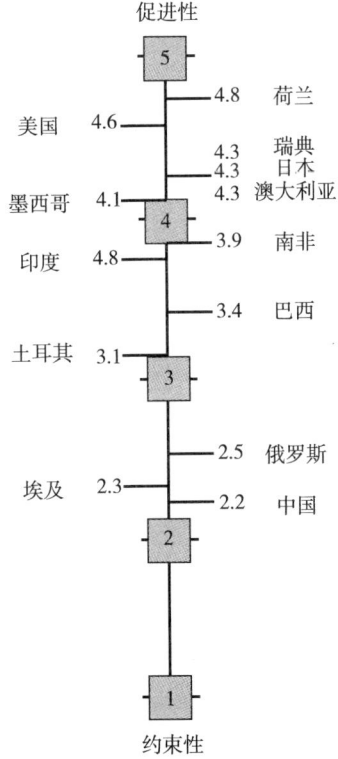

图 9　慈善自由度总体得分

资料来源：哈德逊研究所《慈善自由：一项探索性研究》，2013。

图9为13个国家慈善自由度总体得分分布，得分排名前5的国家是荷兰、美国、瑞典、日本、澳大利亚，这些国家都是人均收入较高的发达国家，也拥有较长的慈善发展历程和较成熟的公民社会文化。一些新兴经济体，例如墨西哥、南非、印度，也得到中等偏上的评分。这三个国家近年来推行了针对捐赠者的税收减免政策和鼓励市民社会发展的政策，使得慈善环境更加健康。

在排名较低的国家中，虽然俄罗斯和埃及也出台了针对捐赠者的税收减免政策，但其社会组织的成立和运营较为困难，跨国慈善款项和物资流动也受到较大限制。中国的情况也不容乐观，总分名列末位。在中国，现行的法规条例对社会组织的注册设限较多，使得大量非营利组织选择注册为商业机构，或者未进行注册。[①] 虽然已有对捐款的税收减免政策出台，但获得减免的程序复杂，且只有少数社会组织可以开具减免税费的票据。据北京师范大学中国公益研究院发布的《2014中国捐赠百杰榜》显示，中国大额捐赠80%流向海外，这与国内大额股权捐赠领域相关税收机制不健全，以及国内组织接收国外捐赠的手续高度繁冗有关。

不过，需要指出的是，该研究只考察了全球范围内的少数国家，如果从G20国家来看，仅选取其中十国，欧盟国家仅包含两个，代表性显得较为不足。而且仅用三个指标进行自由度考察也存在一定争议。但是，报告涉及的几项指标与给出的评分对于各国政府，尤其是慈善事业发展较为迟缓的国家，在改善慈善自由度的政策方面给予了一些启示。一方面，各国应当致力于消除阻碍慈善事业自由发展的因素，包括简化社会组织注册程序、支持社会组织运营和开展活动，以及减少跨国捐赠流动的限制。另一方面，国家应当使用税收调节等激励手段，通过切实减免税收等政策鼓励个人和企业捐赠。

（二）全球慈善趋势与创新

当今社会，全球慈善正经历着持续不断的创新，涌现出若干新趋势。互联网慈善、部门间界限模糊、女性捐赠圈的兴起是其中三个值得关注的现象。高

---

① 这一环境正在得到改善，社会组织注册等相关政策可在中华人民共和国民政部民间组织管理局的网站查询，http://mjj.mca.gov.cn，最后访问时间：2015年3月19日。

速发展和变化的社会意味着机会和挑战并存,慈善行业从业者的迫切任务是跟上日新月异的社会需求和抓住机会,在慈善创新潮流中不断应用社会公益新模式,使慈善事业的社会效益最大化。

1. 互联慈善时代赋予筹款新渠道①

互联网时代的变革赋予慈善部门新的机遇。一方面,互联网尤其是网络支付为基金会提供了筹款的新技术。另一方面,互联网作为信息沟通交流的平台,使得非营利组织可以更有效地管理支持者(尤其是捐赠者)和志愿者之间的关系。

网络捐赠凭借其清晰性、即时性受到慈善组织和捐赠者的青睐。据非营利组织软件和服务提供商 Blackbaud 研究数据显示,2014 年全美网络捐赠增长了 8.9%,占总捐赠的 6.7%。其中,大、中、小型组织接受的网络捐赠分别增长 8.0%、9.7%、10.6%。这一组数字的对比意味着新兴的小型非营利组织在运营模式中凸显灵活,更易于迎接新技术变革带来的机遇。尤其值得注意的是,高等教育机构在 2014 年所接受的网络捐赠增长了 16.6%,是增长最快的部门。②

最为著名的网络筹款案例是流行于 2014 年夏天的"冰桶挑战"(Ice Bucket Challenge),人们拍摄向自己头上浇冰水的视频,发布在社交网络上,从而让全社会了解到肌萎缩性侧索硬化症(简称 ALS,一种神经变性病症),并对患者给予支持。根据《纽约时报》报道,从 7 月 29 日到 8 月 21 日,在仅仅几个星期之内,"冰桶挑战"为美国 ALC 协会募款 418 万美元,协会还收获了超过 739000 个新捐赠者。其他国家的类似组织也同样募捐到了巨额款项。③

---

① 本小节内容主要由北京师范大学中国公益研究院编译负责人补充撰写。
② Blackbaud,2015 年 2 月,《慈善捐赠报告:2014 年非营利筹款表现》(*Charitable Giving Report: How Nonprofit Fundraising Performed in 2014*),该报告可从 https://www.blackbaud.com/nonprofit-resources/获取,最后访问时间:2015 年 3 月 20 日。
③ 艾米莉·史蒂尔(Emily Steel),2014 年 8 月 21 日,《冰桶挑战为 ALS 协会募款上百万》("Ice Bucket Challenge has raised millions for ALS Association"),《纽约时报》(*The New York Times*),http://www.nytimes.com/2014/08/22/business/media/ice-bucket-challenge-donations-for-als-top-41-million.html?partner=rss&emc=rss&smid=tw-nytimes&_r=1,最后访问时间:2015 年 3 月 20 日。

为了达成筹款目标，非营利组织需要根据潜在捐赠群体的特点使用不同的社交网络。如脸书（Facebook）是"接触那些希望进行捐赠的婴儿潮一代的最佳方式"，希望寻求社会改革或对社会事件进行回应的非营利组织可以选择推特（Twitter）或Google+，因为Google+主要用户群体为男性。主要面向女性支持者的非营利组织可以选择在Pinterest上进行营销——那里80%的用户都是女性。大学若想运用社交媒体推动校友捐赠，脸书和领英（LinkedIn）是最好渠道。Instagram、Pinterest、Vine适合视觉方式（图片和视频）呈现公益故事，这往往令人印象深刻。①

除了利用互联网提供新的筹款渠道，非营利组织也意识到通过网络进行内容营销的重要性，他们设立博客、社交网络账号，在网上发布年度报告、电子简讯和宣传视频。根据皮尤研究中心（Pew Research Center）2015年1月发布的报告，美国成年网民中大约有71%使用脸书，使用领英、Pinterest、Instagram、推特的用户规模也在不断增长。② 其中，伴随互联网成长的年轻人对社交网络的频繁使用尤其为非营利组织提供了机会。根据"新千年一代影响力"（The Millennial Impact）研究项目调查，在18~32岁的年龄群体中，大约有一半在社交网络上关注了1~5个非营利组织，超过65%订阅了1~5个非营利组织的邮件。③

非营利组织需要结合社交网络、网络筹款、邮件订阅等互联网提供的慈善新的运作方式，设计适合自身的互联网战略。一方面，社交网络上的粉丝

---

① 凯西·摩尔（Cassie Moore），2014年2月9日，《如何为实现公益目标选择最好的社交网络渠道》（How to Pick Best Social-Media Outlets for Reaching a Charity's Goals），慈善年鉴（The Chronicle of Philanthropy），https://philanthropy.com/article/How-to-Pick-the-Best-Outlets/150589，最后访问时间：2015年3月20日。

② 杜根（Duggan, M.）、埃里森（Ellison, N. B.）、兰佩（Lampe, C.）、伦哈特（Lenhart, A.）和麦登（Madden, M.），2015年1月，《社交媒体最新报告：2014》（Social Media Update 2014），皮尤研究中心（Pew Research Center），http://www.pewinternet.org/2015/01/09/social-media-update-2014/，最后访问时间：2015年3月20日。

③ Achieve和凯斯基金会（Case Foundation），《2013新千年一代影响力报告》（2013 Millennial Impact Report），http://casefoundation.org/wp-content/uploads/2014/11/MillennialImpactReport-2013.pdf，最后访问时间：2015年3月20日。"新千年一代"通常指出生在1980年至2000年之间的一代人。新千年一代影响力（The Millennial Impact）是非营利组织Achieve和凯斯基金会（Case Foundation）联合开展的针对这一群体投入社会事业情况的研究项目。

（关注者）是值得培育的潜在捐赠者，通过和社交网络受众双向互动，非营利组织有很大潜力发展新捐赠者。另一方面，既然许多捐赠者在做捐赠决定前会先浏览机构网站，① 那么组织有必要精心设计易于使用的网站，讲述有吸引力的公益故事，让公众认可自身的公益使命提升公众参与度。

2. 部门间界限模糊：社会企业兴起

随着政府、企业、第三部门互动增加，部门间越发呈现互相依赖、互相学习、界限模糊的趋势。政府通过补贴或采购来让非营利组织提供部分社会服务。企业在市场失灵的情况下也会向非营利组织靠拢。非营利组织则更多学习企业的管理技术和运作方式。早在2000年，哈佛商学院教授詹姆斯·奥斯汀（James Austin）就已预言："我们会看到非营利组织和企业间的显著区别消失，展现一个融合的部门，而非第三部门、企业各自为政。"②

在跨界融合的例子中，社会企业最为人熟知。社会企业一词定义较为宽泛，指那些"融合了社会和商业特点与目标，其经营目标是为了社会，而不是个人利益最大化的组织"③。社会企业在世界各地可能采取多种多样的方式存在：既包括以商业模式运营的非营利组织，也包括承担社会责任、带有社会目的、制造公共利益的营利性商业组织。后者拿出部分利润去做有益于公共利益的事情，或者生产对公众有广泛益处的产品。

社会企业带来了慈善筹款方式的创新，社会创业家越来越善于采取营利部门的融资工具，实现社会公益领域的影响力。传统公益慈善事业的筹款模式是：拥有公益项目的非营利组织寻找有意向的捐赠者。这一模式的问题在于资金和项目有时无法顺利匹配。面对这一困境，一些社会企业通过商业运营获得利润，继而将利润全部或部分投入社会公益事业中，实现对慈善资源的灵活配

---

① 〔丹麦〕雅各布·尼尔森（Jacob Nielson），2009年3月30日，《捐赠可用性：向非营利组织和公益组织的网络捐赠持续增长》（*Donation Usability*：*Increasing Online Giving to Non-Profits and Charities*），尼尔森/诺曼集团（Nielson Norman Group），http：//www. nngroup. com/articles/donation - usability/，最后访问时间：2015年3月20日。

② 〔美〕南希·佩里（Nancy O. Perry），2000年1月25日，《战略性联盟》（*Strategic Alliances*），哈佛商学院（Harvard Business School），http：//hbswk. hbs. edu/item/1263. html，最后访问时间：2015年3月20日。

③ 王世强：《社会企业认定规则国际比较研究》，载《以法促善：中国慈善立法现状、挑战及路径选择》，王振耀（主编），社会科学文献出版社，2014，第204~273页。

置,支持公益事业的持续发展。

在英国,大量社会企业以"社区利益公司"(Community Interest Companies,简称 C. I. C.'s)的形式成立。按照相关法律规定,这些企业以社区利益为导向设立,可以以有限责任公司或股份责任公司的身份注册,股东获得一定分红,但大部分盈利用于社区公益事业。截至 2014 年 8 月,英国有大约 10000 家已注册的"社区利益公司"①。在美国,社会企业的支持者也在推进各种类型社会企业的发展,许多州通过立法规范了"共益公司"(Benefit Corporations)、"低利润有限责任公司"(low-profit limited liability company,简称 L3C)等社会企业的组织形式。②

以商业和非营利部门为例,非营利组织可以学习商业机构的专业化管理、风险分析、财务管理和企业家精神,使得管理运营更加专业化,以实现更大的社会效益。商业机构也愈加意识到非营利组织使命驱动的文化可能为企业带来益处。部门间的界限模糊为跨界合作与学习提供了天然平台。

3. 捐赠圈凸显女性慈善影响力③

从 20 世纪 90 年代起,捐赠圈在美国兴起。捐赠圈被定义为"一群人各自捐出自己的一些资金或时间,共同决定如何分配汇集到的资源,并通过这样的方式提高人们对公益或社区事业的关注度和参与度"的一种慈善形式。④ 捐赠圈的潮流和女性慈善的交汇点构成了"女性捐赠圈"这一新趋势。前述的《2014 全球捐助指数》报告也指出,在全球范围内高收入国家中,女性比男性

---

① 社区利益公司协会(CIC Association),2014,《什么是"社区利益公司"?》(What is a CIC),http://www.cicassociation.org.uk/about/what-is-a-cic,最后访问时间:2015 年 3 月 20 日。
② (美国)迈克尔·别林斯基(Michael Belinsky),2014 年 1 月 7 日,《2013 年社会企业的兴起与奋斗》(The Rise and Struggles of Social Enterprise in 2013),斯坦福社会创新评论(Stanford Social Innovation Review),http://www.ssireview.org/blog/entry/the_rise_and_struggles_of_social_enterprise_in_2013,最后访问时间:2015 年 3 月 20 日。
③ 本小节内容主要由北京师范大学中国公益研究院补充撰写。
④ 艾肯伯里(Eikenberry, A.)、比尔曼(Bearman, J.)、汉(Han, H.)、布朗(Brown, M.)和詹森(Jensen, C.),2009,《共同捐赠的影响力:捐赠圈对其成员慈善和公民行为、知识和态度的影响》(The Impact of Giving Together: Giving Circles' Influence on Members' Philanthropic and Civic Behaviors, Knowledge and Attitudes),http://www.givingforum.org/s_forum/bin.asp?CID=611&DID=25090&DOC=FILE.PDF,最后访问时间:2015 年 3 月 20 日。

更愿意向慈善事业捐款。①而艾肯伯里等人关于捐赠圈的研究认为,捐赠圈的力量在于捐赠圈能在成员之间建立内在连接和信任。②印第安纳大学2011年发布报告也指出,网络会对女性慈善态度和行为产生正面影响。③印第安纳大学乌纳·欧思力教授（Una Osili）发现,参与捐赠网络的女性更可能增加捐赠和更广泛参与非营利组织,但男性捐赠者对捐赠圈这一趋势的响应似乎不那么强烈,或者说男性不那么需要捐赠网络。④

一个女性捐赠圈的例子是由100个女性捐赠者组成的"影响100"（Impact 100）。通过每人捐赠1000美元,"影响100"募集到超过10万美元的资金,用于实现所在社区的发展目标。"影响100"最初成立于2011年,现在这一模式在美国各地被借鉴、移植。⑤而亚裔女性捐赠圈（Asian Women Giving Circle）是一群来自纽约市,年龄段从20~70岁的亚洲女性,其关注全美范围内的亚裔女性。该组织认为在美国的慈善捐助中,集中在亚裔团体的比例少于1%。自从2005年以来,亚裔女性捐助圈已筹集超过35万美元,而圈内的女性均承诺一年筹资2500美元。⑥其他女性捐赠圈例子还有女性捐赠者网络（Women Donors Network）,蕾切尔网络（Rachel's Network）、美国红十字会下

---

① 慈善援助基金会（Charity Aid Foundation）,《2014全球捐助指数》（*World Giving Index 2014*）,2014, https://www.cafonline.org/pdf/CAF_ WGI2014_ Report_ 1555AWEBFinal.pdf,第6页,最后访问时间：2015年3月20日。

② 慈善援助基金会（Charity Aid Foundation）,《2014全球捐助指数》（*World Giving Index 2014*）,2014, https://www.cafonline.org/pdf/CAF_ WGI2014_ Report_ 1555AWEBFinal.pdf,第6页,最后访问时间：2015年3月20日。

③ 印第安纳大学慈善中心（Center on Philanthropy at Indiana University）,2011,《2011年度高净值女性慈善研究及女性捐赠网络的影响》（*The 2011 Study of High Net Worth Women's Philanthropy and the Impact of Women's Giving Networks*）, http://www.philanthropy.iupui.edu/research - by - category/the - 2011 - study - of - high - net - worth - womens - philanthropy - and - the - impact - of - womens - giving - networks,最后访问：2015年3月20日。

④ 马克·赫夫纳（Mark Hrywna）,2011年12月12日,《女性捐赠网络重要性日益增加》（*Women's Giving Networks Gaining Prominence*）,《非营利时报》（The Nonprofit Times）, http://www.thenonprofittimes.com/news - articles/women - s - giving - networks - gaining - prominence/,最后访问时间：2015年3月20日。

⑤ 参见"影响力100"的网站：http://www.impact100.org/,最后访问时间：2015年3月20日。

⑥ 参见亚裔女性捐赠圈（Asian Women Giving Circle）介绍：www.asianwomengivingcircle.org/about.htm,最后访问时间：2015年4月8日。

设的蒂凡尼圈（Tiffany Circle）等。①

捐赠圈和类似网络能够有效汇集慈善资源、号召捐赠者参与、建设社区。印第安纳大学礼来家族慈善学院妇女慈善研究所主任黛布拉·梅施教授（Debra J. Mesch）便认为"（捐赠圈）是女性在慈善中更善于战略规划的体现，是向她们关心的群体和事业施加更大影响力的方式"②。

（三）慈善面临的全球化挑战

维持捐赠者与慈善组织之间的信任关系一向是慈善事业成功的关键。互联网等新技术的兴起、市民社会的日益成熟对于慈善组织和捐赠者的关系而言有着双重意味：一方面它提供了进行慈善沟通的新渠道；另一方面也意味着，慈善组织必须做得更好，才能保持公众，尤其是捐赠者的认可。

在过去，公益慈善组织广泛受到捐赠者信任，人们捐赠时通常不会提出捐款使用条件，而由受赠的非营利组织自行分配。然而，自20世纪80年代末爆发的联合之路丑闻③以来，部分慈善组织面临信任危机。④ 如今，几乎每一笔捐赠都有附带条件，无限制捐赠与非定向捐赠越来越少。捐赠者希望看到自己捐出的资金被用在了哪里，产生了什么样的结果。⑤

此外，在过去的15年里，大量捐赠用于创立一种新型基金会，这些基金

---

① 参见"女性捐赠者"、"蕾切尔网络"、"蒂凡尼圈"的网站：www.womendonors.org，www.rachelsnetwork.org，http：//www.redcross.org/supporters/individuals/tiffany - circle，最后访问时间：2015年3月20日。
② 凯瑞·汉农（Kerry Hannon），2013年11月7日，《捐赠圈：散布更多影响》（Giving Circles：More Impact to Go Around），《纽约时报》（The New York Times），http：//www.nytimes.com/2013/11/08/giving/giving - circles - more - impact - to - go - around.html，最后访问时间：2015年3月20日。
③ 自1970年起担任联合之路（United Way）全国总部CEO长达20余年的威廉·阿拉莫尼（William Aramony）80年代末期被指有婚外恋、贪污等丑闻。1992年，阿拉莫尼在一片指责声中辞职。不久后，贪污指控得到核实，阿拉莫尼被处以7年监禁和30万美元罚款。
④ 〔美〕黛博拉·罗得（Deborah L. Rhode）和阿曼达·帕卡尔（Amanda K. Packel），2009，《道德与非营利组织》（Ethics and Nonprofits），《斯坦福社会创新评论》（Stanford Social Innovation Review），http：//www.ssireview.org/articles/entry/ethics_ and_ nonprofits，最后访问时间：2015年3月20日。
⑤ 〔美〕凯瑟琳·凯利（Kathleen S. Kelly），2012，《有效募捐管理》（Effective Fund-Raising Management），Routledge，第28页。

会诞生的同时带有"日落条款"①（Sunset Clause），也就意味着，基金会所接收的捐赠不会永远持续，而存在一个生命周期和退出时间。基金会中心（Foundation Center）②通过对1074家家族基金会调查发现，已有高达12%的受调查组织选择"有限生命长度"。通过这样的方式，基金会可以专注于使命领域，更加尊重捐赠者的慈善意愿。③

三 小结

在全球财富不断增长的今天，其中一部分财富进入到慈善公益领域。在中国，人们见证了近些年来慈善部门令人欣喜的成长。如何让慈善在社会中发挥更大更积极的作用，这一点美国慈善事业的发展历程提供许多宝贵经验。在美国，人们一向强调有限政府，在众多社会问题上更多地发挥公益慈善部门的作用。美国慈善事业在过去百余年历史中，形成了专业化的非营利组织管理和运作方式，并且一直在鼓励、保护和完善慈善的法律框架，防止慈善丑闻、提高慈善部门公信力与透明度。在中国，公益领域从业者应当致力于实现对非营利组织的专业化管理，并提升非营利组织运转效率。政府（尤其是立法机关）、公众和非营利组织应当共同努力，培育成熟的现代社会结构和利于慈善事业成长的环境，使非营利组织运转产生更大的社会效益。

筹款、慈善和社会创新不再仅仅是欧美各国的"专利"，中国虽然是慈善领域的后起之秀，未必不能在全球慈善创新的潮流中脱颖而出。以互联网慈善为例，近些年，社交媒体发挥了越来越大的作用。据统计，美国有93%以上的非营利机构目前运用社交网站，其中，脸书（98%）、推特

---

① 日落条款（Sunset Clause）一词最初指的是这样一种类型的法律、法规或政策：这项法律、法规或政策将会在特定日期或达到特定条件后停止施行。
② 美国基金会中心（The Foundation Center）创立于1956年，是一家收集、分析世界慈善数据的非营利组织，拥有美国最全面的慈善捐赠数据库。
③ 美国基金会中心（The Foundation Center），2009年4月，《永续或有限生命：家族基金会如何选择？》（Perpetuity or Limited Lifespan: How Do Family Foundations Decide?），http://foundationcenter.org/gainknowledge/research/pdf/perpetuity2009.pdf，最后访问时间：2015年3月20日。

（72%）和视频分享网站 YouTube（66%）被列为使用最频繁的社交媒体平台。① 而在中国，网络慈善趋势也日益凸显，越来越多的基金会通过互联网进行宣传、筹款和信息公开等。微博、微信的兴起为组织和公众的沟通交流提供了便利的渠道，福布斯中文网发布的《2014年中国慈善基金榜》中，上榜的25家基金会中，有19家开通了微博，16家开通了微信。② 网络支付方式也成为日益流行的捐赠方式。此外，互联网还发挥了极强的监督功能，其迅速传播的效应促使公益慈善组织加快透明化、专业化进程。考虑到中国网民的巨大规模，③ 可以预见的是，中国极有可能在未来互联网慈善创新中发挥引领作用。

慈善全球化迫切需要在慈善人才培养方面加强合作，架起"善知识"的桥梁。在世界各国，专业的慈善从业者都是紧缺资源。中国首个国际慈善管理项目（EMP – Executive Master of Philanthropy），由中美两国首屈一指的公益慈善研究和教学机构——北京师范大学中国公益研究院与美国印第安纳大学慈善学院联袂打造，为中国慈善机构的领导人和慈善家们带来系统的慈善管理知识体系和实践经验。在过去的两年时间里，实践着这样一种跨国行业人才培养机制。目前，国内已有多所高校在慈善领域与海外院校和相关机构开展合作。这些合作带来了全新的慈善行业变化趋势，给慈善从业者带来了更多元的慈善路径选择。拥有大量专业管理人才的慈善部门不仅能提升慈善职业化的社会影响，为解决社会问题找到切实可行的方法，同时可以为国家发展带来更多创新原动力。

---

① 非营利技术网络（NTEN），共同知识（Common Knowledge）和布莱克堡（Blackbaud），2012，《2012年非营利社交网络基准报告》（*2012 Nonprofit Social Network Benchmark Report*），http：//www.nten.org/sites/default/files/2012_nonprofit_social_networking_benchmark_report_final.pdf，最后访问时间：2015年3月20日。

② 福布斯中文网，2014年12月8日，《2014年中国慈善基金榜：网络社交正改变慈善公益》，http：//www.forbeschina.com/review/201412/0039320.shtml，最后访问时间：2015年3月20日。

③ 根据中国互联网络信息中心（CNNIC）发布的《第35次中国互联网络发展状况统计报告》，截至2014年12月，我国网民规模达6.49亿。中国互联网信息中心，2015年2月30日，《第35次中国互联网络发展状况统计报告》，http：//www.cnnic.cn/hlwfzyj/hlwxzbg/201502/P020150203551802054676.pdf，最后访问时间：2015年3月20日。

附录
Appendices

B.26
2014年公益慈善年度大事记

1月

《北京市促进慈善事业若干规定》正式实施

1月1日,《北京市促进慈善事业若干规定》正式实施。《规定》提出,政府应该通过规范和监管加强对慈善事业的引导和支持,以及公募基金会以外的其他慈善组织需面向不特定的社会公众公开募集财产的,应当与公募基金会联合开展募捐活动。

周筱赟质疑嫣然天使基金

1月6日,周筱赟在网上举报,称嫣然天使基金存在黑幕,7000万元善款下落不明,涉嫌利益输送等,并向民政部发出信息公开申请,要求公开嫣然天使基金2006~2012年年度审计报告和年度工作报告全文。

1月20日晚,嫣然天使基金在其官方网站上发布《嫣然天使基金对周筱赟不实言论的调查报告》,再次公示筹建医院的基本账目。

《关于鼓励支持民营企业积极投身公益慈善事业的意见》

民政部和全国工商联联合发文《关于鼓励支持民营企业积极投身公益慈

善事业的意见》，鼓励民营企业通过捐赠有价证券、专利、技术及公益信托等新方式参与慈善事业。

2月

中信百年（安哥拉）职业学校捐建项目进入实施阶段

2月19日，中信百年（安哥拉）职业学校捐建仪式在百年职校北京校区成功举办。这是中信建设集团与中国青少年发展基金会支持下的百年职校走出国门，在安哥拉联合办学的公益合作。

政府出台志愿服务相关文件

中央文明委推出《关于推进志愿服务制度化的意见》和《社区志愿服务方案》，提出要建立健全志愿服务的招募注册、培训管理、培训激励、使用保障等各项制度，推进社区志愿服务活动经常化和制度化。

浙江省"五水共治"捐赠活动，共筹4亿善款

浙江从省级部门到11个地市为"五水共治"项目发起捐赠，绍兴新昌、金华兰溪、温州苍南县和瓯海区、嘉兴桐乡、丽水等地通过各种捐赠活动，共筹到4亿元善款。

3月

慈善法立法工作持续推进

两会期间，全国人大常委会专门成立慈善法草案起草领导小组，领导小组召开慈善法立法研讨会，邀请有过慈善法规立法经验的地方机关、民政部门代表和专家对立法过程中的重大问题进行初步讨论，计划在年底前完成草案，并在2015年提交全国人大常委会审议。

广州安全岛暂停开放

3月16日，广州市社会福利部门暂停了当地正在试点中的"婴儿安全岛"，原因是短时间内接收的弃婴数量超出福利院承受的极限。

民政部与山东省政府深化部省合作培育新型社会组织

3月26日，民政部与山东省政府在济南举行部省合作联席会议，会议提出要在黄河三角洲高效生态经济区着力推进"培育发展新型社会组织、养老服务业综合改革、社区治理服务创新、行政区划调整规范化建设"四项民政工作重点合作课题，并把合作区域扩大到全省。

4月

联劝"一个鸡蛋的暴走"

4月19日，由上海公益事业发展基金（联劝）发起的2014"一个鸡蛋的暴走"大型公募活动在上海金山区成功举行。该项目由上海公益事业发展基金会（联劝）主办，为多个儿童领域的民间公益项目筹款。本届共有528支队伍，2826人参与。活动当日的募款总额达246万元。

"四月网"质疑壹基金贪污

4月20日，基金会中心网发布《芦山地震一周年捐款流向调查报告》，报告中显示壹基金为雅安地震募集款物最多，总额38552万元，已拨付款物4701万元。4月22日，实名认证微博"四月网"质疑壹基金筹得的3亿多元捐款去向不明。

新《环保法》出台

4月24日，第十二届全国人大常委会第八次会议通过了修订后的《环境保护法》，并将于2015年1月1日正式实施。该法首次认定了社会组织的环保公益诉讼主体资格。

马云、蔡崇信宣布成立公益信托基金

4月25日，阿里巴巴两位创始人马云和蔡崇信宣布，将成立个人公益信托基金。基金将着力于环境、医疗、教育和文化领域，地域涉及中国内地、中国香港和海外。该基金来源于两人在阿里巴巴集团拥有的期权，总体规模为阿里集团总股本的2%。

5月

李克强赞中国援非职校：把希望工程理念带进非洲

5月8日，李克强总理访问安哥拉，参观公益组织百年职校。他高度评价中信百年职校将希望工程的理念带入非洲。并说,学校为当地免费培训人才,给年轻人带来了希望,一定要让学校本土化,这样才更有生命力。

扬州慈善总会放弃行政劝募

5月19日,扬州市慈善总会开展"慈善一日捐"活动,以1020万元拍卖瘦西湖隧道的冠名权,将过去的电视动员讲话、募捐动员大会、广场集中捐赠及向机关企事业单位职工个人劝募等活动一律取消。

江苏发布留守儿童督促令

5月21日,江苏省淮安市盱眙县法院向久不归家的"留守儿童"父母发出全国首张关注留守儿童《督促令》,以此督促多年外出务工的父母抽空回到家乡,履行法定抚养、教育子女的义务。

杨六斤事件

5月23日,广西电视台的一档公益栏目报道了困境儿童杨六斤的故事,引发了社会关注,为他募集了高达500万元的捐赠,巨额善款的使用一度成为众人关注的焦点。随后,多家媒体在走访中发现,杨六斤的现实生活环境并非节目中展示的那般艰苦,很多细节并不符实。自此"滥用社会爱心""骗捐"等言论充斥着各个舆论平台,此事件戏剧性的转折是对媒体公信力的巨大讽刺,也再次对慈善环境敲响警钟。

中国灵山公益慈善促进大会

5月17~18日,"2014灵山公益慈善促进大会"在无锡灵山举行,大会以"爱心善行——全球视野下的中国公益慈善"为总主题,以公益非洲、公益妇女、公益广告、公益关怀四个分论坛及2014《慈善蓝皮书》发布暨中国慈善事业发展研讨会的方式,就中国公益慈善发展进行探讨。

埃塞俄比亚、斐济、密克罗尼西亚等国家的第一夫人,联合国等国际组织高级官员,部分驻华大使及夫人,以及国内知名企业、公益机构、业内专家、相关政府部门等400余名全球各界嘉宾参会。中国灵山公益慈善促进会在会议期间向埃塞俄比亚第一夫人办公室捐赠1000万元人民币用于支持该国困难学生的营养餐项目,5年分期执行。

中国扶贫基金会启动"善行者"公益徒步活动

5月22日,由中国扶贫基金会主办的"善行者"公益徒步活动启动仪式暨活动体验日在北京昌平区居庸关长城举行。这是首次举行的公益和健康结合

的百公里户外徒步活动,通过亲近自然加自我挑战的体验形式,激发参与者为贫困地区儿童筹集善款,践行"每一步都会带来改变"的公益理念。

6月

北京给注册志愿者购买保险

自6月25日零时起,北京市234万实名注册志愿者正式参保团体人身意外伤害保险,除常规意外伤害身故、意外伤害残疾、意外伤害医疗等费用外,志愿者团体保险还将保障意外伤害住院津贴和意外伤害救护车费用等。此次全部由政府财政出资购买志愿者团体保险,这是国内第一次由财政出资为全体注册志愿者购买保险。

中华医学会8.2亿元赞助遭质疑

6月24日,审计署公布了《国务院关于2013年度中央预算执行和其他财政收支的审计工作报告》。其中,由卫生计生委主管的中华医学会被直接点名。报告指出,中华医学会在2012~2013年召开的160个学术会议中,用广告展位、医生通讯录和注册信息等作为回报,以20万~100万元的价格公开标注不同等级的赞助商资格,收取药企赞助8.2亿元,且未经批准违规收取资格考试复训费1965.04万元,并将618个继续教育培训项目收入1.14亿元存放在账外。这种行为违反了《社会团体登记管理条例》中社会团体不得从事营利性经营活动的规定。

7月

"幸福列车"遭搁置惹争议

"幸福列车"是中华社会救助基金会的品牌项目,旨在让留守儿童在城市中与其父母团聚,并了解和体验大城市生活。灯塔计划作为该项目在广州的执行方,从4月起开始策划和筹备。因中华社会救助基金会突然决定暂时终止该项目的实施,7月8日,灯塔计划对外发布声明并要求支付相应的前期费用。在社会舆论的压力下,中华社会救助基金会再与灯塔计划重新协商,并签订了项目补充协议。

郭美美被捕为红会正名

7月14日，郭美美等人因涉嫌赌博罪被北京市公安局东城分局依法刑事拘留，郭美美公开表示，想还红会一个清白。8月初，公安部门公布郭美美及其资金来源均与中国红十字会毫无关系。

中国红会风灾捐赠棉被遭质疑

18日下午至19日早登陆的超强台风"威马逊"致琼、粤、桂三省区数百万群众受灾，红会在"三伏天"向灾区送棉被遭到质疑。对此，中国红十字会总会相关负责人回应，3500床棉被是应当地需求而调拨，很多灾民住在临时安置点，棉被可铺可盖，有实际用处。

潘石屹设立"SOHO中国助学金"资助中国学生

7月份，SOHO中国助学金向哈佛大学捐赠了1500万美元的助学金，用于支持在哈佛读书的中国本科学生。10月，SOHO中国基金会与耶鲁大学签订了金额1000万美元的"SOHO中国助学金"协议，用于资助在耶鲁大学就读的中国学生。

首个社会服务交易所成立

7月24日，广东省佛山市顺德社会服务交易所正式挂牌启用。

8月

云南鲁甸地震

8月3日16时30分，云南省昭通市鲁甸县发生里氏6.5级地震，灾后政府迅速响应，社会组织有序协同，形成了"政府主导、平台合力、基金搭台、专业服务、在地扶持"的协同救灾模式。

天使妈妈"实时信息"惹风波

8月5日，演员袁立通过微博向天使妈妈基金会发问：质疑官方公布的报表时间穿越、更新信息不及时，质疑捐款数目变少，反问为何孩子已经出院还在募捐，并发微博请天使妈妈的理事邱启明关注质疑。随后邱启明和基金会针对质疑一一给予回复。

ALS冰桶挑战引发公益热潮

8月17日，风靡美国的呼吁公众关注ALS的冰桶挑战游戏传至中国，立

即在中国掀起一股热潮,吸引了超过20亿的点击量,成为时下最热的公益活动。新浪微公益与瓷娃娃罕见病关爱中心借势发起"一起'冻'起来"微公益项目,以唤起社会对罕见病的关注,不足半个月获得善款800余万元。10月,瓷娃娃罕见病关爱中心邀请社会各界人士参与善款使用的公开招投标活动。11月27日,北京东方丝雨渐冻人关爱中心在中国社会福利基金会支持下以中标资金举办了全国首届渐冻人病友大会。

腾讯网曝光红十字出租备灾救灾仓库

腾讯网曝光中国红十字会备灾救灾仓库通过两份"阴阳合同",利用"以捐代租"的擦边球操作,以每年90万元的价格将此仓库出租给一个名为北京中迅誉华商业管理有限公司的疑似"皮包公司",后者再以市场价格转租给DHL等物流公司,从中牟利每年可能达到数百万元。事件被曝出后,中国红十字会总会一直沉默,并未对此事做出回应。

9月

中国红十字会常务副会长赵白鸽卸任

9月2日,中国红十字会官网公布,赵白鸽将不再担任中国红十字会党组书记、常务副会长的职务。

立人乡村图书馆停止运营

9月18日,公益组织立人乡村图书馆经理事会讨论决定停止运营。

第三届中国公益慈善项目交流展示会,对接资金超50亿

9月19日至21日,第三届中国公益慈善项目交流展示会在深圳举行。本届慈展会实现对接金额50.79亿元,较之2013年17.08亿元的对接金额,增幅达197.37%。

中国的公益慈善组织在参与国际交流方面效果突出

9月,西藏公益组织"潘得巴协会"荣膺"2014年联合国开发计划署赤道奖"。

9月26日,中国妇女发展基金会的"母亲水窖"公益项目获得英国国际视觉传播协会"号角·中国"可持续发展事件奖。

10月

200余名企业家身体力行支持民间环保公益

10月6日,由阿拉善SEE公益机构(简称SEE)主办、深圳市红树林湿地保护基金会联合主办的"2014SEE穿越贺兰山"公益筹款行动,在宁夏苏峪口国家森林公园开启征途。这是国内迄今规模最大的以企业家为主体的环保公益徒步筹款行动,吸引了200余名来自全国各地的企业界人士参与。此次行动募集的善款,将用于支持荒漠化防治、工业污染防治、三江源保护等项目的一线保护工作。

牛根生荣获TNC "2014年度橡树叶奖"

10月8日,牛根生理事获得TNC2014年年度橡树叶奖。作为中国代表,牛根生理事向在场的来自全球各地的慈善家们展现了中国慈善家对环境保护的热情和坚持。

我国设立"扶贫日"

经国务院批准,从2014年开始,国家将每年的10月17日设立为"扶贫日",其主要目的是引导社会各界关注贫困问题、关爱贫困人口、关心扶贫工作。

公益知识产权第一案结案

10月23日,深圳市中级人民法院二审维持原判,判定万科公益基金会侵权禾邻社的《全民植物地图》的知识产权。备受公益界关注的公益组织第一起知识产权保护案,最终以禾邻社胜诉落下帷幕。

广州市民政局公开征求《广州市取缔非法社会组织工作细则》(征求意见稿)

10月,广州市民政局公开征求《广州市取缔非法社会组织工作细则》(征求意见稿)。在该意见稿中明确界定了非法社会组织:擅自开展社会组织筹备活动的;未经登记,擅自以社会组织名义进行活动的;被撤销登记后继续以社会组织名义进行活动的。这一细则中对于非法社会组织的界定引发了广州地区慈善组织的极大关注,担心细则的实施会打击成立慈善组织的积极性。

"国务院常务会议"展开多项慈善议题的讨论

国务院总理李克强主持召开国务院常务会议,会议中展开了多项慈善议题的讨论,主要议题为:确定发展慈善事业措施,汇聚更多爱心扶贫济困;落实

和完善公益性捐赠减免税政策,推出更多鼓励慈善的措施;优先发展具有扶贫济困功能的慈善组织;强化行业自律和社会监督等。

中国社会影响力投资系列成果在全球社会创新大会上发布

10月31日,第13届全球社会创新大会在美国哥伦比亚大学商学院举办。大会主办方首次特邀中国正式组团参与大会并为中国代表团专设了"中国时刻"发布会,发布中国社会影响力投资系列成果。大会发布了《2014社会影响力投资在中国》研究报告,这是由深圳市创新企业社会责任中心、深圳市慈善会及上海财经大学社会企业研究中心共同研发的。大会还发表了中国社会影响力投资的诸多案例,包括网络公益众筹平台——新浪"微公益"、社区基金会助推中国社会治理创新模式——桃源居、跨界公益人才与公益产品孵化器——公益星火计划等。会上,深圳市创新企业社会责任促进中心与哥伦比亚大学商学院联合发起中国企业家社会影响力投资美国培育合作计划,形成中美企业在社会创新与影响力投资。

11月

"上海一公斤"自曝账目问题

"上海一公斤公益发展中心"内部人员自曝内部管理混乱、账目糊涂、募捐不入账、票据丢失严重、乱拿发票顶账等。"上海一公斤"负责人承认在管理和财务上确实存在疏忽,但没乱花一分钱,并表示已经请了第三方审计公司介入账目审查。

施乐会清退"置顶费"

11月6日,慈善网站施乐会被媒体报道身陷"置顶费"旋涡,施乐会的公告显示:将2013年10月起至2014年的"置顶费"相加共计7192756.1元。11月7日,金华市慈善总会要求其立即停止收取"置顶费"。

《关于支持和规范社会组织承接政府购买服务的通知》

财政部、民政部联合下发了《关于支持和规范社会组织承接政府购买服务的通知》(财综〔2014〕87号)。

"为爱行走大型徒步公益活动"在无锡灵山举办

11月17日,由中国灵山公益慈善促进会、无锡灵山慈善基金会主办的

"为爱行走大型徒步公益活动"在无锡灵山举办,来自全国40多家公益机构的代表和热心公众,共计3200余人参加,筹集善款200余万元。

12月

最高人民法院审判委员会通过《最高人民法院关于审理环境民事公益诉讼案件适用法律若干问题的解释》

12月8日最高人民法院审判委员会第1631次会议通过了《最高人民法院关于审理环境民事公益诉讼案件适用法律若干问题的解释》(法释〔2015〕1号),自2015年1月7日起施行。

国务院印发《关于促进慈善事业健康发展的指导意见》

国务院印发《关于促进慈善事业健康发展的指导意见》,提出要构建"动员社会公众积极参与志愿服务,构建形式多样、内容丰富、机制健全、覆盖城乡的志愿服务体系"。

民政部牵头推进《志愿服务条例》研究起草工作

民政部牵头推进《志愿服务条例》研究起草工作,财政部等部门颁布的《政府购买服务管理办法(暂行)》,把社会工作服务、志愿服务运营管理都纳入了政府购买服务内容和指导目录范围。

慈善法民间版本研讨会在京召开

12月21日,由中国灵山公益慈善促进会主办的《慈善法》民间版本研讨会在北京召开,高校智库起草的五版本《慈善法》草案首次对外公布。全国人大内司委和法工委等立法机关的干部、各界NGO代表、相关领域的学者以及媒体行业代表共同参会,与起草团队针对五版本的《慈善法》草案进行深入讨论。

共青团中央发布《共青团中央关于印发〈关于推动团员成为注册志愿者的意见〉的通知》

12月31日,共青团中央发布《共青团中央关于印发〈关于推动团员成为注册志愿者的意见〉的通知》(中青发〔2014〕29号),提出到2017年实现全国90%以上的团员成为注册志愿者。

B.27
2014年公益慈善政策法规摘要

全国

《中国社会服务志愿者队伍建设指导纲要（2013～2020年）》

2014年1月，民政部印发《中国社会服务志愿者队伍建设指导纲要（2013～2020年）》，提出规范招募注册、深化教育培训、加强记录管理、完善评价激励、加快平台建设、推进服务开展等六项主要任务。

（一）规范招募注册。

1. 规范人员招募。建立经常性招募与应急性招募相结合、社会化招募和组织化招募并举的招募机制，规范志愿者招募组织资质、招募信息发布、招募工作流程，吸引各阶层、各职业、各年龄段人员自觉自愿加入社会志愿服务。

2. 实施注册管理。全面推行社会服务志愿者注册登记制度，鼓励参加志愿服务人员登记成为注册志愿者。鼓励志愿服务组织、公益慈善类组织和社会服务机构配备专职人员开展社会服务志愿者注册，有效整合现有注册服务资源，实现各领域志愿者信息注册系统有机衔接、互联互通、信息共享。

（二）深化教育培训。

1. 完善培训体系。实施社会服务志愿者队伍能力提升工程，以加强社会服务志愿者能力建设为根本，将志愿服务基础培训和特定专业知识技能培训相结合，志愿者初次培训、阶段性培训和临时性培训相衔接，逐步建立健全志愿者分级分类培训体系。鼓励志愿服务组织利用自身优势，针对当前社会急需和群众急盼，重点加大为老服务、扶幼助残、扶贫帮困、减灾救灾、社区服务等领域志愿者培训力度，逐步提高志愿者专业服务水平。

2. 加强基础建设。支持各地依托高等院校和相关培训机构，建立社会服务志愿者培训基地，研究开发社会服务志愿者培训课程与教材，建设专兼职相结合、理论型与实务型相结合的师资队伍，不断创新培训方式，加强培训质量评估，提升培训效果。

（三）加强记录管理。

1. 规范服务记录。深化志愿服务记录试点，全面建立公民志愿服务记录制度，规范志愿服务组织、公益慈善类组织和社会服务机构志愿服务记录行为，建立专人负责、流程规范、监管严格的工作机制，将志愿服务记录贯穿于社会服务志愿者管理与服务全过程。推动各地将志愿服务记录与社会服务志愿者使用、培训、评价、保障、奖励挂钩，完善志愿服务记录运用机制。

2. 强化服务管理。引导志愿者参与组织化、规范化、常态化志愿服务活动。建立社会服务志愿者使用主体和使用过程监督机制，及时发现和纠正不当使用社会服务志愿者的行为。按照专业特长、服务意向、服务区域等分类管理社会服务志愿者，逐步健全志愿服务供需对接机制和志愿者配置机制，实现服务需求与供给的无缝对接、志愿者与服务岗位的最佳匹配。

（四）完善评价激励。

1. 完善评价机制。建立志愿服务统计体系和志愿服务成效评估体系。完善以服务时间和服务质量为主要指标的社会服务志愿者评价制度。培育志愿服务评估监督机构。加强评价结果应用，充分发挥评价机制在促进社会服务志愿者队伍建设、发展社会志愿服务中的积极作用。

2. 健全激励保障。完善以精神激励为主、物质奖励为辅的社会服务志愿者表彰激励机制。鼓励有关部门、社会组织和企事业单位对优秀志愿者和优秀志愿服务组织进行表彰奖励。建立志愿服务记录与志愿者升学、就业、享受社会服务挂钩制度，鼓励有关单位在同等条件下优先录用有良好志愿服务记录人员，鼓励公共服务机构和商业机构对有良好志愿服务记录人员提供优惠与优先服务。推动建立志愿者保险制度，明确志愿者保险的责任主体、涉险范围和风险承担机制，为志愿者参与社会服务解除后顾之忧。实施志愿服务时间储蓄建设工程，建立健全志愿服务时间储蓄与回馈制度，形成志愿服务互助循环发展机制。

（五）加快平台建设。

1. 支持组织发展。鼓励各地简化登记程序、降低登记门槛、放宽登记条件、加快成立各类行业性、专业性志愿服务组织，建构覆盖面广、服务能力强的社会志愿服务网络体系。实施志愿服务组织孵化工程,鼓励支持各地建立志愿服务组织孵化基地,为进驻扶老、助残、救孤、济困、赈灾等基本民生领域的志愿服务组织优先提供项目开发、能力培养、合作交流等服务。扶持发展一批富有特色、治理规范、服务优良、作用明显的志愿服务组织。

2. 加快信息化建设。要改善志愿服务管理设施,充分利用网络信息技术优化管理与服务流程,创新志愿服务记录手段,促进志愿服务供需有效对接。加强中华志愿服务网和全国志愿者队伍建设信息系统建设,建立全国志愿者基础信息管理和志愿者数据交换与共享平台,逐步整合全国志愿者和志愿服务信息资源,不断提高社会服务志愿者队伍建设科学化、信息化水平。

(六)推进服务开展。

1. 推进基地建设。鼓励广大城乡社区和社会服务机构设立志愿者服务站,配备志愿服务标识和必要工作设施。加快建设有专职人员、有稳定服务岗位或服务项目的规范化志愿服务基地,为人民群众参与和接受志愿服务提供便利条件。

2. 加强项目开发。建立健全志愿服务项目化运作机制。鼓励各地立足实际,紧贴民生需求,自主开发灵活多样、社会认同度高的志愿服务项目,为社会公众提供"菜单式"志愿服务,增强志愿服务的实效性和影响力。

3. 建立社会工作者与志愿者联动机制。充分发挥社会工作专业人才在组建团队、发现需求、规范服务、拓展项目、培训策划等方面专业优势,形成社会工作者引领志愿者、志愿者协助社会工作者的服务格局。鼓励志愿服务组织吸纳社会工作专业人才,推动社会工作服务机构为志愿者开展工作提供必要条件,进一步丰富社会服务人才资源,拓展社会服务范围,增强社会服务效果。

《关于非营利组织免税资格认定管理有关问题的通知》

1月,财政部、国家税务总局发布《关于非营利组织免税资格认定管理有关问题的通知》。

一、依据本通知认定的符合条件的非营利组织,必须同时满足以下条件:

(一)依照国家有关法律法规设立或登记的事业单位、社会团体、基金会、民办非企业单位、宗教活动场所以及财政部、国家税务总局认定的其他组织;

(二)从事公益性或者非营利性活动;

（三）取得的收入除用于与该组织有关的、合理的支出外，全部用于登记核定或者章程规定的公益性或者非营利性事业；

（四）财产及其孳息不用于分配，但不包括合理的工资薪金支出；

（五）按照登记核定或者章程规定，该组织注销后的剩余财产用于公益性或者非营利性目的，或者由登记管理机关转赠给予该组织性质、宗旨相同的组织，并向社会公告；

（六）投入人对投入该组织的财产不保留或者享有任何财产权利，本款所称投入人是指除各级人民政府及其部门外的法人、自然人和其他组织；

（七）工作人员工资福利开支控制在规定的比例内，不变相分配该组织的财产，其中：工作人员平均工资薪金水平不得超过上年度税务登记所在地人均工资水平的两倍，工作人员福利按照国家有关规定执行；

（八）除当年新设立或登记的事业单位、社会团体、基金会及民办非企业单位外，事业单位、社会团体、基金会及民办非企业单位申请前年度的检查结论为"合格"；

（九）对取得的应纳税收入及其有关的成本、费用、损失应与免税收入及其有关的成本、费用、损失分别核算。

二、经省级（含省级）以上登记管理机关批准设立或登记的非营利组织，凡符合规定条件的，应向其所在地省级税务主管机关提出免税资格申请，并提供本通知规定的相关材料；经市（地）级或县级登记管理机关批准设立或登记的非营利组织，凡符合规定条件的，分别向其所在地市（地）级或县级税务主管机关提出免税资格申请，并提供本通知规定的相关材料。

财政、税务部门按照上述管理权限，对非营利组织享受免税的资格联合进行审核确认，并定期予以公布。

三、申请享受免税资格的非营利组织，需报送以下材料：

（一）申请报告；

（二）事业单位、社会团体、基金会、民办非企业单位的组织章程或宗教活动场所的管理制度；

（三）税务登记证复印件；

（四）非营利组织登记证复印件；

（五）申请前年度的资金来源及使用情况、公益活动和非营利活动的明细情况；

（六）具有资质的中介机构鉴证的申请前会计年度的财务报表和审计报告；

（七）登记管理机关出具的事业单位、社会团体、基金会、民办非企业单位申请前年度的年度检查结论；

（八）财政、税务部门要求提供的其他材料。

四、非营利组织免税优惠资格的有效期为五年。非营利组织应在期满前三个月内提出复审申请，不提出复审申请或复审不合格的，其享受免税优惠的资格到期自动失效。非营利组织免税资格复审，按照初次申请免税优惠资格的规定办理。

五、非营利组织必须按照《中华人民共和国税收征收管理法》（以下简称《税收征管法》）及《中华人民共和国税收征收管理法实施细则》（以下简称《实施细则》）等有关规定，办理税务登记，按期进行纳税申报。取得免税资格的非营利组织应按照规定向主管税务机关办理免税手续，免税条件发生变化的，应当自发生变化之日起十五日内向主管税务机关报告；不再符合免税条件的，应当依法履行纳税义务；未依法纳税的，主管税务机关应当予以追缴。取得免税资格的非营利组织注销时，剩余财产处置违反本通知第一条第五项规定的，主管税务机关应追缴其应纳企业所得税款。

主管税务机关应根据非营利组织报送的纳税申报表及有关资料进行审查，当年符合《企业所得税法》及其《实施条例》和有关规定免税条件的收入，免予征收企业所得税；当年不符合免税条件的收入，照章征收企业所得税。主管税务机关在执行税收优惠政策过程中，发现非营利组织不再具备本通知规定的免税条件的，应及时报告核准该非营利组织免税资格的财政、税务部门，由其进行复核。

核准非营利组织免税资格的财政、税务部门根据本通知规定的管理权限，对非营利组织的免税优惠资格进行复核，复核不合格的，取消其享受免税优惠的资格。

六、已认定的享受免税优惠政策的非营利组织有下述情况之一的，应取消其资格：

（一）事业单位、社会团体、基金会及民办非企业单位逾期未参加年检或

年度检查结论为"不合格"的;

（二）在申请认定过程中提供虚假信息的;

（三）有逃避缴纳税款或帮助他人逃避缴纳税款行为的;

（四）通过关联交易或非关联交易和服务活动,变相转移、隐匿、分配该组织财产的;

（五）因违反《税收征管法》及其《实施细则》而受到税务机关处罚的;

（六）受到登记管理机关处罚的。

因上述第（一）项规定的情形被取消免税优惠资格的非营利组织,财政、税务部门在一年内不再受理该组织的认定申请;因上述规定的除第（一）项以外的其他情形被取消免税优惠资格的非营利组织,财政、税务部门在五年内不再受理该组织的认定申请。

七、本通知自2013年1月1日起执行。《财政部 国家税务总局关于非营利组织免税资格认定管理有关问题的通知》（财税〔2009〕123号）同时废止。

《关于推进志愿服务制度化的意见》

2月,中央精神文明建设指导委员会印发《关于推进志愿服务制度化的意见》,意见提出要建立健全志愿服务制度:一是要规范志愿者招募注册;二是加强志愿者培训管理;三是要建立志愿服务记录制度;四是要健全志愿服务激励机制;五是要完善政策和法律保障。

1. 规范志愿者招募注册。志愿者的招募和注册,是组织引导人们参加志愿服务的重要环节。要坚持以需求为导向,根据群众的实际需要,由城乡社区、志愿服务组织、公益慈善类组织、社会服务机构等,及时发布志愿者招募信息,根据标准和条件吸纳社区居民参加志愿服务活动。依托全国志愿者队伍建设信息系统志愿服务信息平台,为有意愿、能胜任的社区居民进行登记注册。

2. 加强志愿者培训管理。做好志愿者的教育培训和日常管理,是提高志愿者素质和志愿服务水平的前提和基础。要坚持培训与服务并重的原则,由城乡社区、志愿服务组织、公益慈善类组织、社会服务机构等,根据志愿服务项目的要求,通过集中辅导、座谈交流、案例分析等方式,对志愿者进行相关知识和技能培训,提高服务意识、服务能力和服务水平。要加强志愿者骨干的培养,使他们成为志愿服务的中坚力量。

3. 建立志愿服务记录制度。志愿服务活动结束后,由城乡社区、志愿服务组织、公益慈善类组织、社会服务机构等,根据统一的内容、格式和记录方式,对志愿者的服务进行及时、完整、准确记录,为表彰激励提供依据。要实行服务记录的异地转移和接续,使志愿者的服务记录不因工作岗位和居住地的变动而失效,把志愿者的积极性保护好、发挥好。

4. 健全志愿服务激励机制。城乡社区、志愿服务组织、公益慈善类组织、社会服务机构等,要按照有关规定建立志愿者星级认定制度,根据志愿者的服务时间和服务质量,对志愿者给予相应的星级认定。建立志愿者嘉许制度,褒扬和嘉奖优秀志愿者,授予荣誉称号。建立志愿服务回馈制度,志愿者利用参加志愿服务的工时,换取一定的社区服务,同时在就学、就业、就医等方面享受优惠或优待。回馈要适度,充分体现志愿服务自愿、无偿、利他的特点,不能搞成等价交换。

5. 完善政策和法律保障。把志愿服务的要求融入各项经济、社会政策之中,体现到市民公约、村规民约、学生守则、行业规范之中,提倡和鼓励志愿服务的行为,维护志愿者的正当权益,形成崇尚志愿服务的社会氛围。把志愿服务纳入学校教育,研究制定学生志愿服务管理办法,鼓励在校学生人人参加志愿服务,可将大学生志愿服务活动折算成社会实践学分。根据志愿服务活动的需要,为志愿者购买必要保险、提供基本保障。认真总结推广志愿服务地方性立法的经验,加快全国志愿服务立法进程。

《关于贯彻落实国务院取消全国性社会团体分支机构、代表机构登记行政审批项目的决定有关问题的通知》

2月,民政部印发了《民政部关于贯彻落实国务院取消全国性社会团体分支机构、代表机构登记行政审批项目的决定有关问题的通知》(民发〔2014〕38号)。《通知》明确:全国性社会团体根据本团体章程规定的宗旨和业务范围,可以自行决定分支机构、代表机构的设立、变更和终止,民政部不再受理全国性社会团体分支机构(包括专项基金管理机构)、代表机构的设立、变更、注销登记的申请,不再换发上述机构的登记证书,不再出具分支机构、代表机构刻制印章的证明。通知全文如下:

一、自《决定》发布之日起,我部不再受理全国性社会团体分支机构

（包括专项基金管理机构）、代表机构的设立、变更、注销登记的申请，不再换发上述机构的登记证书，不再出具分支机构、代表机构刻制印章的证明。

二、全国性社会团体根据本团体章程规定的宗旨和业务范围，可以自行决定分支机构、代表机构的设立、变更和终止。前述决定应当经理事会或者常务理事会讨论通过，制作会议纪要，妥善保存原始资料。

三、社会团体的分支机构、代表机构是社会团体的组成部分，不具有法人资格，不得另行制定章程，在社会团体授权的范围内开展活动、发展会员，法律责任由设立该分支机构、代表机构的社会团体承担。

四、社会团体不得设立地域性分支机构，不得在分支机构、代表机构下再设立分支机构、代表机构。

五、社会团体的分支机构、代表机构名称不得以各类法人组织的名称命名，不得在名称中使用"中国"、"中华"、"全国"、"国家"等字样，开展活动应当使用冠有所属社会团体名称的规范全称。

六、社会团体应当建立健全管理制度，切实加强对其分支机构、代表机构的监督管理。社会团体应当将分支机构、代表机构的财务、账户纳入社会团体统一管理，不得以设立分支机构、代表机构的名义收取或变相收取管理费、赞助费等，不得将上述机构委托其他组织运营，确保分支机构、代表机构依法办事，按章程开展活动。

七、社会团体应当在年度工作报告中将其分支机构、代表机构的名称、负责人、住所、设立程序、开展活动等有关情况报送业务主管单位和登记管理机关（直接登记的社会团体报送登记管理机关），接受年度检查，不得弄虚作假。同时，应当将上述信息及时向社会公开，自觉接受社会监督。

《关于信托公司风险监管的指导意见》

4月，中国银监会办公厅印发了《关于信托公司风险监管的指导意见》，有效防范化解信托公司风险，推动信托公司转型发展，现提出如下指导意见。

做好风险防控

（一）妥善处置风险项目

1. 落实风险责任。健全信托项目风险责任制，对所有信托项目、尤其是高风险项目，安排专人跟踪，责任明确到人。项目风险暴露后，信托公司应全力进行风险处置，在完成风险化解前暂停相关项目负责人开展新业务。相关责任主体应切实承担起推动地方政府履职、及时合理处置资产和沟通安抚投资人等风险化解责任。

2. 推进风险处置市场化。按照"一项目一对策"和市场化处置原则，探索抵押物处置、债务重组、外部接盘等审慎稳妥的市场化处置方式。同时，充分运用向担保人追偿、寻求司法解决等手段保护投资人合法权益。

3. 建立流动性支持和资本补充机制。信托公司股东应承诺或在信托公司章程中约定，当信托公司出现流动性风险时，给予必要的流动性支持。信托公司经营损失侵蚀资本的，应在净资本中全额扣减，并相应压缩业务规模，或由股东及时补充资本。信托公司违反审慎经营规则、严重危及公司稳健运行、损害投资人合法权益的，监管机构要区别情况，依法采取责令控股股东转让股权或限制有关股东权利等监管措施。

(二) 切实加强潜在风险防控

1. 加强尽职管理。信托公司应切实履行受托人职责，从产品设计、尽职调查、风险管控、产品营销、后续管理、信息披露和风险处置等环节入手，全方位、全过程、动态化加强尽职管理，做到勤勉尽责，降低合规、法律及操作风险。提升对基础资产的动态估值能力和对资金使用的监控能力，严防资金挪用。

2. 加强风险评估。信托公司要做好存续项目风险排查工作，及时掌握风险变化，制定应对预案。同时，加强对宏观经济形势和特定行业趋势、区域金融环境的整体判断，关注政策调整变化可能引发的风险。对房地产等重点风险领域定期进行压力测试。

3. 规范产品营销。坚持合格投资人标准，应在产品说明书中明确，投资人不得违规汇集他人资金购买信托产品，违规者要承担相应责任及法律后果。坚持私募标准，不得向不特定客户发送产品信息。准确划分投资人群，坚持把合适的产品卖给适合的对象，切实承担售卖责任。信托公司应遵循诚实信用原则，切实履行"卖者尽责"义务，在产品营销时向投资人充分揭示风险，不得存在虚假披露、误导性销售等行为。加强投资者风险教育，增强投资者"买者自负"意识。在信托公司履职尽责的前提下，投资者应遵循"买者自负"原则自行承担风险损失。逐步实现信托公司以录音或录像方式保存营销记录。严格执行《信托公司集合资金信托计划管理办法》，防止第三方非金融机构销售风险向信托公司传递。发现违规推介的，监管部门要暂停其相关业务，对高管严格问责。

4. 做好资金池清理。信托公司不得开展非标准化理财资金池等具有影子银行特征的业务。对已开展的非标准化理财资金池业务，要查明情况，摸清底数，形成整改方案，于2014年6月30日前报送监管机构。各信托公司要结合自身实际，循序渐进、积极稳妥推进资金池业务清理工作。各银监局要加强监督指导，避免因"一刀切"引发流动性风险。

5. 优化业务管理。从今年起对信托公司业务范围实行严格的准入审批管理；对业务范围项下的具体产品实行报告制度。凡新入市的产品都必须按程序和统一要求在入市前10天逐笔向监管机构报告。监管机构不对具体产品做实质性审核，但可根据信托公司监管评级、净资本状况、风险事件、合规情况等采取监管措施。信托公司开展关联交易应按要求逐笔向监管机构事前报告，监管机构无异议后，信托公司方可开展有关业务。异地推介的产品在推介前向属地、推介地银监局报告。属地和推介地银监局要加强销售监管，发现问题的要及时叫停，以防风险扩大。

6. 严防道德风险和案件风险。强化依法合规经营，严防员工违法、违规事件发生。组织案件风险排查，严格实施违规问责和案件问责，保持对案件风险防控的高压态势。

（三）建立风险防控长效机制

1. 完善公司治理。信托公司股东（大）会、董事会、监事会、经营层要清晰界定职责权限，各司其职，形成运行有效、制衡有效、激励有效、约束有效的良性机制。信托公司实际控制人必须"阳光化"，明确风险责任，做到权责对等。各银监局要将信托公司的公司治理情况作为监管重点，对《信托公司治理指引》等相关规定执行不力的机构和责任人员严格问责。

2. 建立恢复与处置机制。信托公司应结合自身特点制订恢复与处置计划。该计划至少应包括：激励性薪酬延付制度（建立与风险责任和经营业绩挂钩的科学合理的薪酬延期支付制度）；限制分红或红利回拨制度（信托公司股东应承诺或在信托公司章程中约定，在信托公司出现严重风险时，减少分红或不分红，必要时应将以前年度分红用于资本补充或风险化解，增强信托公司风险抵御能力）；业务分割与恢复机制（通过对部分业务实施分割或托管以保全公司整体实力）；机构处置机制（事先做好机构出现重大风险的应对措施）。

各信托公司应将该计划经董事会、股东会批准通过后，于2014年6月30日前报送监管机构审核。各银监局应据此制定机构监管处置计划，并将其与信托公司的恢复与处置计划于7月20日前一并报送银监会。

3. 建立行业稳定机制。积极探索设立信托行业稳定基金，发挥行业合力，消化单体业务及单体机构风险，避免单体机构倒闭给信托行业乃至金融业带来较大负面冲击。

4. 建立社会责任机制。信托业协会要公布信托公司社会责任要求，按年度发布行业社会责任报告。信托公司要在产品说明书（或其他相关信托文件）中明示该产品是否符合社会责任，并在年报中披露本公司全年履行社会责任的情况。

完善监管机制

（一）厘清监管责任边界

非银行金融机构监管部和各银监局既要各司其职，又要加强协同，形成监管合力。非银行金融机构监管部要着力研究完善制度设计和机制建设，加强指导、检查和后评价工作。各银监局要按照属地监管原则承担第一监管责任，明确各级监管人员的具体职责，切实做好辖内信托公司风险防范与改革发展工作。

（二）紧盯重点风险领域

各银监局要按照银监会统一监管要求，对融资平台、房地产、矿业、产能过剩行业、影子银行业务等风险隐患进行重点监控，并适时开展风险排查，及时做好风险防范和化解工作。

（三）严格监管问责

各银监局要严格落实《关于进一步明确信托公司风险监管责任的通知》（银监办发〔2013〕200号）相关要求，对2013年以来出现风险的信托项目，实事求是地做好问责工作。对存在违规行为、风险管理或风险化解不当的信托公司及其责任人员，及时实施监管问责并报送银监会。建立风险责任人及交易对手案底制度。

（四）强化持续监管

1. 做好非现场监管工作。监管机构要列席各公司董事会和议决重大事项的经营班子会议。紧盯数据信息系统及行业舆情，督促信托公司提升数据质量。按季开展高管会谈，按年开展董事会、监事会会谈及外部审计会谈。各级监管部门要按月及时跟踪监测信托公司运行情况，编制上报季度风险报告和年度监管报告，同时可抄送股东单位、行政管理部门和党委管理部门，引入约束机制。

2. 做好现场检查工作。将尽职调查、合规管理和兑付风险等纳入现场检查重点，检查方式和频率由各银监局结合辖内机构实际情况合理确定。

3. 实行高管准入"三考"制度。凡新进信托公司的董事、高管都必须通过"三考"，再核准其任职资格。"三考"内容和要求，由非银行金融机构监管部负责制定，属地银监局按统一要求具体实施。包括：考核（对过往业绩做非现场检查）、考试（考察履职能力和业务能力是否相符）、考察（当面谈话，判断是否具备高管能力）。

4. 做好法人监管工作。要求信托公司总部的综合部门和业务后台部门所在地原则上与注册地一致；中台部门相对集中，不能过于分散；前台部门规范有序开展业务。

（五）建立风险处置和准入事项挂钩制度

信托公司多次在同一类业务发生风险，严重危及稳健运行的，监管机构应依法暂停其该类业务。信托公司连续在不同业务领域发生风险的，可区分原因采取暂停发行集合信托、责令调整高级管理人员和风控架构等监管措施。对发生风险的信托公司，在实现风险化解前，暂停核准其高管任职和创新业务资格。

（六）完善资本监管

2014年上半年完成信托公司净资本计算标准修订工作，调整信托业务分类标准，区分事务管理类业务和自主管理类业务，强化信贷类信托业务的资本约束，建立合理明晰的分类资本计量方法，完善净资本监管制度。

（七）加强从业人员管理

尽快印发规范信托公司从业人员管理办法，指导信托业协会做好从业人员考试工作，提高信托从业人员素质，加强从业人员资质准入和持续管理，建立从业人员诚信履职评价机制。

（八）建立信托产品登记机制

抓紧建立信托产品登记信息系统，制定信托产品登记管理规则，扩展信托产品登记的监管功能和市场功能，研究设立专门登记机构负责该系统的运营与管理工作。

（九）建立分类经营机制

抓紧《信托公司监管评级与分类监管指引》（银监发〔2008〕69号）修订工作，适当调整评级指标，综合考察公司治理、内控机制、风控水平、团队建设、资产管理能力和软硬件支撑等要素，按"减分制"开展评级。将评级结果与业务范围相挂钩，逐步推进实施"有限牌照"管理。

《中华人民共和国环境保护法》修订版

4月，第十二届全国人民代表大会常务委员会第八次会议修订通过《中华人民共和国环境保护法》，修订后的环保法自2015年1月1日起施行。该法首次认定了社会组织的环保公益诉讼主体资格。

第五十七条　公民、法人和其他组织发现任何单位和个人有污染环境和破坏生态行为的，有权向环境保护主管部门或者其他负有环境保护监督管理职责的部门举报。

公民、法人和其他组织发现地方各级人民政府、县级以上人民政府环境保护主管部门和其他负有环境保护监督管理职责的部门不依法履行职责的，有权向其上级机关或者监察机关举报。

接受举报的机关应当对举报人的相关信息予以保密，保护举报人的合法权益。

第五十八条　对污染环境、破坏生态，损害社会公共利益的行为，符合下列条件的社会组织可以向人民法院提起诉讼：

（一）依法在设区的市级以上人民政府民政部门登记；

（二）专门从事环境保护公益活动连续五年以上且无违法记录。

符合前款规定的社会组织向人民法院提起诉讼，人民法院应当依法受理。

提起诉讼的社会组织不得通过诉讼牟取经济利益。

《民政部关于进一步加快推进民办社会工作服务机构发展的意见》

4月，民政部发布《关于进一步加快推进民办社会工作服务机构发展的意见》，现就进一步加快推进民办社会工作服务机构发展提出如下意见：

完善民办社会工作服务机构管理制度

（一）改进登记方式。成立民办社会工作服务机构，应当符合《民办非企业单位登记管理暂行条例》规定的条件，专职工作人员中应有三分之一以上取得社会工作者职业水平证书或社会工作专业本科及以上学历，章程中应明确社会工作服务宗旨、范围和方式。民办社会工作服务机构可直接向民政部门依法申请登记。鼓励有条件的民办社会工作服务机构规模化、综合化发展，面向城乡基层设立社会工作服务站点。

（二）强化监督管理。各级民政部门要坚持积极引导发展、严格依法管理的原则，进一步加强对民办社会工作服务机构履行章程、开展活动、使用资金的监督管理，综合运用年度检查、社会评估、绩效评价、信用建设等监督管理手段。对违反章程开展活动、骗取或违规使用政府购买服务与社会捐赠资金、公布虚假失实信息、侵害服务对象权益等行为要严肃依法惩处，建立健全责任追究和行业退出机制。深入做好民办社会工作服务机构评估工作，将评估结果作为政府购买服务和资源支持的重要依据，充分发挥评估工作的导向、激励和约束作用。

（三）推动信息公开。建立健全民办社会工作服务机构信息公开制度，督促民办社会工作服务机构真实、准确、完整、及时地向社会公开组织机构、年报公告、财务收支、捐资使用、服务内容、奖惩情况等重要信息，主动接受社会监督，努力树立良好社会公信力。依托各级社会组织管理服务信息平台，实现民办社会工作服务机构信息公开与注册登记、申请项目、吸引捐赠的有机衔接，广泛争取社会各界对民办社会工作服务机构的认可与支持。

加强民办社会工作服务机构能力建设

（一）进一步增强民办社会工作服务机构内部治理能力。督促民办社会工作服务机构建立健全以章程为核心的各项规章制度，健全理事会、监事会制度，完善法人治理结构，恪守民间性、公益性、非营利性原则。以政府购买社会工作服务为杠杆，发挥市场配置资源的决定性作用，促进民办社会工作服务机构提升战略谋划、项目运作、资源整合、创新发展和组织管理能力。指导民办社会工作服务机构建立健全财务管理制度，主动拓宽资金来源，积极争取企业、基金会和社会各界资助，增强自身造血功能，增强资金计划、分配与使用的规范性和透明度。加快培养一批具有社会使命感、掌握现代组织管理知识、拥有丰富管理经验的民办社会工作服务机构管理人才以及具有扎实理论知识和丰富实务经验、能够指导解决复杂专业问题、引导推动社会工作服务人才成长发展的专业督导人才。

（二）着力提升民办社会工作服务机构服务水平。加强对民办社会工作服务机构提供服务情况的指导、监督与反馈，逐步优化民办社会工作服务机构的区域布局、业务结构和服务功能。建立健全民办社会工作服务机构服务成效评估指标体系，为评价民办社会工作服务机构服务情况、提升服务水平提供科学依据。加强民办社会工作服务机构一线服务人员的教育培训，鼓励其参加社会工作者职业水平考试，不断提升综合素质和专业水平。指导民办社会工作服务机构结合群众需求和自身优势特点加强服务品牌建设，形成一批社会认可、特色鲜明、具有示范指导作用的优秀社会工作服务项目。支持符合条件的民办社会工作服务机构承接社会工作专业人才实习实训任务，积极引导高校社会工作专业毕业生到民办社会工作服务机构就业创业、建功立业。

（三）建立健全民办社会工作服务机构联系志愿者制度。以民办社会工作服务机构为平台，深入做好志愿者的招募注册、组织管理、培训指导和服务记录工作，鼓励志愿者长期参加民办社会工作服务机构有关活动，通过自学、考试等方式转化提升为社会工作专业人才。通过社会工作专业人才和志愿者（义工）的互动，引领提升志愿服务的专业化、组织化水平，丰富社会工作专业人才资源，拓展社会工作专业服务范围，增强社会工作专业服务效果。

建立健全民办社会工作服务机构支持保障体系

（一）加快推进政府购买社会工作服务。积极推动政府职能转变，贯彻落实《国务院办公厅关于政府向社会力量购买服务的指导意见》（国办发〔2013〕96号）和《民政部、财政部关于政府购买社会工作服务的指导意见》（民发〔2012〕196号），将社会工作专业人才配备、社会工作岗位设置、机构管理服务能力与成效等情况作为政府购买民办社会工作服务机构服务的重要依据。规范政府购买社会工作服务程序，除技术复杂、性质特殊的社会工作服务项目和岗位，原则上均应通过公开招标方式竞争性购买，公平对待民办社会工作服务机构承接政府购买社会工作服务。严格民办社会工作服务机构承接政府购买社会工作服务的资质条件，加强对政府购买社会工作服务的监督管理和绩效评价，建立健全评价结果反馈应用与奖惩机制，确保民办社会工作服务机构依法依约提供服务。积极发展社会工作专业评估与咨询服务机构，为开展政府购买社会工作服务提供技术支持。

（二）加大对民办社会工作服务机构扶持力度。实施民办社会工作服务机构孵化基地建设工程，通过整合现有资源或新建等方式，到2020年建立50个国家级民办社会工作服务机构孵化基地。各地要积极推动本地区民办社会工作服务机构孵化基地建设，优先孵化以老年人、残疾人、青少年、城市流动人口、农村留守人员、特殊困难人群、受灾群众等为重点服务对象和以婚姻家庭、教育辅导、就业援助、职工帮扶、犯罪预防、矫治帮教、卫生医疗、人口服务、应急处置等为重点服务领域的民办社会工作服务机构。鼓励有条件的地方设立扶持民办社会工作服务机构发展专项资金，通过公益创投、补贴奖励、提供场所、减免费用等多种方式，支持民办社会工作服务机构的启动成立和初期运作。采取公办民营、民办公助等方式，面向民办社会工作服务机构开放公共和社会资源，支持其以社区为平台开展社会工作服务。积极协调有关部门落实促进民办社会工作服务机构发展的各项财税优惠政策，降低其运行管理和提供服务成本。各地民政部门要会同有关部门研究制定民办社会工作服务机构有关人员引进落户、薪酬保障、职业发展、表彰奖励等方面的激励措施，充分调动民办社会工作服务机构开展专业服务的积极性、主动性和创造性。

（三）鼓励社会力量支持和参与民办社会工作服务机构发展。鼓励社会工作院校与民办社会工作服务机构开展产学研合作，鼓励社会工作专业教师创办民办社会工作服务机构。积极引导志愿者机构、公益慈善类社会组织和企事业单位按照注册登记条件成立民办社会工作服务机构。鼓励国（境）内外组织和个人依法通过捐资方式创办民办社会工作服务机构，通过设立基金、提供场所、项目合作、专业扶持等多种方式支持民办社会工作服务机构发展。

《关于支持和促进重点群体创业就业有关税收政策具体实施问题的公告》

4月，民政部、财政部、国家税务总局、人力资源和社会保障部联合印发了《关于继续实施支持和促进重点群体创业就业有关税收政策的通知》。

企业、民办非企业单位吸纳税收政策

（一）申请

符合条件的企业、民办非企业单位持下列材料向县以上人力资源和社会保障部门递交申请：

1. 新招用人员持有的《就业失业登记证》。
2. 企业、民办非企业单位与新招用持《就业失业登记证》人员签订的劳动合同（副本），企业、民办非企业单位为职工缴纳的社会保险费记录。

3. 持《〈就业失业登记证〉人员本年度实际工作时间表》（见附件）。

4. 人力资源和社会保障部门要求的其他材料。

其中，劳动就业服务企业要提交《劳动就业服务企业证书》，民办非企业单位提交《民办非企业单位登记证书》。

县以上人力资源和社会保障部门接到企业、民办非企业单位报送的材料后，应当按照财税〔2014〕39号文件的规定，重点核实以下情况：

1. 新招用人员是否属于享受税收优惠政策人员范围，以前是否已享受过税收优惠政策；

2. 企业、民办非企业单位是否与新招用人员签订了1年以上期限劳动合同，为新招用人员缴纳社会保险费的记录；

3. 企业、民办非企业单位的经营范围是否符合税收政策规定。

核实后，对符合条件的人员，在《就业失业登记证》上注明"企业吸纳税收政策"，对符合条件的企业、民办非企业单位核发《企业实体吸纳失业人员认定证明》。

（二）税款减免顺序及额度

1. 纳税人按本单位吸纳人数和签订的劳动合同时间核定本单位减免税总额，在减免税总额内每月依次扣减营业税、城市维护建设税、教育费附加和地方教育附加。纳税人实际应缴纳的营业税、城市维护建设税、教育费附加和地方教育附加小于核定减免税总额的，以实际应缴纳的营业税、城市维护建设税、教育费附加、地方教育附加为限；实际应缴纳的营业税、城市维护建设税、教育费附加和地方教育附加大于核定减免税总额的，以核定减免税总额为限。

纳税年度终了，如果纳税人实际减免的营业税、城市维护建设税、教育费附加和地方教育附加小于核定的减免税总额，纳税人在企业所得税汇算清缴时，以差额部分扣减企业所得税。当年扣减不足的，不再结转以后年度扣减。

减免税总额 = $\sum$ 每名失业人员本年度在本企业工作月份 $\div 12 \times$ 定额

企业、民办非企业单位自吸纳失业人员的次月起享受税收优惠政策。

2. 第二年及以后年度当年新招用人员、原招用人员及其工作时间按上述程序和办法执行。每名失业人员享受税收优惠政策的期限最长不超过3年。

(三) 税收减免备案

1. 经县以上人力资源和社会保障部门核实后,纳税人依法享受税收优惠政策。纳税人持县以上人力资源和社会保障部门核发的《企业实体吸纳失业人员认定证明》《持〈就业失业登记证〉人员本年度实际工作时间表》和税务机关要求的其他材料,在享受税收优惠政策后的当月向主管税务机关备案。

2. 企业、民办非企业单位纳税年度终了前招用失业人员发生变化的,应当在人员变化次月按照前项规定重新备案。

《关于做好政府购买残疾人服务试点工作的意见》

2014年4月23日,财政部、民政部等6部门以财社〔2014〕13号印发《关于做好政府购买残疾人服务试点工作的意见》。

试点任务

(一) 明确购买主体。政府购买残疾人服务的主体是承担残疾人公共服务职责的各级行政机关和参照公务员法管理的事业单位,具有行政管理职能的事业单位及纳入行政编制管理、经费由财政负担的群团组织。

(二) 确定承接主体。各地可根据国办发〔2013〕96号文件确定的原则和残疾人服务的要求规定承接主体的具体条件。购买工作应按照政府采购法律制度规定,根据服务项目的采购需求特点,选择适用采购方式确定承接主体,严禁转包行为。鼓励各级残疾人联合会组织(以下简称"残联组织")所属符合承接主体条件的残疾人服务机构、社会组织平等参与政府购买残疾人服务工作,并逐步推动其职能的转变。

(三) 探索试点项目。政府购买残疾人服务的内容为适合市场化方式提供、社会力量能够承担的公共服务。根据当前残疾人服务实际,各地可选取残疾儿童筛查、诊断、抢救性康复、残疾人康复辅具配置(辅助器具适配)、残疾人照料服务、有劳动能力的残疾劳动者就业培训与岗位提供、残疾人家庭无障碍改造等服务项目集中开展试点工作。有条件的地方可根据实际情况,适当扩大服务项目范围,并逐步总结经验,加强政府购买服务项目的动态管理。

(四) 制定指导性目录。各地要按照转变政府职能的要求,根据试点项目范围,结合本地经济社会发展水平、财政承受能力和残疾人类别化、个性化基本服务需求,制定政府购买残疾人服务的指导性目录,明确服务种类、性质和内容,细化目录清单,并在总结试点经验基础上,及时进行动态调整。

（五）规范服务标准。各地应根据所购买残疾人服务的项目特点，制定统一明确、操作性强、便于考核的基本服务标准，方便承接主体掌握，便于购买主体监管。购买主体要及时对服务标准的执行情况进行梳理，总结经验，逐步完善服务标准体系。在残疾人服务标准体系制定过程中，可将残联组织确定的相关服务规范标准纳入其中。

（六）提供资金保障。各地要按照国办发〔2013〕96号文件要求，通过既有财政预算安排的用于残疾人事业方面的资金，统筹解决政府购买残疾人服务所需资金。要科学测算服务项目和补助标准，合理编制政府购买残疾人服务资金预算。随着政府提供残疾人服务的发展所需增加的资金，应按照预算管理要求列入财政预算。

（七）健全监管机制。各地要加强政府购买残疾人服务的监督管理，完善事前、事中和事后监管体系，要严格遵守相关财政财务管理规定，确保政府购买残疾人服务资金规范管理和使用，不得截留、挪用和滞留资金。购买主体要严格按照政府购买服务的操作规程，公平、公正、公开选择承接主体，建立健全内部监督管理制度，按规定公开购买服务相关信息，自觉接受社会监督。承接主体应健全财务制度，严格按照服务合同履行服务任务，保障服务数量、质量和效果。服务完成后，购买主体应委托第三方独立审计机构对金额较大、服务对象较多的项目进行审计，并出具审计报告。

（八）加强绩效评价。各地要建立健全由购买主体、残疾人服务对象以及第三方组成的综合评审机制，发挥残联组织作为重要的第三方的作用，加强购买残疾人服务项目绩效评价。在绩效评价体系中，要重视受益对象的评价和确认，加大受益对象评价的比重，突出对一定比例的受益对象的抽样调查。政府购买残疾人服务的绩效评价结果要向社会公布，并作为政府选择购买残疾人服务承接主体、编制以后年度政府购买残疾人服务项目与预算的重要参考依据。

《国务院关于印发社会信用体系建设规划纲要（2014～2020年）的通知》

6月，国务院颁布了《社会信用体系建设规划纲要（2014～2020年）》，对社会组织诚信建设做出了具体部署。

社会保障领域信用建设

在救灾、救助、养老、社会保险、慈善、彩票等方面，建立全面的诚信制度，打击各类诈捐骗捐等失信行为。建立健全社会救助、保障性住房等民生政策实施中的申请、审核、退出等各环节的诚信制度，加强对申请相关民生政策的条件审核，强化对社会救助动态管理及保障房使用的监管，将失信和违规的个人纳入信用黑名单。构建居民家庭经济状况核对信息系统，建立和完善低收入家庭认定机制，确保社会救助、保障性住房等民生政策公平、公正和健康运行。建立健全社会保险诚信管理制度，加强社会保险经办管理，加强社会保险领域的劳动保障监督执法，规范参保缴费行为，加大对医保定点医院、定点药店、工伤保险协议医疗机构等社会保险协议服务机构及其工作人员、各类参保人员的违规、欺诈、骗保等行为的惩戒力度，防止和打击各种骗保行为。进一步完善社会保险基金管理制度，提高基金征收、管理、支付等各环节的透明度，推动社会保险诚信制度建设，规范参保缴费行为，确保社会保险基金的安全运行。

社会组织诚信建设

依托法人单位信息资源库，加快完善社会组织登记管理信息。健全社会组织信息公开制度，引导社会组织提升运作的公开性和透明度，规范社会组织信息公开行为。把诚信建设内容纳入各类社会组织章程，强化社会组织诚信自律，提高社会组织公信力。发挥行业协会（商会）在行业信用建设中的作用，加强会员诚信宣传教育和培训。

《关于全面加强环境资源审判工作为推进生态文明建设提供有力司法保障的意见》

6月，最高人民法院印发《关于全面加强环境资源审判工作为推进生态文明建设提供有力司法保障的意见》。

充分保障法律规定的机关和有关组织的环境民事公益诉权

依照民事诉讼法、环境保护法和海洋环境保护法等有关法律规定，充分保障环境公益诉讼原告诉权，及时受理符合条件的公益诉讼。对于负有监督、管理、保护环境公共利益职责的海洋环境监督管理部门等机关依法提起的公益诉讼，以及符合环境保护法第五十八条规定的社会组织提起的公益诉讼，应当依法受理。同一污染环境、破坏生态行为既损害社会公共利益，又损害公民、法人和其他组织民事权益的，有关机关和组织提起公益诉讼，不影响受害人另行提起民事诉讼。

依法确定环境民事公益诉讼的责任方式和赔偿范围

人民法院审理环境公益诉讼案件，可以根据原告请求判令被告停止侵害、排除妨碍、消除危险、返还财产、恢复原状、赔偿损失。探索研究环境公益诉讼的赔偿范围及其与私益诉讼赔偿范围的关系。环境公益诉讼的原告请求被告赔偿预防损害发生或恢复环境费用、破坏自然资源等生态环境造成的损失以及合理的律师费、调查取证费、鉴定评估费等诉讼支出的，可以根据案件审理情况予以支持。探索设立环境公益诉讼专项基金，将环境赔偿金专款用于恢复环境、修复生态、维护环境公共利益；尚未设立基金的地方，可以与环境资源保护行政执法机关、政府财政部门等协商确定环境赔偿金的交付使用方式。

《中央专项彩票公益金支持精神病人福利机构项目管理办法》

6月，财政部、民政部日前联合印发《中央专项彩票公益金支持精神病人福利机构项目管理办法》。

第一章 总则

第一条 为了规范和加强中央专项彩票公益金支持精神病人福利机构项目管理工作，根据《彩票管理条例》、《彩票管理条例实施细则》和《彩票公益金管理办法》（财综〔2012〕15号）的有关规定，制定本办法。

第二条 本办法所称中央专项彩票公益金支持精神病人福利机构项目（以下简称项目），是指2014～2015年利用中央财政安排的中央专项彩票公益金进行建设的精神病人福利机构项目。

第三条 本办法所称精神病人福利机构，是指对城镇"三无"、农村五保、流浪乞讨人员、复员退伍军人等城乡特殊困难群体中精神障碍患者开展救治、救助、康复、护理和照料等服务的精神病人社会福利院。

第四条 用于项目的中央专项彩票公益金（以下简称项目资金），应当坚持公开透明、规范管理、讲求绩效和专款专用的原则。

第二章 资金使用范围与标准

第五条 项目资金用于支持地级精神病人福利机构新建、迁建、改扩建和配置设备。

第六条 新建、迁建精神病人福利机构的资助标准为每个3000万元，改扩建精神病人福利机构的资助标准为每个2000万元。

第七条 项目重点资助在本地区具有填补空白意义或有辐射示范和带动作

用的，具有精神障碍患者救治、救助、康复、长期护理照料等服务功能的精神病人福利机构。

第三章 项目申报

第八条 项目申报审批程序如下：

（一）民政部会同财政部制定项目整体规划、申报办法和项目申报书范本，下达各地精神病人福利机构建设指标；

（二）省级民政部门会同同级财政部门根据项目申报办法和申报书范本组织本地区申报工作，经审核并提出意见形成申报文件后，上报民政部和财政部；

（三）民政部会同财政部组织评审立项。

第九条 项目申报须满足如下条件：

（一）项目所在地政府应当无偿提供土地，项目须经所在地政府发展改革委员会批准；

（二）每个新建、迁建项目新增床位应当不少于300张，每个改扩建项目新增床位应当不少于200张；

（三）项目建设主体应当包括门诊室、医技科室、工疗室、康复训练（医疗康复、职业康复、社会康复）、护理照料、保障系统等设施用房，无障碍设施建设应当符合《无障碍环境建设条例》要求，医疗设备的配置标准应当符合卫生部门的要求。

第十条 项目申报应当提供如下材料：

（一）项目申报书；

（二）本地区医疗保障水平和社会救助等配套政策，特别是特殊困难精神障碍患者的救治、救助政策等情况；

（三）项目后续管理运转方式；

（四）其他需要说明的材料。

第十一条 项目经批准立项后，原则上不得调整。执行过程中由于特殊原因需要调整的，应当按照原申报审批程序报批。

第四章 资金使用

第十二条 项目资金预算由财政部按照项目资金资助标准和各地精神病人福利机构建设指标，按年度下达各省、自治区、直辖市财政厅（局）和新疆

生产建设兵团财务局(以下简称省级财政部门)。

第十三条 地方财政部门应对项目资金实行专项管理,并严格按照规定用途使用,不得截留、挤占、挪用。

第十四条 项目资金安排使用时,填列《政府收支分类科目》中229类"其他支出"60款"彩票公益金安排的支出"02项"用于社会福利的彩票公益金支出"。

第十五条 项目资金支出属于政府采购范围的,按照政府采购有关规定执行。

第十六条 项目资金支付管理,按照财政国库管理制度有关规定执行。

第五章 公告报告

第十七条 由项目资金资助建设的场所和设施设备,应当在显著位置标识"彩票公益金资助——中国福利彩票和中国体育彩票"字样。

第十八条 省级财政部门和省级民政部门,应当于每年3月底前,将上一年度项目资金分配使用和项目执行情况报送财政部和民政部。

第十九条 省级民政部门应当于每年6月底前,向社会公告上一年度项目资金分配使用和项目执行情况。

第六章 监督管理

第二十条 各级财政部门和民政部门应当加强对项目资金管理和项目实施情况的监督检查,确保资金专款专用。

第二十一条 单位和个人违反规定,截留、挤占、挪用项目资金的,依照《财政违法行为处罚处分条例》《彩票管理条例》等国家有关规定追究法律责任。

《关于加强中央部门所属高校教育基金会财务管理的若干意见》

9月,教育部、财政部、民政部颁发《关于加强中央部门所属高校教育基金会财务管理的若干意见》,加强中央部门所属高等学校教育基金会财务管理,规范财务行为,维护捐赠人、受益人和基金会的合法权益,进一步促进基金会健康发展,根据《公益事业捐赠法》《高等教育法》《基金会管理条例》及国家其他有关法律法规,现就加强基金会财务管理提出以下意见。

一、完善治理结构,保障内控体系健全有效

1. 基金会作为学校多元化筹资体系的重要组成部分和接受社会公益捐赠

的窗口，围绕学校办学目标开展活动，通过筹资、投资等方式为学校办学活动提供经费等支持。

2. 学校应当支持基金会的运行和发展，促进基金会的能力建设。

3. 基金会资金的募集、管理和使用计划、基金会财务收支预算、决算等重大事项，应当经理事会讨论决定。

4. 基金会财务工作在基金会理事会领导下开展，并接受业务主管单位和学校财务部门的业务指导和监督。

5. 基金会应当建立健全内部控制体系，严格执行不相容职务的分离制度，严格贯彻决策、执行和监督相分离制度，有效控制各类风险。

6. 基金会应当配备具有专业资格的专职财会人员。财会人员数量应当满足不相容职务分离的要求。会计岗位、出纳岗位和投资岗位的人员不得相互兼任。

7. 基金会应当将所有分支机构、代表机构、专项基金以及各项业务活动纳入统一管理。分支机构的运行情况和财务状况应当在基金会年报中反映和说明。

8. 基金会应当支持监事依照章程规定的程序检查财务和会计资料，列席理事会会议，向理事会提出质询和建议，并向登记管理机关、业务主管单位以及税务、会计主管部门反映情况。

二、加强财务管理，规范会计核算工作

9. 基金会执行《民间非营利组织会计制度》，依法进行会计核算，建立健全内部会计监督制度，保证会计资料合法、真实、准确、完整。

10. 基金会应当开设独立、合法的银行账户。

11. 基金会获得的各类收入应当及时足额地纳入账户核算，不得长期挂账，不得"坐收坐支"，更不得形成"账外资金"和"小金库"。

12. 基金会收到捐赠后应当据实开具捐赠票据。捐赠人不需要捐赠票据的，或者匿名捐赠的，也应开具捐赠票据，由基金会留存备查。

13. 基金会接受现金捐赠，收款人和开票人应当由两人以上分别承担，所收取的现金应及时入账。

14. 基金会接受非现金捐赠，应当在实际收到并确认公允价值后开具捐赠票据。受赠财产未经基金会验收确认，由捐赠人直接转移给受助人或者其他第

三方的,不得作为基金会的捐赠收入,不得开具捐赠票据。

15. 基金会接受非现金捐赠时,在捐赠人提供了发票、报关单或其他凭据的情况下,应当以相关凭据作为确认入账价值的依据;在捐赠方不能提供凭据的情况下,应以其他确认捐赠财产的证明,作为确认入账价值的依据。

16. 基金会接受捐赠的固定资产、股权、无形资产、文物文化资产,没有发票、报关单或其他凭据作为入账依据的,应当以具有合法资质的第三方机构的评估作为确认入账价值的依据。无法评估或经评估无法确认价格的,基金会不得计入捐赠收入,不得开具捐赠票据,应当另外造册登记。

三、加强筹资过程管理,促进筹资专业化

17. 基金会接受捐赠,必须与捐赠人明确权利义务,订立书面捐赠协议。

18. 基金会接受捐赠应确保公益性。附加对捐赠人构成利益回报条件的赠与和不符合公益性质的赠与,不应确认为公益捐赠,不得开具捐赠票据。

19. 基金会应当严格区分交换交易收入和捐赠收入。通过出售物资、提供服务、授权使用或转让资产包括无形资产等交换交易取得的收入,应当记入商品销售收入、提供服务收入等,不得计入捐赠收入,不得开具公益事业捐赠票据。对于协议或合同中载明知识产权归捐赠人或除学校外第三方的研究类合同,不应确认为捐赠合同,收入不得确认为捐赠收入。

20. 基金会接受捐赠过程中,如果涉及学校建筑、设施、场所的冠名事项以及学校内部机构冠名事项,应当征得学校同意。

21. 基金会不得将本组织的名称、公益项目品牌等用于非公益目的。

22. 基金会不得直接宣传、促销、销售企业的产品和品牌。

23. 基金会可以筹资设立支持附属学校和附属单位发展的基金,但不得收取与入学挂钩的赞助费、捐赠款,不得以接受捐赠的名义乱收费。

24. 基金会应当加强对筹资过程的管理和监督,推动筹资活动的专业化。

四、规范投资行为,防范和控制财务风险

25. 基金会应当加强资产管理,配备资产管理人员,建立定期盘点制度,对非现金资产应该进行登记和管理,做到账实相符、账表相符。

26. 基金会资产保值增值应当遵循合法、安全、有效的原则,建立投资责任体系和追踪问责机制,明确投资止损原则,通过有效的过程管理控制投资风险。

27. 基金会可用于保值增值的资产限于非限定性资产和在保值增值期间暂不需要拨付的限定性资产。捐赠人对于其捐赠款投资有限制性意见的,基金会不能违背捐赠人意愿开展投资活动。基金会应保持资金的流动性,投资活动不得影响公益支出的实现。

28. 基金会投资决策与执行应当分离。建立规范的投资决策议事规则,投资计划必须经过理事会决策同意方可执行。理事会授权投资委员会开展投资活动的,投资计划也必须报理事会决策,投资结果必须向理事会汇报,投资责任仍由理事会承担。每一项投资决策都必须经过表决,决策记录应载明投资事项、提请投资人的意见和签名、参与表决人的意见和签名,表决结果存书面档案。

29. 基金会进行委托投资的,应当委托银行或者其他金融机构进行。

30. 基金会的资金不得投向期货、期权等衍生金融工具,不得提供任何形式的经济担保或财产担保。

31. 基金会投资收益必须全部足额纳入统一账户进行管理,并确保用于符合公益宗旨的方向。

五、合理使用捐赠资金,促进教育事业发展

32. 基金会应当将接受的捐赠财产用于资助符合其宗旨和业务范围的活动和事业。基金会与捐赠人订立了捐赠协议的,应当按照协议约定使用。如需改变用途,应当征得捐赠人书面同意。

33. 捐赠协议和募捐公告中约定可从捐赠收入中列支工作人员工资福利和行政办公支出的,按照约定列支;没有约定的,不得列支。基金会工作人员工资福利和行政办公支出应当符合《基金会管理条例》要求,累计不得超过当年总支出的10%。

34. 基金会用于公益事业的支出应当按照有关规定使用。公募基金会每年用于从事章程规定的公益事业支出,不得低于上一年总收入的70%;非公募基金会每年用于从事章程规定的公益事业支出,不得低于上一年基金余额的8%。基金会工作人员在学校有薪金收入的,不得再从基金会取得收入。

35. 基金会资助学校的项目,在使用时可转至学校进行财务明细核算。学校对于基金会转来的资助项目,应当准确完整及时地提供经费使用情况。

36. 基金会在使用经费时,应当主要通过银行进行支付,减少现金的使

用。

37. 基金会不得向个人、企业直接提供与公益活动无关的借款，不得资助以盈利为目的的活动。

六、健全信息公开制度，自觉接受社会监督

38. 基金会应当建立定期财务报告制度，准确、完整、及时地反映基金会财务状况、业务活动和现金流量情况。

39. 基金会应当按照登记管理机关、业务主管单位的要求进行审计，并自觉接受税务、会计等主管部门的监督。

40. 基金会应当于每年3月31日前向登记管理机关报送上一年度工作报告，接受年度检查，同时抄报业务主管单位；通过登记管理机关年度检查后，要将年度工作报告在登记管理机关指定的媒体及基金会网站上公布。

41. 基金会的信息公布工作，应当符合《基金会信息公布办法》《关于规范基金会行为的若干规定（试行）》的要求。

42. 捐赠人有权查询捐赠财产的使用、管理情况。对于捐赠人的查询，基金会应及时如实答复。

43. 学校应当协助基金会就审计中发现的问题进行整改，促进工作的规范化。

《关于民政部门利用福利彩票公益金向社会力量购买服务的指导意见》

10月，民政部下发《关于民政部门利用福利彩票公益金向社会力量购买服务的指导意见》，充分发挥福利彩票公益金引导作用，在创新社会治理中增强社会发展活力，促进社会福利事业和相关公益事业发展，现就民政部门利用福利彩票公益金向社会力量购买服务（以下简称"福彩公益金购买服务"）工作提出如下意见。

建立健全福彩公益金购买服务机制

（一）购买主体。

福彩公益金购买服务的主体是各级民政部门。政府设立的提供特定福利服务的主体，如养老机构、残疾人福利机构、儿童福利机构等，不能作为福彩公益金购买服务的主体。

（二）购买内容。

按照《彩票管理条例》和《彩票公益金管理办法》中规定的彩票公益金

使用范围，重点资助适合采取市场化方式提供、社会力量能够承担的扶老、助残、救孤、济困等福利服务和相关公益服务项目。

各级民政部门要在准确把握公众需求的基础上，全面梳理并主动提出购买服务的内容和事项，明确购买服务的种类、性质，结合社会福利事业发展规划和年度重点工作，制定购买服务指导目录，在充分听取社会各界意见的基础上按规定向社会公布，并适时调整完善。

（三）承接主体。

承接政府购买服务的主体是依法在民政部门登记成立或经国务院批准免予登记的社会组织，以及依法在工商管理或行业主管部门登记成立的企业、机构等社会力量。承接主体应具有独立承担民事责任的能力，具备提供服务所必需的设施、人员和专业技术的能力，具有健全的内部治理结构、财务会计和资产管理制度，具有良好的社会和商业信誉，具有依法缴纳税收和社会保险的良好记录，并符合登记管理部门依法认定的其他条件。

（四）购买的程序与方式。

设计项目。项目设计要充分听取社会意见，反映群众意愿。民政部门按照福彩公益金购买服务指导目录，可采取公开征求社会公众意见、专家咨询、向社会征集项目等方式，充分了解社会需求，精心论证和设计购买服务项目。

编报预算。民政部门要结合工作实际，合理确定购买服务的资金规模，并将购买服务项目资金纳入福彩公益金（政府性基金）预算管理。

组织采购。预算经批复后，民政部门要主动向社会公开需购买的服务项目、内容、对承接主体的要求、绩效评价标准等内容。

属于政府采购范围的服务项目，应当遵守政府采购相关规定，通过公开招标、邀请招标、竞争性谈判、询价、单一来源采购等方式组织采购，并注重考察承接主体的服务价格和服务质量。

不属于政府采购范围的项目，应充分引进竞争机制，参照政府采购程序实施采购。民政部门要建立相应的项目评审专家库，随机抽取专家组成评审委员会。评审委员会由社会、经济、财务、审计、法律、公共管理等领域的相关专家组成。出席每次评审的专家人数应为不少于5人的单数且至少有1名财务或审计专家。评审委员以评分、无记名投票的方式产生评审结果。

各级民政部门一律不得自行指定单位、组织和个人承接购买福彩公益金服务项目。严禁层层转包、暗箱操作等违规违法行为。积极鼓励支持社会力量以自有资金和募集资金配套投入购买服务项目。鼓励各地民政部门进一步创新和完善公益招投标、公益创投等购买服务方式。

合同管理。民政部门要及时与承接主体签订合同，明确购买服务具体事项、内容、标准、期限、资金支付方式、权利义务、违约责任以及绩效评价标准、要求、方式等，按照合同约定支付资金，并加强对服务的全过程跟踪监管和对服务成果的检查验收。服务合同期限一般为一年，最长不超过三年。要严格资金管理，确保公开、透明、规范、有效。

绩效评价。要按照全过程预算绩效管理制度要求，加强对服务项目的绩效评价，对项目的任务实施、目标实现、政策效能、透明程度、专业化水平以及资金使用进行综合、客观评价，建立健全由购买主体、服务对象及第三方参与的综合性绩效评价机制。绩效评价以合同约定为基础，原则上以购买主体评价、专家评估和服务对象满意率为主。评价结果要向社会公开，并作为以后年度编制福彩公益金购买服务资金预算和选择承接主体的重要参考依据。绩效评价结果优秀的承接主体，在同类项目的采购中同等条件下可以优先考虑。绩效评价结果不合格的，该承接主体两年内不得承接福彩公益金购买服务项目。

《2015年中央财政支持社会组织参与社会服务项目实施方案的通知》

10月，国务院印发《2015年中央财政支持社会组织参与社会服务项目实施方案的通知》。《通知》内容包括资金性质和分配、资助范围、项目的资助类型、数量和标准等内容。

《关于推进行业协会商会诚信自律建设工作的意见》

11月，民政部联合7部委和单位出台《关于推进行业协会商会诚信自律建设工作的意见》。

支持行业协会商会参与行业信用建设

（一）建立健全会员企业信用档案。行业协会商会可以根据自身实际情况，研究制定会员企业信用信息收集标准，建立行业内部信用信息收集渠道，建立健全会员企业信用档案，依法收集、记录和整理会员企业在生产、经营中产生的有关信用信息。有条件的行业协会商会可以收集会员企业交易伙伴的信用信息，建立会员企业交易伙伴信用信息数据库，帮助会员企业减少生产和经营风险。

（二）积极开展会员企业信用评价。支持行业协会商会根据各自行业特点，加强与有资质的第三方信用服务机构合作，依法开展行业信用评价工作。信用评价工作要以服务会员企业、促进行业自律、提高行业信用水平为宗旨，遵循会员企业自愿参加的原则。行业协会商会要优化评价指标体系，完善评价操作流程，提升行业信用评价效率，评价方法、标准、结果等应当公开发布并提供查询服务。要依托新闻媒体、内部刊物和协会网站，积极宣传推广信用评价结果，提高诚信会员企业在政府、市场与社会中的接受度和知名度。

（三）加强会员企业信用信息共享和应用。行业协会商会要主动与行业主管部门、国家统一信用信息平台、征信机构以及有上下游产业关系的行业组织进行对接，建立信用信息交换共享机制，为会员企业提供多层次、全方位的信用信息服务。行业协会商会提供的会员企业信用信息，征信机构可予以记载。行业协会商会要加强会员企业信用信息的应用，将会员企业信用信息作为评先评优、市场拓展、行业扶持和奖励等工作的重要参考，加强与商业银行、保险机构等金融机构的合作，帮助信用良好的会员企业获取更多的业务优惠、便利和市场机会。

（四）帮助会员企业提高信用管理能力。行业协会商会可以通过举办培训班、研讨会等方式，加强会员企业信用管理专业知识培训，使会员企业了解、掌握企业信用管理知识，增强信用风险防范能力。可以协助会员企业建立客户档案、开展客户诚信评价，建立科学的信用管理流程和信用风险管理制度，提升会员企业综合竞争力，形成有效的信用风险防范机制。

推动行业协会商会建立健全行业自律机制

（五）健全行业自律规约。行业协会商会要根据行业发展要求，研究制定自律规约，积极规范会员企业生产和经营行为，引导本行业的经营者依法竞争，自觉维护市场竞争秩序，充分发挥市场监管中的自律作用。制定自律规约要体现公平公正、诚实信用和正当竞争的原则，不得含有排除、限制竞争的内容，要广泛征求行业企业和有关部门的意见建议，经过专家研究论证，并召开会员（代表）大会审议通过后颁布实施。对于没有制定自律规约的行业协会商会，要抓紧研究制定符合本行业特点的自律规约；已经制定或实施自律规约的行业协会商会，要认真总结经验，不断改进完善，使之更符合实际，针对性更强。行业协会商会要加强自律规约的执行与监督，对违反自律规约的，按照情节轻重，实行警告、行业内通报批评、公开谴责、取消会员资格、向有关部门通报等惩戒措施。推动行业协会商会建立的行业性约束和惩戒机制与政府、市场、社会形成的约束和惩戒机制相衔接，形成联动效应。

（六）制定行业职业道德准则。行业协会商会要按照社会主义核心价值观要求，研究制定行业职业道德准则，规范从业人员职业行为，全面提高从业人员的思想道德素质、科学文化素质和技术业务素质，培育从业人员的职业道德和职业精神，营造诚信执业良好氛围。加大行业职业道德准则宣传力度，推动行业从业人员严格遵守行业职业道德准则。对于违背行业职业道德准则的从业人员，探索建立行业惩戒机制。推动会员企业履行社会责任，探索建立与国际标准相一致、符合行业特点的社会责任指标和评价体系，发布行业社会责任报告，提升行业社会责任绩效。

（七）规范行业发展秩序。支持行业协会商会开展标准化工作。鼓励行业协会商会制定发布本行业的产品和服务标准，积极参与制定国家标准、行业规划和政策法规，不断提高行业产品和服务的质量。行业协会商会要发挥专业调解作用，积极协调会员企业之间、会员企业与其他经济组织之间关系，维护会员和行业整体利益。支持行业协会商会代表会员企业开展反倾销、反补贴、保障措施的调查、申诉、应诉工作，参与协调贸易争议。

加强行业协会商会自身建设

（八）完善法人治理。行业协会商会要以章程为核心，建立健全现代法人治理结构和运行机制。要把诚信自律建设内容纳入行业协会商会章程，提高行业协会商会依法自治水平。落实民主选举、差额选举制度，扩大直选范围。建立健全会员（代表）大会、理事会和监事会（监事）制度。完善人事、财务、档案、资产、活动管理、机构管理等各项内部管理制度。行业协会商会负责人和理事会成员要严格按照民主程序选举产生。鼓励选举企业家担任理事长（会长）。探索实行行业协会商会理事长（会长）轮值制。秘书长可以通过选举、聘任或向社会公开招聘等方式产生。

（九）实行信息公开。行业协会商会要主动向会员公开年度工作报告、财务工作报告、会费收支情况以及经理事会研究认为有必要向会员公开的其他信息；向社会公开登记事项、章程、组织机构、接受捐赠、承接政府转移职能以及政府购买服务事项等信息，增加透明度和公信力。行业协会商会要依托统一的信息平台或者自身官方网站进行信息公开，自觉接受会员、新闻媒体和社会公众监督。鼓励广大行业协会商会不断丰富信息公开内容，扩大信息公开范围，创新信息公开方式。

（十）推行诚信承诺。行业协会商会成立登记后，应签署诚信承诺书，并向社会公开诚信承诺书内容。要重点围绕服务内容、服务方式、服务对象和收费标准等进行公开承诺，做到不强制入会，不强行服务，不搞乱评比、乱培训、乱表彰，不超出章程规定的业务范围开展活动。鼓励行业协会商会积极培育诚信服务品牌，增强诚信服务意识，拓展诚信服务内容，创新诚信服务方式，不断提升诚信服务能力。

《国务院关于创新重点领域投融资机制鼓励社会投资的指导意见》

11月，商务部、民政部联合发布《国务院关于创新重点领域投融资机制鼓励社会投资的指导意见》，推进经济结构战略性调整，加强薄弱环节建设，促进经济持续健康发展，迫切需要在公共服务、资源环境、生态建设、基础设施等重点领域进一步创新投融资机制，充分发挥社会资本特别是民间资本的积极作用。

（七）培育农业、水利工程多元化投资主体。支持农民合作社、家庭农场、专业大户、农业企业等新型经营主体投资建设农田水利和水土保持设施。允许财政补助形成的小型农田水利和水土保持工程资产由农业用水合作组织持有和管护。鼓励社会资本以特许经营、参股控股等多种形式参与具有一定收益的节水供水重大水利工程建设运营。社会资本愿意投入的重大水利工程，要积极鼓励社会资本投资建设。

（二十六）鼓励社会资本加大社会事业投资力度。通过独资、合资、合作、联营、租赁等途径，采取特许经营、公建民营、民办公助等方式，鼓励社会资本参与教育、医疗、养老、体育健身、文化设施建设。尽快出台鼓励社会力量兴办教育、促进民办教育健康发展的意见。各地在编制城市总体规划、控制性详细规划以及有关专项规划时，要统筹规划、科学布局各类公共服务设施。各级政府逐步扩大教育、医疗、养老、体育健身、文化等政府购买服务范围，各类经营主体平等参与。将符合条件的各类医疗机构纳入医疗保险定点范围。

（二十七）完善落实社会事业建设运营税费优惠政策。进一步完善落实非营利性教育、医疗、养老、体育健身、文化机构税收优惠政策。对非营利性医疗、养老机构建设一律免征有关行政事业性收费,对营利性医疗、养老机构建设一律减半征收有关行政事业性收费。

(二十八)改进社会事业价格管理政策。民办教育、医疗机构用电、用水、用气、用热,执行与公办教育、医疗机构相同的价格政策。养老机构用电、用水、用气、用热,按居民生活类价格执行。除公立医疗、养老机构提供的基本服务按照政府规定的价格政策执行外,其他医疗、养老服务实行经营者自主定价。营利性民办学校收费实行自主定价,非营利性民办学校收费政策由地方政府按照市场化方向根据当地实际情况确定。

《关于促进慈善事业健康发展的指导意见》

11月,国务院印发《关于促进慈善事业健康发展的指导意见》(以下简称《意见》),《意见》指出,建立健全责任追究制度,对慈善组织按照"谁登记、谁管理"的原则,由批准登记的民政部门会同有关部门对其违规开展募捐活动、违反约定使用捐赠款物、拒不履行信息公开责任、资助或从事危害国家安全和公共利益活动等违法违规行为依法进行查处。

《意见》明确了慈善事业发展目标:到2020年,慈善监管体系健全有效,扶持政策基本完善,体制机制协调顺畅,慈善行为规范有序,慈善活动公开透明,社会捐赠积极踊跃,志愿服务广泛开展,全社会支持慈善、参与慈善的氛围更加浓厚,慈善事业对社会救助体系形成有力补充,成为全面建成小康社会的重要力量。

鼓励和支持以扶贫济困为重点开展慈善活动

扶贫济困是慈善事业的重要领域,在政府保障困难群众基本生活的同时,鼓励和支持社会力量以扶贫济困为重点开展慈善活动,有利于更好地满足困难群众多样化、多层次的需求,帮助他们摆脱困境、改善生活,形成慈善事业与社会救助的有效衔接和功能互补,共同编密织牢社会生活安全网。

(一)鼓励社会各界开展慈善活动。

鼓励社会各界以各类社会救助对象为重点,广泛开展扶贫济困、赈灾救孤、扶老助残、助学助医等慈善活动。党政机关、事业单位要广泛动员干部职工积极参与各类慈善活动,发挥带头示范作用。工会、共青团、妇联等人民团体要充分发挥密切联系群众的优势,动员社会公众为慈善事业捐赠资金、物资和提供志愿服务等。各全国性社会团体在发挥自身优势、开展慈善活动时，要主动接受社会监督，在公开透明、规范管理、服务困难群众等方面作出表率。各类慈善组织要进一步面向困难群体开展符合其宗旨的慈善活动。倡导各类企业将慈善精神融入企业文化建设，把参与慈善作为履行社会责任的重要方面，通过捐赠、支持志愿服务、设立基金会等方式，开展形式多样的慈善活动，在更广泛的领域为社会作出贡献。鼓励有条件的宗教团体和宗教活动场所依法依规开展各类慈善活动。提倡在单位内部、城乡社区开展群众性互助互济活动。充分发挥家庭、个人、志愿者在慈善活动中的积极作用。

（二）鼓励开展形式多样的社会捐赠和志愿服务。

鼓励和支持社会公众通过捐款捐物、慈善消费和慈善义演、义拍、义卖、义展、义诊、义赛等方式为困难群众奉献爱心。探索捐赠知识产权收益、技术、股权、有价证券等新型捐赠方式，鼓励设立慈善信托，抓紧制定政策措施，积极推进有条件的地方开展试点。动员社会公众积极参与志愿服务，构建形式多样、内容丰富、机制健全、覆盖城乡的志愿服务体系。倡导社会力量兴办公益性医疗、教育、养老、残障康复、文化体育等方面的机构和设施，为慈善事业提供更多的资金支持和服务载体。加快出台有效措施，引导社会公众积极捐赠家庭闲置物品。广泛设立社会捐助站点，创新发展慈善超市，发挥网络捐赠技术优势，方便群众就近就便开展捐赠。

（三）健全社会救助和慈善资源信息对接机制。

要建立民政部门与其他社会救助管理部门之间的信息共享机制，同时建立和完善民政部门与慈善组织、社会服务机构之间的衔接机制，形成社会救助和慈善资源的信息有效对接。对于经过社会救助后仍需要帮扶的救助对象，民政部门要及时与慈善组织、社会服务机构协商，实现政府救助与社会帮扶有机结合，做到因情施救、各有侧重、互相补充。社会救助信息和慈善资源信息应同时向审计等政府有关部门开放。

（四）落实和完善减免税政策。

落实企业和个人公益性捐赠所得税税前扣除政策，企业发生的公益性捐赠支出，在年度利润总额12%以内的部分，准予在计算应纳税所得额时扣除；个人公益性捐赠额未超过纳税义务人申报的应纳税所得额30%的部分，可以从其应纳税所得额中扣除。研究完善慈善组织企业所得税优惠政策，切实惠及

符合条件的慈善组织。对境外向我国境内依法设立的慈善组织无偿捐赠的直接用于慈善事业的物资,在有关法律及政策规定的范围内享受进口税收优惠。有关部门要大力宣传慈善捐赠减免税的资格和条件。

(五)加大社会支持力度。

鼓励企事业单位为慈善活动提供场所和便利条件、按规定给予优惠。倡导金融机构根据慈善事业的特点和需求创新金融产品和服务方式,积极探索金融资本支持慈善事业发展的政策渠道。支持慈善组织为慈善对象购买保险产品,鼓励商业保险公司捐助慈善事业。完善公益广告等平台的管理办法,鼓励新闻媒体为慈善组织的信息公开提供帮助支持和费用优惠。

培育和规范各类慈善组织

慈善组织是现代慈善事业的重要主体,大力发展各类慈善组织,规范慈善组织行为、确保慈善活动公开透明,是促进慈善事业健康发展的有效保证。

(一)鼓励兴办慈善组织。优先发展具有扶贫济困功能的各类慈善组织。积极探索培育网络慈善等新的慈善形态,引导和规范其健康发展。稳妥推进慈善组织直接登记,逐步下放符合条件的慈善组织登记管理权限。地方政府和社会力量可通过实施公益创投等多种方式,为初创期慈善组织提供资金支持和能力建设服务。要加快出台有关措施,以扶贫济困类项目为重点,加大政府财政资金向社会组织购买服务力度。

(二)切实加强慈善组织自我管理。慈善组织要建立健全内部治理结构,完善决策、执行、监督制度和决策机构议事规则,加强内部控制和内部审计,确保人员、财产、慈善活动按照组织章程有序运作。基金会工作人员工资福利和行政办公支出等管理成本不得超过当年总支出的10%,其他慈善组织的管理成本可参照基金会执行。列入管理成本的支出类别按民政部规定执行。捐赠协议约定从捐赠财产中列支管理成本的,可按照约定执行。

(三)依法依规开展募捐活动。引导慈善组织重点围绕扶贫济困开展募捐活动。具有公募资格的慈善组织,面向社会开展的募捐活动应与其宗旨、业务范围相一致;新闻媒体、企事业单位等和不具有公募资格的慈善组织,以慈善名义开展募捐活动的,必须联合具有公募资格的组织进行;广播、电视、报刊及互联网信息服务提供者、电信运营商,应当对利用其平台发起募捐活动的慈善组织的合法性进行验证,包括查验登记证书、募捐主体资格证明材料。慈善组织要加强对募捐活动的管理，向捐赠者开具捐赠票据，开展项目所需成本要按规定列支并向捐赠人说明。任何组织和个人不得以慈善名义敛财。

（四）严格规范使用捐赠款物。慈善组织应将募得款物按照协议或承诺，及时用于相关慈善项目，除不可抗力或捐赠人同意外，不得以任何理由延误。未经捐赠人同意，不得擅自更改款物用途。倡导募用分离，制定有关激励扶持政策，支持在款物募集方面有优势的慈善组织将募得款物用于资助有服务专长的慈善组织运作项目。慈善组织要科学设计慈善项目，优化实施流程，努力降低运行成本，提高慈善资源使用效益。

（五）强化慈善组织信息公开责任。

公开内容。慈善组织应向社会公开组织章程、组织机构代码、登记证书号码、负责人信息、年度工作报告、经审计的财务会计报告和开展募捐、接受捐赠、捐赠款物使用、慈善项目实施、资产保值增值等情况以及依法应当公开的其他信息。信息公开应当真实、准确、完整、及时，不得有虚假记载、误导性陈述或者重大遗漏。对于涉及国家安全、个人隐私等依法不予公开的信息和捐赠人或受益人与慈善组织协议约定不得公开的信息，不得公开。慈善组织不予公开的信息，应当接受政府有关部门的监督检查。

公开时限。慈善组织应及时公开款物募集情况，募捐周期大于6个月的，应当每3个月向社会公开一次，募捐活动结束后3个月内应全面公开；应及时公开慈善项目运作、受赠款物的使用情况，项目运行周期大于6个月的，应当每3个月向社会公开一次，项目结束后3个月内应全面公开。

公开途径。慈善组织应通过自身官方网站或批准其登记的民政部门认可的信息网站进行信息发布；应向社会公开联系方式，及时回应捐赠人及利益相关方的询问。慈善组织应对其公开信息和答复信息的真实性负责。

《财政部关于支持和规范社会组织承接政府购买服务的通知》

11月，财政部、民政部联合发布《财政部关于支持和规范社会组织承接政府购买服务的通知》，现就支持和规范社会组织承接政府购买服务有关工作通知如下：

二、加大对社会组织承接政府购买服务的支持力度

（一）加强社会组织培育发展。加快培育一批独立公正、行为规范、运作有序、公信力强、适应社会主义市场经济发展要求的社会组织。重点培育和优

先发展行业协会商会类、科技类、公益慈善类、城乡社区服务类社会组织。统筹利用现有公共服务设施，以适当方式为社会组织开展服务创造必要条件，大力支持社会组织积极参与政府购买公共服务活动。各地要根据本地区经济社会发展情况和社会组织需要，为社会组织充分发挥作用给予政策支持和引导，提升社会组织自主发展、自我管理、筹资和社会服务等能力。鼓励采取孵化培育、人员培训、项目指导、公益创投等多种途径和方式，提升社会组织承接政府购买服务的能力。

（二）按照突出公共性和公益性原则，逐步扩大承接政府购买服务的范围和规模。充分发挥社会组织在公共服务供给中的独特功能和作用，在购买民生保障、社会治理、行业管理等公共服务项目时，同等条件下优先向社会组织购买。在民生保障领域，重点购买社会事业、社会福利、社会救助等服务项目。在社会治理领域，重点购买社区服务、社会工作、法律援助、特殊群体服务、矛盾调解等服务项目。在行业管理领域，重点购买行业规范、行业评价、行业统计、行业标准、职业评价、等级评定等服务项目。公平对待社会组织承接政府购买服务，鼓励社会组织进入法律法规未禁入的公共服务行业和领域，形成公共服务供给的多元化发展格局，满足人民群众多样化需求。

（三）探索多种有效方式，加大社会组织承接政府购买服务支持力度。按照政府采购法和国办发〔2013〕96号文件规定，采用公开招标、邀请招标、竞争性谈判、单一来源采购等方式确定承接主体，有针对性的培育和发展一批社会组织，促进社会组织的发展。有条件的地方可推广利用财政资金支持社会组织参与服务示范项目，逐步加大政府向社会组织购买服务的力度，适合采取市场化方式提供、社会组织能够承担的公共服务，都可以由社会组织参与、承接，所需资金按照预算管理要求在财政预算安排中统筹考虑。引导、支持社会组织募集资金参与服务。贯彻落实国家对社会组织各项税收优惠政策，符合条件的社会组织按照有关税收法律法规规定，享受相关税收优惠。

三、进一步建立健全社会组织承接政府购买服务信用记录管理机制

（一）社会组织承接政府购买服务应当具备以下条件：具有独立承担民事责任的能力；具有开展工作所必需的条件，具有固定的办公场所，有必要的专职工作人员；具有健全的法人治理结构，完善的内部管理、信息公开和民主监督制度；有完善的财务核算和资产管理制度，有依法缴纳税收、社会保险费的

良好记录；近三年内无重大违法记录；法律、行政法规规定的其他条件。

（二）社会组织在承接政府购买服务时，应当按要求提供登记证书、年检结论、年度报告、财务审计报告、依法缴纳税收和社会保险费，无重大违法记录的声明等相关证明材料，供购买主体审查。购买主体可根据购买内容的特点规定社会组织的特定条件，但不得对承接主体实行歧视性差别待遇。

（三）按照公开、公正、公平原则，推进社会组织登记管理和承接政府购买服务的信息公开和信息共享，加强政府向社会组织购买服务的绩效管理和绩效评价。建立健全由购买主体、服务对象及专业机构组成的综合性评价机制。各级财政部门要配合购买主体及相关机构加强政府购买服务活动的监管和绩效评价，在推广政府购买服务过程中，对守信社会组织予以支持和激励，对失信社会组织予以限制和禁止。各级民政部门要建立完善社会组织信用体系，协助核实社会组织的资质及相关条件，及时收录承接政府购买服务的社会组织绩效评价结果和对违法社会组织的处罚决定等内容，每年按时向社会公布社会组织名录和信用记录。有关部门要将社会组织承接政府购买服务情况纳入年检、评估和执法工作体系，加大对违法违规行为的执法监管力度。

四、切实做好社会组织承接政府购买服务的组织实施

各地要建立健全部门联动机制，统筹规划、协调指导政府向社会组织购买服务工作。及时披露、公开信息，鼓励社会监督，充分调动社会参与的积极性。要结合实际，制定支持和规范社会组织承接政府购买服务的具体政策，确保工作落到实处，取得成效。切实加强调查研究，认真总结好经验、好做法，及时发现并解决政府向社会组织购买服务工作中出现的问题。

执行中遇到的新情况和重大问题，以及有关意见和建议，请及时报送财政部、民政部。

《家庭寄养管理办法》出台

《家庭寄养管理办法》经 2014 年 9 月 14 日民政部部务会议通过，2014 年 9 月 24 日中华人民共和国民政部令第 54 号公布。自 2014 年 12 月 1 日起施行。2003 年颁布的《家庭寄养管理暂行办法》（民发〔2003〕144 号）予以废止。

第二章　寄养条件

第七条　未满十八周岁、监护权在县级以上地方人民政府民政部门的孤儿、查找不到生父母的弃婴和儿童，可以被寄养。

需要长期依靠医疗康复、特殊教育等专业技术照料的重度残疾儿童，不宜安排家庭寄养。

第八条 寄养家庭应当同时具备下列条件：

（一）有儿童福利机构所在地的常住户口和固定住所。寄养儿童入住后，人均居住面积不低于当地人均居住水平；

（二）有稳定的经济收入，家庭成员人均收入在当地处于中等水平以上；

（三）家庭成员未患有传染病或者精神疾病，以及其他不利于寄养儿童抚育、成长的疾病；

（四）家庭成员无犯罪记录，无不良生活嗜好，关系和睦，与邻里关系融洽；

（五）主要照料人的年龄在三十周岁以上六十五周岁以下，身体健康，具有照料儿童的能力、经验，初中以上文化程度。

具有社会工作、医疗康复、心理健康、文化教育等专业知识的家庭和自愿无偿奉献爱心的家庭，同等条件下优先考虑。

第九条 每个寄养家庭寄养儿童的人数不得超过二人，且该家庭无未满六周岁的儿童。

第十条 寄养残疾儿童，应当优先在具备医疗、特殊教育、康复训练条件的社区中为其选择寄养家庭。

第十一条 寄养年满十周岁以上儿童的，应当征得寄养儿童的同意。

第三章 寄养关系的确立

第十二条 确立家庭寄养关系，应当经过以下程序：

（一）申请。拟开展寄养的家庭应当向儿童福利机构提出书面申请，并提供户口簿、身份证复印件，家庭经济收入和住房情况、家庭成员健康状况以及一致同意申请等证明材料；

（二）评估。儿童福利机构应当组织专业人员或者委托社会工作服务机构等第三方专业机构对提出申请的家庭进行实地调查，核实申请家庭是否具备寄养条件和抚育能力，了解其邻里关系、社会交往、有无犯罪记录、社区环境等情况，并根据调查结果提出评估意见；

（三）审核。儿童福利机构应当根据评估意见对申请家庭进行审核，确定后报主管民政部门备案；

（四）培训。儿童福利机构应当对寄养家庭主要照料人进行培训；

（五）签约。儿童福利机构应当与寄养家庭主要照料人签订寄养协议，明确寄养期限、寄养双方的权利义务、寄养家庭的主要照料人、寄养融合期限、违约责任及处理等事项。家庭寄养协议自双方签字（盖章）之日起生效。

第十三条　寄养家庭应当履行下列义务：

（一）保障寄养儿童人身安全，尊重寄养儿童人格尊严；

（二）为寄养儿童提供生活照料，满足日常营养需要，帮助其提高生活自理能力；

（三）培养寄养儿童健康的心理素质，树立良好的思想道德观念；

（四）按照国家规定安排寄养儿童接受学龄前教育和义务教育。负责与学校沟通，配合学校做好寄养儿童的学校教育；

（五）对患病的寄养儿童及时安排医治。寄养儿童发生急症、重症等情况时，应当及时进行医治，并向儿童福利机构报告；

（六）配合儿童福利机构为寄养的残疾儿童提供辅助矫治、肢体功能康复训练、聋儿语言康复训练等方面的服务；

（七）配合儿童福利机构做好寄养儿童的送养工作；

（八）定期向儿童福利机构反映寄养儿童的成长状况，并接受其探访、培训、监督和指导；

（九）及时向儿童福利机构报告家庭住所变更情况；

（十）保障寄养儿童应予保障的其他权益。

第十四条　儿童福利机构主要承担以下职责：

（一）制定家庭寄养工作计划并组织实施；

（二）负责寄养家庭的招募、调查、审核和签约；

（三）培训寄养家庭中的主要照料人，组织寄养工作经验交流活动；

（四）定期探访寄养儿童，及时处理存在的问题；

（五）监督、评估寄养家庭的养育工作；

（六）建立家庭寄养服务档案并妥善保管；

（七）根据协议规定发放寄养儿童所需款物；

（八）向主管民政部门及时反映家庭寄养工作情况并提出建议。

第十五条　寄养协议约定的主要照料人不得随意变更。确需变更的，应当

经儿童福利机构同意，经培训后在家庭寄养协议主要照料人一栏中变更。

第十六条　寄养融合期的时间不得少于六十日。

第十七条　寄养家庭有协议约定的事由在短期内不能照料寄养儿童的，儿童福利机构应当为寄养儿童提供短期养育服务。短期养育服务时间一般不超过三十日。

第十八条　寄养儿童在寄养期间不办理户口迁移手续，不改变与民政部门的监护关系。

《关于加强社会团体分支（代表）机构财务管理的通知》

12月，民政部、财政部、人民银行联合发布《关于加强社会团体分支（代表）机构财务管理的通知》。社会团体分支（代表）机构财务管理有关事宜通知如下：

一、社会团体分支（代表）机构属于社会团体的组成部分，不具有法人资格，法律责任由设立该分支（代表）机构的社会团体承担。

社会团体分支（代表）机构的全部收支应当纳入社会团体财务统一核算、管理，不得计入其他单位、组织或个人账户。

二、社会团体分支（代表）机构不得开设银行账户。

本通知下发前社会团体分支（代表）机构已经开立的银行账户，应当在分支（代表）机构登记证书有效期满后撤销。

三、社会团体开立专用存款账户的名称可以为社会团体名称后加分支（代表）机构名称，专用存款账户的预留签章应与专用存款账户名称一致。

四、内部独立核算的社会团体分支（代表）机构，应单独设置会计账簿，按照《民间非营利组织会计制度》和社会团体的要求进行会计核算，定期向社会团体报告收支情况，并在每一会计年度终了时将会计报表并入社会团体会计报表。

五、社会团体分支（代表）机构在社会团体授权范围内可以依据社会团体会费标准代表社会团体收取会费，其收取的会费属于该社会团体所有，应当缴入社会团体对应账户统一核算。

分支（代表）机构不得单独制定会费标准，不得截留会费收入。

六、社会团体分支（代表）机构经社会团体授权可以代表社会团体接受捐赠收入，捐赠收入应当缴入社会团体对应账户统一核算。

分支（代表）机构不得自行接受捐赠收入，不得截留捐赠收入。

七、内部独立核算的社会团体分支（代表）机构使用的会费收据、捐赠票据等由社会团体提供，按照法律法规和社会团体的规定使用，并接受有关政府部门和社会团体的监督管理。

八、社会团体的财务会计报告编制范围和审计报告审计范围应当包含所有分支（代表）机构的全部收支。

九、社会团体应当建立分支（代表）机构财务管理制度，加强内部监督，规范分支（代表）机构的财务管理。

十、各地社会团体登记管理机关、财政、审计、人民银行等部门应当按照部门职责依法对社会团体分支（代表）机构的财务、账户管理情况进行监督检查。发现违法违规问题，依法做出处理。

《最高人民法院关于审理环境民事公益诉讼案件适用法律若干问题的解释》

12月，最高人民法院审判委员会第1361次会议通过《最高人民法院关于审理环境民事公益诉讼案件适用法律若干问题的解释》。

第一条 法律规定的机关和有关组织依据民事诉讼法第五十五条、环境保护法第五十八条等法律的规定，对已经损害社会公共利益或者具有损害社会公共利益重大风险的污染环境、破坏生态的行为提起诉讼，符合民事诉讼法第一百一十九条第二项、第三项、第四项规定的，人民法院应予受理。

第二条 依照法律、法规的规定，在设区的市级以上人民政府民政部门登记的社会团体、民办非企业单位以及基金会等，可以认定为环境保护法第五十八条规定的社会组织。

第四条 社会组织章程确定的宗旨和主要业务范围是维护社会公共利益，且从事环境保护公益活动的，可以认定为环境保护法第五十八条规定的"专门从事环境保护公益活动"。

社会组织提起的诉讼所涉及的社会公共利益，应与其宗旨和业务范围具有关联性。

第五条 社会组织在提起诉讼前五年内未因从事业务活动违反法律、法规的规定受过行政、刑事处罚的，可以认定为环境保护法第五十八条规定的"无违法记录"。

第八条 提起环境民事公益诉讼应当提交下列材料：

（一）符合民事诉讼法第一百二十一条规定的起诉状，并按照被告人数提出副本；

（二）被告的行为已经损害社会公共利益或者具有损害社会公共利益重大风险的初步证明材料；

（三）社会组织提起诉讼的，应当提交社会组织登记证书、章程、起诉前连续五年的年度工作报告书或者年检报告书，以及由其法定代表人或者负责人签字并加盖公章的无违法记录的声明。

第三十四条 社会组织有通过诉讼违法收受财物等牟取经济利益行为的，人民法院可以根据情节轻重依法收缴其非法所得、予以罚款；涉嫌犯罪的，依法移送有关机关处理。

社会组织通过诉讼牟取经济利益的，人民法院应当向登记管理机关或者有关机关发送司法建议，由其依法处理。

《共青团中央关于印发〈关于推动团员成为注册志愿者的意见〉的通知》

为落实《关于加强基层服务型团组织建设的意见》要求，加强团员意识培育，建设服务大局、服务青年的骨干队伍，深化中国青年志愿者行动，共青团中央决定，在全团开展推动团员成为注册志愿者工作。现提出如下意见：

注重实效、健全机制，积极推动团员成为注册志愿者

1. 加强教育，积极发动。"努力完成团组织交给的任务，在学习、劳动、工作及其他社会活动中起模范作用""热心帮助青年进步"是团章规定团员必须履行的基本义务。参与志愿服务是体现团员先进性的具体表现，组织团员积极参加志愿服务应该成为团组织的一项经常性工作。各级团组织要坚持组织化推动与激发团员内在动力相结合，在入团积极分子和团员中做好志愿服务宣传、意识培养和教育培训工作，把志愿服务作为入团教育和团员日常教育的重要内容，把参与志愿服务作为团的组织生活的重要内容，引导入团积极分子和团员逐步认同志愿服务理念，积极参与志愿服务实践。在广大团员中大力开展团员意识和先进性教育，重点教育团员深刻认识和自觉履行作为团员的责任和义务，增强责任感和使命感。及时宣传团员注册志愿者工作的成效和经验，注重选树典型，强化引领作用。

2. 规范注册，壮大队伍。要按照共青团中央、中国青年志愿者协会于

2013年修订的《中国注册志愿者管理办法》的有关要求，积极推动团员成为注册志愿者。各级团组织要采取有效措施，拓宽团员成为注册志愿者的渠道，推动志愿者注册工作的便利化、信息化。专兼职团干部要率先注册，国有企业、机关事业单位、高校等团组织要先行一步，组织推动所在单位全体团员注册成为志愿者。入团前，要将是否是注册志愿者、是否参加过一定时间的志愿服务活动作为考察内容；入团时，要积极同步推动新团员同时成为注册志愿者。在开展"推优"入党工作时，要将是否在注册志愿者中发挥骨干作用作为考察内容。

3. 开展服务，发挥作用。推动团员成为注册志愿者，关键要发挥团员在注册志愿者中的骨干作用。坚持以需求导向，设计组织好志愿服务内容，努力为注册志愿者提供丰富的志愿服务项目和载体，鼓励注册志愿者采取灵活方式开展志愿服务。组织动员团员围绕重点领域和项目开展志愿服务：一是参与扶贫济困、助老助残、社区服务、生态建设、大型活动、抢险救灾、网络文明、社会管理、文化建设、西部开发、海外服务等领域志愿服务；二是参加青年网络文明志愿行动，将团员的先进性和担当精神延伸到网络空间，在互联网上积极发声，用文明语言和理性态度宣传正面思想、驳斥错误言论，带头发出好声音，主动弘扬正能量，增强网络文明素养，在构建清朗网络空间中发挥生力军作用；三是参加中国青年志愿者助残"阳光行动"、共青团关爱农民工子女志愿服务行动、大学生志愿服务西部计划等全团志愿服务重点项目。根据就近就便原则，引导团员从身边做起、从小事做起，将志愿服务融入日常生活，灵活多样地开展志愿服务；倡导未满十八周岁团员立足居住社区、校园以及校园所在社区等随时随地随手参与志愿服务。倡导和支持团员发挥模范和骨干作用，以多种形式带动更多青年奉献社会，服务他人，共同进步。

4. 建立机制，提供保障。要把团员成为注册志愿者情况纳入基础团务工作内容，列入团务工作统计和相关考核。规范团员成为注册志愿者的工作机制，完善认证、培训、考核、激励和保障机制。加强志愿服务项目和载体的建设，加强与街道社区、学校、企事业单位、社会组织的联系对接，发挥好青少年综合服务平台的作用，完善供需对接机制。加强对注册成为志愿者的团员进行志愿服务理念、技能等方面的培训，不断提高服务能力。全面推广注册志愿者星级认证制度，将志愿服务经历作为开展团内评选表彰和选拔志愿服务重点

项目志愿者的重要条件。建立健全团员参与志愿服务的档案管理、权益保障、服务时间认定等机制。有条件的团组织要为注册志愿者提供人身意外伤害等相应保险。

5. 健全组织，加强管理。各级团组织要以推动团员成为注册志愿者工作为契机，切实加强志愿服务组织体系建设，健全各级志愿者协会，鼓励以团支部为单位成立志愿服务队，高校要普遍建立青年志愿者协会，中学要成立服务总队，广泛推动网络文明志愿者队伍建设，逐步实现县有协会、基层建队。要按照《中国注册志愿者管理办法》，结合各地实际情况，加强对注册工作和志愿服务活动的管理。

B.28 后　记

2015卷蓝皮书在2014卷的基础上有三个方面的新进展。

一是首次增加了中国彩票与慈善发展的报告，阐释了1987年以来中国现代彩票发展史和彩票公益金筹集和使用的情况。彩票公益金随着彩票发行量扩大逐年增长，2014年已过千亿，达到1040亿元。而2014年的社会捐赠总量预估为1046亿元。可见，来自公众间接的慈善公益捐赠总量已经与直接捐赠总量对等，这将彩票公益金使用主体、分配方式、效果监督等命题推入慈善公益的研究领域，成为新的重大方向。

二是尝试以网络问卷的方法测算全国志愿者实际参与志愿服务的总量和首次使用国家统计局年度人均劳动生产率计算年度志愿者捐赠价值。这为评价和推动全国的志愿服务提供了新的方式，也为中国的志愿服务与国际的志愿服务相比较提供了依据和可能。

三是首次对我国的非法人社团进行测算。这个部分的体量十分巨大却无法进行统计，所以一直是我国慈善公益事业的暗角。这次的初步研究仅仅算是尝试，远未形成较为系统的思路和方式，所以，未来还需要艰苦的努力。

历久者能弥新，慈善蓝皮书在积累中逐渐找到了适合自己的应予以长远坚持的方向。这就是不仅要记录历史，还要为中国慈善公益的研究提供新视角、新观点、新方法和新材料。这将是支持我们努力坚持下去的动力。

慈善事业在中国的发展前景已经毋庸置疑，今年启动的慈善法开门立法工作更让社会各界充满信心。相信慈善蓝皮书一年一度的工作未来会得到更多的社会理解和支持，能在各界的帮助下提升自己的品质。

最后，感谢蓝皮书作者群体的共同努力。

感谢协助我编辑蓝皮书的钟丹、冯超超女士、章高荣先生。

感谢本书的责编王颉先生。

感谢为蓝皮书摘要做英文翻译的志愿者白爱莲女士（Dr. Irene Bain）。感谢支持本书出版的河仁慈善基金会。

杨　团

2015 年 4 月 12 日

皮书起源

"皮书"起源于十七、十八世纪的英国,主要指官方或社会组织正式发表的重要文件或报告,多以"白皮书"命名。在中国,"皮书"这一概念被社会广泛接受,并被成功运作、发展成为一种全新的出版型态,则源于中国社会科学院社会科学文献出版社。

皮书定义

皮书是对中国与世界发展状况和热点问题进行年度监测,以专业的角度、专家的视野和实证研究方法,针对某一领域或区域现状与发展态势展开分析和预测,具备权威性、前沿性、原创性、实证性、时效性等特点的连续性公开出版物,由一系列权威研究报告组成。皮书系列是社会科学文献出版社编辑出版的蓝皮书、绿皮书、黄皮书等的统称。

皮书作者

皮书系列的作者以中国社会科学院、著名高校、地方社会科学院的研究人员为主,多为国内一流研究机构的权威专家学者,他们的看法和观点代表了学界对中国与世界的现实和未来最高水平的解读与分析。

皮书荣誉

皮书系列已成为社会科学文献出版社的著名图书品牌和中国社会科学院的知名学术品牌。2011年,皮书系列正式列入"十二五"国家重点图书出版规划项目;2012~2014年,重点皮书列入中国社会科学院承担的国家哲学社会科学创新工程项目;2015年,41种院外皮书使用"中国社会科学院创新工程学术出版项目"标识。

法律声明

"皮书系列"(含蓝皮书、绿皮书、黄皮书)之品牌由社会科学文献出版社最早使用并持续至今,现已被中国图书市场所熟知。"皮书系列"的LOGO( )与"经济蓝皮书""社会蓝皮书"均已在中华人民共和国国家工商行政管理总局商标局登记注册。"皮书系列"图书的注册商标专用权及封面设计、版式设计的著作权均为社会科学文献出版社所有。未经社会科学文献出版社书面授权许可,任何使用与"皮书系列"图书注册商标、封面设计、版式设计相同或者近似的文字、图形或其组合的行为均系侵权行为。

经作者授权,本书的专有出版权及信息网络传播权为社会科学文献出版社享有。未经社会科学文献出版社书面授权许可,任何就本书内容的复制、发行或以数字形式进行网络传播的行为均系侵权行为。

社会科学文献出版社将通过法律途径追究上述侵权行为的法律责任,维护自身合法权益。

欢迎社会各界人士对侵犯社会科学文献出版社上述权利的侵权行为进行举报。电话:010-59367121,电子邮箱:fawubu@ssap.cn。

社会科学文献出版社

权威报告·热点资讯·特色资源

皮书数据库
ANNUAL REPORT(YEARBOOK) DATABASE

当代中国与世界发展高端智库平台

WWW.PISHU.COM.CN

皮书俱乐部会员服务指南

1. 谁能成为皮书俱乐部成员？
- 皮书作者自动成为俱乐部会员
- 购买了皮书产品（纸质书/电子书）的个人用户

2. 会员可以享受的增值服务
- 免费获赠皮书数据库100元充值卡
- 加入皮书俱乐部，免费获赠该纸质图书的电子书
- 免费定期获赠皮书电子期刊
- 优先参与各类皮书学术活动
- 优先享受皮书产品的最新优惠

3. 如何享受增值服务？

（1）免费获赠100元皮书数据库体验卡

第1步 刮开附赠充值的涂层（右下）；

第2步 登录皮书数据库网站（www.pishu.com.cn），注册账号；

第3步 登录并进入"会员中心"—"在线充值"—"充值卡充值"，充值成功后即可使用。

（2）加入皮书俱乐部，凭数据库体验卡获赠该书的电子书

第1步 登录社会科学文献出版社官网（www.ssap.com.cn），注册账号；

第2步 登录并进入"会员中心"—"皮书俱乐部"，提交加入皮书俱乐部申请；

第3步 审核通过后，再次进入皮书俱乐部，填写页面所需图书、体验卡信息即可自动兑换相应电子书。

4. 声明

解释权归社会科学文献出版社所有

皮书俱乐部会员可享受社会科学文献出版社其他相关免费增值服务，有任何疑问，均可与我们联系。

图书销售热线：010-59367070/7028
图书服务QQ：800045692
图书服务邮箱：duzhe@ssap.cn

数据库服务热线：400-008-6695
数据库服务QQ：2475522410
数据库服务邮箱：database@ssap.cn

欢迎登录社会科学文献出版社官网
（www.ssap.com.cn）
和中国皮书网（www.pishu.cn）
了解更多信息

社会科学文献出版社 皮书系列
SOCIAL SCIENCES ACADEMIC PRESS (CHINA)

卡号：53087851 1497
密码：

子库介绍
Sub-Database Introduction

中国经济发展数据库

涵盖宏观经济、农业经济、工业经济、产业经济、财政金融、交通旅游、商业贸易、劳动经济、企业经济、房地产经济、城市经济、区域经济领域，为用户实时了解经济运行态势、把握经济发展规律、洞察经济势、做出经济决策提供参考和依据。

中国社会发展数据库

全面整合国内外有关中国社会发展的统计数据、深度分析报告、专家读和热点资讯构建而成的专业学术数据库。涉及宗教、社会、人口、治、外交、法律、文化、教育、体育、文学艺术、医药卫生、资源环等多个领域。

中国行业发展数据库

以中国国民经济行业分类为依据，跟踪分析国民经济各行业市场运行况和政策导向，提供行业发展最前沿的资讯，为用户投资、从业及各经济决策提供理论基础和实践指导。内容涵盖农业，能源与矿产业，通运输业，制造业，金融业，房地产业，租赁和商务服务业，科学研环境和公共设施管理，居民服务业，教育，卫生和社会保障，文化、育和娱乐业等100余个行业。

中国区域发展数据库

以特定区域内的经济、社会、文化、法治、资源环境等领域的现状与展情况进行分析和预测。涵盖中部、西部、东北、西北等地区，长三角珠三角、黄三角、京津冀、环渤海、合肥经济圈、长株潭城市群、关中天水经济区、海峡经济区等区域经济体和城市圈，北京、上海、浙江河南、陕西等34个省份及中国台湾地区。

中国文化传媒数据库

包括文化事业、文化产业、宗教、群众文化、图书馆事业、博物馆事业档案事业、语言文字、文学、历史地理、新闻传播、广播电视、出版业、艺术、电影、娱乐等多个子库。

世界经济与国际政治数据库

以皮书系列中涉及世界经济与国际政治的研究成果为基础，全面整合内外有关世界经济与国际政治的统计数据、深度分析报告、专家解读热点资讯构建而成的专业学术数据库。包括世界经济、世界政治、世文化、国际社会、国际关系、国际组织、区域发展、国别发展等多个子库

权威·前沿·原创

社会科学文献出版社

皮书系列

2015年

盘点年度资讯　预测时代前程

社会科学文献出版社 学术传播中心 编制

社会科学文献出版社
SOCIAL SCIENCES ACADEMIC PRESS (CHINA)

社会科学文献出版社成立于1985年，是直属于中国社会科学院的人文社会科学专业学术出版机构。

成立以来，特别是1998年实施第二次创业以来，依托于中国社会科学院丰厚的学术出版和专家学者两大资源，坚持"创社科经典，出传世文献"的出版理念和"权威、前沿、原创"的产品定位，社科文献立足内涵式发展道路，从战略层面推动学术出版五大能力建设，逐步走上了智库产品与专业学术成果系列化、规模化、数字化、国际化、市场化发展的经营道路。

先后策划出版了著名的图书品牌和学术品牌"皮书"系列、"列国志"、"社科文献精品译库"、"全球化译丛"、"全面深化改革研究书系"、"近世中国"、"甲骨文"、"中国史话"等一大批既有学术影响又有市场价值的系列图书，形成了较强的学术出版能力和资源整合能力。2014年社科文献出版社发稿5.5亿字，出版图书1500余种，承印发行中国社科院院属期刊71种，在多项指标上都实现了较大幅度的增长。

凭借着雄厚的出版资源整合能力，社科文献出版社长期以来一直致力于从内容资源和数字平台两个方面实现传统出版的再造，并先后推出了皮书数据库、列国志数据库、中国田野调查数据库等一系列数字产品。数字出版已经初步形成了产品设计、内容开发、编辑标引、产品运营、技术支持、营销推广等全流程体系。

在国内原创著作、国外名家经典著作大量出版，数字出版突飞猛进的同时，社科文献出版社从构建国际话语体系的角度推动学术出版国际化。先后与斯普林格、荷兰博睿、牛津、剑桥等十余家国际出版机构合作面向海外推出了"皮书系列""改革开放30年研究书系""中国梦与中国发展道路研究丛书""全面深化改革研究书系"等一系列在世界范围内引起强烈反响的作品；并持续致力于中国学术出版走出去，组织学者和编辑参加国际书展，筹办国际性学术研讨会，向世界展示中国学者的学术水平和研究成果。

此外，社科文献出版社充分利用网络媒体平台，积极与中央和地方各类媒体合作，并联合大型书店、学术书店、机场书店、网络书店、图书馆，逐步构建起了强大的学术图书内容传播平台。学术图书的媒体曝光率居全国之首，图书馆藏率居于全国出版机构前十位。

上述诸多成绩的取得，有赖于一支以年轻的博士、硕士为主体，一批从中国社科院刚退出科研一线的各学科专家为支撑的300多位高素质的编辑、出版和营销队伍，为我们实现学术立社，以学术品位、学术价值来实现经济效益和社会效益这样一个目标的共同努力。

作为已经开启第三次创业梦想的人文社会科学学术出版机构，2015年的社会科学文献出版社将迎来她30周岁的生日，"三十而立"再出发，我们将以改革发展为动力，以学术资源建设为中心，以构建智慧型出版社为主线，以社庆三十周年系列活动为重要载体，以"整合、专业、分类、协同、持续"为各项工作指导原则，全力推进出版社数字化转型，坚定不移地走专业化、数字化、国际化发展道路，全面提升出版社核心竞争力，为实现"社科文献梦"奠定坚实基础。

社长致辞

我们是图书出版者，更是人文社会科学内容资源供应商；

我们背靠中国社会科学院，面向中国与世界人文社会科学界，坚持为人文社会科学的繁荣与发展服务；

我们精心打造权威信息资源整合平台，坚持为中国经济与社会的繁荣与发展提供决策咨询服务；

我们以读者定位自身，立志让爱书人读到好书，让求知者获得知识；

我们精心编辑、设计每一本好书以形成品牌张力，以优秀的品牌形象服务读者，开拓市场；

我们始终坚持"创社科经典，出传世文献"的经营理念，坚持"权威、前沿、原创"的产品特色；

我们"以人为本"，提倡阳光下创业，员工与企业共享发展之成果；

我们立足于现实，认真对待我们的优势、劣势，我们更着眼于未来，以不断的学习与创新适应不断变化的世界，以不断的努力提升自己的实力；

我们愿与社会各界友好合作，共享人文社会科学发展之成果，共同推动中国学术出版乃至内容产业的繁荣与发展。

社会科学文献出版社社长
中国社会学会秘书长

2015 年 1 月

社会科学文献出版社　　　　　　　　　皮书系列

❖ 皮书起源 ❖

"皮书"起源于十七、十八世纪的英国，主要指官方或社会组织正式发表的重要文件或报告，多以"白皮书"命名。在中国，"皮书"这一概念被社会广泛接受，并被成功运作、发展成为一种全新的出版形态，则源于中国社会科学院社会科学文献出版社。

❖ 皮书定义 ❖

皮书是对中国与世界发展状况和热点问题进行年度监测，以专业的角度、专家的视野和实证研究方法，针对某一领域或区域现状与发展态势展开分析和预测，具备权威性、前沿性、原创性、实证性、时效性等特点的连续性公开出版物，由一系列权威研究报告组成。皮书系列是社会科学文献出版社编辑出版的蓝皮书、绿皮书、黄皮书等的统称。

❖ 皮书作者 ❖

皮书系列的作者以中国社会科学院、著名高校、地方社会科学院的研究人员为主，多为国内一流研究机构的权威专家学者，他们的看法和观点代表了学界对中国与世界的现实和未来最高水平的解读与分析。

❖ 皮书荣誉 ❖

皮书系列已成为社会科学文献出版社的著名图书品牌和中国社会科学院的知名学术品牌。2011年，皮书系列正式列入"十二五"国家重点出版规划项目；2012~2014年，重点皮书列入中国社会科学院承担的国家哲学社会科学创新工程项目；2015年，41种院外皮书使用"中国社会科学院创新工程学术出版项目"标识。

经济类

经济类皮书涵盖宏观经济、城市经济、大区域经济，提供权威、前沿的分析与预测

经济蓝皮书
2015年中国经济形势分析与预测

李 扬/主编　　2014年12月出版　　定价:69.00元

◆ 本书课题为"总理基金项目"，由著名经济学家李扬领衔，联合数十家科研机构、国家部委和高等院校的专家共同撰写，对2014年中国宏观及微观经济形势进行了深入分析，并且提出了2015年经济走势的预测。

城市竞争力蓝皮书
中国城市竞争力报告No.13

倪鹏飞/主编　　2015年5月出版　　估价:89.00元

◆ 本书由中国社会科学院城市与竞争力研究中心主任倪鹏飞主持编写，汇集了众多研究城市经济问题的专家学者关于城市竞争力研究的最新成果。本报告构建了一套科学的城市竞争力评价指标体系，采用第一手数据材料，对国内重点城市年度竞争力格局变化进行客观分析和综合比较、排名，对研究城市经济及城市竞争力极具参考价值。

西部蓝皮书
中国西部发展报告（2015）

姚慧琴　徐璋勇/主编　　2015年7月出版　　估价:89.00元

◆ 本书由西北大学中国西部经济发展研究中心主编，汇集了源自西部本土以及国内研究西部问题的权威专家的第一手资料，对国家实施西部大开发战略进行年度动态跟踪，并对2015年西部经济、社会发展态势进行预测和展望。

皮书系列 重点推荐 — 经济类

中部蓝皮书
中国中部地区发展报告（2015）

喻新安 / 主编　　2015 年 5 月出版　　估价：69.00 元

◆ 本书敏锐地抓住当前中部地区经济发展中的热点、难点问题，紧密地结合国家和中部经济社会发展的重大战略转变，对中部地区经济发展的各个领域进行了深入、全面的分析研究，并提出了具有理论研究价值和可操作性强的政策建议。

世界经济黄皮书
2015 年世界经济形势分析与预测

王洛林　张宇燕 / 主编　　2015 年 1 月出版　　定价：69.00 元

◆ 本书为"十二五"国家重点图书出版规划项目，中国社会科学院创新工程学术出版资助项目，作者来自中国社会科学院世界经济与政治研究所。该书总结了 2014 年世界经济发展的热点问题，对 2015 年世界经济形势进行了分析与预测。

中国省域竞争力蓝皮书
中国省域经济综合竞争力发展报告（2013~2014）

李建平　李闽榕　高燕京 / 主编　　2015 年 2 月出版　　定价：198.00 元

◆ 本书充分运用数理分析、空间分析、规范分析与实证分析相结合、定性分析与定量分析相结合的方法，建立起比较科学完善、符合中国国情的省域经济综合竞争力指标评价体系及数学模型，对 2012~2013 年中国内地 31 个省、市、区的经济综合竞争力进行全面、深入、科学的总体评价与比较分析。

城市蓝皮书
中国城市发展报告 No.8

潘家华　魏后凯 / 主编　　2015 年 9 月出版　　估价：69.00 元

◆ 本书由中国社会科学院城市发展与环境研究中心编著，从中国城市的科学发展、城市环境可持续发展、城市经济集约发展、城市社会协调发展、城市基础设施与用地管理、城市管理体制改革以及中国城市科学发展实践等多角度、全方位地立体展示了中国城市的发展状况，并对中国城市的未来发展提出了建议。

经济类　皮书系列 重点推荐

金融蓝皮书

中国金融发展报告（2015）

李扬　王国刚/主编　2014年12月出版　定价：75.00元

◆ 由中国社会科学院金融研究所组织编写的《中国金融发展报告（2015）》，概括和分析了2014年中国金融发展和运行中的各方面情况，研讨和评论了2014年发生的主要金融事件。本书由业内专家和青年精英联合编著，有利于读者了解掌握2014年中国的金融状况，把握2015年中国金融的走势。

低碳发展蓝皮书

中国低碳发展报告（2015）

齐　晔/主编　2015年4月出版　估价：89.00元

◆ 本书对中国低碳发展的政策、行动和绩效进行科学、系统、全面的分析。重点是通过归纳中国低碳发展的绩效，评估与低碳发展相关的政策和措施，分析政策效应的制度背景和作用机制，为进一步的政策制定、优化和实施提供支持。

经济信息绿皮书

中国与世界经济发展报告（2015）

杜　平/主编　2014年12月出版　定价：79.00元

◆ 本书由国家信息中心继续组织有关专家编撰。由国家信息中心组织专家队伍编撰，对2014年国内外经济发展环境、宏观经济发展趋势、经济运行中的主要矛盾、产业经济和区域经济热点、宏观调控政策的取向进行了系统的分析预测。

低碳经济蓝皮书

中国低碳经济发展报告（2015）

薛进军　赵忠秀/主编　2015年5月出版　估价：69.00元

◆ 本书是以低碳经济为主题的系列研究报告，汇集了一批罗马俱乐部核心成员、IPCC工作组成员、碳排放理论的先驱者、政府气候变化问题顾问、低碳社会和低碳城市计划设计人等世界顶尖学者、对气候变化政策制定、特别是中国的低碳经济经济发展有特别参考意义。

皮书系列
重点推荐

社会政法类

社会政法类

社会政法类皮书聚焦社会发展领域的热点、难点问题，
提供权威、原创的资讯与视点

社会蓝皮书

2015年中国社会形势分析与预测

李培林　陈光金　张　翼/主编　2014年12月出版　定价:69.00元

◆ 本报告是中国社会科学院"社会形势分析与预测"课题组2014年度分析报告，由中国社会科学院社会学研究所组织研究机构专家、高校学者和政府研究人员撰写。对2014年中国社会发展的各个方面内容进行了权威解读，同时对2015年社会形势发展趋势进行了预测。

法治蓝皮书

中国法治发展报告 No.13（2015）

李　林　田　禾/主编　2015年3月出版　定价:105.00元

◆ 本年度法治蓝皮书一如既往秉承关注中国法治发展进程中的焦点问题的特点，回顾总结了2014年度中国法治发展取得的成就和存在的不足，并对2015年中国法治发展形势进行了预测和展望。

环境绿皮书

中国环境发展报告（2015）

刘鉴强/主编　2015年5月出版　估价:79.00元

◆ 本书由民间环保组织"自然之友"组织编写，由特别关注、生态保护、宜居城市、可持续消费以及政策与治理等版块构成，以公共利益的视角记录、审视和思考中国环境状况，呈现2014年中国环境与可持续发展领域的全局态势，用深刻的思考、科学的数据分析2014年的环境热点事件。

社会政法类　　皮书系列 重点推荐

反腐倡廉蓝皮书
中国反腐倡廉建设报告 No.4

李秋芳　张英伟 / 主编　2014 年 12 月出版　定价 :79.00 元

◆ 本书抓住了若干社会热点和焦点问题，全面反映了新时期新阶段中国反腐倡廉面对的严峻局面，以及中国共产党反腐倡廉建设的新实践新成果。根据实地调研、问卷调查和舆情分析，梳理了当下社会普遍关注的与反腐败密切相关的热点问题。

女性生活蓝皮书
中国女性生活状况报告 No.9（2015）

韩湘景 / 主编　2015 年 4 月出版　估价 :79.00 元

◆ 本书由中国妇女杂志社、华坤女性生活调查中心和华坤女性消费指导中心组织编写，通过调查获得的大量调查数据，真实展现当年中国城市女性的生活状况、消费状况及对今后的预期。

华侨华人蓝皮书
华侨华人研究报告 (2015)

贾益民 / 主编　2015 年 12 月出版　估价 :118.00 元

◆ 本书为中国社会科学院创新工程学术出版资助项目，是华侨大学向世界提供最新涉侨动态、理论研究和政策建议的平台。主要介绍了相关国家华侨华人的规模、分布、结构、发展趋势，以及全球涉侨生存安全环境和华文教育情况等。

政治参与蓝皮书
中国政治参与报告（2015）

房　宁 / 主编　2015 年 7 月出版　估价 :105.00 元

◆ 本书作者均来自中国社会科学院政治学研究所，聚焦中国基层群众自治的参与情况介绍了城镇居民的社区建设与居民自治参与和农村居民的村民自治与农村社区建设参与情况。其优势是其指标评估体系的建构和问卷调查的设计专业，数据量丰富，统计结论科学严谨。

行业报告类

行业报告类皮书立足重点行业、新兴行业领域，提供及时、前瞻的数据与信息

房地产蓝皮书
中国房地产发展报告 No.12（2015）

魏后凯 李景国/主编　2015年5月出版　估价：79.00元

◆ 本书汇集了众多研究城市房地产经济问题的专家、学者关于城市房地产方面的最新研究成果。对2014年我国房地产经济发展状况进行了回顾，并做出了分析，全面翔实而又客观公正，同时，也对未来我国房地产业的发展形势做出了科学的预测。

保险蓝皮书
中国保险业竞争力报告（2015）

姚庆海　王力/主编　2015年12出版　估价：98.00元

◆ 本皮书主要为监管机构、保险行业和保险学界提供保险市场一年来发展的总体评价，外在因素对保险业竞争力发展的影响研究；国家监管政策、市场主体经营创新及职能发挥、理论界最新研究成果等综述和评论。

企业社会责任蓝皮书
中国企业社会责任研究报告（2015）

黄群慧　彭华岗　钟宏武　张蒽/编著
2015年11月出版　估价：69.00元

◆ 本书系中国社会科学院经济学部企业社会责任研究中心组织编写的《企业社会责任蓝皮书》2015年分册。该书在对企业社会责任进行宏观总体研究的基础上，根据2014年企业社会责任及相关背景进行了创新研究，在全国企业中观层面对企业健全社会责任管理体系提供了弥足珍贵的丰富信息。

行业报告类　皮书系列 重点推荐

投资蓝皮书
中国投资发展报告（2015）

杨庆蔚 / 主编　　2015年4月出版　　估价：128.00元

◆ 本书是中国建银投资有限责任公司在投资实践中对中国投资发展的各方面问题进行深入研究和思考后的成果。投资包括固定资产投资、实业投资、金融产品投资、房地产投资等诸多领域，尝试将投资作为一个整体进行研究，能够较为清晰地重现社会资金流动的特点，为投资者、研究者、甚至政策制定者提供参考。

住房绿皮书
中国住房发展报告（2014~2015）

倪鹏飞 / 主编　　2014年12月出版　　定价：79.00元

◆ 本报告从宏观背景、市场主体、市场体系和公共政策四个方面，对中国住宅市场体系做了全面系统的分析、预测与评价，并给出了相关政策建议，并在评述2013~2014年住房及相关市场走势的基础上，预测了2014~2015年住房及相关市场的发展变化。

人力资源蓝皮书
中国人力资源发展报告（2015）

余兴安 / 主编　　2015年9月出版　　估价：79.00元

◆ 本书是在人力资源和社会保障部部领导的支持下，由中国人事科学研究院汇集我国人力资源开发权威研究机构的诸多专家学者的研究成果编写而成。作为关于人力资源的蓝皮书，本书通过充分利用有关研究成果，更广泛、更深入地展示近年来我国人力资源开发重点领域的研究成果。

汽车蓝皮书
中国汽车产业发展报告（2015）

国务院发展研究中心产业经济研究部 中国汽车工程学会
大众汽车集团（中国）/ 主编　　2015年7月出版　　估价：128.00元

◆ 本书由国务院发展研究中心产业经济研究部、中国汽车工程学会、大众汽车集团（中国）联合主编，是关于中国汽车产业发展的研究性年度报告，介绍并分析了本年度中国汽车产业发展的形势。

国别与地区类

国别与地区类皮书关注全球重点国家与地区，提供全面、独特的解读与研究

亚太蓝皮书
亚太地区发展报告（2015）

李向阳 / 主编　　2015 年 1 月出版　　定价 :59.00 元

◆ 本书是由中国社会科学院亚太与全球战略研究院精心打造的品牌皮书，关注时下亚太地区局势发展动向里隐藏的中长趋势，剖析亚太地区政治与安全格局下的区域形势最新动向以及地区关系发展的热点问题，并对 2015 年亚太地区重大动态做出前瞻性的分析与预测。

日本蓝皮书
日本研究报告（2015）

李　薇 / 主编　　2015 年 4 月出版　　估价 :69.00 元

◆ 本书由中华日本学会、中国社会科学院日本研究所合作推出，是以中国社会科学院日本研究所的研究人员为主完成的研究成果。对 2014 年日本的政治、外交、经济、社会文化作了回顾、分析与展望，并收录了该年度日本大事记。

德国蓝皮书
德国发展报告（2015）

郑春荣　伍慧萍 / 主编　　2015 年 6 月出版　　估价 :69.00 元

◆ 本报告由同济大学德国研究所组织编撰，由该领域的专家学者对德国的政治、经济、社会文化、外交等方面的形势发展情况，进行全面的阐述与分析。德国作为欧洲大陆第一强国，与中国各方面日渐紧密的合作关系，值得国内各界深切关注。

国别与地区类　皮书系列重点推荐

国际形势黄皮书
全球政治与安全报告（2015）
李慎明　张宇燕/主编　2015年1月出版　定价：69.00元

◆ 本书为"十二五"国家重点图书出版规划项目、中国社会科学院创新工程学术出版资助项目，为"国际形势黄皮书"系列年度报告之一。报告旨在对本年度国际政治及安全形势的总体情况和变化进行回顾与分析，并提出一定的预测。

拉美黄皮书
拉丁美洲和加勒比发展报告（2014~2015）
吴白乙/主编　2015年4月出版　估价：89.00元

◆ 本书是中国社会科学院拉丁美洲研究所的第14份关于拉丁美洲和加勒比地区发展形势状况的年度报告。本书对2014年拉丁美洲和加勒比地区诸国的政治、经济、社会、外交等方面的发展情况做了系统介绍，对该地区相关国家的热点及焦点问题进行了总结和分析，并在此基础上对该地区各国2015年的发展前景做出预测。

美国蓝皮书
美国研究报告（2015）
黄平　郑秉文/主编　2015年7月出版　估价：89.00元

◆ 本书是由中国社会科学院美国所主持完成的研究成果，它回顾了美国2014年的经济、政治形势与外交战略，对2014年以来美国内政外交发生的重大事件以及重要政策进行了较为全面的回顾和梳理。

大湄公河次区域蓝皮书
大湄公河次区域合作发展报告（2015）
刘稚/主编　2015年9月出版　估价：79.00元

◆ 云南大学大湄公河次区域研究中心深入追踪分析该区域发展动向，以把握全面，突出重点为宗旨，系统介绍和研究大湄公河次区域合作的年度热点和重点问题，展望次区域合作的发展趋势，并对新形势下我国推进次区域合作深入发展提出相关对策建议。

地方发展类

地方发展类皮书关注大陆各省份、经济区域，提供科学、多元的预判与咨政信息

北京蓝皮书
北京公共服务发展报告（2014~2015）

施昌奎/主编　2015年1月出版　定价：69.00元

◆ 本书是由北京市政府职能部门的领导、首都著名高校的教授、知名研究机构的专家共同完成的关于北京市公共服务发展与创新的研究成果。内容涉及了北京市公共服务发展的方方面面，既有综述性的总报告，也有细分的情况介绍，既有对北京各个城区的综合性描述，也有对局部、细部、具体问题的分析，对年度热点问题也都有涉及。

上海蓝皮书
上海经济发展报告（2015）

沈开艳/主编　2015年1月出版　定价：69.00元

◆ 本书系上海社会科学院系列之一，报告对2015年上海经济增长与发展趋势的进行了预测，把握了上海经济发展的脉搏和学术研究的前沿。

广州蓝皮书
广州经济发展报告（2015）

李江涛　朱名宏/主编　2015年5月出版　估价：69.00元

◆ 本书是由广州市社会科学院主持编写的"广州蓝皮书"系列之一，本报告对广州2014年宏观经济运行情况作了深入分析，对2015年宏观经济走势进行了合理预测，并在此基础上提出了相应的政策建议。

 文化传媒类

文化传媒类

文化传媒类皮书透视文化领域、文化产业，
探索文化大繁荣、大发展的路径

新媒体蓝皮书
中国新媒体发展报告No.5（2015）

唐绪军/主编　　2015年6月出版　　估价：79.00元

◆ 本书由中国社会科学院新闻与传播研究所和上海大学合作编写，在构建新媒体发展研究基本框架的基础上，全面梳理2014年中国新媒体发展现状，发表最前沿的网络媒体深度调查数据和研究成果，并对新媒体发展的未来趋势做出预测。

舆情蓝皮书
中国社会舆情与危机管理报告（2015）

谢耘耕/主编　　2015年8月出版　　估价：98.00元

◆ 本书由上海交通大学舆情研究实验室和危机管理研究中心主编，已被列入教育部人文社会科学研究报告培育项目。本书以新媒体环境下的中国社会为立足点，对2014年中国社会舆情、分类舆情等进行了深入系统的研究，并预测了2015年社会舆情走势。

文化蓝皮书
中国文化产业发展报告（2015）

张晓明　王家新　章建刚/主编　　2015年4月出版　　估价：79.00元

◆ 本书由中国社会科学院文化研究中心编写。从2012年开始，中国社会科学院文化研究中心设立了国内首个文化产业的研究类专项资金——"文化产业重大课题研究计划"，开始在全国范围内组织多学科专家学者对我国文化产业发展重大战略问题进行联合攻关研究。本书集中反映了该计划的研究成果。

皮书系列 2015全品种 经济类

经济类

G20国家创新竞争力黄皮书
二十国集团（G20）国家创新竞争力发展报告（2015）
著（编）者：黄茂兴 李闽榕 李建平 赵新力
2015年9月出版 / 估价：128.00元

产业蓝皮书
中国产业竞争力报告（2015）
著（编）者：张其仔 2015年5月出版 / 估价：79.00元

长三角蓝皮书
2015年全面深化改革中的长三角
著（编）者：张伟super 2015年10月出版 / 估价：69.00元

城乡一体化蓝皮书
中国城乡一体化发展报告（2015）
著（编）者：付崇兰 汝信 2015年12月出版 / 估价：79.00元

城市创新蓝皮书
中国城市创新报告（2015）
著（编）者：周天勇 旷建伟 2015年8月出版 / 估价：69.00元

城市竞争力蓝皮书
中国城市竞争力报告（2015）
著（编）者：倪鹏飞 2015年5月出版 / 估价：89.00元

城市蓝皮书
中国城市发展报告NO.8
著（编）者：潘家华 魏后凯 2015年9月出版 / 估价：69.00元

城市群蓝皮书
中国城市群发展指数报告（2015）
著（编）者：刘新静 刘士林 2015年10月出版 / 估价：59.00元

城乡统筹蓝皮书
中国城乡统筹发展报告（2015）
著（编）者：潘晨光 程志强 2015年4月出版 / 估价：59.00元

城镇化蓝皮书
中国新型城镇化健康发展报告（2015）
著（编）者：张占斌 2015年5月出版 / 估价：79.00元

低碳发展蓝皮书
中国低碳发展报告（2015）
著（编）者：齐晔 2015年4月出版 / 估价：89.00元

低碳经济蓝皮书
中国低碳经济发展报告（2015）
著（编）者：薛进军 赵忠秀 2015年5月出版 / 估价：69.00元

东北蓝皮书
中国东北地区发展报告（2015）
著（编）者：马克 黄文艺 2015年8月出版 / 估价：79.00元

发展和改革蓝皮书
中国经济发展和体制改革报告（2015）
著（编）者：邹东涛 2015年11月出版 / 估价：98.00元

工业化蓝皮书
中国工业化进程报告（2015）
著（编）者：黄群慧 吕铁 李晓华 2015年11月出版 / 估价：89.00元

国际城市蓝皮书
国际城市发展报告（2015）
著（编）者：屠启宇 2015年1月出版 / 定价：79.00元

国家创新蓝皮书
中国创新发展报告（2015）
著（编）者：陈劲 2015年6月出版 / 估价：59.00元

环境竞争力绿皮书
中国省域环境竞争力发展报告（2015）
著（编）者：李建平 李闽榕 王金南
2015年12月出版 / 估价：198.00元

金融蓝皮书
中国金融发展报告（2015）
著（编）者：李扬 王国刚 2014年12月出版 / 定价：75.00元

金融信息服务蓝皮书
金融信息服务发展报告（2015）
著（编）者：鲁广锦 殷剑峰 林义相 2015年6月出版 / 估价：89.00元

经济蓝皮书
2015年中国经济形势分析与预测
著（编）者：李扬 2014年12月出版 / 定价：69.00元

经济蓝皮书·春季号
2015年中国经济前景分析
著（编）者：李扬 2015年5月出版 / 估价：79.00元

经济蓝皮书·夏季号
中国经济增长报告（2015）
著（编）者：李扬 2015年7月出版 / 估价：69.00元

经济信息绿皮书
中国与世界经济发展报告（2015）
著（编）者：杜平 2014年12月出版 / 定价：79.00元

就业蓝皮书
2015年中国大学生就业报告
著（编）者：麦可思研究院 2015年6月出版 / 估价：98.00元

临空经济蓝皮书
中国临空经济发展报告（2015）
著（编）者：连玉明 2015年9月出版 / 估价：79.00元

民营经济蓝皮书
中国民营经济发展报告（2015）
著（编）者：王钦敏 2015年12月出版 / 估价：79.00元

农村绿皮书
中国农村经济形势分析与预测（2014~2015）
著（编）者：中国社会科学院农村发展研究所
国家统计局农村社会经济调查司
2015年4月出版 / 估价：69.00元

农业应对气候变化蓝皮书
气候变化对中国农业影响评估报告（2015）
著（编）者：矫梅燕 2015年8月出版 / 估价：98.00元

经济类·社会政法类 | 皮书系列 2015全品种

企业公民蓝皮书
中国企业公民报告（2015）
著(编)者:邹东涛　2015年12月出版 / 估价:79.00元

气候变化绿皮书
应对气候变化报告（2015）
著(编)者:王伟光　郑国光　2015年10月出版 / 估价:79.00元

区域蓝皮书
中国区域经济发展报告（2015）
著(编)者:梁昊光　2015年4月出版 / 估价:79.00元

全球环境竞争力绿皮书
全球环境竞争力报告（2015）
著(编)者:李建建　李闽榕　李建平　王金南
2015年12月出版 / 估价:198.00元

人口与劳动绿皮书
中国人口与劳动问题报告No.15
著(编)者:蔡昉　2015年1月出版 / 定价:59.00元

世界经济黄皮书
2015年世界经济形势分析与预测
著(编)者:王洛林　张宇燕　2015年1月出版 / 定价:69.00元

世界旅游城市绿皮书
世界旅游城市发展报告（2015）
著(编)者:鲁勇　周正宇　宋宇　2015年6月出版 / 估价:88.00元

商务中心区蓝皮书
中国商务中心区发展报告No.1（2014）
著(编)者:魏后凯　李国红　2015年1月出版 / 定价:89.00元

西北蓝皮书
中国西北发展报告（2015）
著(编)者:赵宗福　孙发平　苏海红　鲁顺元　段庆林
2014年12月出版 / 定价:79.00元

西部蓝皮书
中国西部发展报告（2015）
著(编)者:姚慧琴　徐璋勇　2015年7月出版 / 估价:89.00元

新型城镇化蓝皮书
新型城镇化发展报告（2015）
著(编)者:李伟　2015年10月出版 / 估价:89.00元

新兴经济体蓝皮书
金砖国家发展报告（2015）
著(编)者:林跃勤　周文　2015年7月出版 / 估价:79.00元

中部竞争力蓝皮书
中国中部经济社会竞争力报告（2015）
著(编)者:教育部人文社会科学重点研究基地
　　　　南昌大学中国中部经济社会发展研究中心
2015年9月出版 / 估价:79.00元

中部蓝皮书
中国中部地区发展报告（2015）
著(编)者:喻新安　2015年5月出版 / 估价:69.00元

中国省域竞争力蓝皮书
中国省域经济综合竞争力发展报告（2013~2014）
著(编)者:李建平　李闽榕　高燕京
2015年2月出版 / 定价:198.00元

中三角蓝皮书
长江中游城市群发展报告（2015）
著(编)者:秦尊文　2015年10月出版 / 估价:69.00元

中小城市绿皮书
中国中小城市发展报告（2015）
著(编)者:中国城市经济学会中小城市经济发展委员会
　　　　《中国中小城市发展报告》编纂委员会
　　　　中小城市发展战略研究院
2015年10月出版 / 估价:98.00元

中央商务区蓝皮书
中国中央商务区发展报告（2015）
著(编)者:中国商务区联盟
　　　　中国社会科学院城市发展与环境研究所
2015年10月出版 / 估价:69.00元

中原蓝皮书
中原经济区发展报告（2015）
著(编)者:李英杰　2015年6月出版 / 估价:88.00元

社会政法类

北京蓝皮书
中国社区发展报告（2015）
著(编)者:于燕燕　2015年6月出版 / 估价:69.00元

殡葬绿皮书
中国殡葬事业发展报告（2015）
著(编)者:李伯森　2015年4月出版 / 估价:59.00元

城市管理蓝皮书
中国城市管理报告（2015）
著(编)者:谭维克　刘林　2015年12月出版 / 估价:158.00元

城市生活质量蓝皮书
中国城市生活质量报告（2015）
著(编)者:中国经济实验研究院　2015年6月出版 / 估价:59.00元

城市政府能力蓝皮书
中国城市政府公共服务能力评估报告（2015）
著(编)者:何艳玲　2015年7月出版 / 估价:59.00元

创新蓝皮书
创新型国家建设报告（2015）
著(编)者:詹正茂　2015年4月出版 / 估价:69.00元

慈善蓝皮书
中国慈善发展报告（2015）
著(编)者:杨团　2015年5月出版 / 估价:79.00元

大学生蓝皮书
中国大学生生活形态研究报告（2015）
著(编)者:张新洲　2015年12月出版 / 估价:69.00元

皮书系列 2015全品种　社会政法类

地方法治蓝皮书
中国地方法治发展报告No.1（2014）
著(编)者：李林 田禾　2015年1月出版 / 定价:98.00元

法治蓝皮书
中国法治发展报告No.13（2015）
著(编)者：李林 田禾　2015年3月出版 / 定价:105.00元

反腐倡廉蓝皮书
中国反腐倡廉建设报告No.4
著(编)者：李秋芳 张英伟　2014年12月出版 / 定价:79.00元

非传统安全蓝皮书
中国非传统安全研究报告（2015）
著(编)者：余潇枫 魏志江　2015年6月出版 / 估价:79.00元

妇女发展蓝皮书
中国妇女发展报告（2015）
著(编)者：王金玲　2015年9月出版 / 估价:148.00元

妇女教育蓝皮书
中国妇女教育发展报告（2015）
著(编)者：张李玺　2015年1月出版 / 估价:78.00元

妇女绿皮书
中国性别平等与妇女发展报告（2015）
著(编)者：谭琳　2015年12月出版 / 估价:99.00元

公共服务蓝皮书
中国城市基本公共服务力评价（2015）
著(编)者：钟君 吴正杲　2015年12月出版 / 估价:79.00元

公共服务满意度蓝皮书
中国城市公共服务评价报告（2015）
著(编)者：胡伟　2015年12月出版 / 估价:69.00元

公民科学素质蓝皮书
中国公民科学素质报告（2015）
著(编)者：李群 许佳军　2015年6月出版 / 估价:79.00元

公益蓝皮书
中国公益发展报告（2015）
著(编)者：朱健刚　2015年5月出版 / 估价:78.00元

管理蓝皮书
中国管理发展报告（2015）
著(编)者：张晓东　2015年9月出版 / 估价:98.00元

国际人才蓝皮书
中国国际移民报告（2015）
著(编)者：王辉耀　2015年2月出版 / 定价:79.00元

国际人才蓝皮书
中国海归发展报告（2015）
著(编)者：王辉耀 苗绿　2015年4月出版 / 估价:69.00元

国际人才蓝皮书
中国留学发展报告（2015）
著(编)者：王辉耀 苗绿　2015年9月出版 / 估价:69.00元

国家安全蓝皮书
中国国家安全研究报告（2015）
著(编)者：刘慧　2015年5月出版 / 估价:98.00元

行政改革蓝皮书
中国行政体制改革报告（2014~2015）
著(编)者：魏礼群　2015年4月出版 / 估价:89.00元

华侨华人蓝皮书
华侨华人研究报告（2015）
著(编)者：贾益民　2015年12月出版 / 估价:118.00元

环境绿皮书
中国环境发展报告（2015）
著(编)者：刘鉴强　2015年5月出版 / 估价:79.00元

基金会蓝皮书
中国基金会发展报告（2015）
著(编)者：刘忠祥　2015年7月出版 / 估价:69.00元

基金会绿皮书
中国基金会发展独立研究报告（2015）
著(编)者：基金会中心网　2015年8月出版 / 估价:88.00元

基金会透明度蓝皮书
中国基金会透明度发展研究报告（2015）
著(编)者：基金会中心网 清华大学廉政与治理研究中心
2015年9月出版 / 估价:78.00元

教师蓝皮书
中国中小学教师发展报告（2015）
著(编)者：曾晓东　2015年7月出版 / 估价:59.00元

教育蓝皮书
中国教育发展报告（2015）
著(编)者：杨东平　2015年5月出版 / 估价:79.00元

科普蓝皮书
中国科普基础设施发展报告（2015）
著(编)者：任福君　2015年6月出版 / 估价:59.00元

劳动保障蓝皮书
中国劳动保障发展报告（2015）
著(编)者：刘燕斌　2015年6月出版 / 估价:89.00元

老龄蓝皮书
中国老年宜居环境发展报告(2015)
著(编)者：吴玉韶　2015年9月出版 / 估价:79.00元

连片特困区蓝皮书
中国连片特困区发展报告（2015）
著(编)者：冷志明 游俊　2015年4月出版 / 估价:79.00元

民间组织蓝皮书
中国民间组织报告(2015)
著(编)者：潘晨光 黄晓勇　2015年8月出版 / 估价:69.00元

民调蓝皮书
中国民生调查报告（2015）
著(编)者：谢耘耕　2015年5月出版 / 估价:128.00元

民族发展蓝皮书
中国民族区域自治发展报告（2015）
著(编)者：王希恩 郝时远　2015年6月出版 / 估价:98.00元

女性生活蓝皮书
中国女性生活状况报告No.9（2015）
著(编)者：《中国妇女》杂志社 华坤女性生活调查中心
华坤女性消费指导中心
2015年4月出版 / 估价:79.00元

社会政法类 — 皮书系列 2015全品种

企业公众透明度蓝皮书
中国企业公众透明度报告(2014~2015)No.1
著(编)者：黄速建　王晓光　肖红军
2015年1月出版 / 定价:98.00元

企业国际化蓝皮书
中国企业国际化报告(2015)
著(编)者：王辉耀　2015年10月出版 / 估价:79.00元

汽车社会蓝皮书
中国汽车社会发展报告（2015）
著(编)者：王俊秀　2015年4月出版 / 估价:59.00元

青年蓝皮书
中国青年发展报告No.3
著(编)者：廉思　2015年4月出版 / 估价:59.00元

区域人才蓝皮书
中国区域人才竞争力报告（2015）
著(编)者：桂昭明　王辉耀　2015年6月出版 / 估价:69.00元

群众体育蓝皮书
中国群众体育发展报告（2015）
著(编)者：刘国永　杨桦　2015年8月出版 / 估价:69.00元

人才蓝皮书
中国人才发展报告（2015）
著(编)者：潘晨光　2015年8月出版 / 估价:85.00元

人权蓝皮书
中国人权事业发展报告（2015）
著(编)者：中国人权研究会　2015年8月出版 / 估价:99.00元

森林碳汇绿皮书
中国森林碳汇评估发展报告（2015）
著(编)者：闫文德　胡文臻　2015年9月出版 / 估价:79.00元

社会保障绿皮书
中国社会保障发展报告（2015）
著(编)者：王延中　2015年6月出版 / 估价:79.00元

社会工作蓝皮书
中国社会工作发展报告（2015）
著(编)者：民政部社会工作研究中心
2015年8月出版 / 估价:79.00元

社会管理蓝皮书
中国社会管理创新报告（2015）
著(编)者：连玉明　2015年9月出版 / 估价:89.00元

社会蓝皮书
2015年中国社会形势分析与预测
著(编)者：李培林　陈光金　张翼
2014年12月出版 / 定价:69.00元

社会体制蓝皮书
中国社会体制改革报告（2015）
著(编)者：龚维斌　2015年5月出版 / 估价:79.00元

社会心态蓝皮书
中国社会心态研究报告（2015）
著(编)者：王俊秀　杨宜音　2015年10月出版 / 估价:69.00元

社会组织蓝皮书
中国社会组织评估发展报告（2015）
著(编)者：徐家良　廖鸿　2015年12月出版 / 估价:69.00元

生态城市绿皮书
中国生态城市建设发展报告（2015）
著(编)者：刘举科　孙伟平　胡文臻
2015年6月出版 / 估价:98.00元

生态文明绿皮书
中国省域生态文明建设评价报告（ECI 2015）
著(编)者：严耕　2015年9月出版 / 估价:85.00元

世界社会主义黄皮书
世界社会主义跟踪研究报告（2015）
著(编)者：李慎明　2015年4月出版 / 估价:198.00元

水与发展蓝皮书
中国水风险评估报告（2015）
著(编)者：王浩　2015年9月出版 / 估价:69.00元

土地整治蓝皮书
中国土地整治发展研究报告No.2
著(编)者：国土资源部土地整治中心　2015年5月出版 / 估价:89.00元

危机管理蓝皮书
中国危机管理报告（2015）
著(编)者：文学国　2015年8月出版 / 估价:89.00元

形象危机应对蓝皮书
形象危机应对研究报告（2015）
著(编)者：唐钧　2015年6月出版 / 估价:149.00元

医改蓝皮书
中国医药卫生体制改革报告（2015~2016）
著(编)者：文学国　房志武　2015年12月出版 / 估价:79.00元

医疗卫生绿皮书
中国医疗卫生发展报告（2015）
著(编)者：申宝忠　韩玉珍　2015年4月出版 / 估价:75.00元

应急管理蓝皮书
中国应急管理报告（2015）
著(编)者：宋英华　2015年10月出版 / 估价:69.00元

政治参与蓝皮书
中国政治参与报告（2015）
著(编)者：房宁　2015年7月出版 / 估价:105.00元

政治发展蓝皮书
中国政治发展报告（2015）
著(编)者：房宁　杨海蛟　2015年5月出版 / 估价:88.00元

中国农村妇女发展蓝皮书
流动女性城市融入发展报告（2015）
著(编)者：谢丽华　2015年11月出版 / 估价:69.00元

宗教蓝皮书
中国宗教报告（2015）
著(编)者：金泽　邱永辉　2015年9月出版 / 估价:59.00元

行业报告类

保险蓝皮书
中国保险业竞争力报告（2015）
著(编)者：王力　2015年12月出版　估价/98.00元

彩票蓝皮书
中国彩票发展报告（2015）
著(编)者：益彩基金　2015年10月出版　估价/69.00元

餐饮产业蓝皮书
中国餐饮产业发展报告（2015）
著(编)者：邢颖　2015年6月出版　估价/69.00元

测绘地理信息蓝皮书
智慧中国地理空间智能体系研究报告（2015）
著(编)者：库热西·买合苏提　2015年12月出版　估价/98.00元

茶业蓝皮书
中国茶产业发展报告（2015）
著(编)者：杨江帆　李闽榕　2015年10月出版　估价/78.00元

产权市场蓝皮书
中国产权市场发展报告（2015）
著(编)者：曹和平　2015年12月出版　估价/79.00元

电子政务蓝皮书
中国电子政务发展报告（2015）
著(编)者：洪毅　杜平　2015年11月出版　估价/79.00元

杜仲产业绿皮书
中国杜仲橡胶资源与产业发展报告（2014~2015）
著(编)者：杜红岩　胡文臻　俞锐　2015年1月出版　定价/85.00元

房地产蓝皮书
中国房地产发展报告No.12（2015）
著(编)者：魏后凯　李景国　2015年5月出版　估价/79.00元

服务外包蓝皮书
中国服务外包产业发展报告（2015）
著(编)者：王晓红　刘德军　2015年6月出版　估价/89.00元

工业设计蓝皮书
中国工业设计发展报告（2015）
著(编)者：王晓红　于炜　张立群　2015年9月出版　估价/138.00元

互联网金融蓝皮书
中国互联网金融发展报告（2015）
著(编)者：芮晓武　刘烈宏　2015年8月出版　估价/79.00元

会展蓝皮书
中外会展业动态评估年度报告（2015）
著(编)者：张敏　2015年1月出版　估价/78.00元

金融监管蓝皮书
中国金融监管报告（2015）
著(编)者：胡滨　2015年5月出版　估价/69.00元

金融蓝皮书
中国商业银行竞争力报告（2015）
著(编)者：王松奇　2015年12月出版　估价/69.00元

客车蓝皮书
中国客车产业发展报告（2014~2015）
著(编)者：姚蔚　2015年2月出版　定价/85.00元

老龄蓝皮书
中国老年宜居环境发展报告（2015）
著(编)者：吴玉韶　党俊武　2015年9月出版　估价/79.00元

流通蓝皮书
中国商业发展报告（2015）
著(编)者：荆林波　2015年5月出版　估价/89.00元

旅游安全蓝皮书
中国旅游安全报告（2015）
著(编)者：郑向敏　谢朝武　2015年5月出版　估价/98.00元

旅游景区蓝皮书
中国旅游景区发展报告（2015）
著(编)者：黄安民　2015年7月出版　估价/79.00元

旅游绿皮书
2014~2015年中国旅游发展分析与预测
著(编)者：宋瑞　2015年1月出版　定价/98.00元

煤炭蓝皮书
中国煤炭工业发展报告（2015）
著(编)者：岳福斌　2015年12月出版　估价/79.00元

民营医院蓝皮书
中国民营医院发展报告（2015）
著(编)者：庄一强　2015年10月出版　估价/75.00元

闽商蓝皮书
闽商发展报告（2015）
著(编)者：王日根　李闽榕　2015年12月出版　估价/69.00元

能源蓝皮书
中国能源发展报告（2015）
著(编)者：崔民选　王军生　2015年8月出版　估价/79.00元

农产品流通蓝皮书
中国农产品流通产业发展报告（2015）
著(编)者：贾敬敦　张东科　张玉玺　孔令羽　张鹏毅　2015年9月出版　估价/89.00元

企业蓝皮书
中国企业竞争力报告（2015）
著(编)者：金碚　2015年11月出版　估价/89.00元

企业社会责任蓝皮书
中国企业社会责任研究报告（2015）
著(编)者：黄群慧　彭华岗　钟宏武　张蒽　2015年11月出版　估价/69.00元

行业报告类 皮书系列 2015全品种

汽车安全蓝皮书
中国汽车安全发展报告（2015）
著（编）者：中国汽车技术研究中心　2015年4月出版　/　估价：79.00元

汽车蓝皮书
中国汽车产业发展报告（2015）
著（编）者：国务院发展研究中心产业经济研究部
　　　　　　中国汽车工程学会　大众汽车集团（中国）
2015年7月出版　/　估价：128.00元

清洁能源蓝皮书
国际清洁能源发展报告（2015）
著（编）者：国际清洁能源论坛（澳门）
2015年9月出版　/　估价：89.00元

人力资源蓝皮书
中国人力资源发展报告（2015）
著（编）者：余兴安　　2015年9月出版　/　估价：79.00元

融资租赁蓝皮书
中国融资租赁业发展报告（2014~2015）
著（编）者：李光荣　王力　2015年1月出版　/　定价：89.00元

软件和信息服务业蓝皮书
中国软件和信息服务业发展报告（2015）
著（编）者：陈新河　洪京一　2015年12月出版　/　估价：198.00元

上市公司蓝皮书
上市公司质量评价报告（2015）
著（编）者：张跃文　王力　2015年10月出版　/　估价：118.00元

食品药品蓝皮书
食品药品安全与监管政策研究报告（2015）
著（编）者：唐民皓　　2015年7月出版　/　估价：69.00元

世界能源蓝皮书
世界能源发展报告（2015）
著（编）者：黄晓勇　　2015年6月出版　/　估价：99.00元

碳市场蓝皮书
中国碳市场报告（2015）
著（编）者：低碳发展国际合作联盟
2015年11月出版　/　估价：69.00元

体育蓝皮书
中国体育产业发展报告（2015）
著（编）者：阮伟　钟秉枢　2015年4月出版　/　估价：69.00元

投资蓝皮书
中国投资发展报告（2015）
著（编）者：杨庆醇　　2015年4月出版　/　估价：128.00元

物联网蓝皮书
中国物联网发展报告（2015）
著（编）者：黄桂田　　2015年4月出版　/　估价：59.00元

西部工业蓝皮书
中国西部工业发展报告（2015）
著（编）者：方行明　甘犁　刘方健　姜凌　等
2015年9月出版　/　估价：79.00元

西部金融蓝皮书
中国西部金融发展报告（2015）
著（编）者：李忠民　2015年8月出版　/　估价：75.00元

新能源汽车蓝皮书
中国新能源汽车产业发展报告（2015）
著（编）者：中国汽车技术研究中心
　　　　　　日产（中国）投资有限公司　东风汽车有限公司
2015年8月出版　/　估价：69.00元

信托市场蓝皮书
中国信托业市场报告（2014~2015）
著（编）者：用益信托工作室　2015年2月出版　/　定价：198.00元

信息产业蓝皮书
世界软件和信息技术产业发展报告（2015）
著（编）者：洪京一　2015年8月出版　/　估价：79.00元

信息化蓝皮书
中国信息化形势分析与预测（2015）
著（编）者：周宏仁　2015年8月出版　/　估价：98.00元

信用蓝皮书
中国信用发展报告（2015）
著（编）者：田侃　2015年4月出版　/　估价：69.00元

休闲绿皮书
2015年中国休闲发展报告
著（编）者：刘德谦　2015年6月出版　/　估价：59.00元

医药蓝皮书
中国中医药产业园战略发展报告（2015）
著（编）者：裴长洪　房书亭　吴篠心　2015年5月出版　/　估价：89.00元

邮轮绿皮书
中国邮轮产业发展报告（2015）
著（编）者：汪泓　2015年9月出版　/　估价：79.00元

支付清算蓝皮书
中国支付清算发展报告（2015）
著（编）者：杨涛　2015年5月出版　/　估价：45.00元

中国上市公司蓝皮书
中国上市公司发展报告（2015）
著（编）者：许雄斌　张平　2015年9月出版　/　估价：98.00元

中国总部经济蓝皮书
中国总部经济发展报告（2015）
著（编）者：赵弘　2015年5月出版　/　估价：79.00元

住房绿皮书
中国住房发展报告（2014~2015）
著（编）者：倪鹏飞　2014年12月出版　/　定价：79.00元

资本市场蓝皮书
中国场外交易市场发展报告（2015）
著（编）者：高峦　2015年8月出版　/　估价：79.00元

资产管理蓝皮书
中国资产管理行业发展报告（2015）
著（编）者：智信资产管理研究院　2015年7月出版　/　估价：79.00元

文化传媒类

传媒竞争力蓝皮书
中国传媒国际竞争力研究报告（2015）
著(编)者：李本乾　2015年9月出版 / 估价：88.00元

传媒蓝皮书
中国传媒产业发展报告（2015）
著(编)者：崔保国　2015年4月出版 / 估价：98.00元

传媒投资蓝皮书
中国传媒投资发展报告（2015）
著(编)者：张向东　2015年7月出版 / 估价：89.00元

动漫蓝皮书
中国动漫产业发展报告（2015）
著(编)者：卢斌　郑玉明　牛兴侦　2015年7月出版 / 估价：79.00元

非物质文化遗产蓝皮书
中国非物质文化遗产发展报告（2015）
著(编)者：陈平　2015年4月出版 / 估价：79.00元

非物质文化遗产蓝皮书
中国少数民族非物质文化遗产发展报告（2015）
著(编)者：肖远平　柴立　2015年4月出版 / 估价：79.00元

广电蓝皮书
中国广播电影电视发展报告（2015）
著(编)者：杨明品　2015年7月出版 / 估价：98.00元

广告主蓝皮书
中国广告主营销传播趋势报告（2015）
著(编)者：黄升民　2015年5月出版 / 估价：148.00元

国际传播蓝皮书
中国国际传播发展报告（2015）
著(编)者：胡正荣　李继东　姬德强
2015年7月出版 / 估价：89.00元

国家形象蓝皮书
2015年国家形象研究报告
著(编)者：张昆　2015年5月出版 / 估价：79.00元

纪录片蓝皮书
中国纪录片发展报告（2015）
著(编)者：何苏六　2015年9月出版 / 估价：79.00元

科学传播蓝皮书
中国科学传播报告（2015）
著(编)者：詹正茂　2015年4月出版 / 估价：69.00元

两岸文化蓝皮书
两岸文化产业合作发展报告（2015）
著(编)者：胡惠林　李保宗　2015年7月出版 / 估价：79.00元

媒介与女性蓝皮书
中国媒介与女性发展报告（2015）
著(编)者：刘利群　2015年8月出版 / 估价：69.00元

全球传媒蓝皮书
全球传媒发展报告（2015）
著(编)者：胡正荣　2015年12月出版 / 估价：79.00元

世界文化发展蓝皮书
世界文化发展报告（2015）
著(编)者：张庆宗　高乐田　郭熙煌
2015年5月出版 / 估价：89.00元

视听新媒体蓝皮书
中国视听新媒体发展报告（2015）
著(编)者：庞井君　2015年6月出版 / 估价：148.00元

文化创新蓝皮书
中国文化创新报告（2015）
著(编)者：于平　傅才武　2015年4月出版 / 估价：79.00元

文化建设蓝皮书
中国文化发展报告（2015）
著(编)者：江畅　孙伟平　戴茂堂
2015年4月出版 / 估价：138.00元

文化科技蓝皮书
文化科技创新发展报告（2015）
著(编)者：于平　李凤亮　2015年10月出版 / 估价：89.00元

文化蓝皮书
中国文化产业供需协调检测报告（2015）
著(编)者：王亚南　2015年2月出版 / 定价：79.00元

文化蓝皮书
中国文化消费需求景气评价报告（2015）
著(编)者：王亚南　2015年2月出版 / 定价：79.00元

文化蓝皮书
中国文化产业发展报告（2015）
著(编)者：张晓明　王家新　章建刚
2015年4月出版 / 估价：79.00元

文化蓝皮书
中国公共文化投入增长测评报告(2015)
著(编)者：王亚南　2014年12月出版 / 定价：79.00元

文化蓝皮书
中国文化政策发展报告（2015）
著(编)者：傅才武　宋文玉　燕东升　2015年9月出版 / 估价：98.00元

文化品牌蓝皮书
中国文化品牌发展报告（2015）
著(编)者：欧阳友权　2015年4月出版 / 估价：79.00元

文化遗产蓝皮书
中国文化遗产事业发展报告（2015）
著(编)者：刘世锦　2015年12月出版 / 估价：89.00元

文学蓝皮书
中国文情报告（2015）
著(编)者：白烨　2015年5月出版 / 估价：49.00元

新媒体蓝皮书
中国新媒体发展报告（2015）
著(编)者：唐绪军　2015年6月出版 / 估价：79.00元

文化传媒类·地方发展类

皮书系列
2015全品种

新媒体社会责任蓝皮书
中国新媒体社会责任研究报告（2015）
著(编)者：钟瑛　2015年10月出版／估价：79.00元

移动互联网蓝皮书
中国移动互联网发展报告（2015）
著(编)者：官建文　2015年6月出版／估价：79.00元

舆情蓝皮书
中国社会舆情与危机管理报告（2015）
著(编)者：谢耘耕　2015年8月出版／估价：98.00元

地方发展类

安徽经济蓝皮书
芜湖创新型城市发展报告（2015）
著(编)者：杨少华　王开玉　2015年4月出版／估价：69.00元

安徽蓝皮书
安徽社会发展报告（2015）
著(编)者：程桦　2015年4月出版／估价：79.00元

安徽社会建设蓝皮书
安徽社会建设分析报告（2015）
著(编)者：黄家海　王开玉　蔡宪　2015年4月出版／估价：69.00元

澳门蓝皮书
澳门经济社会发展报告（2015）
著(编)者：吴志良　郝雨凡　2015年4月出版／估价：79.00元

北京蓝皮书
北京公共服务发展报告（2014~2015）
著(编)者：施昌奎　2015年1月出版／定价：69.00元

北京蓝皮书
北京经济发展报告（2015）
著(编)者：杨松　2015年4月出版／估价：79.00元

北京蓝皮书
北京社会治理发展报告（2015）
著(编)者：殷星辰　2015年4月出版／估价：79.00元

北京蓝皮书
北京文化发展报告（2015）
著(编)者：李建盛　2015年4月出版／估价：79.00元

北京蓝皮书
北京社会发展报告（2015）
著(编)者：缪青　2015年5月出版／估价：79.00元

北京蓝皮书
北京社区发展报告（2015）
著(编)者：于燕燕　2015年1月出版／定价：79.00元

北京旅游绿皮书
北京旅游发展报告（2015）
著(编)者：北京旅游学会　2015年7月出版／估价：88.00元

北京律师蓝皮书
北京律师发展报告（2015）
著(编)者：王隽　2015年12月出版／估价：75.00元

北京人才蓝皮书
北京人才发展报告（2015）
著(编)者：于淼　2015年4月出版／估价：89.00元

北京社会心态蓝皮书
北京社会心态分析报告（2015）
著(编)者：北京社会心理研究所　2015年4月出版／估价：69.00元

北京社会组织蓝皮书
北京社会组织发展研究报告(2015)
著(编)者：李东松　唐军　2015年4月出版／估价：79.00元

北京社会组织蓝皮书
北京社会组织发展报告（2015）
著(编)者：温庆云　2015年9月出版／估价：69.00元

滨海金融蓝皮书
滨海新区金融发展报告（2015）
著(编)者：王爱俭　张锐钢　2015年9月出版／估价：79.00元

城乡一体化蓝皮书
中国城乡一体化发展报告（北京卷）（2015）
著(编)者：张宝秀　黄序　2015年4月出版／估价：69.00元

创意城市蓝皮书
北京文化创意产业发展报告（2015）
著(编)者：张京成　2015年11月出版／估价：65.00元

创意城市蓝皮书
无锡文化创意产业发展报告（2015）
著(编)者：谭军　张鸣年　2015年10月出版／估价：75.00元

创意城市蓝皮书
武汉市文化创意产业发展报告（2015）
著(编)者：袁堃　黄永林　2015年11月出版／估价：85.00元

创意城市蓝皮书
重庆创意产业发展报告（2015）
著(编)者：程宇宁　2015年4月出版／估价：89.00元

创意城市蓝皮书
青岛文化创意产业发展报告（2015）
著(编)者：马达　张丹妮　2015年6月出版／估价：79.00元

福建妇女发展蓝皮书
福建省妇女发展报告（2015）
著(编)者：刘群英　2015年10月出版／估价：58.00元

21

皮书系列 2015全品种 — 地方发展类

甘肃蓝皮书
甘肃舆情分析与预测（2015）
著(编)者:陈双梅 郝树声 2015年1月出版 / 定价:79.00元

甘肃蓝皮书
甘肃文化发展分析与预测（2015）
著(编)者:安文华 周小华 2015年1月出版 / 定价:79.00元

甘肃蓝皮书
甘肃社会发展分析与预测（2015）
著(编)者:安文华 包晓霞 2015年1月出版 / 定价:79.00元

甘肃蓝皮书
甘肃经济发展分析与预测（2015）
著(编)者:朱智文 罗哲 2015年1月出版 / 定价:79.00元

甘肃蓝皮书
甘肃县域经济综合竞争力评价（2015）
著(编)者:刘进军 2015年4月出版 / 估价:69.00元

甘肃蓝皮书
甘肃县域社会发展评价报告（2015）
著(编)者:刘进军 柳民 王建兵 2015年1月出版 / 定价:79.00元

广东蓝皮书
广东省电子商务发展报告（2015）
著(编)者:程晓 2015年12月出版 / 估价:69.00元

广东蓝皮书
广东社会工作发展报告（2015）
著(编)者:罗观翠 2015年6月出版 / 估价:89.00元

广东社会建设蓝皮书
广东省社会建设发展报告（2015）
著(编)者:广东省社会工作委员会 2015年10月出版 / 估价:89.00元

广东外经贸蓝皮书
广东对外经济贸易发展研究报告（2015）
著(编)者:陈万灵 2015年5月出版 / 估价:79.00元

广西北部湾经济区蓝皮书
广西北部湾经济区开放开发报告（2015）
著(编)者:广西北部湾经济区规划建设管理委员会办公室 广西社会科学院 广西北部湾发展研究院
2015年8月出版 / 估价:79.00元

广州蓝皮书
广州社会保障发展报告（2015）
著(编)者:蔡国萱 2015年4月出版 / 估价:65.00元

广州蓝皮书
2015年中国广州社会形势分析与预测
著(编)者:张强 陈怡霓 杨秦 2015年5月出版 / 估价:69.00元

广州蓝皮书
广州经济发展报告（2015）
著(编)者:李江涛 朱名宏 2015年5月出版 / 估价:69.00元

广州蓝皮书
广州商贸业发展报告（2015）
著(编)者:李江涛 王旭东 荀振英 2015年6月出版 / 估价:69.00元

广州蓝皮书
2015年中国广州经济形势分析与预测
著(编)者:庾建设 沈奎 郭志勇 2015年6月出版 / 估价:79.00元

广州蓝皮书
中国广州文化发展报告（2015）
著(编)者:徐俊忠 陆志强 顾涧清 2015年6月出版 / 估价:69.00元

广州蓝皮书
广州农村发展报告（2015）
著(编)者:李江涛 汤锦华 2015年8月出版 / 估价:69.00元

广州蓝皮书
中国广州城市建设与管理发展报告（2015）
著(编)者:董皞 冼伟雄 2015年7月出版 / 估价:69.00元

广州蓝皮书
中国广州科技和信息化发展报告（2015）
著(编)者:邹采荣 马正勇 冯元 2015年7月出版 / 估价:79.00元

广州蓝皮书
广州创新型城市发展报告（2015）
著(编)者:李江涛 2015年7月出版 / 估价:69.00元

广州蓝皮书
广州文化创意产业发展报告（2015）
著(编)者:甘新 2015年8月出版 / 估价:79.00元

广州蓝皮书
广州志愿服务发展报告（2015）
著(编)者:魏国华 张强 2015年9月出版 / 估价:69.00元

广州蓝皮书
广州城市国际化发展报告（2015）
著(编)者:朱名宏 2015年9月出版 / 估价:59.00元

广州蓝皮书
广州汽车产业发展报告（2015）
著(编)者:李江涛 杨再高 2015年9月出版 / 估价:69.00元

贵州房地产蓝皮书
贵州房地产发展报告（2015）
著(编)者:武廷方 2015年10月出版 / 估价:89.00元

贵州蓝皮书
贵州人才发展报告（2015）
著(编)者:于杰 吴大华 2015年4月出版 / 估价:69.00元

贵州蓝皮书
贵州社会发展报告（2015）
著(编)者:王兴骥 2015年4月出版 / 估价:69.00元

贵州蓝皮书
贵州法治发展报告（2015）
著(编)者:吴大华 2015年4月出版 / 估价:69.00元

贵州蓝皮书
贵州国有企业社会责任发展报告（2015）
著(编)者:郭丽 2015年10月出版 / 估价:79.00元

海淀蓝皮书
海淀区文化和科技融合发展报告（2015）
著(编)者:孟景伟 陈名杰 2015年5月出版 / 估价:75.00元

地方发展类

皮书系列 2015全品种

海峡西岸蓝皮书
海峡西岸经济区发展报告（2015）
著（编）者：黄端　　2015年9月出版　/　估价：65.00元

杭州都市圈蓝皮书
杭州都市圈发展报告（2015）
著（编）者：董祖德　沈翔　2015年5月出版　/　估价：89.00元

杭州蓝皮书
杭州妇女发展报告（2015）
著（编）者：魏颖　　2015年6月出版　/　估价：75.00元

河北经济蓝皮书
河北省经济发展报告（2015）
著（编）者：马树强　金浩　张贵　2015年4月出版　/　估价：79.00元

河北蓝皮书
河北经济社会发展报告（2015）
著（编）者：周文夫　2015年1月出版　/　定价：79.00元

河南经济蓝皮书
2015年河南经济形势分析与预测
著（编）者：胡五岳　2015年2月出版　/　定价：69.00元

河南蓝皮书
河南城市发展报告（2015）
著（编）者：谷建全　王建国　2015年3月出版　/　定价：79.00元

河南蓝皮书
2015年河南社会形势分析与预测
著（编）者：刘道兴　牛苏林　2015年4月出版　/　估价：69.00元

河南蓝皮书
河南工业发展报告（2015）
著（编）者：龚绍东　赵西三　2015年1月出版　/　定价：79.00元

河南蓝皮书
河南文化发展报告（2015）
著（编）者：卫绍生　2015年3月出版　/　定价：79.00元

河南蓝皮书
河南经济发展报告（2015）
著（编）者：喻新安　2014年12月出版　/　定价：79.00元

河南蓝皮书
河南法治发展报告（2015）
著（编）者：丁同民　闫德民　2015年4月出版　/　估价：69.00元

河南蓝皮书
河南金融发展报告（2015）
著（编）者：喻新安　谷建全　2015年4月出版　/　估价：69.00元

河南商务蓝皮书
河南商务发展报告（2015）
著（编）者：焦锦淼　穆荣国　2015年5月出版　/　估价：88.00元

黑龙江产业蓝皮书
黑龙江产业发展报告（2015）
著（编）者：于渤　2015年9月出版　/　估价：79.00元

黑龙江蓝皮书
黑龙江经济发展报告（2015）
著（编）者：曲伟　2015年1月出版　/　定价：79.00元

黑龙江蓝皮书
黑龙江社会发展报告（2015）
著（编）者：张新颖　2015年1月出版　/　定价：79.00元

湖北文化蓝皮书
湖北文化发展报告（2015）
著（编）者：江畅　吴成国　2015年5月出版　/　估价：89.00元

湖南城市蓝皮书
区域城市群整合
著（编）者：童中贤　韩未名　2015年12月出版　/　估价：79.00元

湖南蓝皮书
2015年湖南电子政务发展报告
著（编）者：梁志峰　2015年4月出版　/　估价：128.00元

湖南蓝皮书
2015年湖南社会发展报告
著（编）者：梁志峰　2015年4月出版　/　估价：128.00元

湖南蓝皮书
2015年湖南产业发展报告
著（编）者：梁志峰　2015年4月出版　/　估价：128.00元

湖南蓝皮书
2015年湖南经济展望
著（编）者：梁志峰　2015年4月出版　/　估价：128.00元

湖南蓝皮书
2015年湖南县域经济社会发展报告
著（编）者：梁志峰　2015年4月出版　/　估价：128.00元

湖南蓝皮书
2015年湖南两型社会发展报告
著（编）者：梁志峰　2015年4月出版　/　估价：128.00元

湖南县域绿皮书
湖南县域发展报告No.2
著（编）者：朱有志　2015年4月出版　/　估价：69.00元

沪港蓝皮书
沪港发展报告（2015）
著（编）者：尤安山　2015年9月出版　/　估价：89.00元

吉林蓝皮书
2015年吉林经济社会形势分析与预测
著（编）者：马克　2015年2月出版　/　定价：89.00元

济源蓝皮书
济源经济社会发展报告（2015）
著（编）者：喻新安　2015年4月出版　/　估价：69.00元

健康城市蓝皮书
北京健康城市建设研究报告（2015）
著（编）者：王鸿春　2015年4月出版　/　估价：79.00元

江苏法治蓝皮书
江苏法治发展报告（2015）
著（编）者：李力　龚廷泰　2015年9月出版　/　估价：98.00元

京津冀蓝皮书
京津冀发展报告（2015）
著（编）者：文魁　祝尔娟　2015年4月出版　/　估价：79.00元

皮书系列 2015全品种 — 地方发展类

经济特区蓝皮书
中国经济特区发展报告（2015）
著(编)者：陶一桃　　2015年4月出版／估价：89.00元

辽宁蓝皮书
2015年辽宁经济社会形势分析与预测
著(编)者：曹晓峰　张晶　梁启东　2014年12月出版／定价：79.00元

南京蓝皮书
南京文化发展报告（2015）
著(编)者：南京文化产业研究中心
2015年12月出版／估价：79.00元

内蒙古蓝皮书
内蒙古反腐倡廉建设报告（2015）
著(编)者：张志华　无极　　2015年12月出版／估价：69.00元

浦东新区蓝皮书
上海浦东经济发展报告（2015）
著(编)者：沈开艳　陆沪根　2015年1月出版／定价：69.00元

青海蓝皮书
2015年青海经济社会形势分析与预测
著(编)者：赵宗福　　2014年12月出版／定价：69.00元

人口与健康蓝皮书
深圳人口与健康发展报告（2015）
著(编)者：曾序春　　2015年12月出版／估价：89.00元

山东蓝皮书
山东社会形势分析与预测（2015）
著(编)者：张华　唐洲雁　2015年6月出版／估价：89.00元

山东蓝皮书
山东经济形势分析与预测（2015）
著(编)者：张华　唐洲雁　2015年6月出版／估价：89.00元

山东蓝皮书
山东文化发展报告（2015）
著(编)者：张华　唐洲雁　2015年6月出版／估价：98.00元

山西蓝皮书
山西资源型经济转型发展报告（2015）
著(编)者：李志强　　2015年5月出版／估价：98.00元

陕西蓝皮书
陕西经济发展报告（2015）
著(编)者：任宗哲　白宽犁　裴成荣　2015年1月出版／定价：69.00元

陕西蓝皮书
陕西社会发展报告（2015）
著(编)者：任宗哲　白宽犁　牛昉　2015年1月出版／定价：69.00元

陕西蓝皮书
陕西文化发展报告（2015）
著(编)者：任宗哲　白宽犁　王长寿　2015年1月出版／定价：65.00元

陕西蓝皮书
丝绸之路经济带发展报告（2015）
著(编)者：任宗哲　石英　白宽犁
2015年8月出版／估价：79.00元

上海蓝皮书
上海文学发展报告（2015）
著(编)者：陈圣来　　2015年1月出版／定价：69.00元

上海蓝皮书
上海文化发展报告（2015）
著(编)者：荣跃明　　2015年1月出版／定价：74.00元

上海蓝皮书
上海资源环境发展报告（2015）
著(编)者：周冯琦　汤庆合　任文伟
2015年1月出版／定价：69.00元

上海蓝皮书
上海社会发展报告（2015）
著(编)者：杨雄　周海旺　2015年1月出版／定价：69.00元

上海蓝皮书
上海经济发展报告（2015）
著(编)者：沈开艳　　2015年1月出版／定价：69.00元

上海蓝皮书
上海传媒发展报告（2015）
著(编)者：强荧　焦雨虹　2015年1月出版／定价：69.00元

上海蓝皮书
上海法治发展报告（2015）
著(编)者：叶青　　2015年4月出版／定价：69.00元

上饶蓝皮书
上饶发展报告（2015）
著(编)者：朱寅健　　2015年4月出版／定价：128.00元

社会建设蓝皮书
2015年北京社会建设分析报告
著(编)者：宋贵伦　冯虹　2015年7月出版／定价：79.00元

深圳蓝皮书
深圳劳动关系发展报告（2015）
著(编)者：汤庭芬　　2015年6月出版／估价：75.00元

深圳蓝皮书
深圳经济发展报告（2015）
著(编)者：张骁儒　　2015年7月出版／估价：79.00元

深圳蓝皮书
深圳社会发展报告（2015）
著(编)者：叶民辉　张骁儒　2015年7月出版／估价：89.00元

深圳蓝皮书
深圳法治发展报告（2015）
著(编)者：张骁儒　　2015年4月出版／估价：79.00元

四川蓝皮书
四川文化产业发展报告（2015）
著(编)者：侯水平　　2015年4月出版／定价：69.00元

四川蓝皮书
四川企业社会责任研究报告（2015）
著(编)者：侯水平　盛毅　2015年3月出版／定价：79.00元

地方发展类·国别与地区类

皮书系列 2015全品种

四川蓝皮书
四川法治发展报告（2015）
著(编)者:郑泰安　2015年1月出版　定价:69.00元

四川蓝皮书
2015年四川生态建设报告
著(编)者:四川省社会科学院
2015年4月出版　估价:69.00元

四川蓝皮书
四川城镇化发展报告（2015）
著(编)者:四川省城镇发展研究中心
2015年4月出版　估价:69.00元

四川蓝皮书
2015年四川社会发展形势分析与预测
著(编)者:郭晓鸣　李羚　2015年5月出版　估价:69.00元

四川蓝皮书
2015年四川经济发展形势分析与预测
著(编)者:杨钢　2015年1月出版　定价:89.00元

四川法治蓝皮书
四川依法治省年度报告No.1（2015）
著(编)者:李林　杨天宗　田禾　2015年3月出版　定价:108.00元

天津金融蓝皮书
天津金融发展报告（2015）
著(编)者:王爱俭　杜强　2015年9月出版　估价:89.00元

图们江区域合作蓝皮书
中国图们江区域合作开发发展报告（2015）
著(编)者:李铁　朱显平　吴成章　2015年4月出版　估价:79.00元

温州蓝皮书
2015年温州经济社会形势分析与预测
著(编)者:潘忠强　王春光　金浩　2015年4月出版　估价:69.00元

扬州蓝皮书
扬州经济社会发展报告（2015）
著(编)者:丁纯　2015年12月出版　估价:89.00元

云南蓝皮书
中国面向西南开放重要桥头堡建设发展报告（2015）
著(编)者:刘绍怀　2015年12月出版　估价:69.00元

长株潭城市群蓝皮书
长株潭城市群发展报告（2015）
著(编)者:张萍　2015年4月出版　估价:69.00元

郑州蓝皮书
2015年郑州文化发展报告
著(编)者:王哲　2015年9月出版　估价:65.00元

中医文化蓝皮书
北京中医文化发展报告（2015）
著(编)者:毛嘉陵　2015年4月出版　估价:69.00元

珠三角流通蓝皮书
珠三角商圈发展研究报告（2015）
著(编)者:林至颖　王先庆　2015年7月出版　估价:98.00元

国别与地区类

阿拉伯黄皮书
阿拉伯发展报告（2015）
著(编)者:马晓霖　2015年4月出版　估价:79.00元

北部湾蓝皮书
泛北部湾合作发展报告（2015）
著(编)者:吕余生　2015年8月出版　估价:69.00元

大湄公河次区域蓝皮书
大湄公河次区域合作发展报告（2015）
著(编)者:刘稚　2015年9月出版　估价:79.00元

大洋洲蓝皮书
大洋洲发展报告（2015）
著(编)者:喻常森　2015年8月出版　估价:89.00元

德国蓝皮书
德国发展报告（2015）
著(编)者:郑春荣　伍慧萍　2015年6月出版　估价:69.00元

东北亚黄皮书
东北亚地区政治与安全（2015）
著(编)者:黄凤志　刘清才　张慧智
2015年5月出版　估价:69.00元

东盟黄皮书
东盟发展报告（2015）
著(编)者:崔晓麟　2015年5月出版　估价:75.00元

东南亚蓝皮书
东南亚地区发展报告（2015）
著(编)者:王勤　2015年4月出版　估价:79.00元

俄罗斯黄皮书
俄罗斯发展报告（2015）
著(编)者:李永全　2015年7月出版　估价:79.00元

非洲黄皮书
非洲发展报告（2015）
著(编)者:张宏明　2015年7月出版　估价:79.00元

国别与地区类

国际形势黄皮书
全球政治与安全报告（2015）
著(编)者:李慎明 张宇燕　2015年1月出版 / 定价:69.00元

韩国蓝皮书
韩国发展报告（2015）
著(编)者:刘宝全 牛林杰　2015年8月出版 / 估价:79.00元

加拿大蓝皮书
加拿大发展报告（2015）
著(编)者:仲伟合　2015年4月出版 / 估价:89.00元

拉美黄皮书
拉丁美洲和加勒比发展报告（2014~2015）
著(编)者:吴白乙　2015年4月出版 / 估价:89.00元

美国蓝皮书
美国研究报告（2015）
著(编)者:黄平 郑秉文　2015年7月出版 / 估价:89.00元

缅甸蓝皮书
缅甸国情报告（2015）
著(编)者:李晨阳　2015年8月出版 / 估价:79.00元

欧洲蓝皮书
欧洲发展报告（2015）
著(编)者:周弘　2015年6月出版 / 估价:89.00元

葡语国家蓝皮书
葡语国家发展报告（2015）
著(编)者:对外经济贸易大学区域国别研究所 葡语国家研究中心
2015年4月出版 / 估价:89.00元

葡语国家蓝皮书
中国与葡语国家关系发展报告·巴西（2014）
著(编)者:澳门科技大学　2015年4月出版 / 估价:89.00元

日本经济蓝皮书
日本经济与中日经贸关系研究报告（2015）
著(编)者:王洛林 张季风　2015年5月出版 / 估价:79.00元

日本蓝皮书
日本研究报告（2015）
著(编)者:李薇　2015年4月出版 / 估价:69.00元

上海合作组织黄皮书
上海合作组织发展报告（2015）
著(编)者:李进峰 吴宏伟 李伟
2015年9月出版 / 估价:89.00元

世界创新竞争力黄皮书
世界创新竞争力发展报告（2015）
著(编)者:李闽榕 李建平 赵新力
2015年12月出版 / 估价:148.00元

土耳其蓝皮书
土耳其发展报告（2015）
著(编)者:郭长刚 刘义　2015年7月出版 / 估价:89.00元

亚太蓝皮书
亚太地区发展报告（2015）
著(编)者:李向阳　2015年1月出版 / 定价:59.00元

印度蓝皮书
印度国情报告（2015）
著(编)者:吕昭义　2015年5月出版 / 估价:89.00元

印度洋地区蓝皮书
印度洋地区发展报告（2015）
著(编)者:汪戎　2015年4月出版 / 估价:79.00元

中东黄皮书
中东发展报告（2015）
著(编)者:杨光　2015年11月出版 / 估价:89.00元

中欧关系蓝皮书
中欧关系研究报告（2015）
著(编)者:周弘　2015年12月出版 / 估价:98.00元

中亚黄皮书
中亚国家发展报告（2015）
著(编)者:孙力 吴宏伟　2015年9月出版 / 估价:89.00元

中国皮书网

www.pishu.cn

发布皮书研创资讯,传播皮书精彩内容
引领皮书出版潮流,打造皮书服务平台

栏目设置:

- □ 资讯:皮书动态、皮书观点、皮书数据、
  皮书报道、皮书发布、电子期刊
- □ 标准:皮书评价、皮书研究、皮书规范
- □ 服务:最新皮书、皮书书目、重点推荐、在线购书
- □ 链接:皮书数据库、皮书博客、皮书微博、在线书城
- □ 搜索:资讯、图书、研究动态、皮书专家、研创团队

中国皮书网依托皮书系列"权威、前沿、原创"的优质内容资源,通过文字、图片、音频、视频等多种元素,在皮书研创者、使用者之间搭建了一个成果展示、资源共享的互动平台。

自2005年12月正式上线以来,中国皮书网的IP访问量、PV浏览量与日俱增,受到海内外研究者、公务人员、商务人士以及专业读者的广泛关注。

2008年、2011年,中国皮书网均在全国新闻出版业网站荣誉评选中获得"最具商业价值网站"称号;2012年,获得"出版业网站百强"称号。

2014年,中国皮书网与皮书数据库实现资源共享,端口合一,将提供更丰富的内容,更全面的服务。

权威报告 热点资讯 海量资源

当代中国与世界发展的高端智库平台

皮书数据库 www.pishu.com.cn

皮书数据库是专业的人文社会科学综合学术资源总库，以大型连续性图书——皮书系列为基础，整合国内外相关资讯构建而成。包含七大子库，涵盖两百多个主题，囊括了近十几年间中国与世界经济社会发展报告，覆盖经济、社会、政治、文化、教育、国际问题等多个领域。

皮书数据库以篇章为基本单位，方便用户对皮书内容的阅读需求。用户可进行全文检索，也可对文献题目、内容提要、作者名称、作者单位、关键字等基本信息进行检索，还可对检索到的篇章再做二次筛选，进行在线阅读或下载阅读。智能多维度导航，可使用户根据自己熟知的分类标准进行分类导航筛选，使查找和检索更高效、便捷。

权威的研究报告，独特的调研数据，前沿的热点资讯，皮书数据库已发展成为国内最具影响力的关于中国与世界现实问题研究的成果库和资讯库。

皮书俱乐部会员服务指南

1. 谁能成为皮书俱乐部成员？
   ● 皮书作者自动成为俱乐部会员
   ● 购买了皮书产品（纸质书/电子书）的个人用户

2. 会员可以享受的增值服务
   ● 免费获赠皮书数据库100元充值卡
   ● 加入皮书俱乐部，免费获赠该纸质图书的电子书
   ● 免费定期获赠皮书电子期刊
   ● 优先参与各类皮书学术活动
   ● 优先享受皮书产品的最新优惠

3. 如何享受增值服务？

   （1）免费获赠100元皮书数据库体验卡
   第1步 刮开皮书附赠充值的涂层（右下）；
   第2步 登录皮书数据库网站（www.pishu.com.cn），注册账号；
   第3步 登录并进入"会员中心"—"在线充值"—"充值卡充值"，充值成功后即可使用。

   （2）加入皮书俱乐部，凭数据库体验卡获赠该书的电子书
   第1步 登录社会科学文献出版社官网（www.ssap.com.cn），注册账号；
   第2步 登录并进入"会员中心"—"皮书俱乐部"，提交加入皮书俱乐部申请；
   第3步 审核通过后，再次进入皮书俱乐部，填写页面所需图书、体验卡信息即可自动兑换相应电子书。

4. 声明
   解释权归社会科学文献出版社所有

皮书俱乐部会员可享受社会科学文献出版社其他相关免费增值服务，有任何疑问，均可与我们联系。
图书销售热线：010-59367070/7028 图书服务QQ：800045692 图书服务邮箱：duzhe@ssap.cn
数据库服务热线：400-008-6695 数据库服务QQ：2475522410 数据库服务邮箱：database@ssap.cn
欢迎登录社会科学文献出版社官网（www.ssap.com.cn）和中国皮书网（www.pishu.com.cn）了解更多信息

皮书大事记
（2014）

☆ 2014年10月，中国社会科学院2014年度皮书纳入创新工程学术出版资助名单正式公布，相关资助措施进一步落实。

☆ 2014年8月，由中国社会科学院主办，贵州省社会科学院、社会科学文献出版社承办的"第十五次全国皮书年会（2014）"在贵州贵阳隆重召开。

☆ 2014年8月，第二批淘汰的27种皮书名单公布。

☆ 2014年7月，第五届优秀皮书奖评审会在京召开。本届优秀皮书奖首次同时评选优秀皮书和优秀皮书报告。

☆ 2014年7月，第三届皮书学术评审委员会于北京成立。

☆ 2014年6月，社会科学文献出版社与北京报刊发行局签订合同，将部分重点皮书纳入邮政发行系统。

☆ 2014年6月，《中国社会科学院皮书管理办法》正式颁布实施。

☆ 2014年4月，出台《社会科学文献出版社关于加强皮书编审工作的有关规定》《社会科学文献出版社皮书责任编辑管理规定》《社会科学文献出版社关于皮书准入与退出的若干规定》。

☆ 2014年1月，首批淘汰的44种皮书名单公布。

☆ 2014年1月，"2013(第七届)全国新闻出版业网站年会"在北京举办，中国皮书网被评为"最具商业价值网站"。

☆ 2014年1月，社会科学文献出版社在原皮书评价研究中心的基础上成立了皮书研究院。

皮书数据库
www.pishu.com.cn

皮书数据库三期

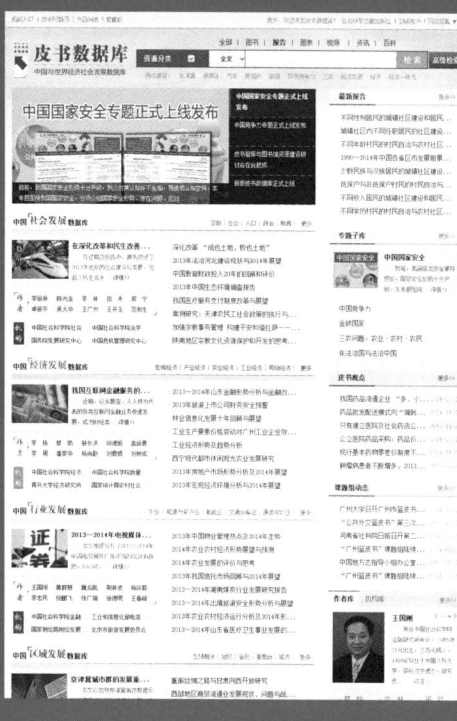

- 皮书数据库（SSDB）是社会科学文献出版社整合现有皮书资源开发的在线数字产品，全面收录"皮书系列"的内容资源，并以此为基础整合大量相关资讯构建而成。

- 皮书数据库现有中国经济发展数据库、中国社会发展数据库、世界经济与国际政治数据库等子库，覆盖经济、社会、文化等多个行业、领域，现有报告30000多篇，总字数超过5亿字，并以每年4000多篇的速度不断更新累积。

- 新版皮书数据库主要围绕存量+增量资源整合、资源编辑标引体系建设、产品架构设置优化、技术平台功能研发等方面开展工作，并将中国皮书网与皮书数据库合二为一联体建设，旨在以"皮书研创出版、信息发布与知识服务平台"为基本功能定位，打造一个全新的皮书品牌综合门户平台，为您提供更优质更到位的服务。

更多信息请登录

中国皮书网
http://www.pishu.cn

皮书微博
http://weibo.com/pishu

皮书博客
http://blog.sina.com.cn/pishu

皮书微信
皮书说

请到各地书店皮书专架/专柜购买，也可办理邮购

咨询/邮购电话：010-59367028　59367070	邮　　箱：duzhe@ssap.cn

邮购地址：北京市西城区北三环中路甲29号院3号楼华龙大厦13层读者服务中心
邮　　编：100029
银行户名：社会科学文献出版社
开户银行：中国工商银行北京北太平庄支行
账　　号：0200010019200365434
网上书店：010-59367070　　qq：1265056568
网　　址：www.ssap.com.cn　　www.pishu.cn